JN218768

WIZARD

HIGHER

PROBABILITY

COMMODITY

先物市場の
高勝率トレード

市場分析、戦略立案、リスク管理に関する
包括的ガイドブック

TRADING

A Comprehensive Guide to Commodity Market Analysis,
Strategy Development, and Risk Management Techniques
Aimed at Favorably Shifting the Odds of Success
by Carley Garner

カーリー・ガーナー[著]

長岡半太郎[監修]

井田京子[訳]

Pan Rolling

HIGHER PROBABILITY COMMODITY TRADING:
A Comprehensive Guide to Commodity Market Analysis, Strategy Development,
and Risk Management Techniques Aimed at Favorably Shifting the Odds of Success
by Carley Garner

Copyright © 2016 by Carley Garner

Japanese translation rights arranged with DeCarley Trading LLC
through Japan UNI Agency, Inc.

監修者まえがき

　本書は、商品先物ブローカーのカーリー・ガーナーの著した"Higher Probability Commodity Trading : A Comprehensive Guide to Commodity Market Analysis, Strategy Development, and Risk Management Techniques Aimed at Favorably Shifting the Odds of Success"の邦訳である。本書が対象とする商品先物取引の世界は近年大きく変化している。まず、かつて盛んだったピットでの取引は消滅し、売買は電子取引によってほぼ絶え間なく行われることになった。この結果、取引所の登記上、あるいは物理的な所在地は重要ではなくなってしまった。この影響でグローバルに取引の寡占化が進み、中小の先物取引所は経営上の困難に遭遇することになった。実際、多くの取引所の吸収合併が行われ、先物取引所は実質的にはCME（シカゴ・マーカンタイル取引所）とICE（インターコンチネンタル取引所）の大手2グループに集約されてしまったのである。

　一方で、投資家の観点からは、いつでもどこからでも各市場にアクセスすることが可能になり、必要な証拠金もまとめておけるようになったことから、先物取引の利便性や意義は飛躍的に高まることになった。

　また、普段から業務で先物市場においてトレードを行っている立場から言うと、現在の先物市場には、『赤いダイヤ』（パンローリング。これはこれで大変面白い相場小説だが）に見られるような、昭和前期のダークなイメージはまったくない。今日の先物市場は、実体を伴い私たちの経済活動に深い関係があるリアルな商品（原油や銅、トウモロコシなど）に加え、金融先物（株式、債券、為替など）も幅広く上場されており、世界中の投資家や実需者・流通者が投資・投機、あるいはヘッジを行う極めて洗練された金融取引の場なのである。

さらにその社会的役割も大きく、1987年のブラックマンデーの際には、NYSE（ニューヨーク証券取引所）をはじめとする現物の証券取引所が次々と機能を停止するなかにあって、レーガン大統領の懇請を受けたシカゴの先物取引所は単身で未曽有の危機と戦うことを決断する。彼らは流動性確保とヘッジの場を社会に提供し続けることで米国、ひいては世界経済を破滅の淵から救ったのである。なお、CME会長（当時）のレオ・メラメドはこのときの英断と功績に対して、後に日本政府より旭日重光章を贈られている。

　本書は日本で久しぶりに出版される先物取引の教科書である。内容は先物だけではなく、関連するオプションにも及んでおり非常に実践的で素晴らしい。これほどまでに良心的な入門書をブローカーが書けること、またそうしたしっかりした知識や経験を持った業界関係者が金融サービスの提供者として存在するということなど、米国の金融市場の健全性とそれを取り巻く業界の質の高さは羨ましいかぎりである。もし読者が先物取引をまだ体験したことがないのであれば、まことにもったいないことである。本書にあるように、先物やオプションを使えば株式や債券といった有価証券よりもはるかに多彩でスマートな取引が可能である。本書をガイドとして、この素晴らしい世界にぜひ足を踏み入れてもらいたいと思う。

　翻訳にあたっては以下の方々に心から感謝の意を表したい。まず井田京子氏には正確で読みやすい翻訳を、そして阿部達郎氏は丁寧な編集・校正を行っていただいた。また本書が発行される機会を得たのはパンローリング社社長の後藤康徳氏のおかげである。

2019年4月

長岡半太郎

CONTENTS

| 監修者まえがき | 1 |
| 謝辞 | 9 |

第1部　商品先物分析と投機の概論　　11

はじめに ── レバレッジが商品トレーダーと投機家の分かれ目になる　　13

商品と株・債券の違い	15
トレードと投資の違い	18
商品先物はトレードか、それとも投資か	20
商品トレードではほとんどの人が負けているのだから、常識の逆を行くべき	21
無限の資金があれば、商品トレードはほぼ負けない	22
白や黒ではなく、ほとんどがグレー	25

第1章　商品市場のおさらい　　29

現物市場とは	29
先物取引とは	30
ピットのトレードと電子トレードの違い	31
ビッド・アスク・スプレッドとは	33
オプションとは何か	35
証拠金とは	41
注文の種類	46
先物とオプションの取引所	50

第2章　商品先物のテクニカル分析　　53

テクニカル分析とは	54
テクニカルオシレーターと指標	63
チャート用ツール	76

第3章　商品市場のファンダメンタルズ分析　　87

| ファンダメンタルズ分析とは | 88 |
| エネルギー市場のファンダメンタルズ | 89 |

穀物市場のファンダメンタルズ	97
ソフト商品のファンダメンタルズ	102
貴金属市場のファンダメンタルズ	106
通貨市場のファンダメンタルズ	107
金利市場のファンダメンタルズ	113
時間と手間を省くために	116

第4章　商品先物と金融先物の季節性　　　121

商品市場の季節性の分析	121
金の季節性	130
エネルギー市場の季節性	132
通貨の季節性	137
畜産物先物の季節性	141
季節性を使ったトレードの限界	143
季節性分析はどこで見つかるのか	146

第5章　「その他」──COTリポートとマーケット間の相互関係　149

マーケットセンチメントと群衆心理を知っておく	149
COTリポートを分析する	157
マーケット間の関係	173

第2部　商品先物のトレード戦略を立てる　　177

第6章　先物のポジショントレード　　　179

スイングトレード	180
分割売買（ナンピン）	184
トレンドトレード	188
ファンダメンタルズトレード	199

第7章　先物のデイトレードとアルゴリズムトレード　　205

先物市場のデイトレード	205
アルゴリズムを使ったトレードシステム	226

第8章	**先物のサヤ取り**	**237**
	限月間サヤ取り	238
	異種商品間サヤ取り	241
	先物のサヤのクオートとチャートとトレード	242
	季節性によるサヤ取り	246
第9章	**オプションのトレード戦略**	**249**
	オプションの買い戦略	250
	短期のオプション戦略	256
	オプションのスプレッド戦略	287
第10章	**マネージドフューチャーズと商品ポートフォリオの構築**	**289**
	マネージドフューチャーズ	289
	商品先物のポートフォリオを構築する	298
第11章	**投資ポートフォリオや事業リスクを先物とオプションでヘッジする**	**303**
	ヘッジとは何か	303
	より良いヘッジ方法はあるか	309
第3部	**既成概念にとらわれずに投資商品を選び、戦略を開発し、リスクを管理する**	**315**
第12章	**商品市場の隠れた宝**	**317**
	Eマイクロ金	317
	Eマイクロ通貨	318
	ミニ穀物	320
	ミニの活用法──ドルコスト平均法	321
	小口の先物取引で心理戦に勝つ	322
	Eマイクロ先物はすべてのトレーダーの可能性を広げる	324

第13章	VIX先物のトレードは万人向けではない	**325**
	VIXは投資ではなくトレードするもの	326
	VIXはS&P500と逆相関の関係にある	327
	VIX先物はVIX以上に時間による劣化が大きい	327
	VIXは商品ではないが、「コンタンゴ」である	328
	VIXは上げるのは速いが下げるのは遅い	330
	VIXをトレードする前に自分がしようとしていることを知っておく	331
	VIXのポイント	333

第4部 学んだことを実行に移す　**335**

第14章	生死を分けるヒントと技	**337**
	結論	356

第15章	トレードコストの影響を理解する	**357**
	商品ブローカーのタイプ	358
	ブローカーのサービスのレベルを選ぶ	366
	ブローカーは、手数料ではなく、自分に必要なサポートで選ぶ	371
	先物とオプションのデータ料について知っておくべきこと	384

第16章	リスク管理──商品市場のレバレッジを理解し、適切に使い、ヘッジする	**393**
	先物市場のレバレッジの程度を理解する	394
	レバレッジと運命は自分でコントロールする	397
	レバレッジを侮ってはならない	400
	リスク管理のために損切り注文を使う	401
	オプションの買いと売りでリスクを管理する	408
	リスク証拠金（SPAN）の基となる標準的なポートフォリオ分析を利用する	418
	デルタを使ってオプションの証拠金を調整する	426
	証拠金比率	429

第17章 商品市場のボラティリティを利用する──平均回帰とデルタニュートラルトレード **431**

平均回帰を利用したトレード 433

平均回帰のチャートとトレード 436

カウンタートレンドのオプションの売り 437

レシオスプレッド戦略 442

平均回帰戦略を助けるカバードコールとカバードプット 444

ボラティリティが高いときのデルタニュートラル戦略 449

第18章 結論──商品トレードは心理戦……にならないようにする **455**

必ず自分の性格に合う戦略を選ぶ 456

戦略よりも忍耐 458

唯一分かっていることは何も分からないということ 458

謝辞

　本書を、デカーリー・トレーディングの同僚たちと、ゼナー・グループ、ザストリート・ドット・コム、テクニカル・アナリシス・オブ・ストックス・アンド・コモディティーズ誌、そしてCNBCのマッド・マネーの制作チームのみんなに捧げる。彼らの支援と励ましがなければ、本書は完成し得なかった。

第1部 商品先物分析と投機の概論
Introduction to Commodity Analysis and Speculation

　商品先物市場が優雅な引退生活をもたらしてくれる場所だと思ってトレードを始める人が大勢いる。さらにひどい人になると、退職金の運用をまったくしてこなかった分、商品トレードで大逆転を狙おうとする。ほかにも、自分のトレードスキルを過信して、仕事を辞めて南国の島で投機をしながら暮らしていけると思っている人もいる。しかし、現実はそんなに甘くない。もともと、先物やオプションは当業者などが価格リスクをヘッジする一方で、投機家が大きなリスクをとって、願わくは利益を上げるために作られた仕組みなのである。本書の、特にこの第1部は、商品市場の仕組みや現実、そしてチャンスについて現状を把握してもらうと同時に、勝率を上げるための助言をしていく。この段落を読んで、本書ではなく株式トレードの本にしようと思った人もいるかもしれないが、どの分野でも積極的な投機には大きなリスクがあるということは断言できる。ただし、商品先物トレードには、ほぼすべての資産クラスに勝る特有の利点がある。

はじめに──レバレッジが商品トレーダーと投機家の分かれ目になる

Introduction : Leverage Separates Commodity Traders From Speculators

　商品先物市場には、参加者が無料で簡単にレバレッジを利用できるという特徴がある。このような市場は、世界中どこにもない。例えば、不動産業界では、住宅を買ったり、投資や投機をしたりするときに比較的高いレバレッジを使うチャンスはあるが、そのためには厳しい審査と金利を求められる。しかし、商品市場では、その基準が比較的低く、金利もかからないのである。

　通常、個人の場合はわずか2万ドルの自己資本と、同程度の年収があれば商品トレードを始めることができる。そのため、商品先物市場には勝率を高めるために必要な経済基盤がないのに、「手っ取り早く儲けよう」とする荒っぽい連中も集まってくる。しかし、どんな世界でも、利益を上げるためには資金が必要で、それは商品先物トレードの世界でも変わらない。そのうえで言えば、CME（シカゴ・マーカンタイル取引所）で取引されているEマイクロ金先物やEマイクロ通貨先物といった超小口の先物商品の登場によって、資本の少ないトレーダーでも、大口トレーダーと似た方法で、勝率を高めることができるようになった。要するに、「弱小トレーダー」でも、規律をもって銘柄を選んでトレードをすれば、「大口トレーダー」のようにトレードすることができるのである。

13

第1部　商品先物分析と投機の概論

> 「マーケットは毎回、球を投げてき
> ますが、あなたが毎回スイングす
> る必要はありません。バッターボ
> ックスでバットを構え、良い球が
> 来たときだけ打てばいいのです」
> ──ウォーレン・バフェット

簡単に言えば、商品先物市場は資金量や戦略やリスク許容量に関係なく、すべてのトレーダーにチャンスを提供している。それでも、トレーダーの取り組み方によって、商品市場はギャンブルを楽しむ場にも、合理的な投資の場にもなる。誤解している人も多いが、商品市場は有害でもなければ、株の投機よりもリスクが高いわけでもない。商品先物トレーダーの悪夢のような破綻劇のほとんどは、マーケットのボラティリティによるものではなく、レバレッジのかけすぎとトレードしすぎによるものなのである。これは、トレーダー自身がレバレッジの使い方を考えて、商品トレードのリスクを決めることができるということを意味している。ほとんどのトレーダーは、商品市場で「普通」とされるレバレッジをそのまま使うという間違いを犯しているが、トレードする枚数を減らしたり、トレード口座に最低必要額以上の資金を入れておいたりするだけで、リスクは劇的に減らすことができるのである。このことについてさらに詳しく書く前に、一見当たり前だが見過ごされていることが多い事実を書いておく。

● トレードでも投資でも、商品市場でのお金の働かせ方は、株や債券といった伝統的な資産クラスの働かせ方とはかなり違う。
● トレードは投資とは違う。その違いを理解することは大事。資産配分で言えば、投資では多め、トレードでは少な目になる。

個人が商品先物市場で損失を被るような大きな損失を出す可能性は、ほかの分野でもあるにはあるが、あまりない。しかしもう一方で、先物やオプションのトレードで得られる大きな利益を手にするようなこ

とも、ほかの分野ではほとんどない。勝敗を分ける原因は、結局のところ経験、もっと具体的に言えばトレードについて生産的な考え方ができるかどうかにかかっている。残念ながら、経験は買うこともまねすることもできない。それでも、私は本書を私独自の視点で書くことにした。

　金融経済書の多くは、市場理論や数学の方程式などに関する幅広い知識を持った学者や研究者によって書かれている。一方、私はもっと実践的で体験に基づいたさまざまな知識を持っている。本書の目的は、私が2004年から商品ブローカーとして働いてきたなかで得てきた教訓と商品トレードの現実的な見方を紹介することにある。

商品と株・債券の違い

　株や債券と商品市場に資金を投じることの最大の違いは、キャッシュフローがないことである。例えば、株を保有すれば配当があったり、自社株買いの恩恵を受けたりする。それに伴うキャッシュフローによって株価が上がらなくても、株主は利益を得ることができる。簡単に言えば、伝統的な投資は、このような収入が損失を緩和してくれる。しかし、商品を保有しても配当や金利はない。商品トレーダーは、タイミングを計ることでのみ利益を上げていかなければならない。

　残念なことに、大金を稼ぐことを夢見て商品先物市場に飛び込んでくる野心的な投機家のなかには、この単純な事実を忘れている人が多い。経験の浅いトレーダーは、配当がないことなどは、高レバレッジの先物トレードにおけるささいな機会費用だと思っている。数カ月間つもり売買をしてみて大成功を収めた彼らは、自分のマーケット予想が正しくないかもしれないなどとは思ってもみないのである。しかし、彼らもいずれは「苦労して」学ぶように、本物のお金を使ったトレードは感情との戦いであり、トレンドを追いかけるだけの簡単な作業を、

第1部　商品先物分析と投機の概論

突然不可能に思える課題に変えてしまう。そのため、商品トレードでは収益や配当といったリスクの緩和要素がないということも十分考慮しておかなければならない。

さらに言えば、配当は株主のリターンを改善するだけでなく、その存在が、一時的な後退（例えば2010年5月や2015年8月のフラッシュクラッシュ）があっても、株価の長期的な上昇をあと押ししているのである。

商品市場に参入する前にもう1つ知っておくべきことは、各限月の先物に納会があることだ。株の場合、タイミングを見ないで買ってもいずれは値上がりすると期待して、理論的には「永遠」に保有することができる。しかし、商品先物トレードでは通常、先物か、先物のオプションの取引を行うため、そこには納会がある。もちろん、先物もロールオーバーして期先に乗り換えることはできるが、それにはコストやスリッページが伴う。それを避けるためにETF（上場投信）を買おうとしても同じだ。直接は見えなくても、ETFの運用では裏で先物の受け渡しをしないための取引が行われているため、ETFの保有者もロールオーバーのコストを間接的に被っているのである。

ちなみに、ETFは商品先物のイクスポージャーの持ち方としては、極めて不適切である。高い管理費や運用費、ファンドのリバランス、ファンド内のトレード費用をはじめとする非効率性を考えると、ETFの動きは原資産の商品の動きとあまり相関性がなくなっている。実際、原資産が2桁の上昇をしているのに、その商品のETFの利回りは2～3％しかなかったケースを目にしたこともある。そして、レバレッジ型のETF（「2倍」「3倍」などといった名称のもの）はさらにひどい。

商品先物取引は、最低限のコストや手間で簡単に売買することができる。もし投機家がトウモロコシの価格が下がると考えていれば、あとで買い戻すつもりで売ることができる。同じことは株でもできるが、そのためにはまず証券会社から株を借りて、相当する金利を支払わな

16

ければならない。このような手間が売買を遅らせ、コストを増やす。所有したり買ったりする前に商品を売ることができる手軽さは、株のように資産そのものを売買するのではなく、先物では原資産の受け渡しの義務を売買しているからなのである。

　さらに言えば、先物トレードには、株のトレード（詳しくは後述する）と比べていくつかの注目すべきメリットがある。

● 商品トレードは取引時間が長い。午後の短い停止時間を除いて、先物トレーダーはいつでも、不便さや規制なしにトレードすることができる。ちなみに、株のトレードは通常、東部標準時の９時30分から16時に限定されている。しかし、資産価格の変化は世界的な現象なので、夜中に株式市場が閉まっていても、価格は常に変化しているのである。

● 先物はトレード口座の最低残高が低い。先物のトレード口座は、安ければ2000〜3000ドル程度で開設できる。株のトレードでも同じことはできるが、アクティブな投機をする場合はほとんどの証券会社が５万〜10万ドルの残高を要求している。

● 大金を支払わなくてもオプションを売ることが可能。証券会社にもよるが、プレミアムで儲ける戦略ならば、わずか5000〜１万ドルの残高でも可能。株の場合、オプションを売るためには通常、トレード口座に５万〜10万ドルが必要。しかも、もし売ったオプションが行使されれば、その株を買うための資金もいるため、10万ドル以上が必要になることもある。一方、先物トレーダーは、その心配がない。原資産はレバレッジをかけた先物取引なので、執行されてもその分の証拠金さえあればよいからだ。

● 先物口座にはポートフォリオに対する証拠金を預託しておく。ただ、カバードコールやオプションのスプレッドなどを使って証拠金を下げることはできる。株の場合、普通はポートフォリオの証拠金とし

第1部　商品先物分析と投機の概論

て最低10万ドルは必要となる。

●先物トレーダーは、税金の優遇措置がある。すべての先物取引および先物のオプション取引には、60％の長期キャピタルゲインと40％の短期キャピタルゲインを混合した税率が適用される。株の場合、保有期間が1年未満ならば高い短期キャピタルゲインの税率がかかる。しかも、先物トレードの税の申告方法は株よりもずっと簡単になっている。株の場合は、トレードごとに報告しなければならないが、先物は証券会社からフォーム1099を受け取って、1つの数字を報告すればよい。

トレードと投資の違い

「過去や希望的観測ではなく、
ありのままの現実を見よ」──
ジャック・ウェルチ

　長年、商品ブローカーをしてきた私のところには、「商品投資」をしたいという人がよくやってくる。しかし、私はこの言葉を聞くと違和感を持つ。ただし、それは商品先物投資を避けるべきだと思っているからではない。何と言っても、私は商品トレードやオプションを効率的かつ効果的に行うための手段を提供することで生計を立てているのだ。私はできるだけ顧客を増やしたいし、個人や法人が私に仲介を依頼してくれることを誇りに思っている。それでも、私の会社のブローカー業務について問い合わせてきた人には、商品トレードの現実をきっちりと伝えることにしている。私は顧客に、潜在利益よりも、リスクについてきちんと理解してもらいたい。そして何よりも、彼らには、商品市場に参加するということが、投資ではなく、トレードだということも理解してほしいと思っている。

　この違いを明確にするため、トレードは価格変動に対する積極的な投機だということを知っておいてほしい。商品市場では、わりと短期

18

的な動きを予想して売ったり買ったりしている。商品トレーダーのなかには、仕掛けてから数秒から数十秒で手仕舞ってしまう人もいる。また、商品を売る人は、その価格が下落することに賭けている。これらの行動は、明らかに投資ではない。

　一方、投資家は「バイ・アンド・ホールド」で長期的（数カ月から数年）に利益を上げることを目指している。もちろん、価格上昇を期待して商品市場で原油を買って長く保有するという戦略は、トレードではなく投資だと言う人もいるかもしれない。それはもっともだ。しかし、このような手法に投資的な要素があっても、株や債券のポートフォリオとはタイプが違う。このことについては、後述する。さらに言えば、もしこの戦略を少ない資金で行えば、レバレッジを使うことになる。レバレッジは、使うと利益も損失も倍増するため、投資ではなくトレードで使うものだと私は考えている。

　アクティブトレードよりも長期投資のほうがより高い勝率を得られるという保証や確信はない。ただ、投資家はトレーダーほど高い潜在利益を期待していない。当然ながら、経験豊富で機転が利くトレーダーならば、典型的な投資家よりも高い利益を上げているだろうが、彼らがそのためにより高いリスクをとっていることは間違いない。

　そのうえ、商品トレードだけでなく、低レバレッジのバイ・アンド・ホールドによる商品投資でさえ、通常の投資よりもはるかにすべきことが多い。株や債券の典型的なポートフォリオならば、年1回のリバランスで十分だが、商品先物トレードのように納会があり、配当や利払いがなく、歴史的には上昇してきたという事実もなければ、そうはいかない。株価は歴史的に見れば継続的に上昇してきたが、商品価格は長期的なレンジとサイクルで推移してきた。インフレ率が低いときは別として、商品が株式のように長期的に上昇するとは必ずしも言えないのである。

　簡単に言えば、トレーダーのほうが間違える余地ははるかに小さい

19

第1部　商品先物分析と投機の概論

し、長期的な判断をする必要もない。もし投資家の判断が早すぎたり
間違ったりしていたときは、損失が回復するまでポジションを数カ月
間（場合によっては数年間）保有することもできる。しかし、レバレ
ッジを使っているトレーダーにとって、そのような選択肢はほとんど
ない。トレードの世界には、「投機を間違うと投資になる」という言葉
もある。

商品先物はトレードか、それとも投資か

> 「良いトレードとは、1に損切り、
> 2に損切り、そして3に損切り
> だ。この3つのルールを守って
> いれば、あなたにもチャンスが
> 巡ってくるかもしれない」——
> エド・スィコータ

　本当のことを言えば、商品先物
取引はトレードにも投資にもなる。
この違いは市場によるものではな
く、取引の仕方にある。未熟なト
レーダーのなかには、先物市場が
提供する無料のレバレッジは、最
大限使うべきメリットだと思い込んでいる人が多くいる。しかし、経
験豊富なトレーダーは、レバレッジが諸刃の剣だということを知って
いる。多くのトレードや戦略は、レバレッジを減らすか使わないこと
で、最大の効果を発揮するのである。

　商品先物トレーダーにとって、これは簡単なことで、単純に枚数を
減らすか、ミニ取引を使うか、トレード口座に必要以上の資金を入れ
ておけばよい。例えば、トウモロコシを3.90ドルで5000ブッシェル買
うと、証拠金は1375ドルだが、1枚につき1万9500ドルをトレード口
座に入れておけばレバレッジをかけなくてすむ。丸代金の1万9500ド
ルは、トウモロコシの現在の価格とサイズ（3.90ドル×5000）で計算
できる。トレード口座に取引金額を丸代金（この場合は1万9500ドル）
入金しておけば、間違えることができる余地が大きくなるため、最低
限の資金（1375ドル）でトレードする場合よりも勝率が高くなる。証

20

拠金のみでトレードすると、利益と損失の変化が劇的に激しくなるが、丸代金を口座に入金しておけば、損益の変動ははるかに扱いやすい金額になる。

レバレッジをかけないもう1つの方法は、ミニサイズの先物があれば、それを使えばよい。例えば、トウモロコシの場合、レバレッジを減らすために5000ブッシェルではなく1000ブッシェル単位のミニトウモロコシ先物をトレードすることができる。1000ブッシェルならば、丸代金は3900ドル（3.90ドル×1000）なので、わずか3900ドルの残高があれば、レバレッジをかけなくてもミニトウモロコシ先物を1枚トレードできる。同様に、もし残高が1万ドルあれば、若干のレバレッジをかけて3枚（1万1700ドル）をトレードすることができる。このように、レバレッジとそれに伴うボラティリティを決めるのはトレーダーであって、商品市場ではない。

極端なレバレッジをかけず、買いサイドに限れば、商品先物は投機的なトレードではなく投資と考えてもよいのかもしれない。資金を投じたのが商品市場かどうかに関係なく、投資かどうかはリスク許容量とポートフォリオの管理の仕方で決まる。私自身は、2つの間のどこかに最適な選択肢があると思っている。

商品トレードではほとんどの人が負けているのだから、常識の逆を行くべき

あまりうれしいことではないが、商品トレードをする人のほとんどが負けている。そうとなれば、みんなと同じことをすべきではないのかもしれない。要するに、群衆についていけば、みんな一緒にひどい目に遭う。これがひどく悲観的な見方だということは分かっている。しかも、私は商品トレーダーを手助けしたりあと押ししたりして、生計を立てているのだ。しかし、私の経験上、商品トレードで継続的に利

益を上げている人は、最初に現実を把握している。単純に、最新ニュースやうわさや友人の情報などに基づいて売買しているだけでは、望んでいた結果には至らないのである。

本書を通じて、さまざまなトレード戦略や、マーケットの分析テクニックや、リスク管理の仕方のメリットとデメリットを注意深く見ていく。トレードの正しい方法や間違った方法に関する意見は人それぞれだが、群衆に従うことの危険性を理解することは別として、投機に最善の方法などない。

> 「投資はロケット工学の学者でなくてもできます。これは、知能指数160の人が130の人を打ち負かすゲームではないのです」
> ——ウォーレン・バフェット

トレードで、リーダーではなくフォロワーになれば、間違いなく困難に遭うことになる。手を抜いて他人のリサーチに頼り、新しいことを学びたくないから複雑なトレード戦略をあきらめていれば、不本意なトレード結果しか得ることはできないのである。

無限の資金があれば、商品トレードはほぼ負けない

先物市場やオプション市場で利益を上げるのはもちろん簡単ではないが、多額の資金と高い規律があれば、平均的な小口トレーダーよりもはるかにうまくいく。理論的には、多額のリスク資本と、無限の時間と、先物のレバレッジを減らそうとする意識があれば、商品市場をどのような嵐が襲っても切り抜けることができる。言い換えれば、理論的に彼らは「絶対に」負けない。理由は、商品が必要なものだからだ。私たちの生活が劇的に変わらないかぎり、私たちにとってある程度の量のトウモロコシや大豆や原油や天然ガスは必要なものなのである。

そのうえ、商品市場は好況と不況を繰り返している。最も苦しい時

期でも（例えば2016年初めの天然ガスや原油、2015年末の金など）、ト
ンネルの先には光が見えていた。石油業界では、「原油の低価格を救う
のは低価格」という言葉がある。これこそまさに不況を抜け出す解決
策なのである。価格が安ければ、生産者は供給を減らす調整をするし、
消費者は安いからたくさん使うようになる。つまり、供給が減り、需
要が増えれば不況はいずれ好況に転じていく。その一方で、高値の商
品は、消費者が代替品を探すため需要が減るが、生産者は高値の間に
売ろうと生産量を増やす。しかし、このような状態が続けば、好況は
すぐに不況に転じる。景気の波は毎回同じには見えないし、そういう
感じもしないが、結局は同じようなことを繰り返している。それでも、
常に対立する勢力があることが、価格がゼロになるのを防いでいるの
である。

　例えば、2014年に原油が1バレル当たり100ドルを超えたとき、アメ
リカのシェールオイルの生産者はコストを無視して生産量を増やそう
とした。しかし、2016年に原油価格が30ドルを割ると、生産者は社員
を解雇し、石油掘削リグを閉鎖した。これらの行動は、どれも商品市
場のサイクルが繰り返されることにつながっている。つまり、価格が
高いときは生産者がこぞって市場に商品を出すことで需要が下がって
いくが、価格が安くなると生産量が減るため、需要が高まっていくの
である。

　商品市場のサイクルの性質を知るトレーダーが相当な痛みに耐え、資
本と忍耐と規律をもって大きなドローダウンを受け入れる代わりにほ
ぼ確実に成功を手にすれば、それが「商品トレードで損はしない」と
いうことなのかもしれない。もちろん、仮定は必ずしも現実的ではな
い。実際、先の理論にも、取引コストや順ザヤ（ロングポジションの
ロールオーバーには不利な条件）や、まれにある商品ブローカーの破
綻（例えばMFグローバルやPFGベストのケース）、場合によっては
価格が回復する前にトレーダーが破産するなどといったことは起こる。

第1部　商品先物分析と投機の概論

商品価格は、長期間さまようことがあり、時には大天井から大底まで
に数年から数十年かかることもあるということを覚えておいてほしい。

　現実の世界では、時間やお金が無限にあるという贅沢はあり得ない。
大手ヘッジファンドやプロのトレーダーや裕福な個人トレーダーでさ
えも、資金が無限にあるわけではない。それに、自分のペースを守っ
て必要なポジションを永久に保有し続けることができる人などほとん
どいない。投資ファンドの場合は、顧客の解約に翻弄され、しかもそ
の解約依頼はなぜか最も苦しい時期に来る。

　このような非現実的な仮定を念頭に、ある商品先物を1枚買って、マ
ーケットが逆行するなかで保有する場合に、ドローダウンがどれくら
い大きくなるかを見ていこう。まず、商品価格は現在の価格から最大
70%下げるとする。もちろんあり得ないことではない。2014年や2015
年に買いトレードを試みた人に聞けば分かる。ここでは70%下落する
可能性があるということを、無限の資本を元手に長期の買いポジショ
ンを持つ場合の想定リスクとしよう。もし原油価格が35ドルならば、い
ずれこれよりも上がるという期待だけで保有した場合、ドローダウン
は1枚当たり最大2万4500ドルになる。言い換えれば、もし仕掛けか
ら70%下げれば、含み損は2万5000ドル近くなる。これは厳しく聞こ
えるが、実はそうでもない。歴史的に見て、原油が35ドルというのは
かなり割安なので、リスクはかなり低くなっているからだ。もっと視
野を広げてみると、例えば、EミニS&Pならば、2000ドルから70%下
落するとドローダウンは7万ドルを超える。これは相当な損失で、冷
静な人でも長く耐えるのは苦労するだろう。

　このように商品を長期的に見て、景気循環の波を待って価格変動に
耐えるつもりならば、当然、マーケットが大きく下げたあとに買おう
とするだろう。同様に、長期的に売りポジションを保有するならば、価
格が相当高いときに仕掛けるべきだろう。商品価格が大幅に上昇する
ことを期待して買っても、そこに至るにはあなたの子供の世代まで待

たなければならないかもしれない。例えば、2008年に原油を１バレル当たり150ドルで買ったと想像してほしい。原油価格はいずれこれを上回るかもしれないが、あなたが生きているうちに再びこの価格を付けるかどうかは、分からない。

　ちなみに、商品と違い、個別株は価値がゼロになる可能性もある。そのため、株は必ずしもバイ・アンド・ホールド戦略の候補ではない。つまり、「十分長く保有すれば、損をするはずがない」というつもりで特定の会社の株を買うのは、商品先物の場合以上に大きな間違いなのである。社会にとってかつては重要な役割を果たした会社が消え去り、株主がひどい目に遭うのを、私はこれまで何回も目にしてきた。電話会社のワールドコムや、最近ではブロックバスターのケースを覚えている人もいるだろう。しかし、商品市場で過去に価格がゼロになったのを見た人はいない。仮にそうなっても、回復する可能性が必ずあり、その点も個別株とは違う。もし株の価値がなくなると、上場廃止になり、株主が損失を取り返すチャンスはなくなる。しかし、商品にはそのチャンスが常にあるのだ。

　もちろん、商品トレードでもこのような「現実離れ」したトレードは勧めない。だれでも金銭面や精神面に限界があり、それをマーケットのトレンドは簡単に超えてしまうからだ。トレーダーはどんな嵐も乗り越えられるというシナリオを描くことはできるのだろうか。イエス。そのような戦略は株よりも商品のほうが実現可能だろうか。イエス。とはいっても、あまり現実的ではない。

白や黒ではなく、ほとんどがグレー

　この先を読めば分かるが、商品市場でのトレードや分析に、正しい方法も間違った方法もない。結局のところ、選んだ

> 「私は、すべてを知ろうとするほど若くない」
> ——オスカー・ワイルド

第1部　商品先物分析と投機の概論

手法の最終的な評価はトレード口座の残高なのである。しかし、トレーダーがたどる道のりは、指紋と同じくらいみんな違う。残念ながら、多くの商品トレーダーにとって、いくつかのルールや指針の下でうまく行動できなければ、商品トレードは手に負えるものではないのかもしれない。私たち人間は、疑問には正確で、できれば数量化できる答えを期待するものだが、トレードにそのような答えはないのだ。

　例えば、商品市場の分析方法はいくらでもある。ファンダメンタルズのみに注目する人もいれば、プライスアクションからヒントを得ようとする人もいるし、季節性や市場心理の指標を指針とする人もいる。しかし、どの分析手法も相互に排他的である必要はない。それぞれの学派は、このパズルを解きたい人にエッジを提供しており、トレーダーはテクニカルアナリストやファンダメンタルズ派、季節性アナリスト、センチメント専門家など、複数のテクニックを使ってよいのである。

　実は、このどれかに固執することで、何か重要なものを失っているケースがよく見られる。例えば、価格の方向がファンダメンタルズの変化よりもかなり早く変わることはいくらでもある。このようなときは、みんながファンダメンタルズの変化に気づくよりもはるか前に、チャートがたいていそのことを伝えているものだ。あるいは、ファンダメンタルズ的なデータを無視するテクニカルアナリストが、需給の変化で価格が変化しつつあることを見逃してしまうこともある。なかでも顕著なのがセンチメント分析である。マーケットがファンダメンタルズに基づく大きなトレンドに執着していても、センチメント指標に深く埋め込まれたヒントが、起こりつつあることの洞察を与えてくれることもあるのだ。そのため、トレーダーは、「一芸」にしがみつくのではなく、さまざまな分析テクニックを意識しておくほうが、勝率を高めることができる。

26

市場分析のどのような手法を選んでも、正確に価格の動きを予想することはできない。それよりも大事なことは、目標価格や支持線や抵抗線

> 「毎日学ぶべし。特に他人の
> 経験から学べば安くすむ」
> ──ジョン・ボーグル

を決めるときに、どれほど正確な手法を使ったとしても、それらの水準は予想にすぎないということを知っておくことである。もしチャート分析によって金先物の支持線が1090ドルだと判明したとしても、1085ドルになったら下げ続けると結論づけるのは間違っている。実際、商品市場では支持線がブレイクされても売りが枯渇してすぐに反転する「ベアトラップ」がよく起こる。マーケットでは、最高に見えるときが最悪の買い時で、苦境に陥っているときがチャンスの宝庫という場合もよくある。

　商品市場のファンダメンタルズ分析やテクニカル分析の基本について書いた本はたくさんあるが、本書のように商品トレードのそれ以外の部分に踏み込んだものはあまりない。本書の目的は、情報を集め、解釈し、さまざまな分析方法を使えるようになるためのヒントやテクニックを伝えることにある。できれば、読者にはこれらのテクニックを組み合わせることで、嫌な経験を減らし、より有能な商品トレーダーになってほしい。

第1章 商品市場のおさらい
Commodity Market Refresher

　商品トレードの戦略を紹介する前に、先物市場や先物取引とそのオプションに関する基本的な理解を統一しておきたい。そこで、まずは本書のより高度な項目を適切に理解するためのおさらいをしていく。このなかで、もしさらなる説明が必要だと感じる部分があれば（特に損益計算に関する項目）、拙著『ア・トレーダース・ファースト・ブック・オン・コモディティース（A Trader's First Book on Commodities）』に詳しい説明が載っている。

現物市場とは

　現物市場、別名「スポット市場」は、その場で受け渡しが行われる売買の場である。例えば、穀物農家が大豆を穀物倉庫会社に売却するのは、現物取引である。価格はその商品の現在の価値で、売買後、即座に受け渡しが行われる。ちなみに、現物市場の対義語は先物市場で、後者は売買した商品を将来受け渡す取引なので、価格には受け渡しまでの保管費用も含まれている。

29

先物取引とは

先物取引の定義は、組織化された取引所で、将来の合意した日に、特定の価格で、商品や金融資産を売買する取引である。この取引では、納会日や量や原資産の質などは取引所が規定しているが、価格はトレーダーが決めている。

先物取引は、将来に商品を売買する取引で、これは実際の資産ではなく、法的責任である。そのため、先物は順番に関係なく買ったり（ロング）、売ったり（ショート）することができる。株ならば売り（空売り）から始めるときは事前にブローカーから株を借りて金利を支払わ

> 「リスクをとる勇気がなければ、人生で何も達成することはできない」
> ──モハメド・アリ

なければならないが、先物ならばクリック１つでできるし、金利も発生しない。ただし、トレード口座に十分な証拠金を預け入れ、ブローカーに手数料を支払わなければならない。

具体的に見ていこう。CME（シカゴ・マーカンタイル取引所）グループ傘下のCBT（シカゴ商品取引所）に上場しているトウモロコシ先物３月限（納会日は３月14日）は、トウモロコシ5000ブッシェルの取引である。仮に現在のトウモロコシの価格が3.90ドルとして、トウモロコシの価格が今後上がると考えるトレーダーは、今よりも高く売却することを期待して先物を買う。同様に、もし価格が下がると考えていれば、今よりも安く買い戻すつもりで先物を売る（ただし、そうなるという保障はない）。

ほとんどのトレーダーは納会までポジションを保有することはないが、納会まで保有するという人がいれば、それは実質的に原資産の物理的な受け渡しに合意したことになる。つまり、トウモロコシ先物３月限のポジションを持っているトレーダーは、３月14日に１ブッシェル当たり3.90ドルで5000ブッシェルを現受けすることになる。このと

き、受け渡し日のトウモロコシの価格とは関係なく、合意した3.90ド
ルが取引価格になる。もしこれが売りならば、納会日に、すでに合意
した価格の3.90ドルでトウモロコシを5000ブッシェル引き渡さなけれ
ばならない。

トレーダーは、納会日までに先物取引を差金決済すれば、受け渡し
の義務も相殺される。また、3月限の納会日を過ぎても買いや売りの
ポジションを手放したくない人は、3月限を売って次の限月である5
月限を買うことで「ロールオーバー」することができる。こうすれば、
トレーダーは商品（例えば5000ブッシェルのトウモロコシ）を実際に
受け渡すことなく引き続き価格リスクのイクスポージャーを維持でき
る。

先物取引の価格は、将来のある時点で受け渡す前提で建てられてい
るため、先物価格は今日から受け渡し日までにマーケットが期待する
価格変化と、その間の費用を表している。物理的な商品の場合、この
なかには保管費用や保険などが含まれており、価格に織り込まれてい
る持ち越し費用は期先に行くほど高くなるので、それのことを順ザヤ
（コンタンゴ）と呼ぶ。

本書には、先物取引に関する利益や損失やリスクの計算式が繰り返
し出てくる。そのたびに、簡単な説明はしているが、より詳しく知り
たい人は、拙著『ア・トレーダース・ファースト・ブック・オン・コ
モディティース（A Trader's First Book on Commodities）』を参照し
てほしい。

ピットのトレードと電子トレードの違い

2015年半ばまでは、すべての先物取引が、大声で値決めを行う昔な
がらの立会所（ピット）と電子取引という2つの異なる方法で行われ
ていた。若くて商品トレードを始めたばかりの人は、オープンクライ

アウト（公開競り）方式で値決めが行われていたピットを知らないかもしれない。ピットは簡単に言えば、取引所の会員がアーブ（アービトラージの略）と呼ばれる手振りを使って先物を売買するための立会場である。ここでは、価格が手の動きと怒鳴り声と、時には体の動きも使って決まっていく。公開の競りは、よく「組織化された混沌」と呼ばれている。エディー・マーフィーとダン・アクロイドが主演した映画「大逆転」をまだ見ていない人は、ぜひ見てほしい。ピットトレードの全盛期の様子がよく分かる。ほかにも、ジェームス・アレン・スミス監督のドキュメンタリー映画の「フロアード」（Floored）は、CMEのトレーディングピットの盛衰を率直に描いている。

トレードフロアで生計を立ててきた多くの人たちにとっては大きな損失となったが、ほとんどのピットは2015年7月に閉鎖された。本書が刊行されるころに残っているピットは、オプショントレードのピットと、フルサイズのS&P500先物のみになっているはずだ。

> 音楽のストリーミング配信がラジオを打ちのめしたように、コンピューターがトレードの立会場を終わらせた。私たちはそれを受け入れ、適応するしかない。

先物トレードのピットの閉鎖は1つの時代の終わりを告げたが、平均的な小口トレーダーにとっての影響はほとんどなかった。CMEグループがピットの閉鎖を発表した時点で、ピットで執行されていた取引の割合はわずか1％程度だったからだ。つまり、CMEグループで行われていたトレードのほぼすべてが電子的に処理されていたため、ほとんどのトレーダーは変化に気づきもしなかったと思う。

トレードの電子マッチング（業界内ではスクリーントレーディングと呼ばれている）は、公開競り方式よりも極めて速くて効率的だ。ただ、電子マッチングは透明性、処理スピード、執行報告、執行の質（スリッページが少ない）などによって明らかに有利ではあるが、不利な点はあまり知られていない。例えば、これまでは取引所や場合によっ

第1章　商品市場のおさらい

てはブローカーでシステム的な問題が発生すれば、ピットトレーダーが注文を処理することができた。このような事態は頻繁に起こるわけではないが、必ず起こる。執行の代替手段がなくなった今、１つのトレードが滞るだけでマーケットの健全性と秩序あるトレードに劇的な影響が及ぶことになる。

　「大逆転」でダン・アクロイド演じるルイス・ウィンソープ３世は、先物トレードのピットを「純粋な資本主義の最後の砦だ」と言っている。ピットがなくなったことで、業界のベテランの心意気の一部も消えてしまった。それでも、これがマーケットの効率性を高めるために避けることができないステップだったことはみんな分かっていた。ピットが閉鎖されたとき、私も１つの伝統が消えたことを悼んだが、同時に業界の将来も受け入れた。変化に向き合うのは大変だが、必ずしも悪いことばかりではない。

ビッド・アスク・スプレッドとは

　本書の読者は、どのような資産にも（商品先物でも、オプション、株、ベースボールカードでも、家でも）必ず２つの価格があるということはよく分かっていると思う。

> 消費者と同様、マーケットの参加者にも高い「手数料」がかかるため、必ず高い価格で買い、安い価格で売ることになる。

１つがその資産を買うことができる価格で、もう１つが売ることができる価格だ。商品トレードの世界では、買うことができる価格は「アスク」（または「オファー」）、売ることができる価格は「ビッド」と呼ばれている。また、２つの価格差は「スプレッド」、より記述的には「ビッド・アスク・スプレッド」と呼ばれている。

　流動性が高いマーケットでは、ビッド・アスク・スプレッドが狭いため、トレーダーの負担にはならないが、流動性が低いマーケットで

33

は隠れたコストとして高いハードルになる。例えば、満期が30日後の原油のコールオプションのビッドが0.47、アスクが0.49だとすると、ビッド・アスク・スプレッドは0.02ドル、実際には20ドルである（原油市場の1セントは1枚当たり10ドルに相当する）。しかし同じオプションでも、流動性が低くマーケットメーカーもいないオーバーナイトセッションで見ると、例えばビッドが0.10でアスクが0.92などとなっており、スプレッドは0.82ドル（1枚当たり820ドル）になっている。愚かにもこのような大きなスプレッドでトレードしてしまえば、損失で終わることはほぼ間違いない。このようなとき、流動性が日中のように高まるのを待つ以外に、トレーダーは「買い注文を分割」して出すことができる。もしかしたら、だれかが51（ビッドとアスクのほぼ中間なので比較的公正な価格）で買い注文を出すかもしれない。

　オプション戦略だけで1冊の本ができるし、すでに私も書いている。それが、私が初めてトレード本の執筆に挑戦した『コモディティース・オプション（Commodities Options）』である。この本は、商品先物のオプションにかかわるあらゆる情報とともに、いくつかのオプション戦略を詳しく紹介している。そのため、本書ではオプションについて自分のポートフォリオに必要かどうかを判断するための情報として軽くおさらいするにとどめている。その代わりに、本書ではオプションを使っていくつかの商品先物戦略をヘッジするという使い方を紹介していく。

　オプションについてトレーダーが犯している最大の間違いは、もしかしたらリスクとボラティリティを緩和するために、それを使っていないことかもしれない。投機的なポジションを完璧に仕掛けることができる人はあまりいない。どれほど努力をしても、将来を見通すことはできないからだ。そのため、オプショントレードの可能性や、オプションと先物を組み合わせることに精通しておくと、ポジショントレーダーやスイングトレーダーは重宝するかもしれない。オプションは

ポジションリスクを極めて柔軟に調整できる手段であるだけでなく、例えば、商品トレードがトレード口座に及ぼすボラティリティを下げる目的としても効率的に使うことができる。要するに、オプションを使えば先物市場におけるレバレッジを減らし、トレードの動きを扱いやすくすることが可能なのである。

　本書を読む人のほとんどは、オプショントレードの用語や概念についてはよく知っているか、複雑そうに見えるという理由でオプションについて知ることを避けてきたかのどちらかだと思う。オプションの概念を理解するのは、見かけほど大変でないことは保証する。実際、少し練習すれば、苦もなく使えるようになるだろう。ただし、これはオプションの概念のことで、トレード結果についてはその限りではない。

　これから、オプションについてみんなが同じ理解で話を進めていくための説明をしていく。そうすれば、第9章「オプションのトレード戦略」で紹介するオプションを商品トレードやヘッジの手段として使う方法のメリットやデメリットが理解しやすくなると思う。

オプションとは何か

　オプションが投機やヘッジにどのように使えるかを理解する前に、オプションがどのようなものでどのように機能するのかを知っておく必要がある。オプションには、簡単に言えば2つのタイプがあり、通常は2つのトレードの仕方がある。まず、コールとプットという2つのタイプについては、ほとんどの人が知っていると思う。また、オプションの買い手と売り手についても知っていると思う。しかし、それぞれにかかわる本当のリスクとリワードを完全に理解している人は少ないのではないだろうか。

　オプションの買い手は、売り手にプレミアム（対価）を支払って、対象の先物取引の受け渡しを行う権利を得るが、これは義務ではない。こ

> 「何をおいても、準備こそが成功の鍵である」――アレクサンダー・グラハム・ベル

の権利を実行することは、オプションの行使と呼ばれている。それができるのは、オプションの買い手のみで、あとはオプションの満期日に先物価格が行使価格を超えていれば、取引所が行使する。

●**コールオプション** 原資産を、提示した行使価格で特定の期間内に買う権利を買い手に与える取引（買い手には義務はない）。売り手は、買い手がオプションを行使するか、満期日に取引所が行使したら（イン・ザ・マネーの場合、詳しくは後述する）、資産を行使価格で売る義務がある。つまり、行使されると売り手は売りポジションを取らざるを得なくなる。

●**プットオプション** 原資産を、提示した行使価格で特定の期間内に売る権利を買い手に与える取引（買い手には義務はない）。売り手は、買い手がオプションを行使するか、満期日に取引所が行使したら（イン・ザ・マネーの場合）、資産を行使価格で買う義務がある。つまり、行使されると売り手は買いポジションを取らざるを得なくなる。

オプションの価値は、本質的価値と付帯的価値（時間的価値）という2つの要素で決まる。本質的価値は、特定の時点のオプション自体の価値で、付帯的価値は原資産の価格の将来の動きに対するマーケット参加者の期待に基づく価値である。オプションの価格と2つの要素の関係は次の式に表すことができる。

オプションの価格＝本質的価値＋付帯的価値

表1　オプションの買い手のリスクは限定されているが、売り手のリスクは無限である

	コール	プット	
買い			限定的なリスク
売り			無限のリスク

本質的価値

　本質的価値の最も単純な見方は、今、満期を迎えた場合の価値と考えると分かりやすい。まずは、イン・ザ・マネーとアウト・オブ・ザ・マネーのオプションの違いを見ていこう。ちなみに、トレーダーが「イン・ザ・マネー」のオプションは儲かると言っているのを聞いたことがあるかもしれないが、これは業界における通常の解釈とは違う。

　もし原資産の価格が行使価格を超えていれば、そのオプションはイン・ザ・マネーという。これは、プットならば将来の価格が行使価格を下回っているということで、コールならば上回っていることを意味している。例えば、原油先物が1バレル当たり42ドルならば、40ドルのコールオプションは2ドルのイン・ザ・マネーということになる。これは、このオプションの本質的価値が2ドルということでもある。ちなみに、原油価格の1セントはトレードするときには10ドルに相当するため、本質的価値は1枚当たり2000ドル（200セント×10ドル）ということになる。つまり、このオプションの価格（プレミアム）は、満期まで少なくとも2ドル（実際は2000ドル）はあることになる。

　イン・ザ・マネーの定義が分かれば、将来の価格が行使価格を超え

第1部　商品先物分析と投機の概論

ない場合はアウト・オブ・ザ・マネーで、行使価格と同じならばアット・ザ・マネーだということは想像がつくだろう。このなかで、本質的価値があるのはイン・ザ・マネーの場合だけで、アウト・オブ・ザ・マネーやアット・ザ・マネーならば本質的価値はない。しかし、付帯的価値のほうは、満期より前ならば必ずある。

付帯的価値（時間的価値）

> 付帯的価値には、マーケットが予想する将来の価格変動であるインプライドボラティリティも含まれている。

　付帯的価値は、プレミアムのなかの本質的価値では考慮されていない部分である。先の例の原油のコールオプションは、２ドルのイン・ザ・マネーだったが、もしこのオプションのプレミアムが市場で３ドル（１枚当たり3000ドル）ならば、追加の１ドルは、マーケット参加者がこのオプションの需給を考慮して判断した時間的価値ということになる。

　付帯的価値は、満期までの時間や、マーケットのボラティリティ、イベントリスク、オプションの需要、原資産との価格差などに基づいてオプションの適正価格をマーケットがどう評価するかに合わせて大きく変動する。経験的に言えば、オプションの付帯的価値は、ボラティリティが高いときや、主要な経済白書や農業白書が出る前のオプションの需要が高まる時期には高くなる。さらに言えば、同じ満期日ならば、アット・ザ・マネーに近いもののほうが、ディープ・アウト・オブ・ザ・マネーのものよりも価値が高くなる。同様に、行使価格が同じならば、満期が今月のもののほうが来月のものよりも安くなる。これは、オプションがイン・ザ・マネーになる確率は、30日間よりも60日間のほうが高いとマーケットが評価するからである。

38

インプライドボラティリティ

インプライドボラティリティはオプションの付帯的価値の一部で、マーケットが予想する将来のボラティリティである。マーケットの参加者が、イベントリスクの見通しに基づいてオプションの価値にどれだけ織り込むかで変わってくる。そのため、インプライドボラティリティによって、適正価格のオプションが急に非合理的な価格に変わることもある。反対に、インプライドボラティリティは、急騰するのと同じくらい急落することがある。多くの場合、インプライドボラティリティの変動がトレーダーの損益を左右することになる。そのため、インプライドボラティリティが上がればオプションの買い手が恩恵を受け、下がれば売り手が恩恵を受けることになる。

インプライドボラティリティの重要性は、例えば重要な経済データや商品のファンダメンタルズにかかわる報告書などが発表される前になると分かる。例えば、原油トレーダーは、先物市場に大きな動きがなくても、火曜日の午後や水曜日の朝に原油オプションの価格が上がることに気づいているだろう。これは、毎週発表される在庫報告の前にマーケットがインプライドボラティリティを高めに設定するからだ。また、米農務省の報告書も穀物市場のインプライドボラティリティに大きな影響を及ぼす。一方、金融先物のインプライドボラティリティは、毎月発表される雇用統計や、FOMC（連邦公開市場委員会）の前に上昇する。いずれにしても、インプライドボラティリティは、ニュースの前に高騰し、ニュースのあとに急落する。オプションストラングルの売り手は、前述のようなイベントの前にタイミングを見て仕掛ければ、サプライズがないかぎり有望なトレードができる。

オプションのインプライドボラティリティを知っておくと明らかに役に立つ。ただ、残念ながらすべての先物やオプションのトレード用プラットフォームがインプライドボラティリティを表示できるわけで

はない。実際、無料のプラットフォームの多くはこの情報を提供していないが、有料のプラットフォーム（普通は1カ月当たり100～150ドル程度）ならば付いている。ちなみに、それよりも安く提供しているのがムーア・リサーチ・センター・インク（MRCI）で、私もインプライドボラティリティは自分のプラットフォームではなくMRCIのほうを使っている。

オプションの損益分岐点を計算する

オプションの買い手は、満期まで保有したオプションの先物価格が行使価格とプレミアムの合計を超えていなければ利益を上げることはできない。一方、売り手は受け取ったプレミアムが損失のバッファーになる。つまり、売り手にとっては満期日に本質的価値が受け取ったプレミアムを超えていなければイン・ザ・マネーでも利益が上がる。このように、買い手や売り手が儲かるか否かのポイントは、損益分岐点と呼ばれている。オプショントレードはゼロサムゲームなので、もし買い手の利益になれば、売り手は損失を被るし、その逆も言える。そのため、損益分岐点は両者にとって同じだが（取引コストは別として）、その結果は逆になる。

損益分岐点＝行使価格±プレミアム

例えば、大豆のコールオプションを買い、その行使価格が10ドル、プレミアムが0.25ドルだったとき、先物価格が10.25ドルを超えなければ利益は出ない。もし満期日の先物価格がちょうど10.25ドルならば、このオプションは0.25ドル分のイン・ザ・マネーでも、トントンなのである。これは、このコールオプションの本質的価値が、支払ったプレミアムと相殺されてしまうからだ。また、もし価格が10.25ドルを下回

第1章　商品市場のおさらい

っていても10ドルよりは高ければ、買い手は支払ったプレミアムと本質的価値の差額分を損をしたことになる。

　一方、このオプションの売り手は、満期日の大豆の価格が10.25ドルを下回っていれば利益が出る。特に、価格が行使価格の10ドルを下回っていれば、受け取ったプレミアムの25セントがすべて利益になる。また、価格が10.10ドルでイン・ザ・マネーの状態であっても、受け取ったプレミアムが満期の本質的価値を超えているため、正味15セントの利益が得られる（コスト別）。しかし、もし大豆の価格が損益分岐点の10.25ドルを超えれば、売り手は1セント上がるごとに1セントの損失を被る。この状態は、10.25ドルで大豆先物を売った場合と似ている。

証拠金とは

　繰り返しになるが、先物取引は現物取引と違い、原資産の商品を将来の特定の時点で受け渡す取引なので、本来は負債である。そのため、実際の現金の受け渡しはないが、マーケット参加者の「信頼」を担保するため、取引所はトレーダーが最低限の証拠金を預託するよう定めている。証拠金は、取引所が売り買いの両方の当事者を保証するためのもので、これによって買い手も売り手も決済時に義務を果たすことができる。通常、取引所は証拠金の水準を、その日に損失になるであろう水準に設定している。例えば、原油の証拠金が5060ドルに設定されていれば、それは取引所が1日の取引時間のなかで最大の値動きが5060ドルの損失になると推定していることを意味している。前述のとおり、原油の場合は1セントの値動きが1枚当たり10ドルに相当するため、この日は5.06ドルの値動きが想定されている

> 証拠金はブローカーによって違う。商品取引所は最低額を設定しているが、ブローカーはそれより高くしてもよい。トレーダーは、取引所が定めた最低額しかとらないブローカーを選ぶようにするとよい。

41

ことになる（10ドル×5.06ドル＝5060ドル）。

　ここまで証拠金について簡単に紹介してきた。ただ、商品先物には、見た目よりも複雑なことがたくさんある。まず、１件の先物取引について２種類の証拠金がある。委託証拠金と維持証拠金だ。

●**委託証拠金**　これは先物を仕掛けたり、オプションを売ったりするときに、商品ブローカーに預託しなければならない金額である。証拠金といえばたいていこのことで、最も分かりやすい。オプションの委託証拠金は少し複雑だが、通常の商品ならば、取引所が定める商品ごとの委託証拠金の最低額は取引所のウェブサイトなどで簡単に見ることができる。ちなみに、ブローカーは取引所が示す最低額よりも高い証拠金を請求する場合はあるが、それよりも安くはできないということは覚えておくとよい。ちなみに、デイトレードはそのかぎりではないが、そのことについては後述する。例えば、金を１枚仕掛けた顧客に取引所が4500ドルの証拠金を定めていれば、委託証拠金は4500ドルということになる。少なくとも4500ドルがトレード口座にあれば（ぴったり4500ドルでもよい）、金のポジションを１枚持つことができる。

●**維持証拠金**　特定のトレードの含み損が、トレーダーが行動を強いられる水準に達した場合の証拠金の割合。維持証拠金は、それを下回ると追加証拠金（追証）が発生する。通常、維持証拠金は委託証拠金の80～90％だが、商品によってもボラティリティによっても変わる。例えば、金の維持証拠金が3750ドルで、トレーダーが4500ドルを預託して金先物を売ったが、そのあと金の価格が7.50上昇して含み損が750ドルに達すると、残高は3750ドルに減り、追証が発生する（金価格が１ドル動くとトレード額は100ドル動く）。

　ここで１つ重要なことは、追証は日中には発生しないということで

ある。追証は、正式な取引時間が終わった時点で維持証拠金の水準を
下回っている場合のみ発生する。ただ、ここで言う正式な取引終了時
間は、かつてピットでの立会時間が終了していた時間である点に気を
つけてほしい。ピットでのトレードがほとんど行われなくなった今、終
了時間はトレード日のなかの特に意味のない時刻になっている。

　商品市場の証拠金に関する複雑なルールはほかにもある。リスクが
無限の戦略を用いているデイトレーダーやオプショントレーダーには、
さらなる証拠金の規定があるのだ。

デイトレードの証拠金

　取引所が定める従来の委託証拠金とは違い、その日に仕掛けた先物
をその日に手仕舞う場合は、ブローカーが証拠金を割り引いている場
合もある。なかには、割引率が恐ろしく大きいために、レバレッジと
リスクがとてつもなく高くなっているケースもある。取引所が設定す
る証拠金とブローカーが設定する証拠金が大きく違うのは、オーバー
ナイトでポジションを保有する場合は証拠金の最低額が決められてい
るのに対して、デイトレードの場合はブローカーが自由に決めること
ができるためで、後者はブローカーによってかなり差が出ることもあ
る。同じブローカーを使っても、あるブローカーの顧客は1000ドルで、
別のブローカーの顧客は500ドルということも起こり得るのだ。

　デイトレードの証拠金はブローカーや個々の担当者によって違うだ
けでなく、商品によっても違う。Eミニ S&P500 などの株価指数の証
拠金はたいてい安いが、金や銀など流動性が低く、ボラティリティが
高いものは証拠金も高めになっている。いずれにしても、デイトレー
ドの証拠金に明確なルールはなく、ブローカーが勝手に決めたあいま
いな金額になっている。

　このことについては、次章以降でも詳しく書いていくが、証拠金が

安いことが、規律のないトレーダーにとって必ずしも良いことではないということをよく覚えておいてほしい。

オプションの証拠金

証拠金で最も複雑なタイプはSPAN（リスクの標準的なポートフォリオ分析）である。SPAN証拠金は、株トレードのポートフォリオ管理システムと似ており、すべてのポジションを考慮してポートフォリオ全体のリスクを算出している。そのため、反対方向の先物とオプションを組み合わせたスプレッドや戦略の場合は、ポートフォリオ全体のリスクがすべてのポジションのリスクの合計よりも低くなる場合がある。

例えば、ＥミニS&Pのプット（行使価格が1700、SPAN証拠金が2400ドル）を売っているトレーダーは、同じ内容のコールオプションを売っても証拠金は増えない。また、1900のコールの売りの証拠金が約2400ドルでも、同じトレード口座ですでに1700のプットを売っていれば、両方合わせた正味証拠金は2400ドルのまま変わらない。これは、SPAN証拠金の計算過程で、損失が出るのはどちらか一方で、両方ではないことが分かっているからだ。これは単純な例だが、SPANが未決済ポジションの正味リスクに基づいて証拠金を割り引いている仕組みは分かってもらえたと思う。もしこの例がよく理解できなくても心配はない。この戦略については、本書を通して詳しく説明していく。

> 手数料が高いと思うならば、それに見合う利益を上げることを目指すことだ。通常、ディスカウントブローカーは、オプショントレーダーには高めの証拠金率を課している。

要するに、SPANはCMEグループが開発した複雑な公式で、証拠金の規定額をマーケットボラティリティやイベントリスク、現在の価格

44

と行使価格の近さなどを考慮して、実質的なリスクを算出している。そのため、SPAN証拠金の規定額は毎日どころか毎分変動しており、トレーダー（特に経験が浅い人）が正確に証拠金の最低額を判断するのは難しい。その一方で、SPAN証拠金の柔軟な考え方によって、トレーダーは証拠金の限度に近づいたらトレードを調整して素早く簡単に対応できる。追証が発生したり、近づいているときに、現在のポジションと反対方向のオプションを売ってリスクを下げれば、元々のポジションを手仕舞ったり、トレード口座の預託額を増やさなくてもすむ。このことについては、第16章のリスク管理と証拠金の調整戦略のところで詳しく述べる。

　ちなみに、すべてのブローカーの証拠金規定が、SPAN証拠金（実質的に取引所が定めるオプショントレードの証拠金の最低額）を顧客に課しているわけではない。多くのブローカーがSPANに顧客のトレードリスクを上乗せして追加的な額を要求している。特に、オプションを売っている顧客には、ほとんどのブローカーが、取引所よりも多く証拠金を課している。もしあなたのブローカーがSPAN証拠金以上の額を請求してきたら、別のブローカーを真剣に探したほうがよいかもしれない。このようなブローカーは、ほかにも顧客のトレード環境に不利益を与えている可能性があるからだ。

　SPANは、先物のオプションか、先物とオプションを組み合わせる場合のみに適用される。一方、アウトライトの先物取引や先物のサヤ取りは、既定の委託証拠金や維持証拠金が適用される。ただ、CMEグループはSPAN証拠金の算出方法を公開していないため、正確に算出するのは難しいし、コストもかかる。トレードプラットフォームのなかにはSPAN証拠金の推定金額を示す機能がないものもあるが、たとえあったとしても完璧ではないため、目安程度に使うようにしてほしい。

第1部　商品先物分析と投機の概論

注文の種類

　本書では、いくつかのトレード戦略に加えて、注文の種類と執行方法についても書いていく。そこで、最初に主要なトレードプラットフォームのほとんどで使える一般的な注文タイプをおさらいしておこう。ここでは、いくつかの「例外的」なタイプは除いて、頻繁に使われているものについて書いていく。随分、初歩的なことだと思うかもしれないが、実はベテラントレーダーでも指値注文と逆指値注文の違いが分かっていない人もいる。

　どのタイプの注文を使うにしても、これらは先物取引のみに使えるということを覚えておいてほしい。ちなみに、オプションは通常、指値注文のみを使う。先物取引所の多くは、オプションの逆指値注文や成り行き注文を受け付けていない。

成り行き注文

　成り行き注文は、指定したポジションを、その時点でできるだけ良い価格で執行するように依頼することである。成り行き注文を使うトレーダーは、執行された価格を受け入れる代わりに、必ず執行されることを優先している。成り行き注文は、流動性が高いマーケットならば極めて効率的だが、流動性が低いマーケットでは望まない価格で執行されてしまうこともある。そこで、薄商いの商品でトレードするときは、ビッド・アスク・スプレッドを確認しておいたほうがよい。そして、もしスプレッドが大きければ、成り行き注文ではなく、指値注文を選ぶべきなのかもしれない。

46

第1章　商品市場のおさらい

逆指値注文

　「逆指値注文」は、損切り注文と
呼ばれることも多く、指定した価
格に達すると成り行き注文に変わ
る。この「達する」というのは、逆
指値の価格がビッドかアスクのど
ちらかと一致することを意味して

> 逆指値注文は、リスク管理にも
> トレードの仕掛けにも使える。
> いずれにしても、注文が執行さ
> れるためには価格が「さらに逆
> 行」しなければならない。

いる。ただ、そのあと成り行き注文になると、スリッページが発生す
る場合もある。マーケットのほとんどの状況において、逆指値注文は、
最終的には指定した価格かその近くで執行される。しかし、ボラティ
リティが非常に高いときや、大引けから寄り付きまでの間に窓が空い
たときは、執行価格が大きく飛ぶこともある。ほぼ24時間トレードが
行われている今日では、そのようなことは以前ほど多くはないが、金
曜日の大引けから日曜夜の寄り付きの間に飛ぶことなども、時にはあ
る。

　ほとんどのトレーダーは、逆指値注文をポジションの「損切り」に
使っているが、実は新たにトレードを仕掛けたり、未決済ポジション
の利益を守ったりするために使うこともできる。逆指値注文は、必ず
現在の価格よりも「悪い」価格で出すことになる。もし買い注文なら
ば、今よりも高い価格で注文を出し、売り注文ならば今よりも安い価
格で注文を出すということだ。そのため、逆指値注文が執行されると、
当然ながら比較的高く買ったり、比較的安く売ったりすることになる。

　例えば、金を1185ドルで買い、リスクを減らすために損切り注文を
1180ドルで出すとする。これがスリッページなしに執行されたら、こ
のトレードは500ドルの損失で「損切り」できたことになる（金価格が
１ドル動くと１枚当たり100ドル動くため、［1185ドル－1180ドル］×
100ドル）。また、金の価格が1195ドルに上昇すれば、それに合わせて

47

逆指値を1190ドルに動かすこともできる。そうすれば、500ドルの利益は確定するからだ。反対に、金がある価格に達すると、そのまま上昇していくと考えた場合は、例えば1195ドルで買いの逆指値注文を出しておけば、目安の価格に達したときに買って、いずれ高く売ることができるかもしれない。

指値注文

価格が「不利」にならないと執行されない逆指値注文と違い、「指値注文」は特定の価格「かそれ以上有利」な価格で執行される。この注文は、価格が今よりも有利な方向に動かなければ執行されない。つまり、価格が下がったら（有利になったら）買いたい、または上がったら（有利になったら）売りたいという注文である。

例えば、金を有利に買うため、市場が弱含んだときを狙って1180ドルで指値注文を出したとする。この場合、トレーダーは「良い」価格で買うことを期待する代わりに、執行されないリスクを受け入れている。そして、もしこの注文が1180ドルで執行されたら、このトレーダーはこのポジションが1195ドルまで上がることを期待して、1195ドルで売りの指値注文を出すかもしれない。しかし、そこまで上げるという保証はもちろんない。しかも、そこに達したとしても執行されないこともあり得る。この業界には、「指値は超えなければ執行されない」という言葉がある。トリガー価格を1ティック超えないと執行されないということだ。この場合、価格がさらに少なくとも1ティック上げて1195.10ドルにならないと、執行されないのである。

> 指値注文は、価格が逆行しなければ執行されないため、指値「かそれ以上有利」な価格で執行される注文。

MIT注文

「マーケット・イフ・タッチト」注文は、実質的には指値注文の一種である。価格が「有利」にならなければ執行されないという概念は同じだが、MIT注文は、トリガー価格に達すると発動する。指値と違う点は、価格が指値を超えなくてもよいことで、価格が指値にタッチしただけでも成り行き注文に変わる。そのため、MIT注文ではスリッページが発生して、トリガー価格よりも不利な価格で執行されることもある。

ストップリミット注文

おそらく最も分かりにくい注文タイプ。その名前から逆指値（ストップ）注文と指値（リミット）注文に関係がありそうだが、そうではなく、実際には落とし穴付きの逆指値注文。ストップリミット注文は、スリッページを限定した損切り注文とも言える。これは素晴らしいアイデアに見えるかもしれないが、実はさまざまな問題がある。

ストップリミット注文は、例えば金先物が1185ドルになったら売り注文を出し、リミットを1183ドルとする注文である。これは、金を1185ドルで売る逆指値注文だが、1183ドル以下では執行しないということを意味している。実際には、1183ドルよりもかなり上で執行されることが多いが、ストップリミットを設定することによって、トレーダーはそれ以下のスリッページは受け入れないと宣言しているのだ。

もし先物価格が設定したスリッページの「リミット」の範囲で執行されないままストップリミットを超えたら、注文は無効になる。そうなると、損切りのスリッページを限定するつもりでストップリミット注文を出したのに、その時点で損切り注文自体が消滅してしまう。あとで口座を確認したら惨憺たる結果に驚愕することになるかもしれない。これは「ロードローラーの前で5セント硬貨を拾う」ようなこと

49

第1部　商品先物分析と投機の概論

で、小銭を得てもローラーにひかれたら意味がない。

先物とオプションの取引所

　複数の取引所で取引できる株式や、取引所がないFX市場と違い、先物とオプションは特定の取引所で上場され、執行されている。

　アメリカの先物取引所に上場されている商品先物とオプションは、CFTC（米商品先物取引委員会）の承認を得なければ、トレードすることができない。そのため、通常は、商品ごとにトレードできる取引所は1カ所しかない。どの取引所でどの商品（トウモロコシ、原油、綿など）をトレードできるかを知っておく必要などないように思えるかもしれないが、取引要綱や受け渡しの詳細やオプションの満期規定を探したり、取引の開始時間や終了時間を調べたり、シンボル（銘柄コード）の打ち間違いによるトラブルを避けるために、この知識が驚くほど役に立つ。

CME グループ

　アメリカでトレードされている先物やオプションの取引所はほとんどがCMEグループの傘下にある。私がこの仕事を始めた2000年代初めには、5つの主要な商品取引所 ―― ニューヨーク商品取引所（NYBOT）と商品取引所（COMEX）、シカゴ商品取引所（CBOT）、ニューヨーク・マーカンタイル取引所（NYMEX）、シカゴ・マーカンタイル取引所（CME）――があったが、そのあとCMEがNYBOT以外の4つを買収した。

　CME傘下の取引所でトレードされている主な商品を紹介しておく。ここに挙げた以外にもたくさんの商品がトレードされているが、取引所の特徴を知りたいときや統計を探すときの参考になると思う。CME

50

第1章　商品市場のおさらい

グループで扱っている商品などに関する詳しい情報は、CMEのウェブサイト（https://www.cmegroup.com/）を参照してほしい。

● CBOT　主に穀物や金利。トウモロコシ、大豆、小麦、大豆油、大豆粕、オーツ麦、米長期国債、米中期国債ほか
● NYMEX　主にエネルギー。原油、灯油、天然ガス、RBOBガソリンほか
● CME　主に通貨や金利。ユーロ、円、イギリスポンド、オーストラリアドル、カナダドル、スイスフランほか
● COMEX　主に貴金属や工業用金属。金、銀、パラジウム、プラチナ、銅ほか

インターコンチネンタル取引所

ICE（インターコンチネンタル取引所）は2007年にNYBOTを買収したことで、ソフト商品（ココア、コーヒー、綿、オレンジジュース［冷凍濃縮］、砂糖など）の先物とオプションのトレードを扱うようになった。そのほかにも、幅広いドルインデックス（出来高は多くないものもある）やボラティリティが高いラッセル2000などが上場されている。

51

第2章 商品先物のテクニカル分析
Technical Analysis in Commodities

　私は、チャート分析を好んで用いている。これは、いくらでも複雑になり得るし、数学的に表現することもできる。テクニカル分析は、難しい数式や方程式を駆使したい人に向いているかもしれないが、「大局」を見たい人にも向いている。

　商品先物のテクニカル分析への熱い思いから、私はジム・クレーマーが司会を務めるCNBCのマッド・マネーという番組のなかの「オフ・ザ・チャート」というコーナーによくゲスト出演している。チャートを見ればニュースやマーケットの傾向を、ニュースで聞いたりウォール・ストリート・ジャーナル紙で読んだりする前に知ることができると私は思っている。トレーダーは、影響力のある出来事を予想したり学んだりして、ニュースがみんなに伝わるよりも早くマーケットで反応しているからだ。

　テクニカル分析に関する情報は、トレード本やインターネットでいくらでも入手できる。そこで、本書ではテクニカルトレードのツールや手法について改めて書く代わりに、私が好んで使っているいくつかの指標の使い方と解釈の仕方について紹介していくことにする。まずは、テクニカル分析とその種類をおさらいしておこう。

53

テクニカル分析とは

> 「株式市場のバブルは、何もない
> ところからは生まれない。原因は
> 現実のなかにしっかりとあるが、
> その現実は誤解によってゆがめら
> れている」──ジョージ・ソロス

テクニカル分析は、将来の価格の変化を予想するために、過去と現在のプライスアクションを見る手法である。商品市場のテクニカルアナリストのなかには、テクニカルなオシレーター（トレンドラインやモメンタムラインを引くための数式）を重視する人もいれば、トレンドラインを重視する人もいる。テクニカルアナリストのなかには、フィボナッチルーラーやギャンファンといった謎めいた数学的ツールを用いてブランド化している人たちまでいる。本書では取り上げないが、テクニカル派のなかには、占星術を駆使して商品先物市場を予想できると信じている人たちまでいるのである。

　ファイナンス学者の間でテクニカル分析のメリットが認められるようになるまでには長くかかった。実際、大学のファイナンス学の教授の多くが、今でもテクニカル分析は時間の無駄だと教えているが、これにはまったく同意できない。価格のほぼランダムな動きのなかで、チャート上の特定の水準が支持線や抵抗線になったり、トライアングルやヘッド・アンド・ショルダーズやファンラインなどが形成されたりするのは一見バカバカしく聞こえるかもしれないが、これが外れるよりも当たることのほうが多いのである。

　テクニカル分析は、実は自己成就の予言だというのが、最も正しい説明かもしれない。マーケット参加者はみんな同じような本を読んでいるため、商品チャートに関しても同じような理論を学んでいる。そのため、もし多くのトレーダーが同じパターンを見て、最も一般的なテクニカル理論に従えば、価格はテクニカル派の人たちが設定したルールに従って動く可能性が高くなるのである。

テクニカル指標やツールが継続的にうまくいくもう１つの理論的な理由は、マーケットがすべての参加者の意見の集合体だからだ。もちろん、参加者のなかには洗練された人や多くの資金を持っている人もいるが、みんな人間であるという共通点がある。そして、人間には同じ行動を繰り返したり、感情的な判断を下したりする傾向がある。さらに言えば、人は間違いから学ぶと言いながら、それができている人はほとんどいない。ちなみに、このことは商品市場だけの問題ではない。人間の恐れや欲望がバブルと崩壊を生み出すことは、すべての資産クラスに共通している。こうして、1990年代後半のITバブルや、2000年代初めの不動産バブル、直近ではビットコインの事件などが起きたのである。

このようなシナリオが進行しているとき、マーケット参加者は資産の本当の価値を無視してしまう。そして、価値に対する歪んだ見方と、ほかの人にとられるかもしれないという恐れによって、非合理的に価格をつり上げていく。これは「群衆心理」と呼ばれている概念で、人は群衆に従っているときは羊のように従順になる。しかし、彼らは欲に惑わされて長く保有しすぎたり、すでに高値なのにさらに買ったりして、いずれ間違いの大きなツケを払うことになり、失望する。それでも、このようなパターンが、長期投資家（バイ・アンド・ホールドの人たち）の勝敗を分け、アクティブトレーダーに魅力的なチャンスを提供している。そこで、私もテクニカル分析を最も重視している。

テクニカル分析の種類

テクニカル分析の武器庫を整備するための最初のステップは、どの手法があなたの性格とリスク許容量に最適かを知ることである。ここでは自分に正直になることが大事で、自分の手法に自信と安心がなければ、パニックを起こしながら判断したときに、間違いなく損失を被

第1部　商品先物分析と投機の概論

ることになる。

　最適の手法とは、あなたにとってうまくいく手法のことである。あるトレーダーに最適な手法が、別のトレーダーにも合うとは限らないのだ。トレードの損失は、マーケットの分析や解釈の失敗ではなく、ほとんどは感情が乱れて正しく執行できないことが原因になっている。私も、複数のトレーダーが同じ推奨銘柄をトレードしたのにまったく違う結果に終わった場面を何回も目にしてきた。このなかには、一方は大儲けして、他方は壊滅的なドローダウンに見舞われたケースもある。このようなとき、失敗したほうはたいてい仕掛けを早まったり、手仕舞うべきところでできなかったり、最悪のタイミングで手仕舞ったりしている。望まない結果を避けるための最善策は、自分が安心してトレードできる範囲を外れないことである。それができるトレーダーは、常に理論的な判断を下すことができ、できない人は感情に任せてトレードすることになる。

　テクニカル分析は、すべての手法の前提が同じわけではないが、目的はみんな同じで、半分以上の確率で起こりそうな価格の動きを予想することにある。これは簡単に聞こえるが、複雑極まりない自由市場においては、非常に難しいことである。商品市場のテクニカルアナリストのなかには、トレンドトレードとブレイクアウトトレードとカウンタートレンドトレードという3つの主要な流派があり、彼らの見方はかなり対立している。横ばいでも利益を上げることができるオプショントレードやサヤ取りは別として、先物取引の戦略は時間枠に関係なく、この3つのどれかに分類できる。

　私自身は、カウンタートレンド戦略が最も使いやすいが、あなたはそうとは限らない。実際、大成功しているトレーダーのなかには、トレンド戦略が最高の戦略だと熱狂的に信じている人もいれば、ブレイクアウト戦略が最も勝率が高いと信じている人もいる。トレードもマーケット分析も、答えは白か黒ではないのである。トレーダーは自己

第2章　商品先物のテクニカル分析

分析をしたうえで、試行錯誤しながら自分に最適な手法を選ぶ必要がある。この項の目的は、各手法のメリットとデメリットを紹介することで、自分にとって使いやすそうなものがどれかを考えてもらうことにある。

トレンド戦略

　トレンド戦略の目的は、長期的な上昇や下落をとらえることにある。このような動きは頻繁には起こらないが、トレンドトレーダーはトレンドを見つければ利益を得るチャンスだと分かっ

> 「英語で最も高くつく４語は『This time is different』（今回は違う）である」──ジョン・テンプルトン卿

ている。最も単純な方法は、移動平均線とテクニカルオシレーターを組み合わせて、比較的遅い仕掛けと手仕舞いのトリガーを探す方法である。なかには、特定の数の陽線ができたあととか、30日高値のあとの最初の陽線で買うなどといったルールを追加している人もいる。もちろん、トレンド戦略だけでも無限のルールがあるが、どれもトリガーは遅めになる。

　トレンドトレーダーは、その分析と戦略の性質上、上昇トレンドでの買いが遅れるため、価格が比較的高くなってから仕掛けることになる。一方、下降トレンドに入ったときも彼らはいつも売るのが遅れるため、比較的安く仕掛けてさらなる下げを願うことになる。要するに、トレンド戦略は天井や底を見つけるのではないため、価格がかなり動いてからでないと、トレンドを確定できないのだ。

　トレンド戦略では、仕掛けのシグナルが遅れるため、トレードごとの勝率が低い。それでも、いずれ劇的な動きをとらえて大きな利益を上げれば、それまでの多くの損失を相殺できるという期待が前提になっている。

57

結論 トレンドトレーダーは、頻繁に大きなドローダウンに見舞われる代わりに、大きなトレンドが続けば長期的に大きな利益を得られる可能性がある。ただ、商品市場のアナリストの多くが、価格が全期間の80％はレンジ相場を形成し、トレンドはわずか20％だと考えている。そのため、これは短期的には勝率が低い戦略だが、多額の資金と、たっぷりの忍耐力と、金銭的な痛みに耐えることができる人にとっては、長期的に魅力的な戦略かもしれない。すべての商品市場は、いずれ大きなトレンドを形成する。そこまで生き延びれば、大金が得られるかもしれない。

　注目すべき例は、2016年初めに急騰した金で、当時は金のブル派はほとんどいなかった。価格はほんの何週間で1050ドル近辺から1250ドル近辺まで急上昇した。これは、１枚当たり約２万ドルに相当する。トレンド戦略では、トリガーがかかるのが遅いため、安値で買うことはできないが、トレンドトレーダーの多くが1080〜1100ドル辺りで買って、１万7000〜１万5000ドル辺りで売ったと想像できる。ただ、トレンド戦略では損切り注文が甘いことと手仕舞いのシグナルが遅いため、含み益の大部分を失うことになるが、それでもこのときは素晴らしいトレードになったはずだ。ただ、この戦略を用いている人にとっては不幸なことに、実際にトレンドが始まる前に、数回のダマシに遭遇することがあり、いずれ利益が出るとしても、何千ドルものドローダウンに陥ることも十分あり得る。

　ここで、トレンドトレーダーになったつもりで原油チャートを見ていこう（**図１**）。変数は、人によってかなり違うため、テクニカル分析に基づいたトレンド戦略のメリットとデメリットの一例として、見てほしい。ダマシのシグナルによる損失は、１回に2000〜4000ドル程度だが、正しいシグナルは、１万5000ドルくらいの含み益になることもある。あとから見れば、最初の苦労に十分見合う価値があることは簡単に分かるが、いつもこのようにうまくいくわけではないし、すでに

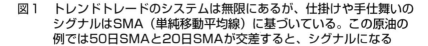

図1　トレンドトレードのシステムは無限にあるが、仕掛けや手仕舞いのシグナルはSMA（単純移動平均線）に基づいている。この原油の例では50日SMAと20日SMAが交差すると、シグナルになる

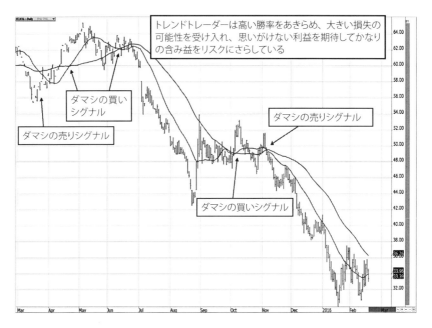

損失が数千ドルに上っていれば、成果を得るまで参加し続けることが難しい人もいるかもしれない。

ブレイクアウト戦略

　トレーダーの間では、ブレイクアウトがよく話題になるため、このパターンを使えば比較的簡単に利益が上がると思っている人もいる。しかし、何事も見かけほど簡単ではない。ブレイクアウト戦略では、トレードチャネルの支持線と抵抗線を見つけて、価格がそれを超えたら買いや売りを仕掛ける。ブレイクアウトトレーダーは、価格が支持線や抵抗線を超えるとマーケット参加者が反応してブレイクアウトした

図2　ブレイクアウト戦略はトレーダーが期待するほど明確ではない。ブルトラップやベアトラップが頻繁に起こり、本当のブレイクアウトが大きく動く前に抵抗線や支持線の辺りでもたつくことも多い

方向に大きく動くと考えている。彼らは、トレードレンジをどちらの方向にブレイクするかは気にせず、ただ大きな動きを探している。

　私の経験から言えば、ブレイクアウト戦略は比較的まれにしか起こらない大幅な価格の動きで相当額の利益を狙うという点で、トレンド戦略と似ている。しかし、この戦略を使う人の多くが、ダマシのシグナルによる損失が重なって資金不足にあえいでいる。このようなシグナルは、価格が抵抗線を若干上抜いたり、支持線を若干下抜いたりしても、すぐに反転して結局レンジ内にとどまることでダマシになる。このようなパターンは、それぞれブルトラップ、ベアトラップなどと呼ばれており、ブレイクアウト戦略の勝率を下げる犯人と言える。

　また、ブレイクアウト戦略は価格がかなり動かなければ仕掛けのシグナルが出ない点もトレンド戦略と似ている。そのため、この戦略にはさらに高くなることを期待して高く買い、さらに下げることを期待

第2章　商品先物のテクニカル分析

して安く売るという同じ問題がある（**図2**）。皮肉なことに、マーケットはブレイクアウトトレーダーが仕掛ける気になったところで天井や底を付けることがとても多い。

　結論　ブレイクアウトトレーダーは、ブルトラップやベアトラップにつかまるリスクを受け入れる代わりに、大きく突き進む価格に乗ろうとする。商品市場は、ほとんどの期間はレンジ内にあるため、通常、ブレイクアウト戦略がうまくいくことは少ない。それでも、大きく動いたときは、ダマシのブレイクアウトによる損失を大きく上回る可能性がある。通常、この戦略の1トレード当たりのリスクは、トレンド戦略よりも小さいが、それでも損失が積み重なればストレスがたまるし、トレード資金も減ってしまう。

カウンタートレンド戦略

　すでに上昇した資産を買うことや、すでに下落した資産を売ることに心理的な抵抗がある人には、カウンタートレンド戦略というテクニカル分析の手法がある。この方法は、「スイングトレード」とも呼ばれている。これは人の

> 「全員同じ考えだというときは、考えていない人がいるというとこだ」
> ──ジョージ・S・パットン・ジュニア陸軍大将

摂理とは逆を行くもので、最も人気がある方法とは言い難いが、大きな押し目で買い、大きな戻りで売るのは、テクニカル分析の最も効率的な使い方だと思う。私はこのタイプの戦略を「エクストリームトレード」と呼んでいる。エクストリームスポーツにスリルを求める人たちと同じで、カウンタートレンドトレーダーもみんなが逃げ出そうとしているときに買い、みんなが競ってブル相場に便乗しようとしているときに売る。

　チャートで支持線や抵抗線、トレードチャネル、オシレーターの行

61

図3 カウンタートレンド戦略では支持線や抵抗線の近くでオシレーターが行きすぎを示しているときに、現在のモメンタムとは逆のポジションを建てようとする。2013～2016年の金市場はカウンタートレンド戦略を用いるには素晴らしい状況だった

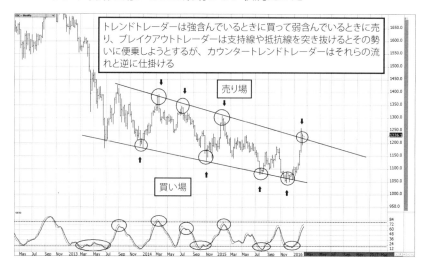

きすぎの値などを調べていると、トレンドが継続すると確信できた途端に価格が反転することのほうが、反転しないことよりも多いと感じることがきっとあると思う。

言い換えれば、ツールや指標を使ってトレンドを探すよりも、マーケットの行きすぎの状態を見極めて、流れに逆らって仕掛けたほうが良い結果につながるかもしれない。もし安く買って高く売るのが目的ならば（通常はそうだ）、支持線の近くの売られ過ぎの状態で強気になったり、抵抗線の近くの買われ過ぎの状態で弱気になったりするのが、最もうまくいく方法なのかもしれない（**図3**）。

カウンタートレンド戦略の前提は単純で、私はそれが魅力だと思っている。商品トレードではほとんどの投機家が資金を失っているため、みんなに従っているだけでは長期的な結果はおそらくマイナスになる。

それに、もしみんなが今のトレンド（ブル相場でもベア相場でも）に過度に熱狂しているならば、価格はいずれ天井や底に達して激しく反転することになる。これは、流れに便乗しようとする人が大量にいたとしても、いずれ供給側の買い手や売り手の供給が限られてくるからである。結局、ブル相場ではすべての買い手が参入して、売り手が追い出されれば（売り手は買い戻してトレードを終える）、もう買う人はいなくなる。かつてある賢いトレーダーが教えてくれた。「みんなが泣いているときに買い、みんなが浮かれているときに売れ」

　フィデリティ・インベストメント傘下のマゼランファンドでかつてファンドマネジャーを務めていたピーター・リンチは、株式市場のトレードについて次のように言っていた。「いわゆるテクニカル的な手法はほとんどが、マーケットが上がれば買うべき、マーケットが下がれば売るべきという原則に基づいている。しかし、これは普通の堅実なビジネス感覚とは逆だし、ウォール街で成功し続ける可能性は低いと思う。私自身の50年以上の経験と観察から言っても、『マーケットに追従して』利益を上げ続けた人は１人もいない。はっきり言って、この手法は大いに広まっているが、大いに間違っている」

　結論　カウンタートレンドトレーダーは、トレンドトレーダーやブレイクアウトトレーダーとは逆の見通しを持って商品市場に参入する。彼らは、確率の低いホームランを狙うのではなく、安打を重ねるという地味だが、確率の高い方法を選んでいる。

テクニカルオシレーターと指標

　パソコンが普及する以前のテクニカルアナリストは、移動平均やそのほかのモメンタムの式を手計算していた。そして、ある程度やる気のある人は、それを紙のチャートに書き込んでいた。もちろん間違ったら消すことができるように鉛筆を使ってだ。しかし、時代は変わっ

た。チャートもテクニカルオシレーター（簡単に言えば、マーケットのモメンタムや価格の変化を数式で表したもの）も商品チャートに簡単に表示できるようになったのだ。チャートソフトやトレードプラットフォームだけでなく、無料のウェブサイトでさえ、何十種類ものテクニカルオシレーターを提供しており、トレンドや買われ過ぎ・売られ過ぎを知る助けになっている。ただ、それらをすべて紹介することはできないため、ここでは私が役に立つと思ういくつかを簡単に紹介し、それを本書をとおして使っていく。

先物のチャートソフトの多くは、オシレーターの変数を任意に調整できるようになっているということを覚えておくとよい。それだけでなく、ほとんどのソフトが入力した変数を使って独自の「魔法の」テクニカルオシレーターを作ることもできるようになっている。ただ、私は何時間もかけてオシレーターを調整したり、新たな指標を作ったりするのは時間の無駄だと思っている。指標の考案者は十分な時間をかけて平均的なマーケットの状況に最適な設定を考えている。それに、オシレーターはもともと単純に過去の状況を示すものなので、新しい指標を作っても既存のものより高いパフォーマンスを上げるのは難しいと思う。

> 「マーケットはうしろをふり返れば理解できるが、トレードするときは前を向かなければならない」――ラリー・ウィリアムズ

皮肉なことに、これらのテクニックも商品トレーダーの80％が資金を失っているという好ましくない統計を改善することはできていない。さらに言えば、コンピューターが計算したオシレーターは、マーケット分析を簡単にしたが、どれを使っても成功が約束されているわけではなく、価格変化の予想を助けるツールにすぎないのである。

そのうえで言えば、低ボラティリティのマーケットにだまされてはならない。もし商品市場が狭いレンジで推移していれば、すべてのテクニカルオシレーターも幅が狭くなる。しかし、そうなるとこの直近

のデータに基づいたシグナルは、通常のマーケットの状況とは違うため、ダマシが多くなる。

　この項では、私がよく使っているいくつかの指標について書いていくが、私はこれらが奇跡的なエッジを与えてくれると思ってはいない。むしろ、すべてのオシレーターのパフォーマンスは、長期的に見れば変わらないと思っている。どれも同じ情報、つまりマーケットですでに起こったことを視覚的に表しているだけだからだ。主な違いは、ゆっくりと少ないシグナルを出すものと、急いでたくさんのシグナルを出すものがあることで、後者はダマシの可能性が高くなる。私自身は、両方を最低１つずつ使って、判断を下すのが最善策だと思っている。しかし、保守的なトレーダーは、ゆっくりのタイプを使うべきだろう。

RSI

　RSI（相対力指数）は、マーケットが暴走しているかどうかを知るための私の「主力」の指標である。これはモメンタム指標で、最近の上げ下げの大きさを比較して買われ過ぎや売られ過ぎの状態を明らかにしている。RSIを数学的に表したのが下の式で、RS（相対力）は前日比で見た上昇日の値上がり幅の平均を前日比で見た下降日の値下がり幅の平均で割った値である。通常、RSIは過去14日間を使って算出されるが、指標の動きを速めたければ日数を減らし、遅めたければ日数を増やすこともできる。

$$RSI = 100 - 100 \div (1 + RS)$$

RSIの使い方

　もう分かったと思うが、パソコンがオシレーターを計算してくれる

第1部　商品先物分析と投機の概論

ようになったことで、テクニカルアナリストの作業は何時間も短縮された。手動でRSIを計算してプロットすると1日かかってしまうからだ。RSIの値は0～100で表され、100は極端に買われ過ぎ、0は極端に売られ過ぎの状態を示している。RSIは、比較的遅いペースの安定した指標で、ほかのオシレーターと同様、当てにならないこともあるが、そのなかではRSIが最も役に立つと私は思っている。

　簡単に言えば、私はRSIが70を超えるか30未満になるときを待っている。この基準を超えると、価格の勢いは衰え始める。先物市場のトレンドトレーダーは、この状態を利益を確保する合図ととらえて逆指値注文を近づけたり、そのポジションに対してコールオプションを売ったり、単純に手仕舞ったりするかもしれない。その一方で、スイングトレーダーはRSIが上限に近づき、ほかの分析による裏付けと合わせて、反対方向に新たなポジションを仕掛けるシグナルととらえるかもしれない。もしかしたら、今のトレンドに対してアウト・オブ・ザ・マネーのオプションを売ったり、トレンドの反転を狙ってオプションを買ったり、カウンタートレンドの先物を売買したり、先物とオプションを組み合わせてポジションのボラティリティと証拠金を減らそうとすることもできるかもしれない。

　RSIをチャートに表示すると、30を下回ったり70を超えたりすることはまれであることが分かる。トリガーが少ないことは、これが遅めのトリガーで、カウンタートレンドのスイングトレードを仕掛けようとしている人にとっては比較的質の高い指標なのかもしれない。いずれにしても、このシグナルは、マーケットが極端な状況にならないと出ないのである。

　図4を見ると、RSIがかなりの割合で反転の可能性がある場所を見つけていることが分かる。これはカナダドルの週足チャートで、2011～2013年のレンジから大きな下降トレンドに入った様子を描いている。レンジが形成されているときは、RSIが70や30に近づくとトレンドが

66

図4　RSIはマーケットの動きが「速すぎ、かつ行きすぎ」になっているのを見つけるのがうまい

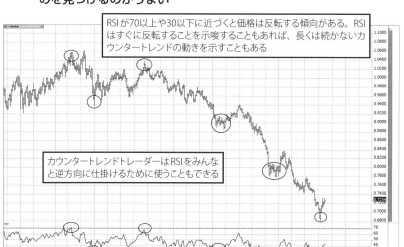

素早く反転する傾向があったが、下降トレンドに入る前のRSIは揉み合いになった。いずれのケースも、スイングトレーダーはこの情報をうまく使えば利益を上げることができるのである。

　なかには、RSIを私とは少し違う方法で使っている人もいる。カウンタートレンドのシグナルとしてではなく、トレンドトレードに用いているのだ。例えば、もしRSIが50を上回ると持続的な上昇トレンドができつつあると判断し、50を下回れば弱気のモメンタムに合わせて売るというのである。

　指標の使い方は、トレーダーごとに少しずつ違い、どれが正しいとか間違っているとか言えない。それでも、カウンタートレンドトレーダーにとって最も価値があるのはRSIだと私は思っている。ちなみに、RSIはトレンドトレーダーが利益を確保するための損切りを、それまでよりも積極的にトレイリングするタイミングを計るために使うこと

もできる。

スローストキャスティックス

スローストキャスティックスは、テクニカル指標のなかでも最もよく紹介されており、過度に信頼されていると思う。これは、名前に「スロー」とついているが、むしろ早すぎる指標と言える。つまり、買われ過ぎから売られ過ぎに変わるシグナルを勇み足的に出す。それでも、私はこの指標でほかのトレーダーの認識を確認したり、マーケットが公正価格だとしている水準の目安としてチェックしたりしている。

スローストキャスティックスは、具体的に言えばモメンタムオシレーターで、対象の商品の終値と、一定期間（たいてい14日間）における価格レンジを比較している。オシレーターのペースは、期間を変えることで調整できる。もちろん、期間は短くすれば速くなり、長くすれば遅くなる。

スローストキャスティックスは、マーケットの動きに合わせて上下する%Kと%Dという2本の線で構成されている。このオシレーターは、上昇トレンドでは終値が高値近くなり、下降トレンドでは終値が安値近くになるという前提で作られている。

興味のある人のために、公式を書いておく。

%K ＝ 100 ［(C － L14) ÷ (H14 － L14)］
C ＝直近の終値
L14 ＝過去14日間の安値
H14 ＝過去14日間の高値
%D ＝ %K の3期間移動平均線

図5　時に2015年の小麦市場のように、スローストキャスティックスを使えば、トレードが簡単に見えるときがあるが、トレンドがあるときにこの指標のシグナルを基に仕掛けると、簡単に損失を被ることもある

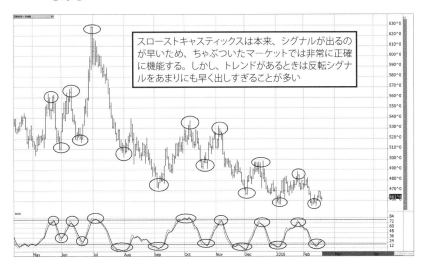

スローストキャスティックスの使い方

　この指標の公式の意味や2本の線の働きを覚えたり、完全に理解したりする必要はないが、モメンタムの全体的な方向性を読み取ってほしい。カウンタートレンドトレードで積極的にトレードするときに早めに出る指標に関心がある人は、％Kラインが％Dラインを上抜けるときに買いを検討することができる。同様に、積極的に売るときは、％Kラインが％Dラインを下抜いたときに売りを仕掛けることができる。また、スローストキャスティックスは、早めにシグナルを出すため、これを警告ととらえることもできる。しかし、この指標がスイングトレーダーをマーケットにあまりにも早く誘い出してしまうこともある。それでも、2本の線が80より上や20よりも下で交差したときは、驚くほ

69

第1部　商品先物分析と投機の概論

ど信頼できる。

スローストキャスティックスが意図したとおりに働くと、**図5**のような素晴らしい結果につながる。しかし、トレンドが長期に及ぶと、この指標の悪いところが出てしまうこともある。そこで、シグナルが早い分、ほかのテクニカルツールも合わせて使わないと、逆方向に仕掛けて大きな損失を生み出す危険性もある。

MACD

この指標は、トレーダーを現実に引き戻してくれる。MACD（移動平均線収束拡散法）はものすごく遅いオシレーターなので、今日の混沌から一歩下がって見ることを促し、長期的なトレンドに目を向けさせてくれるのである。

MACDは、トレンドフォロー型のモメンタム指標として知られている。これは、実際には2本の移動平均線と、そこに組み込まれたその2本の関係を示す指標で構成されている。具体的に言えば、基本線のMACDラインは12日EMA（指数平滑移動平均線）から26日EMAを引いて算出する。そして、もう1つのシグナルトリガーラインは9日EMAとする。この2本の線を合わせて描き、交差したところがシグナルになる。

トレンドトレーダーのなかには、トレンドが始まったことを示す知らせがほしい人もいる。そこで、彼らはMACDラインが中央の値であるゼロの線を上抜いたり下抜いたりするまで待つ。このような遅行シグナルを使う場合には、損切りの注文をかなり離して置くよう気をつけてほしい。そうしないと、トレンドが進む前に損切りに遭ってしまうことになる。また、トレンドの確認をこれほど長く待つと、仕掛けたときには短期的な山や谷に近づいているかもしれない。

70

MACDの使い方

　MACDの描き方はいくつかある。チャートソフトのなかには、２本のEMAをヒストグラムの上に表示したり、ヒストグラムではなく３本目の線として書き入れたり、追加的な要素は省いたりするものもある。どのような形態にせよ、追加的な要素は２本の移動平均線のダイバージェンスの大きさを示している。これについて、私自身は不要な複雑さと混乱を招くものだと思っている。基本線とシグナル線が近づいているか離れているかは見れば分かる。要するに、２本の線が大きく離れていれば、トレンドは最盛期にあり、近づいてきたら勢いが衰えてきたことを意味している。

　私は通常、MACDを長期トレンドを探すのに使っている。ただ、MACDのシグナルがなくても、強気や弱気の判断は下す。この指標はシグナルが出るのが極めて遅いため、シグナルが出るはるか前に反転していることがよくあるからだ（**図6**）。

ウィリアムズ％R

　ラリー・ウィリアムズとは、トレード・ナビゲーターのカクテルパーティーで会ったことがある。このときの会話のなかで、彼はトレードに関する宝物のような言葉をいくつかくれた。私はこれらのことをけっして忘れないと思う。このことは別として、彼の最大の功績は、ウィリアムズ％R（WPR）という指標を作ったことだと思う。ウィリアムズ％Rは、ほかのオシレーターと同じように過去14日のマーケットの動きを使ったモメンタム系の指標で、買われ過ぎや売られ過ぎの状態を測定している。

図6 2015年に天然ガス先物がかつてない下降トレンドに入ったときは、MACDは何回もダマシの強気シグナルを出した。このようなことはゼロの線を超えたときに仕掛けのシグナルとしている場合は特によく起こる

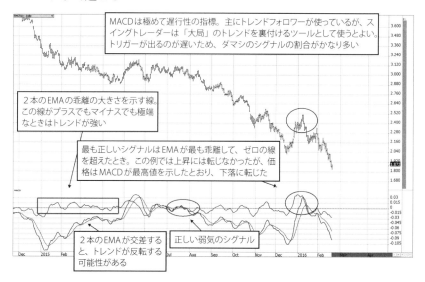

ウィリアムズ％Rの使い方

　ウィリアムズ％Rは、0～－100で示され、最初はほとんどのオシレーターとは逆に描かれていた。この指標は、－80を下回ると売られ過ぎ、－20を上回ると買われ過ぎを示している。ただ、私は何でもできるだけ単純にしておきたいため、ウィリアムズ％Rを0～100に変換している。こうすると、買われ過ぎと売られ過ぎが逆になり、80を上回ると買われ過ぎ、20を下回ると売られ過ぎとなる（**図7**）。ちなみに、プラスの数字で使いたいのは、私だけではないようだ。ほとんどのチャートソフトが、デフォルトを0～100にしてあったり、そのように変換する選択肢を用意したりしている。ラリー、ごめんなさい。
　ウィリアムズは、ウィリアムズ％Rをもともとトレンドトレーダー

図7 私がお気に入りのオシレーターの1つであるウィリアムズ%Rは、反転のシグナルが出るのが早い。このユーロのチャートはボラティリティが高く見えるが、全体としては横ばいなので、この指標を使うには理想的な状況

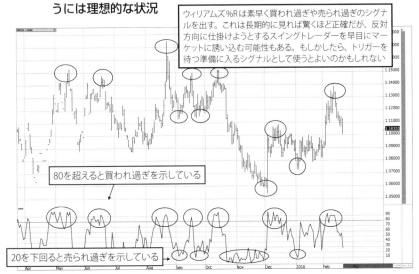

用のツールとして開発し、マーケットの天井や底を期待したスイングトレーダーを誘い出すためではなかった、という話を読んだことがある。それでも、トリガーが比較的早く出るこの指標は、後者のような使い方が最も合っているように思う。私は、ウィリアムズ%RをRSIと合わせて使っている。ウィリアムズ%Rが「レディー」、RSIが「ゴー」である。

ボリンジャーバンド

私が抜群に気に入っている指標である。理由は、分かりやすい概念に基づいているからかもしれないし、大学で統計学の授業が楽しかったからかもしれない。いずれにしても、ボリンジャーバンドはSMA

73

第1部　商品先物分析と投機の概論

> ボリンジャーバンドは、統計と確率に基づいている。適切に使えば、利益率を劇的に上げることができる。

（単純移動平均線）から2標準偏差離して描いたバンドである。通常、このときのSMAは20日間のプライスアクションを使っている。

　ボリンジャーバンドの最大の特徴は、マーケットの状況に適合していることである。標準偏差はボラティリティの測定値なので、バンドはボラティリティが高くなれば広くなり、低くなれば狭くなる。ボリンジャーバンドが特に狭いときは、価格がいったん止まるが、すぐに大きなブレイクアウトに至る。反対に、バンドが極端に広がったときは、マーケットが行きすぎになっているため、いずれボラティリティが収縮していくサインであることが多い。オプションの売り手の多くが、ボリンジャーバンドが幅広になるのをきっかけに売りの準備に入る。このことについては、第17章「商品市場のボラティリティを利用する——平均回帰とデルタニュートラルトレード」で詳しく書く。

　バンドの幅はトレードツールとして役に立つだけでなく、買われ過ぎや売られ過ぎの目安にもなる。ほかのテクニカルオシレーターと違い、ボリンジャーバンドは統計理論に基づいて、価格変動の確率とバンドの外側に動く確率を数値化している。統計や標準偏差についての知識がない人のために書いておくと、標準偏差を最も単純に言えば、平均値からどれくらい変動しているか（価格のばらつき）を測定したものである。この情報を標準偏差のベル曲線に当てはめると、非常に役に立つ。理論的に言えば、価格は約68％の期間は1標準偏差以内にあり、約95％の期間は2標準偏差、約99.74％は3標準偏差に入っている。

ボリンジャーバンドの使い方

　トレードにおいてボリンジャーバンドが最も役に立つのは、2標準

図8　ボリンジャーバンドは長期的に見れば非常に正確だが、これを使ってトレードするには勇気と忍耐がいる。2013年4月、金はバンドから外れて反転する前に140ドルも下げた。これは1枚当たり1万4000ドルに相当する下げだった

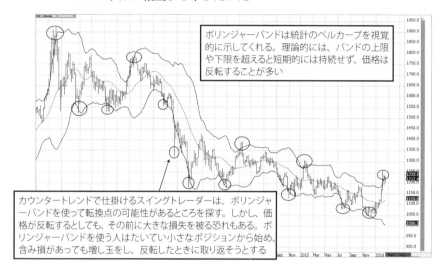

偏差が視覚的に分かることである。マーケットが1標準偏差を超えることはよくあるが、3標準偏差を超えることはほとんどない。また、2標準偏差を超えることは比較的よくあっても、そこに長くとどまることはあまりない（**図8**）。そのため、価格はバンドに達すると、そこで反転するか、少なくともいったんは止まることが多い。

　価格がボリンジャーバンドの外側にあるときにトレンドの反対方向に仕掛けると、理論的には95％の確率でうまくいく（少なくとも一時的には）。ただ、これは言うほど簡単なことではない。残念ながら、価格が変化すると平均と標準偏差も変わるからだ。ボリンジャーバンドはその時点の現状を教えてくれているにすぎないため、標準偏差とトレードの勝率はリアルタイムで調整されると、新しい現実は極めて不利に変わることもある。それでも、これはスイングトレードやそのほ

第1部　商品先物分析と投機の概論

かのカウンタートレンド戦略に関心がある人にとっては、素晴らしいツールだと思う。価格がバンドで反転して新しいトレンドが始まることも多いからだ。

チャート用ツール

　私は、何でもできるだけ単純にしておきたいと思っている。私が、自分のプラットフォームで最も頻繁に使っているのは、トレンドラインを引くための簡単なツールである。チャートに何本か線を引くだけで、驚くほど役に立つ。ちなみに、マーケットにはフィボナッチルーラーやエリオット波動などから、評判の悪いギャンファンまで、複雑なツールを使って線を描いている人たちも大勢いる。

　このような幾何学的なチャート用ツールは、上級者用のツールなどと呼ばれ、ユーザーの介入と積極的な判断が必要とされる。しかし、このあいまいさゆえに同じツールと理論を使っても、アナリストによってまったく違う結論に至るのだと私は思っている。少なくとも、ユーザーが介入しないツール（コンピューターが計算するオシレーターなど）よりはあいまいさが多いため、このような上級者用と呼ばれるツールの効果は、それを使うトレーダーのレベルに左右されることになる。

　私の経験では、単純なトレンドラインを除いて、上級者用ツールは、これから起こることを予想するよりも、これまで起こったことを説明するのに向いている。ただ、それは投機的なツールのすべてに言えることだ。この項の目的は、一般的なチャート用ツールを否定することではないが、これらの欠点やあいまいさを指摘しておく必要はあると思っている。そこで、これらのツールの効果をうたったトレードシグナルのサービスに大金を支払う前に、その期待値を理解しておいてほしい。

76

トレンドライン、トレードチャネル、ウエッジ

ファイナンス学の教授の多くは、マーケットの価格はランダムだと主張している。もしそうならば、トレンドラインを引くのは時間の無駄だということになるが、私にはこれが機能することのほうがしないことよりも多いように思える。トレンドラインがだいたいにおいて機能することについての説明としては、たくさんのトレーダーがこれに従って行動しているということが最も理にかなっているように思う。かつてトレードを反転させた水準に価格が達すると、多くの積極的なトレーダーが、歴史は繰り返すとして行動を起こすのである。

この項は、あまりにも初歩的なこととして、読み飛ばそうとしている人もいるかもしれない。しかし、単純で明白なテクニカル分析のツールゆえに、多くのトレーダーがその有用性を見過ごしたり軽視したりして損をしている。また、ここではトレンドラインに関するあまり語られることのない特徴についても紹介していこうと思う。

トレンドラインとトレードチャネルとウエッジの使い方

トレンドラインやトレードチャネルを描くのに魔法はいらない。子供でも描ける。マーケットの上の端である高値をつなげていけばよいのだ。これが抵抗線である。同様に、支持線は安値をつなげていけばよい。また、価格パターンの上と下にトレンドラインを引けば、トレードチャネルになる。

もちろん、トレンドラインやチャネルを使ってトレード戦略を構築するということは、カウンタートレンド方向を狙うスイングトレーダーや、ブレイクした勢いに乗りたいブレイクアウトトレーダーが仕掛けポイントを探ることも含まれている。

ウエッジパターンは、保ち合いのなかで高値と安値が収縮していく

図9 支持線や抵抗線を引くためには理論ではなく経験がいる。線を引くと、細かい動きではなく、全体のトレンドに目が向く。完璧なトレンドやトレンドラインなどといったものはほとんどない

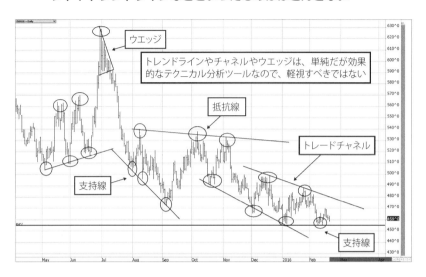

もので、高値を結んだ線と安値を結んだ線がトライアングルのようになる。ウエッジパターンの性質については、さまざまな意見があるが、一般的には保ち合いになる前と同じ方向に向かう継続パターンとされている。しかし、トライアングルの先が高くなっていれば弱気のパターン、低くなっていれば強気のパターンだという人も多い。私は、長年観察してきたが、どちらとも言えないと思っている。ただ、ウエッジを上か下にブレイクすると、その動きは続くことが多い。ウエッジは、上や下にブレイクする以外に、保ち合いがずっと続くこともある。**図9**は、ウエッジがトレンドを完全に反転させている一例だ。つまり、このパターンは「嵐の前の静けさ」だと思ってほしい。ただ、残念ながら嵐の方向を判断するのは難しいことが多い。

　トレンドラインやチャネルやウエッジを描くのは、理論よりも経験がものを言う。このことは、マーケットは人間の感情と行動の結果だ

ということを考えれば理にかなっている。マーケットに参加している何百、何千、何百万という人たちが、みんな理論的に行動したり、同じ行動をしたりするというのは現実的ではない。**図9**から明らかなように、みんなが同じ解釈の下でトレンドラインを描かなければ、正しい分析にはならない。また、線やパターンを一時的にブレイクしたとしても、全体の分析には影響しない。さらに言えば、トレンドラインは数学の公式のようにピンポイントで場所が決まっているわけではない。トレードでは、支持線や抵抗線はだいたいの場所が分かれば十分だし、現実的だ。残念なのは、「小さい一時的な」ブレイクがいつ大きなブレイクアウトに発展するかが分からないことだ。これは経験を積んで、そのうえで勘も働かせていくほかない。

　これから簡単に見ていくテクニカルツールは、あまり一般的ではないかもしれないし、これまでのものよりも想像力と信念が必要となる。ただ、これらのツールはたとえ使うことがなくても（私は控えめに使っている）、内容と使い方は知っておくべきだと思う。繰り返しになるが、トレーダーは実質的にほかのマーケット参加者全員と競っている。つまり、みんなが何を考えているかを知っておくことは役に立つ。また、トレーダー向けの講習や集まりやオンラインフォーラムに参加するときなども、これらの概念は知っておいたほうがよい。

フィボナッチ理論

　チャート用のツールのなかに「実際に見なければ信じられない」という分類があるとすれば、それがフィボナッチ理論である。論理的に考えれば、絶対にうまくいきそうもないが、結果を見ると何らかの正当性があるように思えてくる。

　トレーダーのなかでフィボナッチルーラーはよく知られているが、知らない人のために書いておくと、フィボナッチは中世のヨーロッパの

数学者のなかで最も才能に恵まれた１人と言われているイタリアの数学者の愛称である。彼が考案したフィボナッチ数列は、０と１から始まり、直近の２つの数を足して次の数を求めていく。

　０、１、１、２、３、５、８、13、21、34、55、89、144、233、377、610、987……

　数列が進んだところで、任意の数字をその次の数字で割ると、黄金比と呼ばれる61.8％になる。例えば、610÷987＝61.8％になる。フィボナッチ理論は、自然（マーケットも含まれる）は、この黄金比の61.8％単位で動く傾向があるとしている。マーケットについて言えば、価格は最初の動きから次の割合だけ引き返すと支持線や抵抗線にぶつかるというのだ。

23.6％（任意の数を右に３つ目の数で割った値）
38.2％（任意の数を右に２つ目の数で割った値）
50.0％（高値と安値の中間点）
61.8％（任意の数を右の数で割った値）
76.4％（１－23.6％、23.6％は最初の割合）

フィボナッチ理論の使い方

　図10の米30年物国債の日中のチャートには、いくつかの支持線や抵抗線が描かれているが、これらはどれもフィボナッチの水準かその近くにある。これを偶然だという人もいるかもしれないが、このようなことが驚くほど繰り返し起こっている。特に、下落して安値に達すると、そのときの抵抗線は38.2％や50％のところかその両方（リトレースした場合）になることがよくある。また、マーケットが上げたあと

図10　このTボンドの日中のチャートは、マーケットがフィボナッチルーラーに従ってリトレースすることを示している

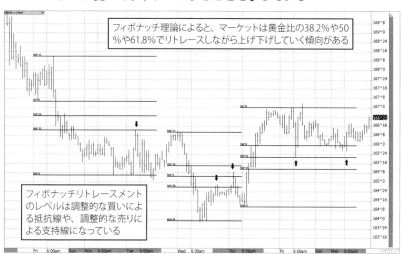

の調整も、38.2％や50％になることがよくある。カウンタートレンドトレーダーは、反転を狙ってリトレースメントレベルで仕掛けたり、トレンドトレーダーはフィボナッチレベルの支持線や抵抗線を目安に損切りを置いたりしてもよいだろう。

　図10から分かるように、フィボナッチリトレースメントにはいくつかの水準があり、そこが批判されることもある。例えば、38.2％のレベルで止まらないことが分かったときには、マーケットは50％に向かっているといった具合だ。そのため、私はフィボナッチルーラーは、自分の結論を確認するために見るだけで、これで判断を下すことはない。そのうえで言えば、私はこれもなかなか役に立つツールだと思っており、追加的なツールとして拒否しないよう勧めている。

「金持ちのテクニカルアナリストには会ったことがない」――ジム・ロジャーズ

エリオット波動理論

エリオット波動は、チャート分析の人気の手法だが、エコノミストやフィボナッチ信奉者と同じで、分析結果はあまり一致していない。エリオット波動はユーザーの解釈に委ねられる部分が大きいため、指針はあってもグレーの部分が多く、白黒がはっきりつけられる部分があまりないからだ。

エリオット波動理論は、ラルフ・ネルソン・エリオットがマーケットの動きはランダムではなく波型になっているという前提で考案したものである。フィボナッチ理論と同様に、エリオットと彼の理論の支持者は、マーケットの価格が黄金比で上下すると信じている。

エリオット波動理論の使い方

エリオット理論によれば、マーケットが上昇するときは、5つの波で上げ、3つの波で調整する（**図11**）。具体的に言えば、最初の5つの波は1つ目が上げ、2つ目で下げ、3つ目で上げ、4つ目で下げ、最後に5つ目で上げる（**図の1〜5**）。そのあとは、3つの波で調整する（**図のA〜C**）。

エリオット波動理論のルールは3つしかない。

1．第2波は第1波を超えてリトレースしない。
2．第3波は1〜5の波のなかで最も短くはならない。
3．第4波が第1波と重なることはない。

トレーダーやアナリストのなかには、エリオット波動理論を主な収入源としている人もいるが、この理論にはいくつかの明らかな欠点があるし、かなり主観的な解釈の余地がある。また、波形の大きさにつ

図11 エリオット波動理論は株価指数でよく見られる。このダウ平均のチャートにもエリオット波動が見られる

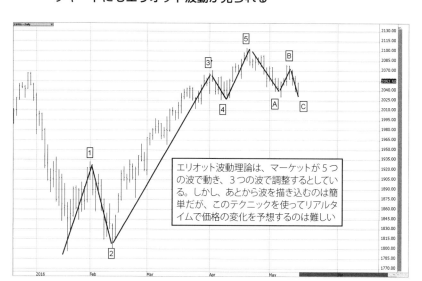

いても予想していないため、これを使って仕掛けや手仕舞いのポイントを決めるのも難しい。エリオット波動の支持者は、フィボナッチリトレースメントと同じ原則を用いて、調整は38.2％や50％や61.8％になる傾向があると考えている。とはいえ、もしこの理論どおりの波形になったとしても、波の大きさを予想するのが難しいだけでなく、予想のずれは商品トレーダーにとって数千ドルの差にもなり得る。

　ほかのトレードツールにも言えることだが、エリオット理論もほかのテクニカル分析ツールや指標と合わせて使うべきである。また、この波動は、始まりと終わりが定義されていないため、波動が完成するまでそれを見つけられないこともあり得る。そうなると、この理論に基づいて投機の判断を下すのは難しいかもしれない。

第1部　商品先物分析と投機の概論

ギャンファン

　商品トレードをしたことがあれば、ギャンファンを聞いたことがあると思う。このツールはトレードの世界でカルト的な人気を獲得している。考案者はW・G・ギャンで、幾何学的な角度と時間と価格を組み合わせたものである。具体的に言えば、この理論では、マーケットを長期的に見ると、基点から30％と70％の角度の間にあることが多いとしている。プライスアクションが期待した角度のなかで展開していけば、どれかの線が支持線や抵抗線になる。そのため、信奉者はファンが価格の動きを予測するために使え、特に極端な水準で効果を発揮すると考えている。

ギャンファンの使い方

　チャートソフトを使えば、ギャンファンはほぼ無限に描けるが、ギャンは時間と価格が同じ間隔になるようファンを描くとしていた。そうすれば、１単位の時間に価格が１単位動けば45度の角度になるからだ。ギャンファンの理論は、価格が45度の角度で上昇したり下落したりするところが、時間と価格の理想的なバランスだとしている。そして、45度の線の両側にある全部で８本の線が、さまざまな水準の支持線や抵抗線になっている（**図12**）。マーケットがファンの線を１本超えると、価格も次の段階に入るとされている。

　ギャンファンを使った分析は、線の引き方と解釈がトレーダーの裁量に任されている部分が大きいため、その有用性は疑問視されることが多い。また、ギャンファンにはたくさんの線があるため、批評家はこれらの線が支持線や抵抗線になるのは単なる偶然だとしている。結局、チャートにたくさんの線を引けば、どれかは当たるということだ。

84

図12　ギャンファンを使った投機は複数の角度の線があってごちゃごちゃしているが、トレンドはだいたい45度で進むという全体的な発想は理にかなっているし、幾何学的な線は多少の目安にはなる

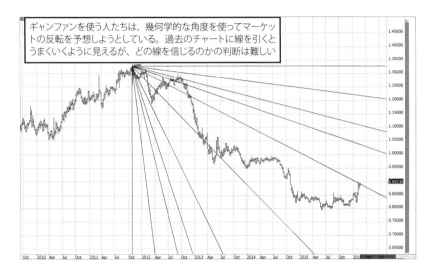

第3章 商品市場のファンダメンタルズ分析
Fundamental Analysis of the Commodity Markets

　ファンダメンタルズ的なニュースや分析に基づいて商品先物市場でトレードするのは、一瞬で強気から弱気に転じるテクニカル分析のスピードとは劇的に違う。ファンダメンタルズ分析による指針はペースが遅い。通常、ファンダメンタルズに基づいて仕掛けたり手仕舞ったりするのは無駄で退屈で、大量の資金と忍耐が必要になる。2008年に、ファンダメンタルズ分析で原油価格が1バレル当たり100ドル近いのは過大評価されていると判断した人や、2011年や2013年に100ドルを超えると何度も予想した人のことを考えてみてほしい。もしファンダメンタルズ分析のみに基づいて先物を売れば、利益が出る前にトレード口座が破綻したかもしれないし、トレードをやめざるを得なかったり、5万ドルのドローダウンに陥ったりしたかもしれない。原油価格が1ドル動けば、1枚当たり1000ドル変動するからだ。2008年、原油価格は急落したが、その前に150ドルに達した。2011年や2013年の場合は1万～1万5000ドル程度のドローダウンだったが、それでもかなりの負担である。

　ジム・ロジャーズの『大投資家ジム・ロジャーズが語る商品の時代』（日本経済新聞社）という人気の本を知っているだろうか。彼はまさにファンダメンタルズ分析のゆっくりとしたペースについて書いている。ただ、レバレッジが中心の商品先物取引の世界で、みんながロジャー

87

> 「自分の道を選ぶ権利があることは、神聖な特権だと言うことを理解し、行使し、可能性を追求せよ」
> ──オプラ・ウィンフリー

ズのように長期的な見方に耐える資金力を持っているわけではない。ほとんどの商品トレーダーの資金力を考えれば、商品トレードはこの本が言うほど「簡単」ではないのだ。

マーケットの大局的なコンセンサスを把握することはできても、ファンダメンタルズ分析のみに頼るのは平均的なトレーダーにとってはなかなか難しい。まず、正確なファンダメンタルズの情報を入手するだけでも何カ月、時には何年もかかるかもしれないし、そのころにはマーケットはすでに動いている。また、マーケットがファンダメンタルズを無視して動いている時期から再び均衡価格の水準を回復するまでにも、何カ月、時には何年もかかるかもしれない。

ファンダメンタルズ分析とは

商品市場のファンダメンタルズ分析は、需要と供給の相互作用の分析で、トレーダーはそれに基づいて将来の価格の動きを予想していく。具体的に言えば、ファンダメンタルズ分析の概念は、すべて次の式に基づいている。

需要＞供給＝上昇
供給＞需要＝下落

商品市場の需要と供給の数字が数量化できることはほとんどのアナリストが同意すると思うが、根っからのファンダメンタリストでもリアルタイムで正確な統計は入手できない。そのため、この簡単な公式にどんな数字を当てはめてもあまり意味がない。もしでたらめなデータを当てはめれば、結果もでたらめになるからだ。そのため、アナリ

ストが数字を駆使しても、そのデータは古かったり不正確だったりする。政府が発表する需給データを待っているファンダメンタルズのアナリストが算出した数字は、事後何カ月もたっている。しかし、もし予想（政府またはアナリストの）に基づいて計算すれば、それは推測にすぎない。

　高校や大学の経済学のクラスで習った需要と供給が交差するチャートは多くの人の記憶にあると思う。残念ながら、このグラフは実際には非常に複雑な概念を誤って単純化している。最も分かりやすく見えるファンダメンタルズ分析は、実際には最も難しいことだと私自身は思っている。

　現在の需給を細かく予想するというのは極めて複雑な作業なので、ファンダメンタリストが価格を予想するために使う一見単純な数式は、よく言えば分かりにくいし、悪ければ誤解を招く。そのうえ、マーケットのファンダメンタルズの暗号を解読するのにどれだけ時間をかけても、この分析方法のみを使ってうまくトレードするには極めて問題が多い。前述のとおり、私は複数の分析方法（テクニカル、ファンダメンタルズ、季節性など）を組み合わせるほうが、はるかに良い結果が得られると思っている。

エネルギー市場のファンダメンタルズ

　エネルギー業界は急な変化を遂げているが、それでも原油が中心であることは変わりない。「エタノールをめぐって戦争になったことはない」という言葉があるが、これは再生可能資源から生成することができるからである。残念ながら、もっと有力なエネルギー（原油や天然ガスなど）はそれができない。それでも、2014年に化石燃料の供給は、それまで考えられていたよりもはるかに多いことが分かった。フラッキングという新しい技術によって、石油会社やガス会社、特にアメリ

第1部　商品先物分析と投機の概論

カのそれらの会社は地下の岩盤から石油やガスを抽出することができるようになったのである。フラッキングにかかる費用は、それまでの抽出方法よりも高いが、それでも世界的なエネルギーの供給量は急増した。ただ、いずれはこの供給も限られてくる。ちなみに、近い将来については、抽出や輸送や精製が中断されることが、エネルギー価格に影響を及ぼすことになる。

　マーケットについてチャート以上に語るものはない。**図13**の原油チャートは、OPEC（石油輸出国機構）主導からの脱却、2008年の供給懸念、世界的な金融危機がエネルギー需要に大きな影響を与えること

> 「ファンダメンタルズがマーケットを構成している」──T・ブーン・ピケンズ

が認識されてきたこと、アメリカのシェールガス製品が登場し、原油市場に予想外に膨大な供給をもたらしたことなどによる信じられないようなボラティリティを示している。

　原油の先物価格は、2008年半ばに1バレル当たり約150ドルで天井を付けたが（当時は多くの学者がすぐに200ドルまで行くと言っていた）、年末には約30ドルまで落ち込んだ。原油先物をトレードしたことがある人ならば、この価格差は1枚当たり12万ドルに相当することが分かると思う。この混乱のなかで、ほとんどの人がこの巨大なボラティリティは金融危機の副作用で、こんなことは二度と起こらないだろうと思った。しかし、それからほんの2～3年で似たようなバブルと崩壊のサイクルが起こった。2回目の高騰と下落は最初のときほど激しくはなかったが、若干ゆっくりだった分、経済に与えた影響は大きかった。

需給のデータ

　エネルギー市場のトレーダーは、EIA（米エネルギー情報局）が発

図13 原油価格は2008年に1バレル当たり150ドルから30ドルに下落し、2014年には再び100ドル超から25ドルに下落した。この価格差はそれぞれ先物1枚当たり12万ドルと8万ドルに相当する

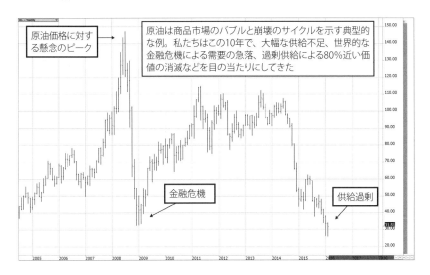

表する原油とガスの在庫や需要予想を参考にしている。EIAはDOE（米国エネルギー省）の一部で、エネルギー市場のファンダメンタルズデータを収集し、公開している。ここでは予想も行っているが、ほとんどの分析機関の例に漏れず、予想の精度には疑問の余地がある。この業界のファンダメンタルズデータにかかわるほかの重要プレーヤーには、ベーカー・ヒューズ、API（米国石油協会）などがある。

年間予想

EIAは、経済成長率や石油製品の需要、代替品の有無、インフレなどを織り込んで原油価格の年間予想を算出している。通常、この予想は長期的なもので、数十年に及ぶこともある。

もしかしたら、大学でファイナンスを学ぶ学生にとって最も切実な

教訓は、複雑な数式や価格モデルもデータの質に左右されるということかもしれない。要するに、経済学は知識に基づいた推測なのである。EIAの予想は、起こるかもしれないことの指針にはなるが、価格を教えてくれる聖杯ではないということを念頭において使ってほしい。

週間石油在庫統計

毎週水曜日、軽質スイート原油先物のトレーダーは東部時間の10時30分ぴったりに政府が発表する在庫統計の内容を急いで分析する。EIAの報告書は、精製所の活動や現在の貯蔵量や輸入量や小売価格まで詳しく伝えている。

EIAの情報は、ほぼ確実にボラティリティに影響を及ぼす。実際、リスク回避型のトレーダーは、発表の前にポジションをマルにしたり、積極的なトレーダー（筋金入りのギャンブラー）は棚ぼた式の利益を狙って発表前に仕掛けたりすることも多い。いずれにしても、発表時間に合わせてリスクを効果的に管理することが重要になる。

このリポートで最も注目すべきはアメリカの原油在庫量である（**図14**）。在庫データを観察すれば需給予想に役立つと考えている人は多い。例えば、原油の在庫が予想以上に増えていれば需要が低くなっているということだし、予想外に減っていれば需要が高まっていることを示している。毎週EIAが発表するたくさんの役立つデータは、EIAのウェブサイト（https://www.eia.gov/）から入手できる。

EIAの週間原油在庫統計は、この種の代表的なデータだと考えられているが、理由はおそらく無料で手に入るからだろう。そのほかに、APIが会員向けに発表しているデータもある。APIは石油・ガス業界ではアメリカ最大の事業者団体で、協会のウェブサイトによれば「唯一の全国的な事業者団体」だという。

図14 EIAが毎週発表している原油在庫統計は2016年に向けてかなり供給過剰になりつつあることを示している

アメリカの週間原油在庫

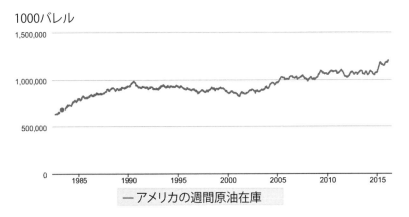

出所＝米エネルギー情報局

　APIは、毎週火曜日の東部時間16時30分に週間在庫統計を発表する。このなかには、APIの在庫予想をはじめとするさまざまな統計が載っている。EIAの報告書と同様、ここでも原油の在庫に注目が集まる。

「私は非常に幸運な遺伝子に恵まれた。父のギャンブルの才能と母の分析力を受け継いだのだ」――T・ブーン・ピケンズ

　APIの発表が政府系のEIAの発表よりも18時間早いのは偶然ではない。APIの報告書は一般向けではなく、有料会員向けなので、早めに発表したほうが会費を支払っているトレーダーにとっての価値は高まる。それに、APIの在庫データの集計方法のほうが優れているという人もいる。

OPEC

多くの人がOPECについては痛いほど知っている。この石油価格を支配するカルテルには、12カ国（アルジェリア、アンゴラ、エクアドル、イラン、イラク、クウェート、リビア、ナイジェリア、カタール、サウジアラビア、UAE［アラブ首長国連邦］、ベネズエラ）が加盟しており、1965年以降、石油価格を牛耳ってきた。ただ、彼らにとっては残念なことに、アメリカのフラッキング（水圧破砕法）という革命的な技術と、それによる石油供給量の増加によって、OPECのエネルギー市場における価格支配力はかつてほどではなくなっている。実際、OPECの力は、アメリカのシェールガスによって「フラッキング」（破砕）されたとも言われている。

2015年現在、アメリカの原油の生産量は1カ月当たり30万バレルと、2008年の2倍に増えた。アメリカは原油を産出する手段を得たことで、エネルギーの自給自足が現実化してきた。それと同時に、このことはOPECが政治的利益や経済的利益のために行使してきた圧力を削ぐことにもなった。ただ、玉に傷はOPECの伝統的な石油抽出方法のほうが、アメリカのシェールガスのフラッキングよりもはるかに安いことである。そのため、原油価格が100ドル近辺にあったときは、世界的な石油の需要の話になると、OPECは食卓の脇で残り物をねだる犬のように落ち着きをなくしていた。それでも、シェール製品は生産コストがはるかに高いことを知っているOPECは、原油価格が下がるまで供給を続けて、シェールガスの生産者を締め出そうとした。残念ながら、これはある程度成功した。アメリカの石油生産者は供給過剰に合わせて縮小を余儀なくされたのである。

OPECとアメリカの生産者との戦いはその後も続いている。また、中国、インド、パキスタン、インドネシアなども、自国の地下にもまだ採掘できていない「ブラックゴールド」が眠っていると考えている。

将来はともあれ、OPECは世界の石油市場を安定させると誓っていたが、彼らはそれを加盟国に最大の恩恵がある方法で実行しようとした。OPEC加盟国も競合関係にはあったが、消費国に安定的な供給をすることよりも、産油国に安定的な利益をもたらすことが最優先だという点では一致していた。

今でもOPEC加盟国は、世界の石油埋蔵量の3分の2を占め、生産の3分の1を担っているため（**図15**）、当然ながらかなりの力を握っている。OPECがエネルギー価格を支配していない世界など想像ができない。そのため、商品トレーダーとしては、OPECの方針や、予想や、傾向を知っておくことが重要になる。

米ドル

ときどき反論の声が上がることもあるが、世界の原油価格は米ドルで提示されている。そして、米ドルが上がるとドルベースの資産（例えば、原油）には下げ圧力がかかり、ドルが弱くなると上げ圧力がかかる（**図16**）。これは、ドルが安くなるとアメリカ以外の消費者には原油が割安に見えるため、需要が増えるからである。

米ドルも変動はするが、それでも石油業界の主要なプレーヤーが使っている通貨のなかで最も安定性と流動性が高いと言われている。そのため、米ドルベースの値付けに反対する人の主張が通るのは難しいだろう。

原油の輸出者

原油価格がドルで提示されているのは偶然ではない。アメリカの原油の輸入量は、他国よりも抜きん出て多く、2014年は1日当たり700万バレルに上った。それにははるかに及ばないが、2位は日本で、1日

95

図15　OPEC内の問題はあっても2015年現在、加盟国は世界の石油埋蔵量の大きな部分を支配している

原油の確認埋蔵量（2015年）

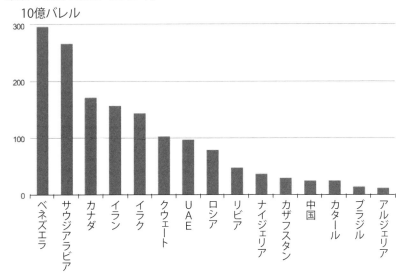

当たり460万バレルだった。ちなみに、フラッキングによるシェールブーム後の2008年でも、アメリカは1日当たり1100万バレル近く輸入している。

　原油ゲームの賭け金を上げたのはアメリカだが、輸出国のリストには載っていない。輸出量が最も多いのはサウジアラビアで1日に約700万バレル、次がロシアの約500万バレル、それ以外の供給は、中東と南米のいくつかの小規模な輸出国が担っている。アメリカの輸出量の少なさに疑問を持つ人がいるかもしれないが、アメリカは法律によって輸出がほぼできない。

　原油の輸出を禁じる法律は、OPECからアメリカの消費者を守るため1970年代に制定された。これは、原油価格が急騰したときのボラティリティの緩和を目的としているが、その効果は常に疑問視されてい

図16 原油価格は世界中どこでも米ドルで表示されている。そのため、米ドルが上がるとファンダメンタルズに関係なく原油価格は下がる

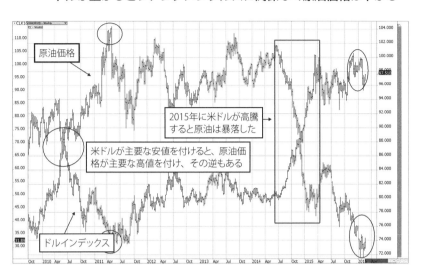

る。もし他国に輸出することができるようになれば、アメリカの生産者も事業を拡大して市場への供給を増やす動機と資金を持つようになるかもしれないからだ。アメリカが主要な供給国になり得る今、規制の解除にかかわる議論が高まっている。

穀物市場のファンダメンタルズ

　穀物先物とそのオプションをトレードしたい人は、大量の定数データに直面することになる。米農務省は、アメリカ全土の農産物や畜産物の利用や貯蔵や生育に関するデータの収集と編集に多くの人材を割いている。この業界にはたくさんの独立した事業者がいるだけでなく、大自然の不確実性にさらされているため、これは簡単な作業ではない。
　穀物業界の価格の圧力要因はほぼ無限にある。そこで、分析まひに

ならないために、トレーダーは調査対象を限定し、できれば信頼でき
る情報の入手先を知っておくとよい。

　穀物の需給について見ていく前に、全体像を把握しておくことが重
要になる。穀物先物は世界のマクロ経済の状態や、主な栽培地域（ア
メリカ、南米、中国、インド）のミクロ的な生育環境の変化に反応す
る。これは、CME（シカゴ・マーカンタイル取引所）グループでトレ
ードされている穀物先物の多くがこれらの地域でも生産され、それを
外国に売っているからだ。

　採掘したり抽出したりする商品と違い、穀物は再生可能な資産で、供
給はその年が豊作か不作かによって大きく左右される。そのため、農
務省の作付面積や期末在庫などの統計は、穀物の生産高を評価するう
えでよく使われている。ここで取り上げる農務省の数値は、同省のウ
ェブサイト（https://www.usda.gov/）か、もっと簡単にNASS（米農
業統計局、https://www.nass.usda.gov/）で入手できる。

需給データ

　繰り返しになるが、リアルタイムで需給データをまとめるのは難し
い。さらに、そのデータに基づいて正確に推測するのは不可能に近い。
農務省の期末在庫の推定値は、その複雑さから、あまり正確でないこ
とが多い。そのため、トレードを始めたばかりの人は、予期しない結
果に驚くこともよくある。ほとんどの人は政府機関が発表したデータ
は正確だと思っているが、それがまったくそうではないのである。

　イラついたトレーダーが農務省のデータに不満をぶつけることも珍
しくない。なかには、農務省が自らの利益のためにデータを操作して
いると言う人までいる。私はこのような陰謀説は信じていないが、農
務省のデータだけに頼ったトレードは自殺行為だとは思っている。そ
れでも、ファンダメンタルズ派もテクニカル派も、農務省の報告書と

第3章　商品市場のファンダメンタルズ分析

その影響については知っておくべきである。もしあなたがファンダメンタルズ関連のニュースに基づいてトレード判断を下していなくても、あなたの競合者（マーケット参加者）のなかにはそうしている人たちもいるからだ。

農務省の作付け意向面積と最終確定作付け面積のデータ

　穀物先物をトレードしたことがある人は、春の農務省の報告書が最も信用できないことを知っていると思う。農務省は3月末に、その年の作付け面積予想の手掛かりとして、作付け意向面積を発表している。

　作付け意向面積が発表されると、それに反応してボラティリティが高くなることが多い。これは、3月にこの数字が発表される前は、その年の状況についてうわさや推測に頼るしかないからである。ただ、3月の報告書が発表されても、この数字はあまり根拠のない農民の目標値にすぎない。農家が作付けに関して意図的にウソをついていると言うつもりはないが、計画はいつでも変更できるからである。

　実際の作付面積を記した6月の最終確定作付け面積が発表されると、トレーダーはやっと正しいデータが手に入る。そして、作付け面積が分かると、次は収穫量と供給在庫量に関心が移っていく。

毎月の需給データ

　農務省が毎月発表しているいくつかの報告書は、目先のファンダメンタルズの状況を知るヒントとなる。このなかには、穀物生産量、月別期末在庫、在庫需要比率などのデータが含まれている。

●**穀物生産量**　穀物の種類別の期待収穫量（ブッシェル数）。通常、これは生育期のなかで最も重要な数字だが、生育段階に関係なく毎月

99

第1部　商品先物分析と投機の概論

発表されている。当然ながら、この数字は生育期以外はほとんど注目されない。一般的に言えば、報告書の数字が高いと、実際の生産量も多めになり、理論的には穀物価格が下がる。

●**期末在庫**　四半期ごとに需要から供給を引いて算出する値で、これが翌年に繰り越される。簡単に言えば、現在の需要に見合う在庫があるかどうかを示している。ただ、農務省が発表する毎月の期末在庫は、需要も供給も推定値を使って算出している。期末在庫は、多ければ供給が多くなるため、価格を圧迫する。農務省は予測モデルを使って需給を仮定して期末在庫を算出していることから、当然、間違いの余地も大きくなる。

●**在庫需要比率**　この比率は、期末在庫を総需要で割って算出し、今年の需要に対して既存の穀物がどれくらいあるかを測っている。もし在庫需要比率が15％ならば、今の穀物の供給量は来年の予想需要の15％に相当することを示している。この比率が高ければ、適正な供給量があるか、需要が低いか、その両方なので、価格は下がる。在庫需要比率には、米国内の比率（**図17**）と世界の比率（**図18**）の２つがあるが、ほとんどのトレーダーは世界の比率のほうに注目している。具体的に見ていくと、過去20年間、トウモロコシの世界の在庫需要比率は12～30％で推移しており、適正な比率は20％辺りである。一方、大豆の場合は20％台後半で推移しており、やはり10～30％の範囲にある。

米ドル

　原油と同様、穀物の価値も米ドルの動きの影響を受ける。これは、ドルが強くなると、ドル建ての資産（穀物を含む）は外国の買い手にとって高く感じられるからである。そうなると、この「高い」資産の需要は減り、穀物もたいていそれに倣う。反対に、米ドルが弱くなると、

100

図17　アメリカ国内の大豆の需給統計（農務省集計）

農務省需給統計 アメリカ大豆	2013～2014/02	2014～2015/02	2015～2016/02
面積（100万エーカー）			
作付	76.8	83.3	82.7
収穫	76.3	82.6	81.8
利回り（ブッシェル/エーカー）	44.0	47.5	48.0
期首在庫（100万ブッシェル）	141	92	191
生産量	3,358	3,927	3,930
輸入量	72	33	30
供給合計	3,570	4,052	4,150
圧搾量	1,734	1,873	1,880
輸出量	1,638	1,843	1,690
種子用	97	96	92
その他	10	49	39
需要合計	3,478	3,862	3,701
期末在庫	92	191	450
在庫需要比率	2.6%	4.9%	12.2%

米国の農家は在庫を売りやすくなるため、その製品の需要が高まり、いずれ穀物の価格も上がる。

　米ドルが穀物価格に与える影響は見落としやすいが、実は大きな影響を及ぼすこともある。

第1部　商品先物分析と投機の概論

図18　大豆の世界の在庫需要比率はほぼアメリカ国内の比率よりも適正な水準にある

農務省需給統計 世界大豆 （100万トン）	2013～2014/02	2014～2015/02	2015～2016/02
供給			
期首在庫	56.22	62.43	77.08
生産量	282.86	318.80	320.51
輸入量	111.78	122.23	127.19
需要			
圧搾量（米国）	241.31	262.67	275.86
需要合計	275.73	300.50	314.52
輸出量	112.70	125.88	129.85
期末在庫	62.43	77.08	80.42
在庫需要比率	22.6%	25.7%	25.6%

ソフト商品のファンダメンタルズ

　ソフト商品は、映画「大逆転」で有名になったが、新人の商品トレーダーの多くが、ファンダメンタルズ的な情報を入手するのは難しいと感じている。知らない人のために書いておくと、ソフト商品は食品や繊維関連の市場で、綿花、ココア、砂糖、冷凍濃縮オレンジジュース、コーヒーなどである。これらの市場が難しい主な理由は、ソフト商品の多くが外国で栽培され、収穫されているため、生産や需要に関するデータがタイミング良く手に入らないからだ。これは、農務省が毎週、毎月データを更新してくれるアメリカの穀物や畜産物とはかなり違う。そして、状況をさらに複雑にしているのが、ソフト商品に関するアメリカ以外の生産者（中国や南米など）のファンダメンタルズのデータで、これらは不正確だとか、市場価格に影響を及ぼすために

102

操作されているなどと広く信じられている。ただ、そのような理由があったとしても、もともとソフト商品の栽培地域の多くが技術的に劣っているため、そもそもの誤差の範囲もかなり大きい。

これらの商品の先物価格が極端で、多くの場合、説明がつかない動きをすることは珍しくない。例えば、2014年の第2四半期には、コーヒー価格が高騰して、史上何回かしか付けたことのないような水準に達した。しかし、このとき供給の停止などといった高騰の原因になるようなニュースも、需要の大きな変化もなかった。干ばつの恐れはあったが、結局それも供給量に大きな影響はなかった。それでも、コーヒーの価格は2～3カ月で2倍に跳ね上がったのである。

ソフト商品の市場情報は、需給データの信頼性もそうだが、時間もかかる。それでも、最新のファンダメンタルズ的な展開を知る助けになるいくつかの情報源がある。

ICO

ロンドンにあるICO（国際コーヒー機関）は、コーヒーのファンダメンタルズに関するニュース源としてよく使われている。ICOはコーヒーにかかわる政府間の機構で、コーヒーの消費と品質と「世界のコーヒー経済」の効率化を促進することを目的としている。ここで保有しているコーヒーのファンダメンタルズや価格に関する過去の統計やデータは、トレーダーにとって役に立つかもしれない。好都合にも、ICOは輸出に関する統計や価格データを1960年代までさかのぼってウェブサイト（http://www.ico.org/）で公開している。しかも、アメリカの政府機関が農業データを報告書形式で発表しているのとは違い、ICOには情報をグラフやアイコンや図を使って見やすくまとめる才能がある。ICOは、コーヒーの需給の全体像を知るうえで、優れた情報源と言える。

103

第1部　商品先物分析と投機の概論

ブラジルのCONAB

　CONAB（国家食糧供給公社）は実質的な「国立供給会社」で、本来の目的は「供給を安定させ、農家の収入を保証し、農産物供給と政策の策定と実施に参加する」ことだが、ブラジルのコーヒーの供給や生産に関する統計の入手先としてもよく使われている。ちなみに、統計を公開することと農家の収入を「保障」することは利益相反だという意見もある。

　CONABのウェブサイト（https://www.conab.gov.br/）には、ブラジルのコーヒー業界に関する最新のニュースや統計が載っている。もちろん、ブラジルのサイトなので、ポルトガル語で読むか、うまく翻訳できるブラウザなどを使う必要がある。私は、グーグルクロームで英語に翻訳するのが極めて有効だと思っている。

　残念ながら、CONABが提供するデータは、素人が簡単に理解できるものではない。彼らも農務省ではなくICOに倣ってほしいものだ。

米農務省

　農務省は、FAS（海外農業局）が収集した砂糖、コーヒー、オレンジジュースなどのファンダメンタルズデータを定期的にまとめている。アメリカ政府のデータの収集や報告は完璧ではないかもしれないが、商品に関して報告しているほとんどの機関よりも優れているとされている。残念ながら、農務省のソフト商品に関する報告は、穀物や畜産類よりも頻度が低いため、ソフト商品の先物トレーダーにとっては有用性が低い。とはいえ、ファンダメンタルズトレーダーならば、見ておく価値はある。

　農務省が発表している資料のなかで、ソフト商品に関して最も価値が高いのは、世界の砂糖の供給量に関する報告書かもしれない。これ

104

第3章　商品市場のファンダメンタルズ分析

は年に2回、5月と11月に発行されており、生産量や消費量や期末在庫の予想が含まれている。この「砂糖——ワールドマーケット・アンド・トレード」と題された報告書は、FASのウェブサイト（https://www.fas.usda.gov/）で入手できる。

これらの情報をさらに使いやすくするために、農務省は主な砂糖生産国（ブラジル、インド、タイ、中国）別のファンダメンタルズの情報を提供し、このなかにはエタノールの需要予想も含まれている。この報告書は半年ごとに発表されるため、トレーダーは発表前になるとたいてい情報に飢えている。すべての先物市場は、農務省の報告書の公開にかかわるイベントリスクの可能性があり、ソフト商品の情報がなければ、価格ショックのリスクに見舞われる可能性がある。例えば、2009年には農務省の5月の報告書公開から何カ月かの間に砂糖の価格が2倍以上に跳ね上がって歴史的な高値を付けた。

農務省は、コーヒーの需給統計に関する報告書も年に2回発表している。この「ワールドマーケット・アンド・トレード・リポート」は、毎年6月と12月に発表され、世界の生産量や輸出量の予想を国別に示している。これもFASのウェブサイト（https://www.fas.usda.gov/）から手に入る。

ソフト商品のそのほかのリスク開示情報

ソフト商品の先物やオプションのトレーダーが直面する独特の状況を考えると、もう少し書いておきたいことがある。先に述べたように、ファンダメンタルズデータを効果的に入手するのが難しいことに加えて、オレンジジュースや砂糖やコーヒーなどのトレードには、ほかにも流動性やボラティリティの急変やレバレッジが比較的高いことなど、さまざまな障害がある。それでも、これらの要素を理由にトレードをやめるべきではない。そうではなく、マーケットに合わせた適切なト

105

レード戦略でトレードしてほしい。

具体的に見ていこう。オレンジジュース先物は通常、1日で1000～2000枚トレードされている。これは、ほとんどの先物市場と比べると少ない。例えば、EミニS&P500先物は、毎日100万～200万枚、10年物の米国債やトウモロコシ先物はそれぞれ10万枚程度トレードされている。出来高が比較的少ない商品の場合は、流動性が必須の戦略（例えば、オプションの売りやデイトレード）は避けたほうがよい。

同様に、砂糖先物は流動性は高いが、長い横ばいのあとで発作的なボラティリティに見舞われることがある。また、砂糖は合成先物（例えば、先物のポジションを建て、その全部または一部をオプションを買ってヘッジするなど）がよく行われているマーケットでもある。このような戦略については、本書後半で詳しく述べる。ちなみに、砂糖先物は流動性が比較的高くても、プレミアムが低いため、オプションの売りに適したマーケットとは言えない。

一方、コーヒー先物は天候不順をはじめとするマーケットを動かす出来事によってプレミアムが高騰するため、忍耐強いオプションの売り手にとっては素晴らしいマーケットになる。そのうえで言えば、オプションを売るリスクは、どのソフト商品についても異常に高いため、トレーダーは、やみくもに売るのではなく、過去の基準に基づいた優れたチャンスを待つ必要がある。

貴金属市場のファンダメンタルズ

ファンダメンタルズ分析に基づいて、貴金属市場の方向に投機するのは、ほかの市場よりもさらに難しい。穀物ならば、需給データが頻繁に更新されるが、貴金属にはそのように更新される情報源がないからだ。また、ソフト商品と同様に、金の正確な需給データを見つけるのもかなり難しい。そのうえ、貴金属は工業商品であると同時に、経

済の低迷期やインフレ時にはヘッジ目的で通貨のように使われること
もある。それが、金のファンダメンタルズ分析を極めて難しくしてい
るのである。

金のファンダメンタルズデータの入手先としてよく使われているの
が、WGC（ワールド・ゴールド・カウンシル）である。WGCのウェ
ブサイト（https://www.gold.org/）には、エクセル形式の需給データ
や、需要の傾向や金採掘に関する複数の研究論文などが公開されてい
る。ただ、WGCが金業界の市場開発のための組織で、主な会員は金の
価格が上がると恩恵を受ける金鉱会社だということは忘れないでほし
い。

もう1つ、金のファンダメンタルズの情報源としてよく使われてい
るのが、キトコ（https://www.kitco.com/）である。キトコは、金の
需要元（例えば電子機器、宝飾品など）などに至るまで言及している。
ただ、インターネットで金のファンダメンタルズに関して調べる前に、
強烈な勧誘があることは知っておくべきである。そして、金について
調べる前に、金取引に参加するためのあらゆる方法についてもよく理
解しておいてほしい。金の情報を提供するウェブサイトの多くが金貨
や金塊の販売を促進することで、収益を得ている。しかし、これらは
流動性が非常に低いため、現実的に利益を上げることができるのは極
めて長い時間枠で考えられる人に限られる。私の会社でも貴金属のコ
インや延べ棒の投資を仲介してはいるが、顧客には価格設定がより効
率的で、簡単に仕掛けたり手仕舞ったりできる金先物を勧めている。

通貨市場のファンダメンタルズ

世界中で通貨がトレードされる理由はいくらでもある。もし日本の
投資家がアメリカで資金を運用したければ、まずは円を売って米ドル
を買う必要がある。同様に、アメリカの会社がヨーロッパで事業を行

107

いたければ、米ドルを売ってユーロを買って出資することになる。このように膨大な数の世界のマクロ要因に基づいてトレード判断を下すのは、大変なことだ。例えば、アナリストが特定の通貨の本当の需給状況を知りたければ、まずは需給を左右する経済や社会や政治勢力など、さまざまな分野の情報を解明していかなければならないが、これが簡単でないことは想像に難くない。

　ここでかなり単純化してはいるが、通貨トレードの伝統的な学派の考え方と、価格の動きを予想するための試みをいくつか見ておこう。

金利

　通貨市場のファンダメンタルズ分析の要は、金利差である。簡単に言えば、金利が最も高い国の資産は、買い手の関心が最も高くなるという考え方だ。理論的には、資金は利回りが最も高いところに流れていく。

　そのため、通貨トレーダーは中央銀行の金利政策を注視していることは言うまでもない。考え方としては、ある国が金利を上げると、その通貨は他国の通貨よりも強くなるし、その逆も言える。もちろん、トレードはそこまで単純ではないが、金利が上昇する前に通貨が上がることはよくある。マーケットは先を見て動いているため、もしFRB（連邦準備制度理事会）やECB（欧州中央銀行）やそのほかの中央銀行の次の動きが分かると、マーケットは即座に反応する。

インフレと金融政策

　インフレは、控えめに言っても、任意の経済のなかでモノやサービスのコストを全体的に上げることになる。インフレの間は、1単位の通貨で買えるモノやサービスがそれまでよりも少なくなる。そのため、

108

インフレは購買力の劣化とも表現できる。1ドル札は常に1ドルの価値があるが、インフレが続けば、1枚のお札で買える量は減り続ける。

　トレーダーが投機目的で通貨を買う場合は、できれば緩やかなインフレが続くのが望ましい。そうすれば、通貨の価格が維持されるからだ。一方、デフレは通常、通貨の価格の圧力になる。もし通貨の価格がインフレやデフレによって極端な水準に近づくと、その通貨のトレンドを反転させる要因になる。

　景気浮揚策の目を見張るような例を紹介しよう。2000年代後半、FRBはマネーサプライを劇的に増やして米ドルの価値を歴史的な低水準に抑制した。要するに、デフレを起こしたのだ。しかし、インフレなしに安いドルを救ったのは……安いドルだった。2014年半ばから2015年第1四半期にかけて、米ドルは25％というとてつもない上昇を見せたのである。

貿易収支

　おさらいになるが、貿易収支はある国のある時点の輸入金額と輸出金額で、大事なのはその差額である。通常、物やサービスの輸入が輸出よりも多い国は、通貨が弱くなる。これは、輸入をするために自国の通貨（例えば、米ドル）を輸入先の通貨に交換しなければならないからである。アメリカの消費者が外国の製品を買うということは、米ドルを売って、欲しいものがある国の通貨を買うということなので、間接的にドルの価値を下げる一因になっている。

　どの資産クラスでも、トレーダーは視野を広げて貿易収支を確認しているが、通貨トレーダーはそれを特に注視している。ただ、毎月の貿易収支の統計を観察することが、投機のエッジになるかどうかは疑問の余地がある。このデータが現実よりもかなり遅れて発表されるということ以外に、たとえリアルタイムのデータでも、それはすでに起

こったことであり、これからのことが分かるとは限らないからだ。私は、貿易収支のデータはほとんどがリアルタイムでマーケットに織り込まれていると思っている。

政府の介入

過去10年間に、かつてはタブーとされていた政府の介入が普通に行われるようになった。世界中の中央銀行が通貨市場に積極的に干渉して、マーケットの自然な周期を修正したり妨げたりしようとしているのだ。なかには、輸入や輸出を操作して、間接的に通貨の価値を変えようとしたり、公開市場で大量の通貨を買ったり売ったりして、直接的に介入している政府もある。

政府の介入は、ファンダメンタルズ分析の難しさを示している。通常、中央銀行の通貨市場への介入は非公開で行われる。介入が行われるとき、最も軽視されるのが投機家で、たいていはその犠牲になる。通貨をトレードするときはこの残念な事実を理解し、受け入れなければならない。

私の記憶のなかで、予期しない政府の介入によって投機家が損害を被った最も劇的な例が、2015年初めにスイスの中央銀行であるスイス国立銀行（SNB）がスイスフランの対ユーロの上限を撤廃したことだった。この上限は2011年に設定されたもので、当時は資金の安全な避難先を求める投資家がフランに殺到し、フランは過大評価されていると考えられていた。対ユーロの上限を設けることは、フランの高騰を防いで、輸出の競争力を維持する助けになっていた。

> 「無知とレバレッジを組み合わせると、かなりすごいことになります」
> ──ウォーレン・バフェット

2015年当時、この上限を維持するためにはスイスフランで4800億ユーロを買う必要があったが、これはスイスのGDP（国内総生産）の約

第3章　商品市場のファンダメンタルズ分析

図19　ファンダメンタルズ分析を駆使しても、2015年初めにスイス国立銀行が突然、方針転換したことによるスイスフランの下落は予想できなかった。しかし、カウンタートレンドトレーダーならば棚ぼた的な利益を手にできたかもしれない

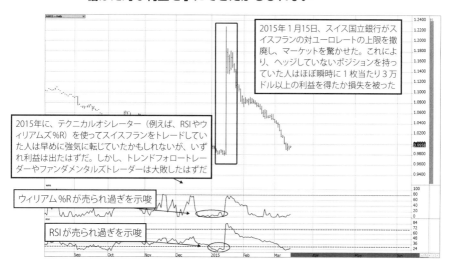

70％にも上る金額だった。スイス国立銀行にとっては、明らかにこの保護策を撤廃すべきときであり、彼らはそれを実行したのだ。米ドル／スイスフラン先物は、瞬時に0.97ドルから1.23ドルに高騰した（**図19**）。通貨先物の経験がある人ならば、このときトレードしていた人にとって、この27％近い上昇が即座に約３万2500ドルの利益または損失につながったことが分かるだろう。残念ながら、この変動でたくさんのFXブローカー（為替証拠金取引業者）が破綻した。彼らの顧客の多くが預託金以上の損失を被り、その穴埋めができなかったからだ。私は、このとき先物業界で破綻した会社は知らないが、顧客が預託金以上の損失を出して、その穴埋めができない場合、ブローカーは単独でその被害を受けることになる。おそらくウォール街ではいくつかの独立系ブローカーが破綻したのだろう。

111

マーケットのファンダメンタルズが突然変化するなどということは、予想ができない。このことは、ぜひ覚えておいてほしい。分析や調査をどれだけ行っても、スイス国立銀行の決断が迫っている兆しをとらえることはできなかった。しかし、政府の介入は、通貨が極端な水準になっているときに起こるという傾向はある。中間的な水準ではめったにないが、歴史的な水準の通貨は有力候補になるのだ。そのため、トレンドの方向に関する反応が遅めの手法を使っているファンダメンタルズトレーダーやトレンドトレーダーは、政府の介入で最も大きい損害を被ることが多い。一方、カウンタートレンドトレーダーの場合は介入の標的になる水準に近付けば、テクニカルオシレーターがトレンドが反転する可能性を示唆するため、相当な利益を上げるチャンスがある。

それでも、逆行に見舞われても損切り注文さえあれば、大損失は防げたと思う人は多いかもしれないが、それは誤った思い込みだ。これはまったく予期しなかったニュースで、マーケットの反応は速かったため、損切り注文は激しいスリッページに見舞われた。買い注文のほとんどは損切り目的だったが、これは指値に達すると成り行き注文になる。そのうえ、その時点ではその注文に応じる売り手がいなかった。そのため、取引所のトレードシステムは最も近い売りの指値注文を探していった。これは、たいてい現在の価格よりも何十ティックか何百ティックか上にある。つまり、1ドルで出した損切り注文が1.20ドルで執行されることもあり得た。これでは、スリッページだけでも2万5000ドルの損失になってしまうのである。

2015年のスイスフランの騒動は、政府の介入直後に起こることの極端な例だった。ほとんどの場合は、多少なりとも介入の可能性を示唆する何らかの傾向があって、トレーダーはそれに備えることができる。いずれにしても、マーケットがどれほど大きく変動するかと、レバレッジがマーケット参加者の破綻の原因になったり、生活を大幅に向上

させたりするということを明らかにしておく必要があると私は感じている。それと、このケースは損切り注文がトレーダーを破綻から守るためのヘッジとして最善策ではないかもしれないということを示す好例でもあった。どこに損切りを置いていたとしても、何千ドル、何万ドルといった損失に見舞われた可能性があったのだ。しかし、その一方で損切り注文を使っていなくても、最初の反応以降までポジションを維持するだけの十分な証拠金を持っていた人は、いずれ含み損が消えていくのを目にしたはずだ。スイスフランは、結局3月半ばまでに以前の水準を回復した。

GDP

通貨トレーダーが経済の健全性を簡単に評価するためのツールがGDP（国内総生産）である。GDPが国内で生産されたモノとサービスの市場価値の合計で、このなかには国内で操業している外国企業も含まれているということは知っていると思う。つまり、これは国別というより地理的な統計である。通常、GDPが高いと、通貨には追い風になる。そのため、トレーダーは通貨ごとの相対的な経済成長率を知っておくべきである。繰り返しになるが、この理論を知り、理解しておくことはマーケットのセンチメントや心理を判断するために必要なことだが、短期の通貨トレードの助けにはおそらくならない。

金利市場のファンダメンタルズ

金利先物トレーダーが注目する経済の状況やデータは、GDP、貿易収支、インフレ率、金融政策など、通貨トレーダーと重なる部分も多い。ただ、2000年代半ばからFRBが金利市場に大きく介入し始めると、FRB自体が唯一のファンダメンタルズ的なバロメーターになった。

113

第1部　商品先物分析と投機の概論

　そのため、FOMC（連邦公開市場委員会）やFRBの記者会見、FOMC
の議事録の公表などは、ファンダメンタルズ派の債券トレーダーにと
って最も重要な出来事になっている。そのうえ、FRBが雇用統計に基
づいて金融政策を修正していると明言していることから、国や民間の
雇用者数を示す毎月の非農業部門雇用者数は近年、大いに注目されて
いる。

非農業部門雇用者数

　毎月、第一金曜日に政府が景気の目安となる雇用状況を発表してい
る。金融市場、特に金利関連商品は、発表を控えた木曜日になると、必
ず神経質な動きを見せる。発表は東部時間の8時30分で、直後から感
情的な反応がたっぷりと見られる。先物価格が一方向に何千ドルも動
いたり、すぐに反転して最初の反応が帳消しになったりすることもあ
るため、注意が必要だ。

　FRBが介入する前の雇用者数の解釈は単純だった。もし予想よりも
良い数字ならば、潜在利益を求めてよりリスクが高い資産（例えば、
株）に投資される資金が増える可能性が高くなるため、国債市場は下
げる。反対に、もし雇用者数が減っていれば、投資家は不安になって
政府の後ろ盾がある安全性を求めるため、国債市場が上がる。ただ、今
日の世界では、何が正しくて何が間違っているのかを判断するのは難
しい。FRBの金利政策は雇用統計と関連していることになっているた
め、トレーダーはニュースが投資資金を引き付けるのかそれとも遠ざ
けるのかを推測しなければならないと同時に、このニュースによって
FRBがどう動く可能性が高いかも見極めなければならない。需給とい
う一見単純で失敗しようがないようなファンダメンタルズに基づいた
トレードでも、実は複雑で、何が起こるか分からないと私は思ってい
る。

114

FF金利先物

　金利で投機している人のほとんどは、米国債の30年物か10年物か5年物の先物をトレードしている。しかし、ほかにもFRBが表明する金融政策を機能させるためのFF金利を使って投機できる一連の先物商品がある。これがFF（フェデラルファンド）金利先物で、FOMCが目標とする翌日物貸出金利を原資産とするデリバティブである。

　FF金利先物は、平均的な小口トレーダーにとって必ずしも最適な投機商品ではない。それでもここで取り上げることにしたのは、このマーケットはメディアがよく取り上げるし、この動きを指針としているファンダメンタルズトレーダーも多くいるからである。ちなみに、FF金利先物は、低証拠金で低リスクの投機商品でもある。ただ、私はFF金利先物市場が予想を行う際の指針になるという考えには賛同しかねる。

　FF金利先物の使い方をごく簡単に説明しておくと、FOMCが金利を上げると考えれば、FF金利先物を売り、金利を下げると思えば買う。これは直観に反するように見えるかもしれないが、金利商品の価格は金利とは逆に動く。そのため、もし金利が上がれば、国債だけでなくFF金利先物も下げ、逆も同じことが言えるのである。

　例えば、FF金利先物3月限の価格が99.50だとする。これは、その瞬間、マーケットは満期時のFF金利が0.50%（100 − 99.50）になると考えていることを意味している。FF金利先物は、割引債のようなもので、価格は100から金利を引いた値になる。ただし、マイナス金利の場合は違う。もし現物市場のFF金利（先物ではなく）がマイナスならば、一般の銀行だけでなく、中央銀行でさえ預金を受け入れると金利をもらうことができる。このような政策は、預金を預かるとコストがかかるようにすることで、銀行の積極的な一般向け融資の促進を目的としている。

115

第1部 商品先物分析と投機の概論

　多くの投機家がFF金利先物市場を見て、FRBの次の動きがいつに
なるかを予想している。FF金利先物のトレーダーはほとんどが洗練さ
れた人たちで、高度なリサーチを行ったうえで売買している可能性が
高いが、それでも間違うことはある。簡単に言えば、FF金利先物市場
で見えるのは、先のことではなく、トレーダーが期待していることな
のである。

　CMEグループでは、FF金利先物市場について詳しく知りたいトレ
ーダーのために、フェッドウオッチという非常に価値のある情報を提
供している。CMEのウェブサイトからフェッドウオッチに入ると、限
月別のFF金利先物の価格など、豊富な情報が含まれている。なかで
も、将来の特定の時点で金利が急騰する確率と価格の関係は注目に値
する。

　繰り返しになるが、FF金利先物は、マーケット参加者が将来の特定
の時点における翌日物貸出金利をどう予想しているかを教えてくれる。
ただ、現時点から満期までに激しい変化がある可能性もある。この金
利は今日のある瞬間の考えを表したもので、2週間後にはまったく違
う期待値を示しているかもしれないのだ。結局のところ、だれもFRB
のすることを予想できない。FRBの内部にいる人たちでさえ、数カ月
後に理事会が何を考え、どのような方針を打ち出すかは分からないの
である。

時間と手間を省くために

　本章で見てきたとおり、商品ごとに需給のファンダメンタルズに関
する情報を入手し、正しく解釈するのは簡単ではない。実際、ファン
ダメンタルズ分析に基づいてトレード判断を下そうとすれば、フルタ
イムで取り組まなければならない。つまり、私はファンダメンタルズ
分析には最低限の時間をかけるだけでよいと思っている。それよりも、

116

第3章　商品市場のファンダメンタルズ分析

マーケットの方向性や、何よりもタイミングを計るためには、テクニカル分析に時間を割いたほうがより効果的だと思う。

　それでも、トレーダーのタイプやトレードサイズに関係なく、みんなファンダメンタルズには最低限の関心を持っておく必要がある。それから、ほかのトレーダーの考えを知っておくことも重要だ。結局のところ、市場価格を予想するということは、マーケット参加者の行動を予想するということだからだ。私はこの過程を単純化するため、一般的な商品分析サービスの利用を勧めている。ニュースレターやトレードサービスに百パーセント頼れというつもりはないが、価値ある洞察や役立つ情報を与えてくれることもある。

> 「人には、簡単なことを難しくするというあまのじゃくな性質があるようです」——ウォーレン・バフェット

　自分で情報集めをしなくてもトレーダーに必要な情報と指針を提供してくれる商品トレード関連の一般向けの出版物をいくつか紹介しておく。

ハイタワー・リポート

　商品先物業界でよく知られたニュースレター。私がこの業界に入るはるか前から、ブローカーやトレーダーは毎朝、トレードを始める前にこれを読んで状況を確認してきた。創業者で主筆のデビッド・ハイタワーは、30年以上の経験を誇り、それが内容に表れている。ウェブサイトは、https://hightowerreport.com/。

　ハイタワー・リポートは、主要な商品先物に関してファンダメンタルズとテクニカルの見地から独自の洞察を提供している。この日刊ニュースレターの豊富な情報は、ファンダメンタルズ分析のための作業を大幅に軽減してくれる。このニュースレターは、「１日の商品市場に

117

関する最も包括的な報告」を行っているとしているが、この主張に反論できる人はほとんどいない。トレードするのが畜産物でも金融先物でも、ハイタワー・リポートはその日の取引時間に向けて知っておくべきことを、短くても濃い内容にまとめて毎日提供している。

　この会社で最も発行部数が多く、最も活用されているのは日刊ニュースレターだが、ほかにもトレンドの変化の可能性やファンダメンタルズ的な警報などを伝える価値ある週間ニュースレターを発行している。また、年に1回発行するコモディティ取引ガイドには、カレンダーや年鑑形式の商品市場のファンダメンタルズリサーチ（主要な商品の大局的な展望を含む）などが掲載されている。このガイドには、オプションや先物の限月や主要な農産物や経済に関する報告書の公開日なども見やすくまとめられている。

　商品トレードを積極的に行っている人ならば、この日刊リポートをブローカーを通じて入手することもできる。ほとんどのブローカーは（一部の独立系ブローカーを含めて）、一括配信契約を結んで、顧客に日々のハイタワー・リポートを無料で提供している。ブローカーを通じて入手できない場合は、直接購読してもけっして高い買い物ではないと思う。

　価値あるファンダメンタルズ的な統計に加えて、日刊ニュースレターには推奨トレードも詳しく載っている。私は、この推奨の実績を記録しているわけではないため、この部分についてはコメントできない。ただ、このニュースレターの推奨トレードは、全般的に比較的リスク額と証拠金が高いものが多い。また、複雑なオプションスプレッドや先物とオプションのスプレッドなどが取り上げられることも多い。そのため、さまざまなトレード戦略やツールについて適切に学んでいない一般トレーダーが、これらの推奨トレードを正しく執行するのは難しいかもしれない。私自身はオプショントレードやサヤ取りを好んで行っているが、ニュースレターの読者で推奨トレードの戦略について

リスクやリワードを十分理解していない人が、やみくもに従ってトレードすべきではない。

GRIリポート

　活発な投機家は、有名なヘルムス・リポートの簡潔さも評価しているかもしれない。ヘルムスも、ハイタワー・リポートと同じようにブローカーで毎朝読まれている。実際、私がこの仕事を始めたころは、毎朝ヘルムスのリポートが会社にファクスで届いていた。

　ありがたいことに、時代は変わった。今はヘルムスも、電子メールに読みやすいPDF形式で添付されて前日の夜に届くようになった。ヘルムス・リポートは、マーケット情報を素早く簡単に見ることができる優れた情報源だが、ファンダメンタルズ的な調査ツールと呼ぶには少し無理がある。内容は、その日のマーケットの基本的な関心事が中心で、通常はそれを2～3文にまとめてある。また、いくつかのテクニカル的な水準も載っている。簡単に言えば、このニュースレターはその日のマーケットに適応するための簡単な指針なのである。

　ヘルムス・リポートは、グローバル・リサーチ＆インベストメント（GRI）というリサーチとトレードの会社が発行している。ちなみに、GRIは1990年代にビットコム・インクとヘルムス・コモディティースによって設立された会社である。商品ブローカーと話をするときに、相手がベテランかどうか試したければ、「GRIリポート」について聞いてみるとよい。この業界に長ければ、おそらく知らないと言われるだろう。一方、ヘルムス・リポートについて聞けば、新参の商品ブローカーは当惑するだろう。私にとって、これはずっとヘルムス・リポートである。

　どちらの名前で呼ぼうとも、これはあらゆるタイプやレベルのトレーダーが参照できる役に立つトレードツールであり、価値ある情報源

第1部　商品先物分析と投機の概論

である。この会社は、人気の商品を市場別にまとめて短くて魅力的な
ニュースレターにするという技を極めている。

ムーア・リサーチ・センター・インク

この会社は、ハイタワーやヘルムスにも劣らないファンダメンタル
ズとテクニカルの素晴らしい情報を、妥当な価格で提供している。ム
ーア・リサーチ・センター・インク（MRCI）は、商品市場に関する
季節性の分析や統計やデータを掲載したポータルサイトを運営してい
る。季節的な分析や商品市場の季節性については第4章で詳しく見て
いくが、先に紹介したのは、季節性以外にもすべてのタイプのトレー
ダーにとって価値あるファンダメンタルズツールを提供しているから
である。

ムーア・リサーチ・センター・インクのファンダメンタルズ分析の
なかには、先物やオプションのボラティリティ分析や、長期にさかの
ぼったチャート、現物市場のチャート（先物ではなく）、マーケット間
の相関分析、業界発表のカレンダー、商品インデックスファンドのチ
ャート（ゴールドマン・サックス・インデックス、ダウジョーンズ・
UBS・コモディティ・インデックスなど）が含まれている。MRCIの
連絡先は（https://www.mrci.com/web/index.php）、または電話541-
933-5340（アメリカ）。

第4章 商品先物と金融先物の季節性
Seasonal Tendencies of Commodity and Financial Futures

商品先物トレードに関する本の多くは、マーケットを調べるのに2つの方法（テクニカル分析とファンダメンタルズ分析）があると書いているが、そのほかのあまり宣伝されていない方法もマーケットの研究に取り入れてみるとよい。マーケット参加者の多くが商品先物トレードで資金を失っており、ほとんどの人がテクニカル分析かファンダメンタルズ分析を使っているのならば、何かを追加してみてもよいのではないだろうか。ただ流れにまかせているだけでは、ほかのみんなと一緒に打ちのめされるだけかもしれない。

商品市場を分析するとき、私は複数の時間枠のチャートを使って全体的なバイアスを探す。それから、直近のファンダメンタルズのコンセンサスを確認し、そのマーケットの季節性を確認し、COTリポートで買い手と売り手の割合を調べ、最後に急激にプラスかマイナスの影響を及ぼす相関性がないかと考える。

最初に、投機で役に立つかもしれない習慣性のある季節性を見ていこう。それ以外のパターンは第5章で見ていく。

商品市場の季節性の分析

マーケットはタイプや規模にかかわらず、明らかに年間のパターン

第1部　商品先物分析と投機の概論

がある。このような年間のサイクルは、農産物の商品に限らずすべて
の商品に見られるし、株や不動産ばかりか、コレクターズアイテム（例
えば、芸術品やベースボールカード）といったものでさえある。季節
性にはさまざまな原因があるが、最大の要因は１年間の成長サイクル
や気候、消費者の習慣を見込んだ需給の変化、そして年間の政治や経
済のイベントなどである。

　このように、ある程度予想できるサイクルを見つけて利益につなげ
ようとする試みが、「季節性」分析である。商品市場のそれ以外の調査
方法と同様に、万能の策ではないが、勝率を高めるためのとびきり価
値のあるツールではある。もし特定のマーケットが１年の中の特定の
時期に似たような動きを見せることが多ければ、それを考慮してトレ
ード戦略を立てるべきだろう。例えば、もし自分のテクニカル分析や
ファンダメンタルズ分析が一般的な季節性の価格パターンを裏付けて
いれば、いつもよりもほんの少し積極的になってもよいのかもしれな

> 「株式市場で今日起こった
> ことは、過去にも起こっ
> ているし、将来も起こる」
> ──ジェシー・リバモア

い。しかし、もし季節性がほかの分析
とは逆になっていれば、少なくともそ
のトレードはいったん中止すべきだろ
う。季節性がかなり強ければ、それだ
けでトレードを回避する十分な理由に
なることもある。

ただ、季節性が必ずしも強気または弱気とは限らないことは覚えて
おいてほしい。特定のマーケットが特定の時期に横ばいになる可能性
が高いというケースもある。また、マーケットがいつもの季節性とは
反対方向に動いているときは、厳しいしっぺ返しがあるということも
ぜひ覚えておいてほしい。そのため、季節性の方向に仕掛けたあとで
大きく逆行したら、いずれ好転するとは期待せず、すぐに手仕舞って
次のトレードを考えるほうが賢い。季節性と逆行することは、「プレー
ヤー」（player）から「祈る人」（prayer）に変わってしまったトレー

122

ダーの口座を枯渇させる動きとして知られている。

ここで、商品市場の有名な季節性パターンをいくつか見ていこう。

農産物でよくある季節性

CMEグループ（シカゴ・マーカンタイル取引所）傘下のCBOT（シカゴ商品取引所）ではさまざまな農産物の先物価格を提示している。ただ、実際にはそれに関連はあっても、独立した地方の現物市場では、異なる価格が提示されているかもしれない（**図20**）。CBOTトウモロコシ先物は1ブッシェル当たり3.95ドルでも、ミズーリ州の農家は3.65ドルでしか売れず、イリノイ州の農家は3.80ドルで売っているかもしれないのである。

価格の違いは、地域によって穀物の需給状況が違うだけでなく、輸送費、入手可能か、保管費などさまざまな要素がかかわっている。アメリカには、1つの全国的な値付け市場ではなく、数カ所の商品市場があり、場所によって季節性も当然違ってくる。そのうえ、国が変われば栽培時期も変わる。ここでは年間の価格パターンを単純化して説明するが、実際のマーケットが単純とはほど遠いということは忘れないでほしい。また、季節性は、地方の生態系に何か問題があれば、その影響を受けて変わることもある。

独立した地方市場や、世界中に栽培地域があることによる複雑さはあるものの、アメリカで商品先物をトレードする人は、アメリカ国内の栽培サイクルの何らかの累加平均を使えばよい。いろいろ書いてきたが、それが市場で取引される先物というものやCBOTの現実なのである。

穀物の季節性を利用したトレードは、おおむね収穫期は供給が豊富なので価格が安いという原則に基づいている。一方、栽培期間はすぐに供給ができず、次の収穫量が不確かなため、価格は高めになってい

123

第1部　商品先物分析と投機の概論

図20　現物市場のトウモロコシと大豆の価格は市場の場所によって異なる。そのため、同じ穀物でも複数の価格が存在する

場所	穀物	価格	更新日
モンタナ州チャールストン（カーギル）	トウモロコシ	3.65	2015/10/23
モンタナ州チャールストン（カーギル）	大豆	8.91	2015/10/23
モンタナ州チャールストン（カーギル）	ソルガム	3.60	2015/10/23
モンタナ州モアハウス（バックハイト・アグリ）	トウモロコシ	3.63	2015/10/23
モンタナ州モアハウス（バックハイト・アグリ）	大豆	8.86	2015/10/23
モンタナ州モアハウス（バックハイト・アグリ）	新穀小麦（SRW）	4.98	2015/10/23
イリノイ州マウンド市（ADM）	トウモロコシ	3.80	2015/10/23
イリノイ州マウンド市（ADM）	大豆	9.01	2015/10/23
イリノイ州マウンド市（ADM）	ソルガム	3.80	2015/10/23
モンタナ州スコット市（CGB）	トウモロコシ	3.68	2015/10/23
モンタナ州スコット市（CGB）	大豆	9.00	2015/10/23
モンタナ州スコット市（MGB）	トウモロコシ	3.60	2015/10/23
モンタナ州スコット市（MGB）	大豆	8.96	2015/10/23

SRW＝軟質赤冬小麦
ADM＝アーチャー・ダニエルズ・ミッドランド社
CGB＝コンソリデイテッド・グレイン・アンド・バージ
MGB＝ミッドウエスト・グレイン・アンド・バージ

る。

トウモロコシと大豆の季節性

　トウモロコシと大豆は、作付けから育成・収穫のサイクルが一緒なので、価格の相関性が高い。これらのサイクルを理解しておくことはトレーダーにとって有益だと私は思っている。そのうえで言えば、ブラジルは世界に大量の大豆を供給しているが、この国の栽培と収穫サイクルはアメリカのそれとは同じではないし、トウモロコシと大豆の季節性も少し違う。このことについては一般的なパターンのところで

第4章　商品先物と金融先物の季節性

述べる。

●**作付け**　トウモロコシと大豆の場合、アメリカは毎年、世界の生産
量の約30〜40％を担っている。そこで、ここではアメリカ国内の栽
培サイクルで話を進めていく。正確な栽培サイクルは、地域の気候
や天気によるが、通常、アメリカのトウモロコシや大豆の生産者は
4月の初めから6月半ばくらいまでに植え付けを行う。そして平均
的な年（があるとすれば）、トウモロコシ先物の価格は3月限が最も
高くなる。これは、栽培期を前に、マーケット参加者が天候の悪化
で作付けが遅れるのを懸念して、リスクプレミアムを織り込む傾向
があるからだ。農産物は、栽培期はさまざまな理由で脆弱だが、最
大の要因はやはり天候である。湿度が高すぎれば栽培管理が難しく
なり、時には不可能になることもあるが、低すぎれば適正な生育の
妨げになる。春になると、トレーダーは農家が各穀物をどれだけ作
付けするかを考え始める。例えば、ほとんどの農家は、トウモロコ
シでも大豆でもそのほかの穀物でも栽培できるため、その年何が最
も儲かりそうかを考えながら作付けしていく。しかし、実際に種を
まくまで、だれがどれだけ栽培するかは確認できない。実際に作付
けが始まり、栽培量に関する不確実性が消え、順調に栽培が進んで
いると、たいていトウモロコシや大豆の価格は少し下がる。しかし、
6月か7月にブラジルで収穫された大豆がマーケットに入ってくる
まで、大豆が大きく売られることはない。つまり、3〜7月は、大
豆とトウモロコシの相関性が一時的になくなる。

●**育成**　作付けが終わるとリスクプレミアムは下がるが、それでもリ
スクは続く。雨が降らなければ、作付けしても発芽しないし、雨量
が多すぎたり温度が下がりすぎたりすると、うまく生育しなくて穀
物の価格が上がるかもしれない。同様に、暑すぎたり雨が多すぎた
りすると、受粉量が少なくなって、収穫量が減るかもしれない。

125

図21 トウモロコシは収穫期に最安値を付け、夏に最高値を付けることが多い

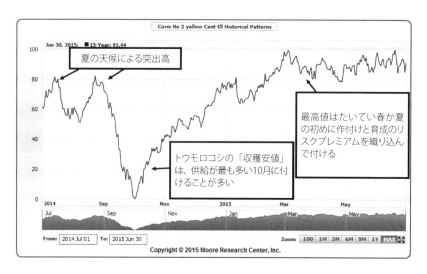

●**収穫** 穀物は、収穫して使える状態にならないと価値がない。作付けして順調に生育しても、収穫中やその直前に大惨事が起こるかもしれない。気温が高すぎたり、高湿度が長引いたりすると、収穫量が大きく減ることになりかねないからだ。それでも、ほとんどの年の収穫は比較的順調に進み、トウモロコシや大豆の価格は10月にその年の安値を付ける。この安値を、トレーダーは「収穫安値（ハーベストロー）」と呼んでいる（**図21、図22**）。穀物の価格は、この時期が１年で最も安くなる。これは、収穫直後は供給量が最も多く、供給に関する不確実性が最も低いからである。収穫が終わると、問題が起こる確率は最も低くなる。

図22 大豆の栽培サイクル、つまり季節性はトウモロコシと似ているため、この２つの穀物のトレード状況は相関性が非常に高い

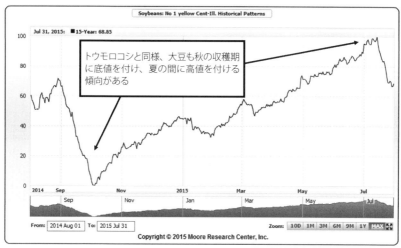

トウモロコシと大豆の季節性を示すチャート

　干ばつや長期間の豪雨など、天候の脅威が大きい年には、夏の半ばに穀物の価格が高騰して、年間の高値を付けることがある。ただ、これは例外的な年である。トウモロコシや大豆の価格は、６月半ばから終わりにかけた天候悪化による一時的な突出高は別として、夏の間は下がっていく（図21、図22）。これは、時間の経過とともに、栽培期に予期しない出来事が起こる可能性が低くなっていくからである。
　「雨が穀物を作る」という言葉があるように、穀物が成長する時期である５～８月は、シカゴで雨が降るとトレードに負のバイアスがかかる。それは、風の町シカゴが穀倉地帯の中心に位置しており、もしワッカードライブ（シカゴ市の大通り）が雨ならば、近くのトウモロコシ畑にも降って生産量を増やしてくれるに違いないということだ。た

第1部　商品先物分析と投機の概論

だし、良いことでも度をすぎれば逆効果になる。

穀物の季節性の効果

　繰り返しになるが、穀物の潜在供給量は作付けから受粉をへて収穫段階までの栽培時期が最も不透明である。1年のなかで、この時期は穀物価格のボラティリティが高くなり、完璧な生産サイクルにならない可能性を懸念して、リスクプレミアムが織り込まれていることが多い。

　穀物トレーダーは、基本的な市場サイクルを知り、その意味を理解しておく必要がある。そうでなければ、トレードする商品のリスク・リワードの見通しを見積もることができないからだ。

穀物トレードのヒント

● 穀物先物のなかで、最高の季節性トレードは、10月初めの収穫安値を狙うことかもしれない。トウモロコシや大豆の価格は、ほとんどの年において10月が最も安くなる。そのため、この時期は比較的安心して積極的にアウトライトで買い、上値を狙うことができる。また、下方リスクはオープンにしてオプションスプレッド戦略で、プットの売りとコールの買いを組み合わせ、無限の利益を狙うこともできる。

● 前述のとおり、3月はトウモロコシや大豆の価格が少しずつ下がっていく。価格は急に下げるわけではないが、3月限を過ぎれば栽培期間の天候は良好だという前提で栽培期間を通じて少しずつ下げていく。3月から収穫安値まで、価格が弱含むパターンは明らかになっているが、大自然の不確実性が厳しい価格の突出高・突出安をもたらすこともももちろんある。このような時期には、弱気のトレーダ

128

ーならばヘッジをするか、上方リスクを軽減するための仕組みを利用すべきだろう。例えば、プットオプションを買えば、急に下落してもリスクを限定して無限の利益チャンスがある。また、先物を売る場合は、保険としてコールオプションを買っておくとよい。穀物市場で天候によって価格が突出高になったり、突出安になったときに間違った側にいると、資金を急に失うことになりかねないからだ。
●トレーダーのなかには、夏（６月末から８月初めまで）は穀物市場で安いディープ・アウト・オブ・ザ・マネーのコールオプションを買っておくという人もいる。もし農家が「干ばつ」を騒ぎ出すと、価格もコールオプションの価値も急騰することになるからだ。また、穀物市場は下落よりも上昇のほうがスピードが速いということも知られている。そのため、この時期の季節性の確率とは逆行する無限の下方リスクがある戦略（例えば、ヘッジのないアウトライトの先物の買い）や、ネイキッドのプットオプションの売り戦略などは、理想のトレードとは言い難い。

ほかとは違う小麦の季節性

CBOTの小麦先物は、軟質赤冬小麦で、この収穫サイクルはトウモロコシや大豆とは真逆になっている。小麦農家は、トウモロコシ農家や大豆農家が収穫しているときに作付けを行い、小麦を収穫しているときに、トウモロコシ農家や大豆農家は作付けを行っている（**図23**）。これは、消費者の選択肢を増やすためである。例えば、大豆やトウモロコシを家畜の飼料として使っている農場経営者にとって、小麦は代替品になる。そのため、小麦の季節性はトウモロコシや大豆と基本的には同じだが、大きく逸脱する可能性もないわけではない。

図23　小麦はトウモロコシや大豆とは逆のサイクルで作付けから収穫までが行われているが、それでも価格の相関性は比較的見られる

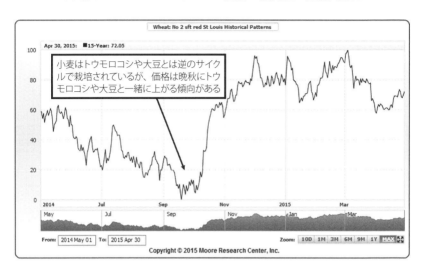

小麦はトウモロコシや大豆とは逆のサイクルで栽培されているが、価格は晩秋にトウモロコシや大豆と一緒に上がる傾向がある

金の季節性

> 「金本位制がなければ、預金をインフレによる没収から守る方法はない。価値を安全に保管できるところなどないのだ」
> ──アラン・グリーンスパン

　金の価格の年間パターンは、最も信頼できるものの１つだという事実があまり知られていないのは、金が鉱物資源だからだ。金の供給は、季節や自然現象の影響をあまり受けず、比較的安定している。しかし、金の需要にはかなり季節性がある。これは金の価値が消費的というよりも、主に認知的なものだからだ。しかも、その価値の見方は景気循環や祝日などによっても大きく変わる。

　例えば、アメリカでは金の需要がバレンタインデーの前に上がり、インドでは結婚シーズンの前に上がる。具体的に言えば、金の価格はた

図24　金は工業的価値に加えて、知覚的な経済的価値と美的価値がある独特な商品。そのため、インドの結婚式シーズンの需要が必ず価格をあと押しする

いてい12月と2月に上がるが、そのあとは、だんだん落ちていく。そして、夏の半ばから終わりにかけて安値を付ける。そのあと、10～12月にインドの結婚シーズンを控えて9月の初めから半ばに強含んでいく。(図24)。

　インドの大掛かりな結婚式は何千年もの歴史があり、常に金市場を牽引してきた。伝統的なインドの結婚式では、新婦がたくさんの金を身に付けることもあり、インドは金の装飾品において世界最大の消費国になっている。また、インドの人たちは、金塊や金貨も好んで保有している。インドは世界の金需要の約3分の1を担っており、その約半分は毎年平均1000万組の結婚式で宝飾品として使われている。

第1部　商品先物分析と投機の概論

金トレードのヒント

●通常、金は年の後半に最高値を付けるが、金の宝飾品を準備するための買いはそれよりも早く入る。最も信頼できる季節性のトレードは、夏の初めから半ばごろに金を買うことである。なかには、バレンタインデーの需要が終わってすぐにいったん大きく下げる3月から金を買い始める人もいる。ただ、早く買った人は、最終的に上昇するまで、ドローダウンのリスクを理解したうえで忍耐強く待つ必要がある。また、9〜10月になると金の買い手がいなくなることを考えれば、利益が出たら、長居をせずにすぐに手仕舞ったほうがよい。

●商品トレーダーがよく使うもう1つの戦略は、3月の下落を見越して2月に金を売ることである。ただ、2〜3月にかけたパターンは毎年少しずつ変化しているため、私はこの戦略の信頼性は低いと思っている。それでも、この傾向を知っておけば、トレードのタイミングを見たいときや、少なくとも不幸な悲劇を避けるための助けにはなると思う。

エネルギー市場の季節性

私は、すべての商品市場のなかで、最も意味深くて信頼できる季節性が見られるのはエネルギー市場だと思っている。とはいえ、この市場のボラティリティの高さを考えると、季節性のチャンスを生かすのは簡単ではない。エネルギー市場で季節性を利用してトレードするには、資金が豊富でリスクが高くなっても耐えられる人が向いている。最近はCMEグループの取引所で、小口の投機家も参加しやすい先物のミニ取引を提供している。

132

図25 原油の季節性は夏のドライブシーズンに大きく左右される。この大きな上昇を見ていると、年初の底と夏の中盤の天井をもたらす簡単な理由を忘れそうになる

原油

　原油価格の季節性は、年間の需要が決まった時期に変わることによって起こる。例えば、夏（5～8月）に運転する人が多くなると、ガソリンの消費が増える。そこで、石油会社はその消費を見込んで2～3月にかけて原油の貯蔵量を増やす。同様に、ドライブシーズンが終わると、ガソリンの需要、ひいては原油の需要も減っていく。そのため、原油価格は9月か10月になると下がり始める（**図25**）。

原油トレードのヒント

●原油市場は、上昇するときのほうが下落するときよりも力強い傾向がある。しかし、2014年に原油が下落したときに買いサイドで動き

第1部　商品先物分析と投機の概論

が取れなくなった人は反論するかもしれない。もし原油を季節性に
そってトレードしていても、この特徴は覚えておいてほしい。2〜
10月にかけてオープンエンドの売り（ネイキッドのコールオプショ
ンの売りやヘッジなしの先物の売り）をする場合は、十分注意が必
要だ。この期間はよほどの理由がないかぎり売りはしないという選
択もある。

●通常、原油市場で最高の季節性のトレードは、年の初め（1〜2月）
の買いである。もしこの時期に価格が落ち込んでいれば、いつもよ
り積極的になってもよい状況なのかもしれない。

●もう1つ、注目すべきトレードは、10月の売りである。もし10〜11
月になっても高値が続いていれば、安心して売りを建てられる場合
が多い。

天然ガスの季節性

天然ガスの価格の季節性は、フラッキング技術の登場でなくなって
きたという声が多く聞かれる。フラッキングは、地下の岩盤に液体を
高圧で注入して亀裂を生じさせて石油やガスを抽出する方法で、これ
によって大量の天然ガスが供給されるようになった。実際、アメリカ
中の供給者が余剰ガスを「フレア」、つまり燃やしている。市場に運ぶ
コストのほうが高いからだ。これは、アパレルメーカーが服を作って
も、店まで運ぶ費用をかけたくないから外で燃やすようなことである。

天然ガス市場は、投機家のなかで思い入れをもって「ウィドウメーカー」（未亡人製造物）と呼ばれている。いくつかのヘッジファンドが天然ガスでポジションを建てるタイミングを見誤って破綻したからだ。

天然ガスが過剰に供給され
るようになった結果、この市
場では冬の間の圧迫感が減っ
て価格が安定してきたことか
ら、季節性も弱くなってきた。
そのうえ、天然ガスを使った

134

図26　かつては冬に天然ガスのコールオプションを売るのはよくないとされてきたが、最近はこの戦略がうまくいく年もあるかもしれない。ただ、例年よりも寒い冬は短期的に深刻な供給不足になり、価格がすぐに２～３倍に跳ね上がることもある

冷房が登場して夏の消費が増えてきたことで、夏の需要低迷も軽減してきた（図26）。

　季節性は弱まっていても、まだ魅力的なチャンスはある。フラッキングが登場しても、予想外に寒くなると天然ガス先物の価格が高騰することがあるからだ。2013年の天然ガスの価格は、季節的に高くなるシーズンに3.50ドル近くで入り、シーズンの終わりに劇的に上げて、6.50ドル近辺に達した。

　天然ガスの長期的な価格パターンは、９月に安値を付け、そのあと12～２月の間に高値を付ける。ただ、動きの長さや大きさは需要、つまり天候によって変わる。そして２～３月になると天然ガスの価格はたいてい下がり始め、春から夏の初めくらいに支持線に達する。

第1部　商品先物分析と投機の概論

天然ガストレードのヒント

●1年で最も勝率が高いトレードで、莫大な利益チャンスがあるのが、9～2月における天然ガスの買いである。もちろん、これは全体のバイアスから見た指針なので、仕掛けのタイミングは、チャートのテクニカル指標などほかの要素を使って決めてほしい。また、通常は10月に売り圧力がかかるため、単純に強気で買って冬の終わりに利食うというわけにはいかない。

●9～2月に下方リスクをヘッジしないでコールオプションを売ったり、先物を売ったりするのは勧められない。もしファンダメンタルズが相当な弱気を示唆していても、大自然はセンチメントを急変させ、天然ガスの価格が爆発的に高騰することもあるからだ。ちなみに、この市場は、上昇スピードのほうが下落よりも速い傾向がある。

●一般的には、爆発的な高騰に備えて、秋に安いアウト・オブ・ザ・マネーのコールオプションを買っておくとよい。これは宝くじのような戦略と言える（限定された低リスクで無限の潜在利益がある）。宝くじの勝率はかなり低いが、うまくいく年にはかなりのリターンが期待できる。

　天然ガスが冬に高騰した最も極端な例が、2013年末から2014年初めまでの上昇だった（**図27**）。原因は冬の寒さが予想外に厳しかったため、天然ガスの需要が増えて当面の供給量を超えたことだった。消費者にとっては残念なことに、天然ガスの実際の供給量はかなり余裕があったが、それを家庭や企業に届けることができなかった。そのため、供給ショックが起こり、需給の不均衡が価格を短期間に2倍に高騰させたのである。

図27　天然ガス市場は特に季節的な上昇期に極端な状況になると流動性が下がり、爆発的な動きを見せることがある

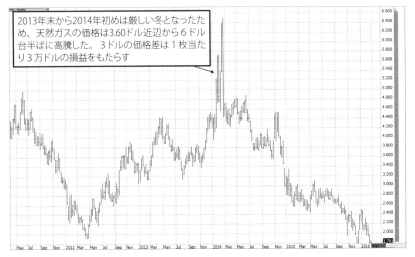

通貨の季節性

　平均的な投資家は、通貨に季節性があるどころか、商品にすら分類していない。それでも、通貨はアメリカの先物取引所で実際に商品としてトレードされている。通貨がなぜ商品になり得るのか疑問に思う人への説明は簡単で、商品とは単純に交換できるモノだからだ。米ドル（現金）の明瞭さや使い勝手の良さは際立っているが、どの通貨も交換することができるし、同じように使うことができるのである。

　通貨先物は、FXのスポット取引とは違い、すべてがドル建てになっている。一方、FX市場では複雑なルールによって通貨ペアのどちらがベース通貨になるか決まっている。例えば、ユーロはほかの通貨よりも優先されるため、国際的な金融機関は常に通貨の価値を１ユーロ当たりの金額で提示している。例えば、ユーロ／米ドル、ユーロ／イギリスポンドといった具合だ。

図28　ユーロと米ドルのペアは年末に多国籍企業がドルを外国に送金するのに合わせて強含む傾向がある

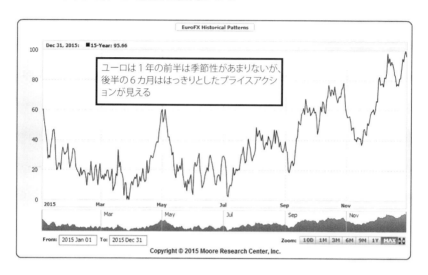

　ちなみに、ユーロの先物もユーロ/米ドルで提示されており、これは、1ユーロを買うコストを米ドルで示している。

　しかし、FX市場では円が米ドルよりも優先されるため、大手銀行やスポット市場では米ドル/円の形で提示している。これは1ドルを買うためのコストを円で示したものだ。一方、先物市場では円/米ドルで提示される。このことを説明したのは、先物市場の季節性が、通貨の価値をドル建てで示した場合のパターンになっているからである。つまり、もしこの分析をFX市場で応用すると逆になってしまうかもしれない。リンゴはリンゴと比べなければならないのである。

ユーロの季節性

　米ドル以外では、ユーロが最も投機の対象になっている。ユーロはトレンドができやすいうえに、1年にいくつかのトレーダーが知って

おくべき明確なパターンがあるからだ。季節性は夏の間はあまり明確ではないが、7月ごろには何らかの底を付け、そのあとの上昇は10月末ごろまで続く。11月になると一時的に弱含むが、そのあとは年末にかけて上昇圧力がかかる（**図28**）。年末にユーロが買われるのは、多国籍企業が年末の経費（ボーナス、税金ほか）に備えて資金をドルからユーロに変えるためだと言われている。

ユーロ先物トレードのヒント

●ユーロの最も効果的な季節性のチャンスは、1年で流動性が最も低い11月と12月にある。そのため、通常のパターンであっても、予期しないボラティリティには備えておかなければならない。そのうえ、薄商いのマーケットで季節性に反する動きは激しくなることもある。せっかくの休暇を通貨トレードで台なしにする必要はない。投機は不安のない範囲で行うべきだ。休暇は本来、友人や家族と楽しく過ごすべき時間で、目いっぱい賭けるときではない（経験したから言える）。

●ユーロは夏の間にはっきりとした底を付けるが、そのタイミングは安定していない。そのため、理想の戦略としては低レバレッジでナンピン（下げるたびに少しずつ買う）する余地を残しておきたい。この戦略ならば、小口トレーダーでもEマイクロ通貨先物を使って参加できるし、1ティック当たり10ドルでバイ・アンド・ホールドして、ポジションを増し玉していくこともできる。この取引については、第12章「商品市場の隠れた宝」で詳しく述べる。

ドルインデックスの季節性

ICE（インターコンチネンタル取引所）でトレードされているドル

139

図29 通常、ドルインデックスはユーロと逆の動きを見せるため、季節性も逆になる

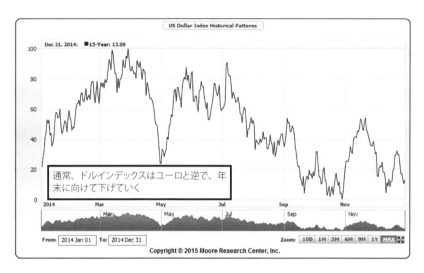

インデックス（DX）のうち、約60％をユーロの取引が占め、残りの40％にはほかの主要通貨（円、イギリスポンドなど）が入っている。そのため、ドルインデックス先物には、ユーロと逆のパターンが見られる。通常、ドルインデックスは夏にピークを付け、年末に向かって下げていく（図29）。

ドルインデックス先物トレードのヒント

●ドルインデックスは、GMEグループ以外の取引所でトレードされている唯一の通貨先物。ICEのドルインデックスは、CMEグループで扱っているほとんどの通貨先物よりも出来高は少ない。ちなみに、私はこれを先物の世界のETF（上場投信）と呼んでいる。実質的に分散した通貨バスケットに対するドルの価値を示しているからだ。ド

ルインデックスは、米ドルに対して強気の人も弱気の人も、個別の通貨のリスクが軽減されるため、安心して買うことができる。もしカナダで何か起こってカナダドル／米ドルのレートが変わり、それが全体の米ドルのトレンドと乖離していても、カナダドル先物に比べてドルインデックス先物への影響は少ない。

●通常、ドルインデックスの証拠金は低めになっている。これはこのなかで分散が行われているため、ユーロのように高騰するものに比べれば、安心して投機できるからだ。

●ドルインデックスのオプションは通常、薄商いで価格も安い。オプションの売り手にとって最高の市場とは言わないが、オプションの買いや先物をオプションの買いでヘッジするには良いマーケットになり得る。

畜産物先物の季節性

畜産類は、平均的な商品市場の投機家にとって最も人気のある市場とは言えない。しかも、最もよく知られた肉製品であるポークベリー（冷凍豚バラ肉）は、出来高の少なさからCMEを上場廃止になった。ちなみに、前に書いたソフト商品と同様、ポークベリー先物もトレード映画の傑作「大逆転」で有名になった。

畜産類の先物は流動性には問題があるが、その一方で、すべての商品のなかで最も劇的な季節性が見られる市場の１つでもある。

生牛（ライブキャトル）

この市場は、年初から夏のバーベキューシーズンで需要が増える前までは強含んでいく。面白いのはそのあとで、生牛の価格は、夏の需要が最も高いときに最も安くなる。これが最も目立つ季節性の動きで、

図30　生牛の価格は需要が最も高いときにその年の安値を付ける傾向がある。これは生牛の需要が食料品店で販売される時期よりもかなり前に高くなるからである

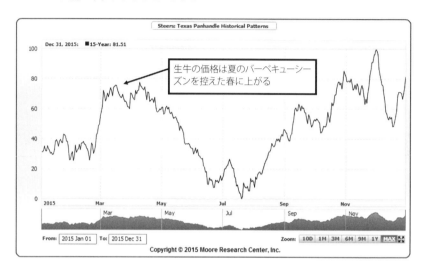

そのあとは年末に向かって上がっていく（図30）。

豚赤身肉

　私が、商品市場で最も激しい季節性の動きを目にしたのは、豚赤身肉（リーンホッグ）というほとんど注目されていない市場だった。もしかしたら、この市場の季節性の動きの大きさは、流動性のなさと直結しているのかもしれない。薄商いの市場では、大商いの市場よりも簡単に価格が動いてしまうからだ。例えば、大口のトレーダーやヘッジファンドがこの市場で100枚買うか売るかすれば、短期的に相場を大きく動かすことができる。しかし、流動性が非常に高い市場（例えば、ＥミニＳ＆Ｐ500）で100枚買っても売っても、価格はほとんど動かない。その程度の売買は普通に行われているからだ。

第4章　商品先物と金融先物の季節性

図31　牛肉の価格が急騰すると、消費者は牛肉の代わりに豚肉を使うために豚肉の需要が増える

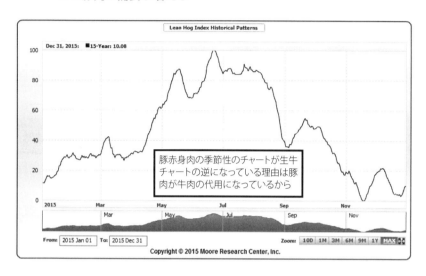

　豚赤身肉の季節性は、生牛とほぼ逆になっている（図31）。これは偶然ではない。豚肉は牛肉よりも安いため、消費者は価格サイクルに合わせて行動を調整しているからだ。牛肉の価格が高いときは豚肉の需要が増え、その逆もある。

　そう考えると、豚肉の価格が夏にピークを付け、生牛は底を打つ理由が分かる。同様に、豚肉の価格は冬に底を打つ。

> 「お金は肥料のようなものだ。分散しておかないと臭ってくる」――ジャン・ポール・ゲティ

季節性を使ったトレードの限界

　過去にあったパターンは将来も必ずあるとは限らない。それでも、テクニカル分析やファンダメンタルズ分析と共に、季節性の分析もトレ

ードツールとして装備しておくとよい。

　ただ、季節性のみでマーケットを判断したり、裏付けを取らずに年間パターンのみでトレードしたりするのはやめてほしい。簡単に言えば、季節性はトレードで成功するための万能の策ではないが、勝率を高め、トレードがうまくいかなかったときの動揺を和らげる助けにはなる。

　季節性のデータには、分析結果に影響を及ぼしかねない複雑な点がいくつかある。そこで、トレードを仕掛ける前に、異なる季節性の情報や分析方法で確認したほうがよいだろう。季節性のデータを使う場合に覚えておくべきことをいくつか挙げておく。

季節性のチャート

　経験の浅いトレーダーは驚くかもしれないが、季節性のチャートはどれも同じ方式で作られているわけではないし、同じ結果を示しているわけでもない。商品市場の性質を知らない人は、季節ごとの価格データを分析してパターンを見つけるだけの作業だと思うかもしれない。確かに、株の場合はそれでいいが、商品市場はそう簡単ではない。これは、商品の先物取引には定期的に納会があるからだ。商品によって、納会日やその頻度が違い、金融先物（通貨や株価指数など）の納会は年４回（四半期ごと）、エネルギー先物は毎月、農産物先物は生育や生産のサイクルに合わせて年に何回かなどとなっている。そして、さまざまな納会ごとに限月別の時系列データがある。例えば、原油12月限のデータは、１月限のデータとは若干違うかもしれないし、ユーロ３月限とユーロ12月限のパターンも少し違うかもしれない。このように、季節的なデータを集めるにしても、それを解釈するための基準はたくさんある。期近の納会までのデータを使う人もいれば、第一通知日まで、あるいは期先の第一通知日の１週間前とか２週間前などに注目す

る人もいる。

　ところが、それだけではない。トレーダーのなかには、先物市場ではなく、現物市場のデータで季節性を見たい人もいる。理由は、先に書いた納会の影響をなくしたいからだ。現物市場の商品価格は、売っても買っても納会はない。これは単純に現物市場を利用する消費者や生産者が売るつもり、または買うつもりの金額である。そのため、現物市場のほうが現実的な価格パターンを示しているという人もいる。とはいえ、現物市場の季節性のチャートを使うと、新たにたくさんの問題が出てくる。最も懸念すべきは、現物市場には一元管理された価格がなく、全国各地で市場があってそれぞれが価格を提示していることである。ちなみに、本書で季節性の分析に現物市場を使っているのは、それが長期的には最も現実的な価格だからである。

時間枠も重要

　通常、季節性の分析ではさまざまな時間枠のデータを見て、見逃しや誤解がないかを確認する。最もよく使われているのは、過去5年間か15年間か「一代足」データで、後者は20〜30年分のデータで代用することもある。本章に掲載したチャートは、過去15年間のデータに基づいている。

　季節性は、少しずつ変化していくため、さまざまな時間枠を使うべきことは知っておいたほうがよい。単純に入手できる最長のデータを使うだけでは、すでに無効になっている傾向に惑わされるかもしれない。マーケットによっては、20年間の季節性を分析すると夏は強気と出るかもしれないが、直近の5年間で同じ分析をしたらその期間は弱気になるなどといったこともある。

第1部　商品先物分析と投機の概論

季節性を使ったタイミングは絶対ではない

新人トレーダーのなかには、季節性が絶対だと思っている人がとても多いが、マーケットがスケジュールどおりに動くことはほとんどない。仮に年間の価格パターンが見つかったとしても、せいぜい価格が中期的な高値や安値を付けるか、反転の可能性がある範囲のヒントになる程度である。むしろ、季節性に合わせて、トレードを仕掛けてみると、襲ってくる不安によって、季節的な反転までにはたいてい長い時間がかかるということを思い知ることになる。例えば、季節的な天井や底は数週間にわたることもある。レバレッジをかけて先物取引をしたことがある人ならば、どんなマーケットでもトレンドと逆方向に投機したあとに高値や安値が数週間続いたら、その忍耐は非常に高くつく美徳だということを痛いほど分かっていると思う。

季節性は過去のこと

季節性は、過去にマーケットがどうなったかは教えてくれるが、将来、どうなるかは教えてくれない。過去の傾向は、政治や天候や人の好みや感情や行動パターンなどによって変化していくため、発見したことは予想としてではなく、ほかのマーケット分析で得たコンセンサスを確認したり、否定したりするために使うべきである。

季節性分析はどこで見つかるのか

季節性の分析をするための過去の価格データをどこで探せばよいのかと思っている読者は多いと思う。これは考えただけでも大変な作業かもしれない。しかし心配はない。適正な価格で、取引所を駆け回る仕事を代行してくれるサービスが少なくとも2つはある。

146

●ムーア・リサーチ・センター・インク（MRCI。https://www.mrci.
com/web/index.php）　商品業界で不可欠な会社。この会社のサー
ビスは1989年に始まり、購読者に大量の過去データを見やすいチ
ャートと数字で提供している。MRCIで最も有名なのがスプレッド・
シーズナル・パターンとシーズナルトレーダーという２つのリポー
トで、どちらも最も有名な季節性の詳細について洞察を与えてくれ
る。このなかには、仕掛け日、手仕舞い日、勝率、勝った年の数、負
けた年の数、平均利益なども含まれている。MRCIは、本章で使っ
たすべてのチャートの情報源で、もし興味があれば、フリーダイア
ル800-927-7259または541-933-5340（アメリカ）に問い合わせてほし
い。

●シーズンアルゴ（https://www.seasonalgo.com/）　比較的新し
く、無名だが、優れた技術を持っていることで知られている。実際、
彼らは自らを商品の調査会社ではなく、ソフトウェア会社だとして
いる。シーズンアルゴは、過去のデータに基づいたバックテスト戦
略に加えて、双方向の季節性のツールも提供している。しかもコン
ピューターや携帯機器で簡単に購読できるようになっている。

第5章 「その他」──COTリポートとマーケット間の相互関係

The "Others" : Reading the COT report and Intermarket Correlations

　私たちは、まだあらゆるマーケット状況で機能する分析方法を探し当てていない。つまり、未来を映す水晶玉（子供に人気の占い玩具マジック8ボールではなくて）の助けがなければ、マーケットの将来の動きを予想することはできない。ただし、マーケット価格の形成において、予想可能な側面もあり、それは参加者である。どの商品でも、価格はヘッジャーや投機家がそれぞれの意見や需要を売り注文や買い注文で表した集積結果である。マーケットは効率的なところだと考えられているが、完璧からほど遠いのは、プライスアクションをもたらしている人間が完璧ではないからだ。その一方で、人間の行動はいくらかは予想できる。そう考えると、私はほかのマーケット参加者の意見や行動を把握しておくという手法が大いに気に入っている。

マーケットセンチメントと群衆心理を知っておく

　社会はマーケットのバブルから学んでいると思いたいが、実際にはそうではない。バブルは文明と同じくらいの歴史があり、これからも人が行動するかぎりバブルは起こり続けると思う。

> 「マーケットとは、情報や誤報や思い付きに対する何千人もの人たちの反応が合わさったもの」──ケネス・チャン

第1部　商品先物分析と投機の概論

バブルは、資産価格がファンダメンタルズ的な価値をはるかに超えて高騰する現象である。バブル価格はマーケットを夢中にさせ、投資家がすべての理論を投げ捨てて参入を正当化するまで続く。

　最も初期のマーケットバブルの例が、1600年代半ばのオランダの黄金時代に起こったとされるチューリップバブルである。チューリップの人気がチューリップの球根の価格をバカバカしいほど高く押し上げ、そのあと崩壊した。ピーク時には、球根1つの価格が熟練工の年収の10倍くらいまで達した。当時の消費者は、チューリップを所有することに夢中で、それがどれほどバカげたことかまったく気づいていなかった。しかし、この現象がおかしいと感じるのは間違っている。社会は、大した価値もない資産に恣意的な価格を付けるということを繰り返してきたからだ。ダイヤモンド、骨董品、そして金でさえその対象だった。私たちはみんな、これらの資産に本来の価値よりも高い価格を支払ってきたが、私たちはそのような行動をするようにプログラムされているようで、これまでそれを気にする人はあまりいなかった。る

> 「マーケットではたくさんの愚かな人たちを相手にすることになります。マーケットは全員酔っぱらっている巨大なカジノのようなものです。」
> ──ウォーレン・バフェット

ため、あまり気にならない。マーケット参加者は、一番最近の流行に便乗しようとする傾向がある。そして、ほとんどのトレーダーは、バブルのピークや暴落の底では同じような行動をとる。

　投資家は、バブルをリアルタイムでは認めない傾向があるが、あとから見れば、明らかなヒントがある。トレンドトレーダーはマーケットの熱狂に一喜一憂するが、平均的なトレーダーはかかわらないほうがよい。クライマックスに達すると、そのあとの容赦ない反転は急で素早い。簡単に言えば、バブルのあとはたいてい暴落する。

　マーケット参加者は自分以外のすべての参加者と競っている。その

150

ため、敵が何を考え、何をしているかは非常に重要な情報である。次の項では、このような情報のなかでもっとも充実した情報源で、CFTC（米商品取引委員会）が発行しているCOTリポート（コミットメント・オブ・トレーダーズ・リポート）について書いていくが、そのほかにも市場でバブルが形成されつつあることや、行きすぎたトレードが行われていることの明らかな兆しを教えてくれるリポートがいくつかある。まずはそれらを見ていこう。

行きすぎのトレンドやセンチメントについてフォーラムやソーシャルメディアに聞く

今日のデジタルの世界で、多くのトレーダーがマーケットニュースばかりかトレードアイデアまでを、ツイッターストリームやフェイスブックのグループといったかつてとは違う情報源から得るようになっている。ただ、ソーシャルメディアから得たトレードの助言にやみくもに従うのは絶対にやめてほしい。このなかには、疑問の余地があるものや、明らかに詐欺的な助言や宣伝が多くあるからだ。それでも、これらのツールはマーケット参加者の考えを感じとる素晴らしい方法でもある。フェイスブックには、一般投資家の大きなグループがたくさんある。彼らの投稿やコメントをざっと見れば、みんなが考えるマーケットの方向性が分かるかもしれない。サンプルとして１つのグループを見るだけでは十分ではないが、２つか３つ見れば、全体のコンセンサスはかなり見えてくる。

また、フェイスブックやツイッターで、自分がトレードしているマーケットに関するキーワードを検索するのも役に立つ。例えば、金トレードを検討しているならば、「金」という言葉でソーシャルメディアの投稿を探したり、ハッシュタグを付けて「＃金」で検索したりしてもよい。私自身も、このような検索結果にはいつも驚かされている。こ

のような情報のほとんどは割り引いて見る必要があるが、ときどき自分では探しきれなかった貴重な情報が隠れている。それ以外にも、ソーシャルメディアからはマーケットのセンチメントを感じることができる。

　私は、先物トレードの参加者がソーシャルメディアを使うようになったことがマーケットのボラティリティを上げたと思っている。ここで目にしなければ商品市場にかかわらなかったであろう投機家を、商品市場に誘い込んだからだ。この市場に参加するようになった新人トレーダーが、価格をより混沌とさせている。しかし、もっと顕著なのは、同じトレードにみんなが便乗しようとする傾向である。

> 「最も危険なのは正しいときだ。そのときが、最も問題が起こる。良い判断をしたときは、その状態につい長居してしまうからだ」──ピーター・L・バーンスタイン

　ソーシャルメディアが登場する前の時代に流行を追いかけていたトレーダーは、テレビや新聞で聞いたマーケットの動きに便乗しようとしていた。今日のマーケットでは、分析や理論に基づいたトレードが大幅に減り、トレーダーはサイバー空間の「友だち」が自慢気に話したどこかのマーケットの強気や弱気の賭けを追いかけている。皮肉なことに、多くの場合これは、例え話に出てくる「靴磨きの少年」の言うとおりに投資するのと変わらない。群衆が標的となったマーケットは容赦なく上がり、正当化できる価格をはるかに超えてしまう。しかし、価格はいずれ反転して持続可能な水準に戻ってくる。

バロンズ紙とAAII

　EミニS&P500やEミニナスダック、Eミニダウ、ラッセル3000などといった株価指数先物をトレードしたい人は、バロンズ紙や、AAII

（米投資家センチメント調査）や、知名度は低いがマーケットベーンというサービスでセンチメントの値を見るとよい。これらの調査は投資家が株式市場に対して強気か弱気か中立かを数値化している。

簡単に言えば、投資指数とはさまざまなトレーダーが次の６カ月（指数によってはそれ以上）に期待することを調査したものだ。

ＡＡＩＩ指数の特徴は、期待を「強気」「弱気」「中立」の３択で聞いていることで、それ以外の調査は強気か弱気の２択しかない。通常、マーケットでは約35％の参加者が強気、30％が中立となっている。皮肉なことに、強気のセンチメントが40％を超えると、マーケットには天井のサインが出てくる。また、弱気の値がじわじわと高値の30％後半に近づいていくと、たいていは底が近い。

バロンズ紙のコンセンサスセンチメント指数はその簡易版というべきもので、投資家の強気の割合を教えてくれる。この割合が60％を超えると、ブル派がみんなマーケットに参加しているため、天井は近いのかもしれない。

プット・コール・レシオ

株価指数のトレーダーのためのもう１つのツールが、ＣＢＯＥ（シカゴオプション取引所）が発表しているプット・

> 「歴史が繰り返すのは、私たちが１回目のときはほとんど注意を払わないから」──ブラッキー・シェロード

コール・レシオである。これもマーケットのセンチメントを測定するためのツールだ。この比率は、プットオプションの売買高をコールオプションの売買高で割っただけの値である。この値が上昇すると、プットオプションに投じられる金額のほうがコールオプションよりも増えていることを示している。一方、この比率が下がると、トレーダーたちはプットではなくコールに群がっていることを示している。この

比率は、マーケットが弱気か強気かを教えてくれるが、これは群衆に便乗するシグナルとしてよりも、逆張り指標として使うほうが役に立つと私は思っている。

これらの値はCBOEのすべての株のオプションを対象としたものや、特定の指数やセクターのみのものなどさまざまだが、対称範囲が広ければ、似たような結果になる。ちなみに、バロンズ紙がS&P100やCBOEの株のプット・コール・レシオに注目するのは、前者が大手機関などのプロのトレーダーで、後者はほぼ個人トレーダーの傾向だからだとしている。

ここで、プット・コール・レシオの例を見ていこう。もしCBOEでプットが1週間に334万3695枚、コールが368万0818枚トレードされた場合、比率を約分すると91/100になる。コール100枚当たりプットは91枚トレードされたということである。経験則として、60/100以上だと、マーケットのセンチメントはかなり弱気になっている。CBOEで、コール100枚当たりプットが60枚しかないのはおかしく聞こえるかもしれないが、小口の株式オプショントレーダーは、投機的なブル派も多い。一方、S&P100のトレーダーはそれとは違うタイプで、ヘッジャーや投機的なベア派が多く、コールよりもプットの出来高のほうが多い。もしある指数で1週間にプットが1万2061枚、コールが9103枚ならば、プット・コール・レシオは132/100となり、コール100枚当たりプットは132枚トレードされたことになる。この比率が125/100以上だと、かなり弱気なセンチメントのマーケットだということを示唆している。どちらの例も、オプションのトレードがかなり弱気の傾向を示しているということは、マーケットが底を探しているという警告になる。要するに、これは株価指数先物が強気に転じるシグナルと考えてよい。

反対に、もしCBOEの株式のプット・コール・レシオが30/100に向かっていたり、S&P100の比率が75/100近辺になっていたりすれば、マーケット参加者は強気になっていることを示唆しているため、近いう

ちに弱気に転じるかもしれない。

　プット・コール・レシオを分析するときは、事実を正しくとらえることが重要である。オプショントレーダーのなかには気まぐれな人もいるため、これだけでマーケット全体に対する考えを変えるべきではないし、群衆に加わりたくなる衝動にも負けてはならない。それでも、プット・コール・レシオはそのマーケットで一方向に投機熱が高まっているかどうかのヒントにはなる。ほとんどのトレーダーが資金を失うという前提に立てば、みんながプットを買っているときはマーケットが底に近づいていると考えるのが理にかなっている。反対に、みんながコールを買っているときは、上昇の勢いが衰えてきているのかもしれない。

知ったかぶりをする人たち

　株式市場や商品市場で大儲けすることを夢見る人はたくさんいる。そのため、世の中にはテレビのビジネスニュースの番組や、投資関連の雑誌や新聞、そしてオンラインニュースなどがあふれている。しかし、それらを見て、読んだり聞いたりした刺激的な宣伝をすべて福音だとして信じてはならない。テレビや新聞で語っているカリスマが、私たちよりもうまくプライスアクションを予想できるわけではないからだ。実際、彼らの多くも流行に流されている。もし原油価格が下がっていれば、ほとんどのアナリストやコメンテーターは弱気のファンダメンタルズについて長々と語り、安値を探っていく。そして、アナリストのなかには宿題をきちんとしている人としていない人がいる。それに、もし彼らが「みんながそう考えている」こと以外の要素を見ていたとしても、彼らは自分のお金を投じているわけでもなければ、水晶玉を持っているわけでもない。

　私は、ビジネスニュース番組などでゲストの有名アナリストなどが

第1部　商品先物分析と投機の概論

特定のマーケットのトレンドについて熱心に語り始めたら、天井や底を付けることに気づいた。ちなみに、2008年に原油価格が1バレル150ドルだったときは、知ったかぶりの連中の9割近くが強気だった。ゴールドマン・サックスの有名アナリストは、200ドルまで行くと語り、みんながそれに賛同した。しかし、2016年に原油が30ドル辺りを低迷していたときは、有名アナリストの多くが20ドルを割ると発言していたのだ。

みんなが殺到するトレードにどう反応すべきか

人は楽しいことには加わりたいと思うものだが、みんなが殺到するトレード、つまりバブルはいずれ崩壊する。そして、バブルが崩壊すると、便乗したトレーダーがそれまでに上げた利益は吹っ飛んでしまう。それどころか、参入するのが遅かった人は瞬間的に資金を失うことになる。もしかしたら、みんなが殺到したトレードの結末を最もうまく説明しているのは2003年のウォーレン・バフェットのこの言葉かもしれない。「残念ながら、二日酔いの辛さは飲んだ量に比例しています」

このようなマーケットイベントが惨事に至ったとしても、現実を見れば人はけっして学ばないことが分かる。マーケットは相変わらずバブルと崩壊を繰り返し、なかでも商品市場の例は多い。もし本書で何か学ぶことがあるとすれば、みんなが殺到するトレードの利益を逃すほうが、最後に竜巻に巻き込まれてすべてを失うよりもマシということ

> 参加したかったと思いながら傍観するほうが、傍観していたかったと思いながら参加するよりはるかによい。

だ。もう1つ、ウォーレン・バフェットのバブルに関するあまり知られていない言葉を紹介しておこう。「賢者が最初にすることを、愚者は最後にする」

普通のトレーダーは、マーケットセンチメントの基準を使って加熱したマーケットを避けるか、熱狂が反転したときに、少なくとも利益を守るか損失を限定するようトレード戦略を変えるかすべきである。その一方で、積極的で資金も豊富なトレーダーは、このようなときをトレンドと逆行するチャンスととらえることもできる。最高のトレーダーは、みんなとは逆をする人なのかもしれない。

COTリポートを分析する

CFTCと聞くと、ほとんどの人はまず政府の規制を思い浮かべる。これは、CFTCのウェブサイト（https://www.cftc.gov/）に、「システミックリスクを避け、マーケット参加者とその資金や消費者、国民を不正行為や不正操作や商品取引法の対象となるデリバティブやそのほかの製品の悪用から守り、開かれて透明性が高く、競争力があり、資金的に安定しているマーケット」を育成するとあるからだ。これはそのとおりだと思う。彼らは、先物市場やそのオプション市場、最近ではFXやスワップ市場などを健全に運営していくための規則や規制を定めている。知らない人のために書いておくと、CFTCの執行部隊がNFA（全米先物協会）である。NFAは、会員企業（CFTCに登録を許され、その監視下にある）がCFTCの規則や規制を順守しているかどうかを監視している。

CFTCは、マーケットが可能なかぎり公正に運営されるように、小口トレーダーの水準を超えるポジションを保有しているトレーダーのデータを集計している。この基準は「報告を必要とする限度」と呼ばれている。この基準を超えるポジションを保有しているトレーダーは、CFTCに報告義務がある。また、報告義務のあるトレーダーのブローカーは基準を超えたポジションの枚数や金額など、詳細を毎日報告しなければならない。CFTCは、この情報に基づいて利益相反や買い占

第1部　商品先物分析と投機の概論

めや不正操作などがないか監視しているのである。

　大口トレーダーの条件が気になる人のために書いておくと、CFTC
はポジション制限を「特定のマーケットでトレーダーが保有するポジ
ション、過去の記録、市場で物理的な受け渡しが可能な供給量」など
に基づいて決めている。

　CFTCのポジション制限は、小規模の市場では25枚などという少な
さのこともあるが、大きな市場ならば数千枚に上ることもある。ただ、
ほとんどの小口トレーダーや本書の読者の多くは、この限度を超えて
CFTCが定める大口トレーダーになることはないと思う。それに、投
機家の多くはポジション制限が25枚程度の商品市場は避けている。逆
に、ＥミニS&P500などの人気がある商品のポジション制限は、1000
枚に近い。ちなみに、本書執筆時点で、ＥミニS&P500先物1000枚を
オーバーナイトで保有するための証拠金は、506万ドルである。デイト
レードの証拠金はもっと低いが、CFTCの限度は日中ではなく、トレ
ード時間終了時の取組高に基づいている。さらに詳しく見ていくと、未
決済のＥミニS&P500先物1000枚を保有するということは、1億0500
万ドルのイクスポージャーにさらされることになる（S&P500の価格の
2100×50×1000枚）。ただ、トレーダーのイクスポージャーはポジショ
ンの丸代金だが、そのために必要な証拠金はそれよりもはるかに少な
い。今回の例でも、証拠金は5060ドルなので、トレーダーは506万ドル
の証拠金で1億0500万ドル相当のS&P500をトレードできるのである。

　CFTCがデータを収集し、分析しているのはマーケットの健全性を
保つためだが、彼らはマーケット参加者の基本的な構成を一般に公開
している。これがCOTリポートと呼ばれる報告書である。このリポー
トを読めば、マーケットのセンチメントから過熱したトレードを見つ
け、状況によってはいわゆるスマートマネーに追従したり、小口投機
家の行動を逆張り指標として使ったりすることまでできる。しかも、こ
の報告書は強気や弱気の程度を明らかにしてくれるだけではない。ほ

158

かの調査に基づいたセンチメント指標と違い、COTリポートは実際の行動に基づいているからだ。それでも、この情報を読み解いてトレードの信頼できる指針として使えるようになるためには多少の経験を積む必要がある

COTリポートとは

　株式トレーダーがSEC（証券取引委員会）への報告内容からその会社の株に関する幹部の考えを見極めようとするように、商品トレーダーもだれが先物やオプションを売買しているかについて洞察を得るためにCOTリポートを見ている。ただ、SECへの報告書と違い、COTリポートはポジションを保有しているトレーダーやファンドの名前は明かしていない。それでも、さまざまなトレーダーのサイズ別の保有状況から洞察を得ることができる。要するに、COTはだれが何をどの方向にトレードしているかについて、豊富な情報を開示してくれている。そして何よりも、このリポートからは、特定のタイプのトレーダーの考えや行動を垣間見ることができる。

　COTリポートは、毎週金曜日の午後にCFTCが公開している。ちなみに、2011年にアメリカ政府の閉鎖によってリポートが発行されなかったときは、自分がいかにこのリポートに頼っているかを実感した。CFTCは、マーケットの構成について概要を明かす意図で、このリポートを発行している。ただ、金曜日に発行されるこのリポートには、火曜日の取引終了までの情報が載っているため、実際のマーケットより少し遅れている。そのため、COTリポートの解釈には推測も必要となる。

> 「私は早めに売ることで資産を築いた」――バーナード・バルーク

　COTリポートはトレーダーにとって、マーケットセンチメントに関する定量化されていて検証可能な情報を提供してくれるかけがえのな

第1部　商品先物分析と投機の概論

いツールである。このリポートは、先物取引所で上場されているほとんどの先物の正味取組高を毎週教えてくれる。取組高とは、その日の取引時間終了後の未決済玉の枚数である。終了時間は、商品によって違うが、取組高の数字は通常はアメリカ中部時間の16時ごろ分かる。ちなみに、取組高の集計はトレード時間の終了時に行われるため、1日のなかで仕掛けて手仕舞うデイトレードの枚数は、含まれていない。前述のとおり、COTリポートには正味取組高が記されている。つまり、この数字は買いの枚数と売りの枚数の差である。もし買いよりも売りのほうが多ければ、数字はマイナスで表示される。例えば、トウモロコシ先物の取組高が65万枚で、買いが40万枚、売りが25万枚ならば、正味取組高は＋15万枚になる。つまり、トウモロコシ先物は、15万枚の正味買い越しということである。

COTリポートの用語

COTリポートにはいくつか種類があるが、最も簡易な分類が、報告義務があるトレーダーと報告義務のないトレーダーの正味取組高である。前述のとおり、報告義務があるのは取組高がCFTCの限度を超えているトレーダー、つまりマーケットの規模に対してトレード枚数が多いマーケット参加者である。一方、報告義務がないのはCFTCの限度内でトレードしている人たちで、ここには、おそらく本書の読者の多くを含むほとんどの小口トレーダーが入っている。報告義務がある主なプレーヤーは、CTA（商品投資顧問業者）やCPO（コモディティ・プール・オペレーター）や裕福な個人などである。CFTCによれば、報告義務のあるトレーダー（大口トレーダー）の建玉の合計は、どのマーケットでもたいてい70〜90％を占めている。

報告義務がある区分は、さらにコマーシャルズ（当業者）と大口の投機家に分かれている。具体的に言えば、コマーシャルズのヘッジャ

160

ーと大口の投機家である。前者はその商品の生産者や消費者が価格を安定させるために先物市場を使ってヘッジしている。後者は、スマートマネーと言われる人たちで、彼らは何か正当な理由があってCFTCの限度を超えるトレードを執行できると考えられている。

トレーダーの主な３つの区分をまとめておこう。

● **大口の投機家**　報告義務があるトレーダーで、豊富な経験と資金を持っていると考えられる。彼らの目的は、価格の動きに正確に投機して利益を上げることにある。

● **コマーシャルズのヘッジャー**　報告義務があるマーケット参加者のなかで、業務で価格リスクや金利リスクや通貨リスクに直面している会社や団体や個人。彼らは事業活動を安定させる意図で商品先物市場でヘッジをしており、必ずしも利益を狙っているわけではない。実際、コマーシャルズのヘッジャーはトレンドと反対方向にトレードしている場合もある。

● **小口の投機家**　報告義務のないトレーダーで、少ない資金でレバレッジを掛けすぎている人が多い。彼らはよく投機の方向が間違っているため、ダムマネーと呼ばれている。

COTリポートの読み方

COTリポートは、３つの区分のマーケット参加者ごとに、買いの枚数から売りの枚数を引いた正味取組高を教えてくれる。この値からは、投機家やヘッジャーが全体的に買い越しているか売り越しているかが分かるだけでなく、その差がどれくらいかはさらに重要な情報だ。３つのタイプのトレーダーの強気や弱気の程度が分かれば、トレンドが育っているのか、消耗し始めているのかを判断しやすくなる。

トレーダーは、従来はコンピューターで作成したオシレーター（RSI

161

やストキャスティックスなど）を見て、買われ過ぎや売られ過ぎの状態を見ていた。私は、トレーダーのブログやチャットルームやニュースサービスなどから圧倒的な意見を探し、マーケットのセンチメントを見るという方法も気に入っている。それでも、価格が行きすぎかどうかを知ることができる最高のツールはCFTCのCOTリポートだと思う。結局、行動は言葉よりも雄弁で、このリポートはトレーダーがどこに資金を投じているかを教えてくれるのである。

COTリポートは、３つの形の指針を与えてくれる。加熱したマーケット、いわゆるスマートマネーのトレードの方向性、そして、小口の投機家の建玉から見る逆張り的なヒントである。

加熱したトレードを探す

金融市場では、群衆が引き起こす現象がさまざまな深刻さをもって繰り返されてきた。しかし、しっかりと観察してきた人たちは、自分の強欲を抑えることができるかもしれない。私自身は、長年の観察から、加熱したトレードの報復を避けたり辛抱したりすることが、トレーダーの成否を分ける最も重要な要素だと確信するようになった。そのため、COTリポートは、群衆が集まっているマーケットを見つけるのに使うのが最も適していると思っている。

マーケットが過熱すると、みんなが一斉に手仕舞おうとしたときに危険な状態になり、群衆についてきた人たちの利益を奪いかねない。しかも、トレンドが急転換する直前まで新たなトレーダーを引き付ける。

「最後の１人が買うと、マーケットは売られる」という有名な言葉があるが、COTリポートは、水面下の動きを垣間見せてくれるため、それがいつ

> 「無限なものは、宇宙と人間の愚かさの２つしかない。ただ、前者が本当にそうかどうかは分からない」
> ——アルバート・アインシュタイン

第5章 「その他」──COTリポートとマーケット間の相互関係

図32 スマートマネーが特定の商品に過度に投資しているときはいずれは清算されるため、暴落はいつ起こってもおかしくない状態にある

なのかを知るヒントになる。その顕著な例が、2014年7月の原油市場だった（**図32**）。当時は、大口の投機家が史上最大の買い越し状態になっていたが、ファンダメンタルズ的な見方と強含む米ドルをきっかけに、彼らが一斉に売り始めた。先物の買いポジションを手仕舞うためには先物を売る必要があるが、買い手がいなかったため、価格は急落した。原油価格の下落はある程度予測されていたが、その速さと規模にみんなが驚いた。

価格の方向とは反対側に取り残された投機家の多くは、追証に耐え切れず、結局は想像もしなかった安値で売らざるを得なくなった。これは、あまりにも加熱した投機がパニック売りに転じた極端な例だが、実は商品市場やそれ以外の資産クラスで繰り返し起こるパターンに似

163

第1部　商品先物分析と投機の概論

ていなくもない。しつこいようだが、間違いから学ぶ人はほとんどいないのである。

スマートマネーに続け

> 「1つのドアが閉まっても、別のドアが開く。しかし、あきらめきれずに閉まったドアばかり見つめていると、せっかく開いたドアが目に入らなくなる」
> ──アレクサンダー・グラハム・ベル

ヘッジ目的のコマーシャルズ以外で報告義務がある人たちは、大口の投機家と呼ばれる人たちだ。前述のとおり、彼らはスマートマネーだということになっている。莫大な資金を持っているのだから、きっとどうすべきかが分かっているのだろう。しかし、スマートマネーは間違った方向に巨大なポジションを積み上げていて、たいていは失敗に終わるということを繰り返している。トレンドがフレンドかどうかは、終わってみないと分からないということを忘れないでほしい。

もし大口の投機家が一方向にすでに大きなポジションを積み上げていれば、彼らに追随するのにはもう遅い。そのようなときは、むしろトレンドが反転するところを探すべきだろう。すでに買っている人が手仕舞うには売るしかないからだ。

しかし、COTリポートに大口の投機家がポジションを積み上げる兆しが見えたときは、その流れに便乗すべきかもしれない。特に、彼らが買い越しから売り越しに移行しているようなとき（またはその逆）は狙い目かもしれない。このような兆しは、最も大口で、最も経験豊富と目される彼らがその方向を選んだということだけでなく、彼らはその方向に増し玉していくための十分な資金を持っているからである。

もちろん、彼らにやみくもに従ってもうまくはいかない。彼らも間違いは犯すことはあるが、報告義務があるほどの規模でトレードして

164

第5章 「その他」——COTリポートとマーケット間の相互関係

図33　大口の投機家は豊富な資金を持っているため、ほとんどの小口の投機家よりも痛みに耐えてポジションを長く保有することができ、長期的には正しくなることが多い

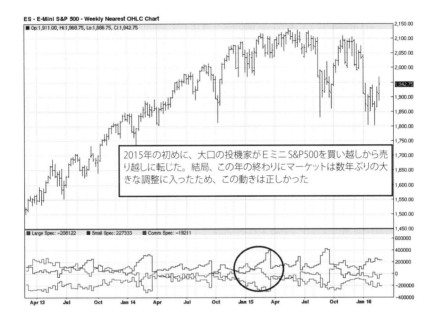

2015年の初めに、大口の投機家がEミニS&P500を買い越しから売り越しに転じた。結局、この年の終わりにマーケットは数年ぶりの大きな調整に入ったため、この動きは正しかった

いる人たちは、トレードを下支えする膨大な資金があるおかげで、タイミングが完璧でなくても利益を上げることができるからだ。しかし、そこまでの資金がない小口トレーダーが自分でマーケット分析をせずに大口の投機家に便乗すれば、最終的にうまくいくトレードでも、その前に手仕舞わざるを得なくなるリスクがある。

　2015年1月、COT最大の投機家グループがEミニS&P500先物のポジションを手仕舞い始め、3月上旬までに買い越しから売り越しに転じた（**図33**）。彼らの見通しと忍耐は、同じ年の8月にS&P500が急激に調整し、1週間もたたずに約300ポイント（1枚当たり1万5000ドル）下げたことで報われた。COTリポートを分析すれば、大口投資家が弱気に方向転換したことに気づくことができたかもしれない。また、

165

第1部　商品先物分析と投機の概論

このリポートをほかの分析ツールと併用すれば、この動きをとらえるか、少なくとも警告として損失を避けられたかもしれない。

小口の投機家の逆を行く

個人トレーダーは、小口の投機家に分類される。残念なことに、このグループはほとんどが資金を失い、「ダムマネー」という手厳しい名前で呼ばれている。具体的に言えば、マーケット参加者の約80％がレバレッジを使った投機で資金を減らしてマーケットを去り、なかにはマイナスに陥る人もいる。そのため、多くのアナリスト（私も含めて）は、COTリポートの「小口の投機家」部門を逆張り指標として使っている。もしCOTリポートが特定のマーケットで小口の投機家が圧倒的に売り越ししていることを示していれば、もしかしたら買いを検討すべきときなのかもしれない。反対に、もし彼らが大幅に買い越していれば、少なくとも彼らが清算するまでは弱気になるべきかもしれない（図34）。

合理的には見えないかもしれないが、結局のところあなたのようなトレーダーがみんな売っているときに、なぜ買いたいと思うのだろうか。小口の投機家は、昔から正しくないうえに気まぐれなことも多い。つまり、彼らはマーケットに参入するのが遅く、流れが変わるとすぐに逃げ出す。そのうえ、彼らは群れで動き、過去のプライスアクションが将来も繰り返すと期待してマーケットやパフォーマンスを追いかける傾向がある。そして、小口の投機家は天井近くでは買い、底近くでは売るという人間の性質どおりの行動をとることが多い。

コマーシャルズのヘッジャーについていかない

COTの世界では、コマーシャルズはヘッジャーと同義語である。こ

166

第5章 「その他」──COTリポートとマーケット間の相互関係

図34　残念ながら、小口の投機家の動きはいつどのようにトレードするかを示す適切なシグナルではなく、良い「逆張り」シグナルになることがある

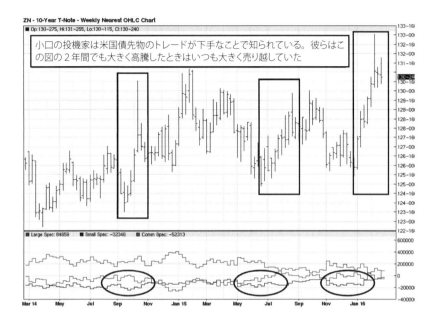

こには、大手企業や中小企業だけでなく、彼らと同じような知識を持ち、活動をしている個人も含まれている。そう聞くと、新人トレーダーはCOTリポートのなかでもこのグループに引かれる。もし農家やそのほかのコマーシャルズと言われる人たちがトウモロコシを買えば、自分も買うべきだと考えるのだ。しかし、実際には素人がコマーシャルズに追従すべきではない。

　この区分では、非常に能力の高い人たちが先物取引の判断を下しているが、彼らの目的は小口トレーダーとは違うところにある。コマーシャルズは、価格リスクをヘッジするために、先物のポジションを建てている。彼らの目的は、マーケットの方向性を予想することではないし、先物トレードで利益を上げることですらなく、現物市場のリス

第1部　商品先物分析と投機の概論

図35　コマーシャルズのヘッジャーは先物市場で利益を求めているのではなく、価格リスクを相殺している。そのため、彼らは下降トレンドで買い続けたり、上昇トレンドで売り続けたりする。彼らに追随するのは勧められない

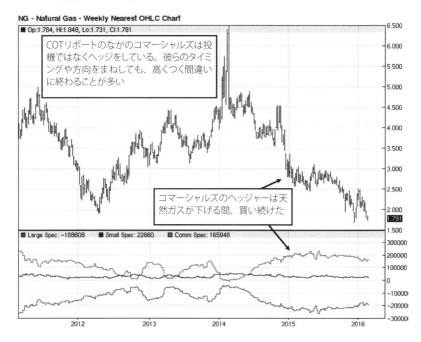

クを相殺しようとしているのである。もしコマーシャルズのヘッジャーがトウモロコシ先物を売っていても、それは価格が下がると予想しているからではなく、現物市場の買いポジションの下落リスクをヘッジするためなのである。

　コマーシャルズのヘッジャーは、下降トレンドのときは常に買い越していて、上昇トレンドのときは常に売り越している（**図35**）。これは、彼らが新人だからではなく、ヘッジの副作用にすぎない。彼らにすれば、もしヘッジポジションが損失を出していれば、現物市場のポジションは利益が出ているし、その逆も言えるのである。

COTリポートで全体像は分からない

　トレーダーにとって、COTリポートが価値ある情報源であることは間違いないが、それでもいくつかの欠陥がある。まず、金曜日の午後に手に入る情報は、3日前の火曜日の取引終了時点の取組高である。金融市場において、3日間は永遠と思える時間と言ってもよい。リポートが発行された時点では、すべてのグループのポジションが大きく変わっている可能性もある。

　そのため、COTリポートの内容は、テクニカル分析やファンダメンタルズ分析と合わせて判断しなければならないだけでなく、リポートが示唆する動きがすでに起こっていないかをチャートで確認する必要がある。同様に、リポートを見て、大口の投機家が過熱しているとか、ポジションを積み上げているという兆しを見つけたら、火曜日のデータと金曜日のリポート発行時の状況を比較すると確認できる場合もある。

　COTリポートのもう1つの欠点は、取引終了時間の取組高を使っていることである。公正を期して言えば、グループごとの日中のポジションを集計するのは不可能だし、仮にできたとしても、取引終了後のデータ以上の意味があるかどうかは分からない。トレーダーのなかには、トレードの方向やサイズを1日に数回変更している人たちもいるからだ。

　デイトレードや高頻度トレードが行われるようになり、デイトレードの証拠金も大幅に割り引かれているなかで、多くの先物市場ではCOTリポートに反映されない日中の出来高がかなり多くある。例えば、レバレッジ過多のスリルを求めているトレーダーを想像してほしい。彼は、ブローカーが割り引いたデイトレードのレートを利用して、寄り付きで仕掛け、大引けで手仕舞うかもしれない。そうすれば、このポジションをバイ・アンド・ホールドで保有する場合と同じ損益が期待

第1部　商品先物分析と投機の概論

できるが、取引所が規定するオーバーナイトの証拠金は不要だからだ。このようなトレードはCOTリポートには反映されないが、価格に大きな影響を及ぼすことはある。実際、COTデータに含まれない彼らの行動が、データに含まれるバイ・アンド・ホールドのトレーダーよりも大きく影響することさえある。彼らはあまり目立たずに巨大ポジションを動かすことができるからである。

　ちなみに、取引終了時に手仕舞うトレーダーの場合は、例えばEミニS&P500先物ならば1枚当たり500～1000ドル程度の証拠金があればトレードできるが、ポジションをそれ以降も保有するとなると、1枚当たり最低でも5060ドルが必要となる。

　高レバレッジのデイトレードの影響が長期的にはない、という見解も大きな間違いである。悪名高い2010年のフラッシュクラッシュが起こったとき、当局は原因の1つが、ロンドンの自宅の地下でEミニS&P500の売買を激しく繰り返していたナビンダー・シン・サラオの行動にあると主張した。誤解のないように言えば、この申し立ては、サラオがポジションを建てることによって市場を下げたことではなく、彼が自作の自動プログラムを使って、執行するつもりのない大口の売り注文を出したことに対するものだった。当局によれば、彼はほかのマーケット参加者を動揺させて売らせたあと、注文をキャンセルし、安く買って価格が回復したところで利食っていた。このケースからも分かるとおり、COTリポートは素晴らしい指針ではあるが、全体像のなかの一部分しか教えてくれないため、この情報だけでトレード判断を下さないでほしい。

COTリポートの入手方法

　あえて言えば、小口トレーダーのほとんどは、COTリポートの存在すら知らないし、知っていても入手先を知っている人はさらに少ない。

170

第5章 「その他」──COTリポートとマーケット間の相互関係

図36 COTリポートはトレーダーにとって非常に価値があるツールでは
あるが、政府機関に明確で見やすい形で提供しようという努力は
期待できない

```
SILVER - COMMODITY EXCHANGE INC.   (CONTRACTS OF 5,000 TROY OUNCES)                     :
CFTC Code #084691                                          Open Interest is   192,211    :
: Positions                                                                              :
:  20,867    40,455    32,074    32,894    25,034    42,214    39,843     9,944    16,595     5,694    22,530 :
:                                                                                        :
: Changes from:      September 8, 2015                                                   :
:   -2,025    -2,610       348    -3,455     3,034       796     5,900      -490       561       102       960 :
:                                                                                        :
: Percent of Open Interest Represented by Each Category of Trader                        :
:    10.9      21.0      16.7      17.1      13.0      22.0      20.7       5.2       8.6       3.0      11.7 :
:                                                                                        :
: Number of Traders in Each Category                         Total Traders:    209       :
:      21        23        16         9        20        38        36        21        55        23        36 :
```

　幸い、このリポートは、関心のある人がいつでも手に入れられるよう
になっている。CFTCは、COTリポートをウェブサイト（https://www.
cftc.gov/）上で無料で公開しており、登録しておけば電子メールで受
け取ることもできるようになっている。ただ、メールの場合は、政府
の書類らしい簡素なテキスト形式で来るため、読みにくい（**図36**）。も
ちろん、COTリポート自体の解釈も少し難しいが、やってみる価値は
ある。

　ちなみに、COTリポートの内容を別の形で提供しているソフトウェ
ア会社やニュースレターがいくつかあり、多くのトレーダーはこのほ
うが分析しやすいと感じている。私が、手軽に効率よくグループ別の
買い越しや売り越しのポジションを分析できると思うサービスをいく
つか挙げておく。

ハイタワー・リポート

　業界で人気のニュースレターで、毎日、商品市場の分析を提供して
いる。ただ、もしかしたら彼らの最も便利なサービスは、見やすく編
集されたCOTリポートかもしれない。ハイタワー・リポートは、ただ
データを羅列するのではなく、最も重要なデータを抜き出し、色分け

171

第1部　商品先物分析と投機の概論

図37　ハイタワー・リポートはCOTリポートのデータを簡潔にまとめ、トレーダーが素早く正確に分析できるようになっている

Commitments of Traders Analysis - Futures Only

Futures Only - 9/15/2015 - 9/22/2015

| | Non-Commercial | | Commercial | | Non-Reportable | |
	Net Position	Weekly Net Change	Net Position	Weekly Net Change	Net Position	Weekly Net Change
Combinations						
CBOT Grains	102,070	-3,580	1,238	+2,814	-103,308	+766
Crude Oil Complex	316,336	+18,400	-302,880	-9,216	-13,456	-9,184
Non-Financial	454,990	-15,686	-353,864	+51,402	-101,126	-35,716
Combined Precious Metals	115,221	+33,269	-118,867	-35,789	3,646	+2,520
Currencies						
Canadian	-38,394	+8,689	57,613	-11,719	-19,219	+3,030
Dollar	40,788	+1,034	-48,479	-2,163	7,691	+1,129
Euro	-81,033	+3,169	102,114	-296	-21,081	-2,873
Energies						
Crude Oil	259,429	+20,043	-249,771	-10,813	-9,658	-9,230
Heating Oil	-7,853	-1,537	9,506	+3,303	-1,653	-1,766
Natural Gas	-221,124	-8,825	196,157	+13,364	24,967	-4,539
Gas (RBOB)	64,760	-106	-62,615	-1,706	-2,145	+1,812

することで、内容を把握しやすくしている（**図37**）。例えば、もし大口の投機家が先週よりも買い越しを増やせば緑、減らせば赤で示している。

バーチャート・ドット・コム

　私にとってデータは、表形式よりも視覚的に表示してあるほうが分かりやすい。そのため、COTデータもチャートで分析するのを好んでいる。そのほうが、現状を過去と比較して分析できるだけでなく、投機家たちのポジションのトレンドも把握しやすいからだ。バーチャートのウェブサイト（https://www.barchart.com/）は、商品価格にCOTリポートのデータを合わせたチャートを、日足、週足、そして月足でも提供している（**図38**）。この視覚的なデータは、各グループのトレンドが非常に分かりやすい。

　一方、CFTCのリポートや、ハイタワー・リポートをはじめとする簡易版を使うと、前週のデータと付け合わせて比較しなければならない。これは面倒だし、間違いにもつながりかねない。

172

図38 バーチャート・ドット・コムは、COTのデータをチャートの指標のように価格の下に表示している。これによって、グループごとの現在と過去の正味取組高が視覚的に分かるようになっている

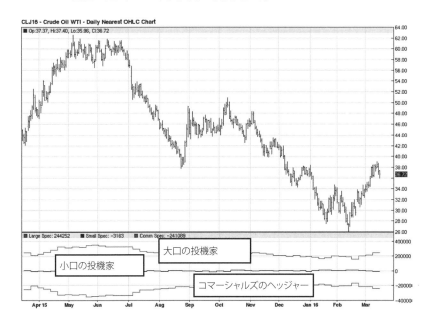

マーケット間の関係

　一見無関係なマーケットが独立して動いている、と考える人はさすがにいないと思う。金融市場と商品市場はさまざまな形で関連しており、それを知っておくことは、価格の変化に投機しようとしている人にとって役に立つと思う。先に紹介した形式のデータで分析して仕掛ける場合は、マーケットの相関性も見ておいたほうがよい。
　ただ、大学の教科書に書いてあった過去の関係がまだ有効だと思うのは間違いだ。政府の介入によって、マーケット間の関係性の多くがベテラントレーダーでもほとんど分からないほど変わってしまったか

第1部　商品先物分析と投機の概論

らである。しかも、これらの関係はこの先も時間の経過とともに、深さや方向性が大きく変わる可能性がある。

マーケット間の相関性を理解するためにはペアで理解する必要がある

通貨トレーダーは、資産を2つ1組でトレードするという概念を持っているが、先物や株式トレーダーは、必ずしもそのような考え方をしていない。しかし、本当はすべきなのかもしれない。私たちが金融市場や日々の生活のなかで行う取引には、2つの資産がかかわっている。私たちは取引をするとき、2つの資産をトレードしているのである。具体的に見ていこう。

法定不換紙幣ができる前の取引は、物々交換だった。今日の世界でも、取引の前提は物々交換だが、一方の資産が通貨になっている。私たちは、証券やそれ以外の物を買うために、何かを引き渡さなければならない。さらに言えば、買おうとしている物の価値は、放棄しようとしている資産に関連した価値がついているだけである。食料品店でパンを買うとき、あなたはドルを「売って」、パンを手に入れる。言い換えれば、あなたはパンを買ってドルを売り、店はパンを売ってドルを「買って」いるのだ。ただ、パンの価値はドルやそれ以外の通貨、つまり資産と比較しなければ、分からないということを覚えておいてほしい。

商品トレードは、現物市場でも先物市場でも変わらない。投機家が商品を買うときは、実質的にドルを売って、その資産を買っている。このとき、通貨で示す価格が変わると、資産の価値に大きな影響を及ぼし得ることは明らかだ。ただ、投機家にとっては残念なことだが、資産の価格を決める要素はほかにもある。そのため、マーケットの動きを正確に予想することは、ドルが強含めばドル建ての資産がみんな下

174

がるというような単純なことではないが、気をつけておくべきことではある。

米ドルと商品価格

第3章で、米ドルの影響を受ける商品について書いたが、そのことについて、より詳しくかつ幅広く書いていきたい。商品市場の歴史のなかで、最も不可解なベア相場は、2014～2015年の下げだった。このとき、原油や天然ガスはベア相場についてかなり報道されたが、トウモロコシや小麦といった穀物市場はさほどではなかった。また、砂糖や金の市場でも、歴史的な安さを記録し、畜産市場でさえ2015年に商品市場の呪いに屈したのである。

これらの市場では、ファンダメンタルズ的に弱気な話があり、それがトレードコミュニティに浸透していった。そして、これらの商品の共通点が、米ドル建てということだった。実際、米ドル建ての金市場が下落していたときも、ほかの通貨で値付けされていた金は堅調だったのである。このことは、商品市場が通貨の価値に敏感である確かな証拠と言ってよい。

米ドルと商品市場の関係を示す好例が、原油である。2014年の暴落のときは、アナリストはその理由を供給懸念によるものか、それとも需要予想が下がったためか議論を交わした。しかし、答えは需要や供給よりも単純なことだったのかもしれない。当時、原油の価値はほかの通貨に対してはあまり変わっていなかったが、世界の原油価格は米ドル建てだったため、原油の価格が通貨市場の動きに合わせて調整されてしまった可能性があるのだ。原油価格の下落分のほとんどは、ドルが強含んだことで説明がつく。米ドルが強含むと、少ないドルで原油が買える。この関係性は逆相関として知られている。原油価格は、単純に米ドルが上がると下がる傾向があり、その逆も言えるのである（第

175

図39　商品トレーダーは通貨市場の動きを常に見ておいてほしい。米ドルの価値の変化が原油や金から穀物や畜産物まで、商品価格に大きな影響を及ぼすことがあるからだ

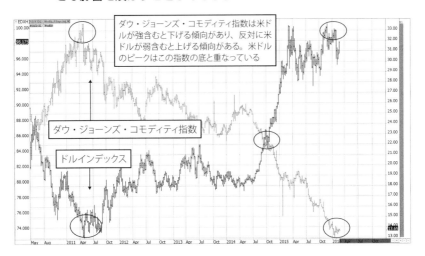

３章の**図16**参照）。

　米ドルとほかの商品市場の逆相関は、金や原油ほど明らかではないが、間違いなく存在するため、見過ごしたり軽視したりすべきではない（**図39**）。例えば、トウモロコシや小麦や大豆などの価格は、約40～60％の期間は米ドルと逆の動きをするが、この関係は作付けや収穫といった季節的な出来事がある時期は崩れることもある。

　どのマーケットでトレードする場合でも、ほかのマーケットからどのような影響を受けているかを知っておかなければならない。トレードは、もちろん運もあるが、確率の戦いである。特定のマーケットがほかのマーケットと関連して動くことを知っておけば、勝率を上げることができるかもしれない。例えば、原油を買うチャンスを探している人や、米国債を売ろうと考えている人は、通貨市場の動きがタイミングの指針になるのかもしれない。

第2部 商品先物のトレード戦略を立てる

Commodity Trading Strategy Development

　読者の多くは、この第2部で述べる全体的な概念についてはすでに知っていると思うが、私は各マーケットの現実的な側面に光を当てるとともに、過去のデータに基づいてあえて逆張りする手法も紹介していく。このなかには、私が商品ブローカーとして仕事をしてきたなかで得た洞察で、ほかの著者やマーケット参加者が気づいていないことも含まれていると思う。

> 「負ける方法はたくさんあるが、勝つ方法はとても少ない。もしかしたら、勝つための最善策は、大失敗につながる法則をすべて会得して、それを全力で避けることかもしれない」
> ——ビクター・ニーダーホッファー

　まずはいくつかの基本の戦略について、その特徴や利点、そして最も大事なことである欠点を見ていこう。この項では、それぞれのトレーダーのニーズに見合う戦略を立てていくための知識に基づいた指針を紹介していくが、各手法については、客観的な情報をたくさん提供していこうと思っている。また、私の商品ブローカーとしての観察やトレーダーとしての経験、そしてほかの業界関係者と話をしてきたなかから得た洞察に基づいて、私自身が好む戦略と、その理由も述べていく。もちろん、私がマーケットよりも優れているとか、私の分析が完璧だと言うつもりはない。ただ、私はマーケットの良いところも、悪いところも、醜いところもこの目で見てきた。この経験を、読者がマーケットで利益を上げる助けになることを願って伝えていきたいのである。

第6章 先物のポジショントレード

Position Trading in Futures

　商品先物のポジショントレードについて書く前に、株式トレーダーと先物トレーダーでは時間枠に大きな違いがあるということを知っておいてほしい。商品先物市場では、レバレッジと限月の関係で、トレード期間は短くなる傾向がある。株式のポジショントレードは、株を買ってから月単位、時には年単位で保有する場合もある。しかし、先物トレーダーに、半永久的に保有する状況や資金力はほぼない。

　先物の場合は、１～２日以上保有すればポジショントレードになる。つまり、ポジショントレードに唯一含まれないのがデイトレードで、これは同じ日に仕掛けて手仕舞う先物取引を指す。もちろん、ポジショントレーダーのなかにもさまざまなタイプがある。１週間に２～３回しかトレードしない人もいれば、ロールオーバーを繰り返して手仕舞いを避けながら数カ月保有する人もいる。

　ポジショントレーダーは、先物でも、オプションでも、サヤ取りでも、それ以外のトレード戦略を使っている場合でも、主に３つの投機方法を用いている。それが、ファンダメンタルズトレードとスイングトレードとトレンドトレードである。このうち、ファンダメンタルズトレードは価格に影響を及ぼすファンダメンタルズの変化を予想して、長期のポジションを取ることで、スイングトレードとトレンドトレードはテクニカル分析を用いた戦略である。私自身は、テクニカル分析

179

第2部　商品先物のトレード戦略を立てる

を使う場合でも、ファンダメンタルズ分析を使う場合でも、本書で紹介したそれ以外のツール（季節性、マーケットセンチメント、COTリポートなど）を併用すべきだと思っている。

テクニカル分析を使った2つのスタイルの主な違いは、スイングトレーダーのほうが短期のカウンタートレンドのポジションを仕掛け、トレンドトレーダーはトレンド方向に比較的長期のポジションを取ることである。それぞれのメリットとデメリットを見ていこう。

スイングトレード

「私はマーケットが反転するときが最も儲かると思っている。みんなは天井や底を狙えば失敗し、儲かるのはトレンドの途中だと言う。しかし、私はこの12年間、トレンドの途中ではうまくいかなかったが、天井と底では大いに儲けた」
──ポール・チューダー・ジョーンズ

スイングトレードは、1～4日くらいでカウンタートレンドの動きが起こることを狙って仕掛けるトレードスタイルである。スイングトレーダーは、恐怖で買って、強欲で売る。つまり安値で買って、高値で売ることを目指している。もちろん、これは口で言うほどやさしいことではない。

投機をするとき、トレーダーは当然ながらマーケットに翻弄される。トレードは、仕掛けたあとでその日のうちに利食ったほうが良い状況になったり、4日が過ぎてもポジションを保有し続けたほうが良かったりすることもあるからだ。それでもスイングトレーダーは、仕掛けるときには1～4日の時間枠で考えている。

スイングトレーダーは、テクニカル分析で仕掛けのタイミングを見ているが、ファンダメンタルズについては考慮している人と考慮していない人がいる。彼らは本質的に支持線や抵抗線が予想される辺りで、先物やオプションを積極的に売買している。彼らはトレンドトレーダ

ーと違い、トレンドの明確な確認を待つのではなく、マーケットが反転するタイミングを狙って仕掛けている。

スイングトレードの仕掛けや手仕舞いの時点を決める方法はいくらでもある。ただ、ほとんどの人は、何らかのテクニカルオシレーターが売られ過ぎや買われ過ぎの範囲に入ったことと、トレンドラインやトレンドチャネルやそのほかの方法で見つけた支持線や抵抗線などを組み合わせて決めている。

> スイングトレーダーは、支持線と思われる範囲で買い、抵抗線と思われる範囲で売る。

繰り返しになるが、スイングトレーダーは支持線や抵抗線を探すと同時に、マーケットの反転を示唆するオシレーターも参照しながら、カウンタートレンドのトレードチャンスを狙っている。

図40はＥミニＳ＆Ｐ500のチャートで、ウィリアムズ%Rを「レディー」、RSI（相対力指数）を「ゴー」として仕掛けるようになっている。これを執行して、上昇するなかで売り、みんなが売り急いでいるときに買えば、なかなかの利益が上がるかもしれない。

スイングトレードのメリット

スイングトレードの戦略は、支持線と抵抗線の間で上下するレンジ相場に適しており、たくさんのチャンスが見込める。このことは、ほとんどの時期を横ばいで推移している商品市場において、トレンドトレードやファンダメンタルズトレードよりも大きなメリットと言える。マーケットの状況についてはさまざまな意見があるが、おおむね商品市場では全体の80%はレンジ相場で、方向性のある動き（新しいレンジが始まるまで）はわずか20%程度しかないと言われている。そしてトレンドは、確認できたときはたいてい終わりに近づいている。つまり、最後の買い手（確認を求める人）が参入すれば、マーケットは反

図40　スイングトレーダーはまったく心地良くないことをしている。みんなが売っているときは買い、みんなが買っているときは売っているのだ

転することが多い。

　また、スイングトレードには大敵がいる。この戦略の本質は、みんなに逆らって仕掛けることである。ここでポイントとなるのは、マーケット参加者のほとんどが資金を失っているということだ。つまり、多くの人にとって心地が良いことは正しい行動ではないのかもしれない。

　私は、通常のマーケットにおいては、スイングトレードのほうがトレンドトレードよりも比較的勝率が高いと思っている。方向性がなく、さまざまなレベルのボラティリティがあれば、勝率の高いシグナルが出るからだ。一方、トレンドトレーダーは、よほど大きなトレンドでもなければ利益は望めない。要するに、スイングトレーダーはより頻繁に勝率の高い利益が期待できるが、大きなトレンドが起こったときは利益をあきらめることになる。

スイングトレードのデメリット

スイングトレードには、明らかな欠陥が1つある。トレンドが逆行すれば、恐ろしい結果になりかねないことだ。支持線で買って、抵抗線で売るという戦略はうまくいくことが多いが、そうならなかったときは驚くほどの痛みが伴う。目安となるテクニカルレベルを通過するのが速いだけでなく、その水準がブレイクされたことに気づいたときは手遅れかもしれないからだ。そのため、スイングトレーダーが長期的に生き延びるためには、リスクを管理して賢くトレードする必要がある。

また、スイングトレードは比較的トレード数が多い戦略なので、トレンドトレードよりも手数料と時間がかかる。

スイングトレードのツール

スイングトレードで最もよく使われているタイプは、アウトライトの売りや買いである。しかし、オプションの売買やオプションスプレッド、そして、先物とオプションを組み合わせたシン

> 「成功の秘訣は、成功が転がり込んでくるのを死ぬまで待っていないこと」──リー・アイアコッカ

セティックなどの戦略を組み合わせても効率的にトレードできる。さらに言えば、満期があるオプションは、トレンドトレードよりもスイングトレードに向いているとも言われている。ちなみに、先物取引にも納会はあるが、追加的なリスクや支出なしに簡単にロールオーバーできる。

一方、オプションの買い手は、トレンドトレードがうまくいく時間枠で妥当な戦略を執行するのが難しいことが多い。スイングトレードの概念は、安く買って高く売ることだが、これはトレンドトレードの

183

高く買ってさらに高く売る手法とは対照的だ。スイングオプショントレーダーは、マーケットが下げているときに、価値が過小評価されているコールを買おうとし、マーケットが上げているときに過小評価されているプットを買おうとする。ただ、トレンドトレーダーは比較的大きな上昇をしたあとに、価格が過大評価されているコールを買うことになる。つまり、トレンドトレードにオプションを組み合わせると、値上がりしたオプションを買わなければならないため、利益のハードルが上がってしまうのだ。しかし、スイングトレーダーには、この心配がない。

スイング戦略は、「普通」のマーケットの状態を利用しているため（普通ではない大きなトレンドではなく）、十分な流動性があるマーケットでなければ執行できない。経験則で言えば、１日の出来高が２万枚未満の商品市場は、避けるか少なくとも慎重にトレードすべきだと思う。もしトレード計画にオプションを含めるならば、流動性はさらに重要になる。ただ、オプションの流動性を見極めるのは難しい。大口のコマーシャルズやプロのトレーダーが参加しているオプションマーケット（例えば、RBOBガソリン）は、１日の出来高や取組高は多いかもしれないが、小さいサイズでトレードしている平均的なトレーダーにとっての流動性は低いかもしれない。その一方で、一部の出来高も取組高も少ないオプション市場（例えば、通貨）は、活発なマーケットメーカーが魅力的なビッド・アスク・スプレッドを提示しているため、簡単に仕掛けたり手仕舞ったりできる。要するに、流動性は出来高や取組高ではなく、いつでもトレードできるかどうかで判断しなければならない。

分割売買（ナンピン）

分割売買は、トレードが逆行しているときに、含み損を抱えたポジ

ションに少しずつ増し玉していく手法で、最も良い形は、反転を期待して歴史的安値で買う「底値買い」である。同じことは、天井を狙ってもできる。いずれにしても、この目的は増し玉によって平均コストを下げることにある。このドルコスト平均法は、株式トレーダーもよく行っているが、先物はレバレッジの関係で執行するのが難しい。知らない人のために書いておくと、ドルコスト平均法は、定期的に特定の資産を一定額ずつ買っていくテクニックで、長期的に見れば高く買った分よりも安く買った分のほうが多くなる可能性が高い。商品トレードの分割売買は、増し玉のタイミングが一定の時間や金額ではなく、価格で決まるところが違う。また、商品の分割売買トレーダーは、逆行しているポジションに増し玉していくが、順行しているときはしない。

　私たちのような資金が限られている商品先物トレーダーは、高いレバレッジと証拠金を考えると、分割売買はリスクが高い試みと言える。最初から最後まで効率的に分割売買を行うためには、相当な資金が必要だからである。当然ながら、戦略はきちんと執行することができなければ悲惨な結果に終わることになる。

　分割売買戦略は、そもそもマーケットの高値や安値を選んで仕掛けることは不可能だという前提に基づいている。しかし、もし反転に近づいたことが分かれば、勝率は高くなる。また、この戦略は、商品が「物品」なので、価格が下がることはあってもゼロになることはないという前提に立っている。

　通常、分割売買では先に仕掛けの水準を決めておき、価格が逆行したら、増し玉するとリスクも増える。そのため、もしマーケットが順行したら、増し玉した分を事前に決めておいた価格で手仕舞う。

　分割売買戦略はほとんどの場合、数カ月または数年かけてポジションを建てるために使われている。そして、史上最安値や史上最高値を付けたときは、分割売買の良い候補になる。また、分割売買はどの時

185

第2部　商品先物のトレード戦略を立てる

間枠のトレーダーでも使える。スイングトレーダーだけでなく、デイトレーダーでも、テクニカル分析を使って分割売買に似た手法を導入することができるのである。

分割売買のメリット

> 「準備をしておけば、チャンスは必ずやって来る」——エイブラハム・リンカーン

　分割売買トレーダーは、十分なリスク資本と忍耐があれば、反転の見通しがあまり正確でなくても高勝率の投機ができると考えている。ただ、分割売買で成功するためには、かなりの規律が必要となる。単純に仕掛けて、逆行したら負けポジションにお金をつぎ込んでいくだけでは、堅実なトレード戦略とは言えない。実際、それは資金を失う近道でしかない。

　ちなみに、ある商品先物を5枚買おうとしているとき、ほとんどの場合において、さまざまな価格で買った場合の買値の平均のほうが、一度に現在価格で5枚買う場合よりも安くなる。これは、安値に合わせて買おうとすることはかなり難しいからである。

　例えば、トウモロコシ先物を5枚買いたいとする。現在の価格は3.90セントで、この価格で5枚買ってもよいが、今は1枚買って、あとは指値を3.85ドル、3.80ドル、3.75ドル、3.70ドルとして1枚ずつ買っていくこともできる。もしすべての注文が執行されれば、平均仕掛け価格は3.80になる。つまり、このポジションは3.80がトントンで、それを超えれば利益が出る。言い換えれば、もし価格が3.80に下がると、分割売買ならばトントンだが、1回で買った場合は10セント（1枚当たり2500ドル）の損失が出る。一方、分割売買でのポジションのほうはすべて執行されれば、価格が3.90ドルでも1枚当たり2500ドルの利益が出るが、1回で買ったポジションはトントンでしかない。ちなみに、

186

１回で買うほうが良いシナリオが１つだけある。価格が3.90ドル近辺で底を打った場合だ。ただ、底を正確に見極めて仕掛けるスキルと運を持ち合わせたトレーダーはほとんどいない。

分割売買のデメリット

分割売買を批判する人は、負けポジションに増し玉することに断固反対する。結局、この戦略は、安く買って、次はさらに安く買い、その次はそれよりも安く買うことを目指している。しかし、これは人間の脳に組み込まれた論理とは逆だし、よく知られたトレードの格言「負けトレードに増し玉してはならない」とも矛盾している。ただ、皮肉なことに、株式投資で大いに推奨されているドルコスト平均法はたいてい負けポジションに増し玉しているのである。

分割売買で買うリスクは、予定した枚数を買えないかもしれないことである。先の例で言えば、もしトウモロコシの安値が3.78ドルだったときは、５つの注文のうち２つしか執行されない。ただ、その場合はマーケットが順行しているため、トレーダーのストレスは少ないはずだ。いずれにしても、悪い話ではないと思う。

分割売買のためのツール

分割売買戦略が最も効果的に使えるのは、先物のアウトライトの売りや買いである。しかし、オプションの売り手のなかにも、この戦略と似た方法で、最初に売ったオプションが逆行しているときに、行使価格がより離れているオプションや、よりプレミアムが高いオプションを売っている人もいる。

商品先物トレードが始まったばかりのころ、分割売買をするのは裕福なマーケット参加者に限られていた。小口トレーダーがこのような

187

第2部　商品先物のトレード戦略を立てる

戦略に手を出そうとすれば、良いタイミングを選ばざるを得ず、間違いを犯しても許される余地があまりなかったからだ。つまり、分割売買をしても、利食う前に資金が尽きるリスクがあったのだ。しかし、少額の先物取引ができるようになったことで、資金があまり多くない小口の先物トレーダーでも分割売買ができるようになった。その主な市場が、穀物や通貨や金である。CME（シカゴ・マーカンタイル取引所）グループでは、Eマイクロ通貨先物や、Eマイクロ金先物など、少額の証拠金と比較的低リスクでトレードできる商品を提供している。これらの商品は、通常の先物取引の10分の1のサイズになっている。例えば、ユーロの場合、1枚は10万ドル単位だが、Eマイクロのユーロは1万ドル単位でトレードできるのである。そのため、1ポイントの価値も通常の12.50ドルではなく、1.25ドルになっている。言い換えれば、買いでも売りでも、1ティック動いた場合の損益は1.25ドルということである。このような少額のトレードならば、分割売買はだれでも行うことができる。

トレンドトレード

> トレンドトレードとは、高く買ってさらに高く売り、または安く売ってさらに安く買い戻すこと。

トレンドトレードの概念は、人間の感覚にぴったりくる。トレンドトレードは、トレンドを確認して仕掛け、トレンドが継続することで利益を上げることを目指す。トレンドは、トレーダーが選んださまざまなテクニカル指標を使って確認することができる。最もよく使われているのは、何らかの移動平均線の交差や動きの遅いテクニカルオシレーター（例えば、MACD［移動平均線収束拡散法］）などである。

　トレンドが変わることを期待して利益を上げようとするスイングト

レーダーと違い、トレンドトレーダーは高値や安値には関心がない。彼らの関心は、トレンドの途中にあるのだ。

ただ、トレンドを確認したいトレンドトレーダーはすでに価格がかなり動いたあとに仕掛けることになる。つまり、この戦略を使うと最後に参入して、最後に出ていくことになる。これは、最良のシナリオでも、トレンドの最初の段階と最後の段階を取りこぼすことを意味している。そして、最悪のシナリオでは、トレンドを確認したところで勢いが尽きてしまう。しかも、頻繁にブルトラップやベアトラップ（一見、ブレイクアウトやトレンドの継続に見えるがそのあとが続かない動き）にも見舞われる。

全体的に見るとトレンドトレード戦略の多くは、日足チャートで見たストキャスティックスやRSIといったテクニカル指標がすでに買われ過ぎを示しているなかで、買いシグナルを出す。そして、仕掛けたあとは損切りを買値よりも離して置き、大きなリスクをとりながら、緩やかにトレンドを追っていく。大きなトレンドの動きをとらえるには、十分余裕をもってトレードしていく必要があるからだ。そのため、いずれトレンドが反転したときには、かなり遅れて手仕舞うことになってしまう。

トレンド戦略で最も悪名高いのが、「タートルトレード」である。最初のタートルズであるリチャード・デニスとウィリアム・エックハートは、商品先物界の殿堂入りを果たした。デニスは、5000ドルを1億ドルに増やしたことでも知られている。

> 「シンガポールの亀（タートル）牧場のように、トレーダーを育てよう」
> ──リチャード・デニス

1980年代初めに、2人は「教育によってだれでもトレードで成功できるのか」という賭けをした。デニスはできるほうに、エックハートはできないほうに賭けた。デニスは、実験に応募してきた人たちに資金を提供し、彼のトレード手法を教え込んだ。このトレーダーたちは

第2部　商品先物のトレード戦略を立てる

「タートルズ」と呼ばれ、特定のトレンドフォロー戦略の訓練を受けた。タートルズの1人だったラッセル・サンズによれば、デニスが育てたタートルズは、グループとしてはわずか5年間で1億7500万ドル以上を稼ぎ出したという。このエピソードは、たくさんのトレンドトレーダーを先物市場に引き付けた。しかし、その多くの人がこの手法で最終的に利益が上がるまでに起こり得るドローダウンを軽視していた。また、この戦略には大量の資金と度胸が必要だった。

　タートルズのトレード戦略は当初は秘密にされていたが、それでもどこからかルールとされるものがリークされた。簡単に言えば、長期のブレイクアウトで買い、資金の2％以上をリスクにさらさないという手法だ。タートルズをまねしようとしたトレンドトレードとしては、例えば、40日間の新高値で仕掛け、20日間の新安値で手仕舞うという方法がある。ただ、ずぶの素人でも、これが大きな利益にも損失にもつながることは分かる。40日間の新高値と20日間の新安値の間にはかなりのことが起こり得るからだ。簡単に言えば、トレンドトレードを思惑どおりに運用するためには、大きな財布とず太い神経が必要になる。しかし、残念ながらそれらを持ち合わせているトレーダーはほとんどいない。仮に持っていたとしても、最終的に利益を手にする前に、何年もちゃぶついたり大きなドローダウンに見舞われたりする可能性もある。

トレンドトレードのメリット

> 「いつも言っていることだが、このトレードルールを新聞で公開したとしても、成功する人はいない。カギとなるのは、一貫性と規律だからだ」——リチャード・デニス

　トレンドトレードは、トレンドを長い時間かけて確認し、トレード数は少な目なので、ほとんどのトレーダーにとって非常に使いやすい戦略と言える。結

局、人間はトレンドに逆らうよりも、流れに沿って行くほうが性に合っている。そのため、スイングトレードよりもトレンドトレードのほうが若干、感情面で不安が少ないのだ。そして、トレンドトレードの最大のメリットは、長期に及ぶトレンドに乗った場合の莫大で無限にも見える潜在利益である。歴史的なトレンドが出現すると、トレンドトレーダーは相当な富を蓄えるチャンスがある。

2008年に金融市場が暴落したとき、EミニS&Pを売っていたとしよう。マーケットは、2007年11月の1600から、2009年3月の700まで下げた。仮に、トレンドトレーダーが1450近辺で売りシグナルを見て、トレンドのほとんどの動きをとらえられたとすれば、940近辺で手仕舞うことは可能だった（トレンドトレーダーは、遅く仕掛けて早く手仕舞うと言われていることを思い出してほしい）。ちなみに、この取引は1枚当たり2万5500ドルになる。これは、想定される仕掛けと手仕舞いの差と、EミニS&P500の1ポイントの価値である50ドルを掛けて算出する（（1450 – 940）×50ドル）。ただ、この計算には、利益に大きな影響を及ぼしかねないロールオーバーや取引コストは含まれていない。

ちなみに、EミニS&P500の1枚の証拠金は5000ドルだが、トレンド戦略を執行するならば、トレード口座にある程度の余裕資金を置いておく必要がある。できれば、最低でも必要な証拠金の4倍はあったほうがよい。先のケースでは、始めるときに2万ドルは用意しておくということだ。

2万ドルを預託して最大で2万5500ドルの利益というのはかなり野心的な計画だが、それを達成するまでには何回か胃が痛くなる思いをすることになるだろう。次は、トレンドトレードのデメリットを詳しく見ていく。

トレンドトレードのデメリット

トレンドトレードは、つもり売買をするうえでは完璧な戦略だが、実際には悪夢にもなる。特定のタイプの人でなければ、トレンドトレードで成功するのは難しいのだ。厳しいドローダウンに耐え、仕掛けてから手仕舞うまで大金を預託し、高くつくダマシのシグナルに何回も苦しみ、戦略を正しく運用するために多大な忍耐を発揮しなければならない。もしトレンドトレードのルールが正確にトレンドを見つけ、手仕舞うまで有益な指針を与えてくれたとしても、トレーダー自身がそのルールに従えずに利益につなげられないこともある。トレンドトレードは執行するのが極めて難しい戦略であるだけでなく、相当額のリスク資本も必要だからだ。

この点を、2007年後半にトレンドトレードのシグナルに従ってＥミニＳ＆Ｐ500を1450で売り、2009年初めに940で手仕舞ったトレードの例で検証してみよう。仕掛け時点で、トレード口座には２万ドルを用意していた。一見、このような大きな動きをとらえることができる戦略は素晴らしく見える。しかし、トレンドトレードを仕掛ける前に、その陰の部分もしっかり認識しておく必要がある。話を単純にするために、価格は10ポイント以下は四捨五入して話を進めていく。また、このトレードルールを順守して、継続的にトレードをしていかなければならないものとする。具体的に言えば、マーケットが週足チャートで新高値を付ける、つまりトレンドのなかの高値よりも高い高値を付けると手仕舞うというルールだ。このような戦略を順守しようと思うと、極めて大きなリスクをとることができる資金と鉄の神経が必要になる。それでは、このジェットコースターのようなトレンドトレードを詳しく見ていこう。

1450という有利な価格で仕掛けたトレーダーは、最初は価格が1410に向かうのを見て快感を得ていただろう。この時点の含み益は、2000

第6章　先物のポジショントレード

ドル（(1450 − 1410) ×50ドル）に
なっている。しかし、そのあとマ
ーケットは急転して、1530に向か
った。2000ドルの含み益は、4000
ドル（(1450 − 1530) ×50ドル）の
含み損に変わってしまった。

　本来、2008年の暴落のような動
きをとらえるための長期のトレン
ド戦略では、1410では利食わない。
そこで利食ってしまうのは、柵の

> トレンドトレードにはかなりの
> 規律が求められる。ルールが手
> 仕舞いサインを出すまでは、ど
> んなに含み益が出ていても我慢
> してトレードを続けなければな
> らない。また、ほとんどのトレ
> ンドトレードの手法は、ポジシ
> ョンが本当に大きな動きをつか
> まえる余地を残すため、すぐに
> 消えてしまう利益をいくつも見
> 送ることになる。

なかの動きを狙うスイングするトレードである。

　そのうえ、ほとんどのトレンドトレードシステムは、ドローダウン
に4000ドル（残高のピークの２万2000ドルから考えれば6000ドル）は
見ておく必要がある。ちなみに、もしこの戦略で、最初の動きの利益
を確定させたり、２つ目の動きによる大きなドローダウンを避けたり
するようになっていれば、すぐその先にある大きな動きを利益につな
げることはできなかったことになる。

　もう１つ想定しておかなければならない重要なことは、証拠金の最
低額の４倍を預託してトレードするというのは、実ははかなり積極的
な方法だということである。タートルズのルールの１つとされていた
のが、損失は資金の２％未満に抑えることだった。この場合、リスク
の限度は400ドル（ＥミニＳ&Ｐ500で８ポイント）となる。そうなると、
この状況と資金でマーケットの波を乗り越えて、いずれ訪れる大きな
動きが来るまでトレードを続けることはできない。もちろん、タート
ルズはもっと資金に余裕があったと思われる。もし彼らがＥミニ
Ｓ&Ｐ500のトレード資金として１枚当たり20万ドルを持っていれば、
1530まで上昇しても手仕舞いのシグナルには至らなかっただろう。繰
り返しになるが、ＥミニＳ&Ｐ500先物取引の最低証拠金はわずか5000

193

第2部　商品先物のトレード戦略を立てる

> 優れたトレンドトレーダーになるのは、言うほど簡単ではない。ほとんどのトレーダーは、この戦略を最後までやり通すだけの安定した精神を持っていないため、大きなドローダウンに耐えられなくなってトレードの勝率を大いに下げてしまう。

ドルである。私は、先物トレーダーでタートルズのように潤沢な資金を持っている人を知らない。つまり、彼らのような2％未満という損失の限度は、平均的なトレーダーにとっては実行可能ではない。

ただ、20万ドルの資金を持ってＥミニＳ＆Ｐ500先物を1枚トレードすれば、レバレッジは外すことができる。Ｓ＆Ｐ500が1500ならば、Ｅミニ1枚で7万5000ドル相当のＳ＆Ｐ500が買える。言い換えれば、20万ドルを預託して、7万5000ドル相当の株を買うのと同じことである。ただ、あなたがどう思うかは分からないが、私はあまり生産的だとは思わない。

先の例に戻ろう。**図41**を見てほしい。2007年11月に、2万ドルの資金を持ったトレーダーが、ＥミニＳ＆Ｐ500先物を1450で売った。マーケットはまず1410に下げ、それから1530まで戻し、そのあと大きく下げ始めた。そして、1月半ばには1250に達した。1450で売ったポジションは、1250になると含み益が1万ドル（（1450－1250）×50ドル）に達した。3カ月もたたないうちに50％のリターンが出たトレーダーは、利食いたくてたまらなくなるに違いない。しかし、巨大トレンドを狙うトレンドトレードシステムならば、トレードを継続しなければならない。

1250の安値を付けたあと、ＥミニＳ＆Ｐ500は2008年の前半は1430近辺を試していた。価格が再び順行するまでの間、トレーダーは1万ドルの含み益が消滅するのを目の当たりにしていたことになる。しかし、再び下げ始めるとマーケットは2008年11月までほぼ連続して下げ、740近くで安値を付けた。仕掛けから710ポイント下げたこの時点で、含み益は3万5500ドル（（1450－740）×50ドル）に達していた。ここで再

図41 トレンドトレードは特別な人か少なくとも莫大なトレード資金がある人でなければ難しい

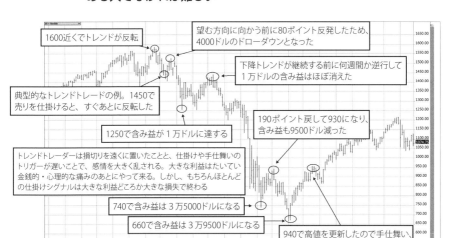

び反転したものの、高値は更新されなかった。このときは190ポイント戻して930近くまで反転し、含み損が9500ドル（190×50ドル）減った。結局、S&P500先物は2009年3月に660近くで底を打ち、含み益は何と3万9500ドル（(1450－660)×50ドル）近い金額になった。しかし、トレンドトレードでよくあることだが、660から940（最も低い高値よりも高い高値）に戻すまで手仕舞いのシグナルが出なかったので、含み益は1万4000ドルも減ってしまった。このトレードは、最終的に2万5500ドル（(1450－940)×50ドル）の利益を上げた（ロールオーバーのスリッページや取引コスト別）。

　このトレードが大成功だったことに、疑問の余地はない。しかし、このようなトレードを成功させるには、史上最大級の一方向の動きが必要なだけでなく、仕掛けてからは4000ドルのドローダウン（当初の資金の20％）から始まって、複数回の5桁のドローダウンに耐える必要

があった。平均的なトレーダーにこのようなトレードを全うすること
はできないし、するつもりもないだろう。もしこの必勝戦略とそれが
可能な状況があったとしても、ほとんどのトレーダーは時期尚早に手
仕舞って資金を失うか、最初の１万ドルの含み益が消えた時点でやる
気を失うかするだろう。これほど資金が大きく変動すると、感情がつ
いていけないため、当初の計画から外れてしまうのである。しかし、こ
れでもまだ良いほうで、同じトレード手法でＥミニS&P500をトレー
ドしていれば、今回の下げの数カ月前に少なくとも１～２回はタイミ
ング悪く仕掛けて、もしかしたら数千ドルの損失を被っていたかもし
れないのである。

　史上最大のトレンドトレードかもしれない例について見てきたが、話
を現実に戻そう。2008年のような巨大な動きはめったにない。もしあ
ったとしても、あとからそのトレードの仕方を語るほうが、実際にそ
の動きに乗るよりもはるかに簡単だ。もっと普通のマーケットの状況
ならば、トレンドトレードはさらに難しくなる。

　前述のとおり、トレンドトレーダーは一世一代のトレードかもしれ
ない動きをとらえるために、低い勝率と巨大ドローダウンのリスクを
受け入れている。ちなみに、確認ができたトレンドは、すぐに反転し
てトレンド戦略が急激に損失に転じることのほうが多い。先の例でも、
最終的には利益が出たが、仕掛けてすぐに20％のドローダウンに陥っ
た。

　トレンドトレードでもう１つよくあるのが、長いトレンドで大きな
含み益が出ていたのに、結局反転して、そのほとんど、もしくは全部
を失うというケースである。私は、商品ブローカーの仕事を始めてす
ぐに、トレンドトレード戦略に関する社内の資料を見て、そうなるの
は当然だと思った。この手法の追跡記録には、その時点のすべての未
決済ポジションが表にまとめられており、それとは別に新しい仕掛け
シグナルや手仕舞いシグナルも表示されている。現在の未決済ポジシ

ョンのほとんどは、巨大利益を示していても、実際の結果はかなり厳しかった（少なくともそのときはそうだった）。私は、トレンドトレードによる大きな含み益が、手仕舞いのシグナルが出て、未決済ポジションの表から消える前に少しずつ失われていくことに気づいた。もちろん、最初からうまくいかなくて大きな含み損を抱えたトレードは、悲惨な状態で手仕舞われて未決済ポジションの表から消えていく。つまり、手仕舞って利益や損失を実現したポジションは、驚くほどひどい結果に終わっているが、それでも未決済ポジションの表はほぼ必ず素晴らしい利益を示しているのだ。結局、トレンドトレードという手法は、大きな利益が上がるとうたってはいるが、実際に利益を実現することができるのは、極めて大きくて長いトレンドの場合のみなのである。残念ながらこのようなことは、トレンドトレードにおいて比較的よくあることと言える。平均的なマーケットの状況ならば、トレンドトレードではなかなか利益が上がらないだけでなく、無一文にならないように気をつけなければならない。トレンドがフレンドなのは、トレンドが終わるまでだ。とはいえ、それを理解したうえで、トレンドトレードが機能し、トレーダーが計画を順守する性格と規律を持ち合わせていれば、素晴らしい結果につながることもある。

> 形勢は必ず逆転する。そして、マーケットトレンドにも同じことが言える。

使うことができるツール

オプションや先物やその両方を併用することができるスイングトレードと違い、通常、トレンドトレードはアウトライトの先物の買いか売りで行われる。この手法には時間がかかるため、オプションを使う選択肢は実質的にない。長期のオプションは価格が高いだけでなく、流動性が低く、価値は下がっていく。薄商いのデリバティブ市場は悲惨

第2部 商品先物のトレード戦略を立てる

なトレード環境なのである。しかも、もしトレードの目的が安く買って高く売ることならば、上昇トレンドでプットを買ったり、下降トレンドでコールを売ったりするのは、少なくとも紙の上では、非生産的な行動だ。

2015年11月、原油価格は50ドル辺りから下げて40ドル前半で安値を付けた。ほとんどのトレンドトレード戦略が、トレンドを確認したとして売りシグナルを出し始めるところだ。リスクの限度を管理したいトレーダーは、ここでプットオプションを買おうとするかもしれない（先物を売ったりコールを売ったりするのではなく）。しかし、トレンドトレードならば通常、満期が少なくとも３カ月先のオプションが必要となる。もちろん、満期までの期間が長ければ、オプションの価格は高くなるし、トレンド方向のオプションは投機家の需要が高いため、さらに高くなる。つまり、下降トレンドではプットの価格がせり上がっていく。2015年11月の時点で、原油の３月限のオプションはとてつもなく高騰していた。アット・ザ・マネーのプットの価格は、約3.50ドル近くまで上がっていたのだ。原油価格の１ドルは１枚当たり1000ドルに相当するため、プレミアムは1000ドル×3.50ドル＝3500ドルかかることになる。

> 「私はシュートを9000回以上失敗し、約300試合に敗れた。託された決勝シュートも26本も外した。私は人生で何回も失敗してきた。だからこそ成功したのだ」――マイケル・ジョーダン

3500ドルで３カ月間原油トレードのリスクを限定できるというのは一見そう悪い話ではないが、これは確率の低い賭けである。これが機能するためには、マーケットが下げ続けなければならないだけでなく、限られた時間のなかでオプションのコスト（今回のケースでは3.50ドル）をカバーする以上の動きがなければメリットはないからだ。簡単に言えば、もし42ドルのプットを3.50ドルのプレミアム（3500ドル）で買った場合、満期時に原油が38.50ドル（42ドル－3.50ドル）まで下

198

げて、やっとトントンなのである。

一方、下降トレンドでオプションを売ろうとしている人は、安くなっているコールを売る（高いときにではなく）。結局、マーケットが下降トレンドのときは、みんながトレンドが継続すると思っているからコールは安く、上昇トレンドのときはプットが比較的安い。つまり、トレンドが長引いているときにオプションを売るのは危険な賭けなのである。これは一見、最善策のようで、短期間でトレード口座に壊滅的な損害を与える可能性を秘めているのだ。

下降トレンドのときに、原油を売っていたとしよう。オプション価格が安いときに売っただけでなく、中東で突然混乱が起こったり、供給が途絶えたりすれば、流れはすぐに逆になり、ほんの数分で損失が急増する。少し前は安かったコールオプションも、新しいトレンドを考慮して価格が見直される。このようなときは、コールオプションの価格が幾何学級数的に高騰することも珍しくない。私も、300ドルの原油のコールオプションが、ほんの数日で2000〜3000ドルになったのを見たことがある。これは、オプションの売り手にとって1700〜2700ドルの損失になる。そうなると、「それなら原油価格が落ち込むたびに安いコールを買っておけば良いのではないか」と思うかもしれない。大正解だ。しかし、それはもはやトレンドトレードというよりも、カウンタートレンドに仕掛けるスイングトレードの一種になっている。

残念ながら、これを回避する方法はあまりない。もしトレンドトレーダーになりたいならば、もっとも効率的な方法は、単純に先物を買うか売るかすることだろう。ただし、スイングのたびに胃が痛くなるからしっかりとシートベルトをしておいてほしい。

ファンダメンタルズトレード

ファンダメンタルズ分析を使った商品トレードは、一種のポジショ

ントレードで、これはテクニカル分析をまったく無視するか、参考程度にしか用いないでトレード判断を下す。この手法は、商品市場で需給に関する何らかのチャンスが訪れたときに、仕掛けのシグナルが出るようになっている。第3章で書いたとおり、ファンダメンタルズ分析では対象の商品の在庫や需給の値を用いた比率やそのほかの基準を使って、適正な市場価格を推測しようとする。

前にも書いたが、私自身は、商品をファンダメンタルズ分析のみでトレードするのは極めて難しいと思っている。まず、ファンダメンタルズ分析で商品の本当の価値を導き出すための需給モデルは、正確かどうかも分からない遅延データを使っている。それに、もし正確なリアルタイムの需給データが入手できたとしても、市場価格には、それ以外に人間の揺れ動く感情と、将来を予想したいという欲望の影響も少なからずある。市場価格は、過去ではなく、現在ですらなく、将来を見ているのである。

> 「マーケットはいつも間違っている。それは間違いない」──ジム・ロジャーズ

最も有名なファンダメンタルズトレーダーと言えば、ファンダメンタルズ分析の項でも出てきたジム・ロジャーズである。彼が書いた『大投資家ジム・ロジャーズが語る商品の時代』(日本経済新聞社。原題を直訳すると「ホットな商品市場──世界最高のマーケットに投資してだれでも利益を上げることができる」)は、タイトルだけでも彼の商品市場への姿勢が分かる。「投資」という言葉は、商品市場に資金を投じる場合には少し無理があるが、この場合は適当だと思う。簡単に言えば、この本は商品市場のファンダメンタルズトレードをただのバイ・アンド・ホールド戦略に単純化しているのだ。もし価格が比較的安くて、需給のファンダメンタルズが有利ならば、買って儲けが出るまで保有しろというのである。

公正を期して言えば、この本は2000年代半ばの商品先物ブームさな

かの、このような戦略でも機能した時期に出版されたものだ。ただ、2014～2015年の商品市場の暴落は、商品市場への「投資」がインフレや発展途上国の需要の増加を期待して、大金持ちになることを夢見るだけではすまないことを示した。仮に、このトレード手法が機能するような状況であっても、価格の変動を乗り切るためには極めて大きな資金が必要になる。平均的な小口の商品トレーダーには、今ではあまり支持されていないロジャーズが勧めるファンダメンタルズ的手法でトレードするために必要な手段がないのである。

ファンダメンタルズトレードのメリット

ファンダメンタルズトレーダーは、価格の唯一の決定要因は需給だと主張する。彼らは、ファンダメンタルズに矛盾する短期的な乖離は一時的なことで、いずれは需給が優勢になると言うのだ。ファンダメンタルズアナリストは、ファンダメンタルズトレードなら安心して執行できる。結局、データでファンダメンタルズが確認できれば、買いやすくなるからだ。

ファンダメンタルズトレードのデメリット

ファンダメンタルズ的に堅実なトレードは心地良く柔らかい気分で執行できるが、これを成功させるためには、相当な忍耐とトレード資金と安定した精神が必要になる。そこでまず思い浮かぶのが、2000年代から2010年代初めころの米国債市場である。FRB（連邦準備制度理事会）が金利を人工的に下げるための量的緩和策を行ったあと、米国債先物の投機家はファンダメンタルズが変化して金利が上がり、国債が下がるという考えの下、長期国債や中期国債を売った。そして何年か経過し、多くの人のトレード口座が破綻するなかで、トレーダーた

ちはまだファンダメンタルズ的な動きが始まって金利が正常化するのを待っていた。

ファンダメンタルズ的な観点から言えば、先のトレーダーは堅実な行動をとった。私たちは金利がほぼゼロになった経験などないし、政府の量的緩和政策によって金利が異常に下がれば、国債の価格は反転して過去のような水準を回復すると考えるのは理にかなっている。し

> ファンダメンタルズトレーダーは、マーケットの非合理的な状態が、ほとんどの人の資金が尽きるまでよりも長く続くという事実を理解し、受け入れなければならない。

かし、2016年初めの時点でも、そうはなっていなかった。いずれはそうなるが、そのときには、苦労が報われる日を夢見て耐えていた弱気のファンダメンタルズトレーダーは、だれも残っていないのかもしれない。

純粋なファンダメンタルズトレード戦略のもうひとつの欠点は、マーケットが全知で予言的だという考えとかかわっている。抜け目のないトレーダーは、ファンダメンタルズの変化を予期して、それに合わせた行動をとる。そうすると、ファンダメンタルズのデータで変化が確認される前に、価格は新たなファンダメンタルズを反映して変わる。ただ、これは両方向に言えることで、マーケットがファンダメンタルズの変化を間違って予想して、それが望まない価格変動を起こし、ファンダメンタルズトレーダーに大きな損失をもたらすこともあるからだ。合理的かどうかは別として、正しいのは常にマーケットのほうなのである。

何でトレードするか

ファンダメンタルズトレーダーは、分析に基づいていくつでも戦略を展開することができる。しかし、最も効率的なのは先物の単純な買

いか売りである。これは、ファンダメンタルズトレーダーがトレンド
トレーダーと同様に、通常は長期でトレードしているからである。そ
れに、満期があるオプションは、彼らのニーズには合わないと思って
いるのかもしれない。もちろん、ファンダメンタルズに基づいて仕掛
けたポジションを利益が出るまで持ち続けるだけの資金や気力をすべ
てのトレーダーが持っているわけではない。そこで、資金が少なめの
ファンダメンタルズトレーダーや、リスク許容量が中くらいから低め
のトレーダーは、Ｅミニ先物やＥマイクロ先物の商品を選ぶとよいの
かもしれない。これらの商品のメリットは、第12章で紹介する。

第7章 先物のデイトレードとアルゴリズムトレード
Day Trading and Algorithmic Trading in Futures

　好き嫌いは別として、デイトレーダーやアルゴリズムトレーダー（通称「アルゴ」）はすっかり定着した。どちらのグループも、マーケットに追加的な流動性を提供してくれていることは良いことだ。しかし、彼らはそのメリットを上回る面倒を持ち込んだと言う人もいる。デイトレーダーが多いＥミニＳ＆Ｐ500などのマーケットでは、最後の１時間に彼らがポジションを手仕舞おうとすることでボラティリティが高まったことはよく知られている。そのうえ、アルゴトレーダーの台頭で、異常な価格になることが比較的頻繁に起こるようになったことも、無視できない。ただ、積極的なデイトレーダーやコンピューターのアルゴリズムによる高頻度トレーダーが生み出した新たな問題も、競争相手の顔が変わっただけで、フロアトレーダーの全盛期とさほど大きな違いはない。

先物市場のデイトレード

　私は商品ブローカーの仕事をするなかで、最も多く使われている戦略はデイトレードだということに気づいた。デイトレードの魅力は、少ない証拠金で売買できることだが、それ以外にも参入障壁は低いし、オーバーナイトのポジションリスクもないし、はっきり言って刺激的だ。

205

トレーダーは、通常、同じようなテクニカル指標やオシレーターを使って仕掛けている。もし勝てる戦略があるのならば、結果が出るまで何週間も待つ意味があるだろうか。それよりも、１日で稼ぐために何が必要かと考えようとする。

　多くの人は、デイトレードとは正式な取引開始から終了まで（Ｅミニ S&P500 ならば中部時間の８時30分から15時15分まで）に行われるトレードだと思っている。しかし、必ずしもそうではない。デイトレードは、先物ポジションを１回の取引日のなかで仕掛けて手仕舞うことである。ただ、今日のほぼ24時間の先物トレードの世界では、デイトレードでも実際にはオーバーナイトで保有することもある。ここでポイントとなるのは、ポジションを仕掛けたのがいつで、それを手仕舞うときにまだその日の取引時間が終了していないかどうかということである。ほとんどの金融先物市場は午後の遅くに始まり、その翌朝に正式な取引時間が始まって取引終了時間までトレードが行われる。つまり、トレードはほぼ23時間保有することができる。取引終了時に手仕舞ってさえいれば、すべてデイトレードなのである。

　もちろん、いくつか知っておくべきことがある。ブローカーのなかには、顧客にオーバーナイトのトレードをさせないところもある。また、オーバーナイトさせても、オーバーナイトのポジションに対して少額の手数料を取ることもある。ほかにも、多くのブローカーがデイトレーダーの証拠金を割り引くのは、取引所の正式な日中の取引時間（中部時間の８時30分から15時15分）に限っている。ちなみに、私が所属するブローカー（デカーリー・トレーディング）は、証拠金を24時間割り引くなど、ブローカーのなかでも非常に自由度が高い。ブローカーのなかには、顧客の口座残高が取引終了時に取引所が定める委託証拠金に満たないと、強制的にポジションを清算するところもある。ブローカーの規則や特徴を知っておかないと、魅力的なデイトレード戦略もうまくいかなくなる可能性がある。

第7章　先物のデイトレードとアルゴリズムトレード

　デイトレードのリスクを減らすためのブローカーの取り組みは、顧客に戦略を執行させないためではない。むしろその逆だ。デイトレーダーは、トレード数が多くなる傾向があり、それはブローカーの利益につながる。結局、顧客がたくさんトレードしてくれるほうが、ブローカーの手数料収入は増えるからだ。そこで、ブローカーはデイトレードを推奨するため、取引量の多いデイトレーダーには証拠金を割り引いたり、手数料を下げたり、取引量が増えやすい自動化したトレードシステムの使用も促したりする。また、ブローカーのリスクマネジャーは、顧客のオーバーナイトのポジションはマルであるほうがうれしい。夜間に顧客のポジションを見張っておくストレスがないからだ。先物トレードは、毎日ほぼ24時間トレードできることを忘れないでほしい。あなたがソファで横になったり、寝入ったりしている間も、マーケットが停滞しているとは限らない。世界的な出来事やセンチメントは、アメリカのトレーダーの時間帯に関係なく、リアルタイムで価格を揺さぶる。アメリカのトレーダーが日中の取引時間帯に先物を売買するときに、寝ようとしているヨーロッパのトレーダーのことなど考えていないのと同じことだ。

　私は、2004年の初めごろから商品ブローカーをしており、小口トレーダーのトレードを最前線で見てきた。私の観察したところでは、デイトレードは成功するのが最も難しい戦略の1つである。ただ、難しい代わりに、感情を抑制することができ、時間をかけてすべきことをした人にとっては大きな潜在利益が期待できる。そして、安定的に利益を上げる方法を探し当てた人ならば、儲かるし、極めて都合が良い方法だということに魅力を感じるかもしれない。夜はぐっすり眠れるし、自分でトレードの予定を選べるからである。

　デイトレードにもいくつもの戦略があり、この1章では紹介しきれない。第6章「先物のポジショントレード」で紹介した手法や、第2章で紹介したテクニカル分析は、デイトレードの戦略にも応用できる。

207

ただ、私は長年の間に、戦略以外にもデイトレードの成否を左右する要素があることに気づいた。この項を読んで、リスクとリワードと現実についてよりよく理解してくれればうれしい。

デイトレーダーがよく犯す間違い

デイトレードの参入障壁は低いが、成功率も非常に低い。しかし、デイトレーダーの残念なパフォーマンスも、いくつかのよくある間違いを避ければ、改善できる。ただ、これらのことは、口で言うほど簡単ではない。それは多くの人にとって、彼らがデイトレードに引かれたメリットと部分的に矛盾するからだ。しかし、これらのステップを踏まなければ、勝率はライバルたち、つまりほかのトレーダーに移ってしまうのである。

資本不足のトレード

前述のとおり、日中のトレードに必要な証拠金は、取引所ではなくブローカーが決めている。また、ブローカーの収入はトレード数で決まるため、彼らは証拠金を安くして顧客にデイトレードをさせようとする。ブローカーがＥミニＳ＆Ｐ500やＥミニダウや、ラッセル2000などの株価指数をトレードするための証拠金を300ドルまで下げることも珍しくない。もし証拠金が300ドルならば、先物口座に3000ドルを保有しているトレーダーは、取引終了までに手仕舞いさえすれば、株価指数先物を10枚売ることができる。新人トレーダーにとって、これは素晴らしい提案だが、経験者ならば明らかにトレード口座の死刑宣告だと分かる。

ところが、金融危機がもたらしたボラティリティによって、デイトレードの証拠金は高くなった。株価指数のトレードならば証拠金が500

第7章 先物のデイトレードとアルゴリズムトレード

ドルというところもないわけではないが、ほとんどのブローカーが1000
ドル以上とるようになったのだ。これはトレーダーにとっては不利に
見えるし、不満に感じている人もいるだろう。しかし、現実的に見れ
ば、このほうがはるかに妥当なレバレッジと言える。それに、このレ
バレッジでも十分大きな利益を上げることはできるし、大きな損失に
つながることもある。例えば、ＥミニＳ＆Ｐ500は、１ポイント動くと
50ドルの損益につながるため、価格が2000ならば１枚は10万ドル（2000
×50ドル）の価値がある。もしそれをわずか500ドルの預託金でトレー
ドしていれば、面倒が起こりかねないことはすぐに分かるはずだ。これ
では、先物の価値のわずか0.5％の資金しか賭けていないことは計算
すればすぐに分かる。

　この種のレバレッジは、トレーダーに
とってメリットではない。むしろとてつ
もない負担であり、勝率を大きく下げて
いる。しかも、証拠金が安い多くのディ
スカウントブローカーは、証拠金維持率

> 高レバレッジのデイトレ
> ードは、ラスベガスのカ
> ジノでルーレットに賭け
> るのと何ら変わらない。

がほんのわずかでも下回ると、レバレッジ過多で傷ついたデイトレー
ダーに塩を塗るがごとく、ポジションをすぐに清算しようとする。そ
して、これが勝率をさらに下げることになる。証拠金が500ドルで、先
物口座に5000ドル保有していれば、先物10枚を買ったり売ったりでき
る。しかし、マーケットがほんの少しでも逆行すれば、ブローカーは
そのポジションを清算する。ルールは会社ごとに少しずつ違うが、た
いていは１枚当たり400ドルを割り込むと清算に入る。これは、もしＥ
ミニＳ＆Ｐ500が2.00ポイント逆行すると、強制的に清算されるかもしれ
ないということだ。しかも、そうなれば清算手数料として１枚当たり
25〜50ドルがかかる。ＥミニＳ＆Ｐ500をトレードしたことがある人な
らば、2.00ポイントくらいの変動がよくあることは分かるはずだ。つ
まり、よほど運が良くなければ、仕掛けてから望む方向に動き出す前

209

に2.00ポイントのドローダウンに陥ることになる。このようなレバレッジを使っているトレーダーが、利益が出るまでトレードを続けられることはほとんどないだろう。

　ここまでをおさらいしておこう。証拠金が500ドルのブローカーで、5000ドルの資金を持つトレーダーがEミニS&P500を10枚買った場合、ブローカーのリスクマネジャーは、価格が2.00下がって損失が1000ドル（（2.00×50ドル）×10）に達したら、このポジションを強制的に清算する。しかも、彼らは強制清算すると、最高500ドルの手数料も課してくる。これによって、トレーダーはマーケットが荒れているわけでもないのに、ほんの何分間かで資金の30％を失うことになる。ここまで読めば、乏しい資金に見合わない大きい金額の先物のデイトレードをすることが、ラスベガスで博打のようなゲームをするのと変わらないことは分かったと思う。しかし、口座に十分な資金を保有しておくことでレバレッジを減らすか、少なくとも最低単位でトレードすれば、勝率を高めることができる。一般的に、株価指数先物1枚に対して口座には1万ドル置いておくとよいと思う。

　レバレッジ以外にも、資金が乏しいと必要に応じてオーバーナイトでポジションを保有することができないため、仕掛けシグナルがうまく機能するだけの十分な時間をとることができなくなる。これは非常に不当なことである。株価指数先物の取引が15時15分（中部時間）に終了したとしても、あなたのテクニカルセットアップは十分展開していないかもしれないからだ。例えば、あるトレード戦略は、売りシグナルを取引終了の1時間前に出すかもしれないが、限られた時間内で、期待する価格変動が十分起こるとは限らない。そのため、その戦略が成功するためには、オーバーナイトや、場合によっては翌日も保有する必要があるかもしれない。トレード時間はスケジュールどおりに動いているが、マーケットやテクニカル指標は違う。もし取引時間が終了したところで手仕舞わざるを得ないと、シグナルに従って仕掛け、う

まくいったはずのトレードを
途中であきらめることになり
かねない。トレード戦略の多
くは、何とか勝率50%を確保
することを目指しているが、

「限られた資金と限られた知性で運用
している投資家でも、すべてを知る必
要はない。みんなよりもよく理解して
いることが何かしらあれば、それがエ
ッジになる」──ジョージ・ソロス

もし保有を取引時間内に限られれば、勝率は大きく下がることになる
かもしれない。

トレードのしすぎ

　デイトレードに魅力を感じる人のなかには、残念ながら異常に活発
な性格の人がいて、それがトレード結果に悪い結果を及ぼす。彼らは
チャンスを見極める忍耐を持たず、退屈さに負けたり、トレードシグ
ナルに飛びついたりして仕掛けてしまう。ちなみに、優れたトレーダ
ーは、トレード戦略で確認できたシグナルを出すまで待つ規律を持っ
ている。一方、変数を設定したうえで出てくる本当のトレードシグナ
ルを待つことができずに、思いつきや直観で仕掛ければ、たいていは
恐ろしい結果になる。このようなトレードは、もともと勝率が低いだ
けでなく、詳しく練られた戦略でないため、堅実な手仕舞い計画もお
そらくない。そのうえ、このタイプの人は悪い感情を抑制できるとも
思えない。トレードを、論理ではなく感情に基づいて仕掛けた場合、心
理的なストレスは高くなる。劣った判断が、さらなる劣った判断につ
ながるからだ。もし自分が間違った判断の悪循環に陥っていると気づ
いても、それはあなたが無能だからではない。これは単純に、あなた
も人間だということだ。経験豊富なトレーダーでも、連敗することは
ある。正否を分けるのは、苦しい時期にどう対処するかなのである。
　過剰に反応し、明確なルールで正当化できないトレードを仕掛ける
人は、マーケットで損失を被る恐れがあるだけでなく、多額の手数料

を請求されてトレード資金を減らすことになる。仕掛けた直後にマーケットが望んだ方向に行かなければ、すぐに手仕舞うというトレーダーはたくさんいる。新人デイトレーダーにも、トレードが2～3ティック逆行したら手仕舞って損失を小さく抑えたいと言う人は多い。ただ、リスクを管理したいという思いは称賛に値するが、その結果はだいたい予想がつく。このようなトレードの仕方は1つのトレードで大きな損失を出さない代わりに、長く続けていれば取引手数料と少額の損失が積み重なってかなりの額になりかねない。マーケットが仕掛けた直後からまっすぐ望む方向に動くことなどめったにないため、デイトレードでリスクを管理するために損切りを近くに置きすぎると、いずれそれが大きな損失になる。ほんの何ティックか逆行しただけで損切りしていると、望む方向の動きをとらえる確率は大きく下がってしまう。ちなみに、ブローカーにとってこのようなトレーダーは大歓迎だ。リスクは小さく抑えられ、手数料はたっぷり支払ってくれるからだ。

　トレードをしすぎないためには、マーケットとそこで見つかるデイトレードのチャンスに対する考え方を変える必要がある。新人トレーダーは、マルでいること（ポジションを持たない状態）を、機会利益の喪失と考えているが、逆の面からも考えてみてほしい。傍観している人たちは、資金を失っているわけでも、損失のリスクにさらされているわけでもない。むしろ、彼らは有望なチャンスが訪れたときに、それをつかむことができるという意味で、はるかに良い立場にいるのである。

　多くのトレーダーが、マーケットが静かだと退屈して、意味もなく小さな利益を狙って仕掛けたりしてしまう。しかし、これは問題だ。静かなマーケットには、予告なしに突然大きく変動する傾向があるからだ。理由は、何らかの新しい発表のこともあれば、単純に損切り注文が集中したところに達することもある。いずれにしても、ボラティリ

ティが突然変わると、意味のないポジションを持っている人は手痛い教訓を得ることになるが、傍観していた人たちにとっては大きなチャンスとなる。

損切り注文を使う

損切り注文をデイトレードのよくある間違いの1つだと言うと、読者に動揺を与えてしまうかもしれない。ほとんどのトレード本や講習やフォーラムでは、損切り注文を必ず置くよう教えているし、SNSで人気のトレードグループでも、毎日ミームのごとく損切り注文を置かないことの危険性をうたっている。もちろん、レバレッジが高い先物取引や理論的にオープンエンドのリスクを抱える場合、トレード口座を壊滅的な損失から守ることが何よりも重要になる。しかし、そのための最善策は損切り注文ではないかもしれない。

実際、損切り注文を置くと、失敗トレードになる確率が上がると私は思っている。マーケットが反転する直前に損切りに引っかかってしまった経験がある人ならば、そうなったときの動揺は分かると思う。しかも、資金も失うことになる。損切りによってそのトレードが失敗に終わるだけでなく、それがそれ以降の心理にも影響して、その後のトレードにも影響を及ぼすのである。

ギリギリで損切りに引っかかってしまったときは、「だれか」が自分の損切りを狙ったのではと思うかもしれない。しかし、実際にはあなたが100枚単位のトレードでもしていないかぎり、そこまでの資金を持っている人があなたのポジションに関心を持ったり、行動したりするとは考えにくい。

ほとんどの小口トレーダーは、マーケットの「大物」のレーダーにかかるようなサイズのトレードはしていない。そのため、もしマーケットが望む方向に反転する直前に損切り注文に引っかかったのならば、

第2部　商品先物のトレード戦略を立てる

それは犠牲になったのではなく、損切りを置いた場所が悪かったのである。残念ながら、こういうことはよく起こる。皮肉なことに、トレーダーを大きな損失から守るはずの注文が、大きな損失の原因になっているのである。結局、たくさんの少ない損失が、積み重なって壊滅的な金額になっていく。損切り注文の是非と、それに代わるリスク管理のテクニックについては、第16章で紹介する。

ポジションサイズ

> ポジションサイズが小さいほうが、利益はたいてい大きくなる。

　繰り返しになるが、先物ブローカーは「安くて簡単」なレバレッジを提供している。そして、残念ながら、新人トレーダーはＥミニS&P500のデイトレードの証拠金が500ドルと言われれば、それが適正だと思ってしまう。しかし、私に言わせれば、提示されたレバレッジを目いっぱい使うというのは恐ろしいことで、必ずかなりの損失につながる。提示されたよりもはるかに小さいレバレッジにしておいたほうがずっとうまくいくのだ。とは言っても、ほとんどのデイトレーダーは、トレード資金に対する理想的なトレードサイズを超えてトレードしている。

　先物デイトレーダーがトレードしすぎる原因の１つはブローカーにあるかもしれないが、それを選んだのはトレーダー自身なのである。トレーダーは、トレードサイズを大きくすれば、もっと儲かると言われれば、それを簡単に信じてしまう。「良いセットアップで、マーケットが望む方向に動きそうならば、なぜ目いっぱいトレードしないのか」などと言って大きいサイズを正当化しようとするのだ。しかし、どんな戦略でも、トレードは終わってみないと勝ちになるのか、負けになるかは分からない。最高のセットアップでも、うまくいかないことはある。実際、つもり売買では最高のトレードに見えたものが、うまく

214

いかないこともあれば、トレーダーの「直観」に合わないシグナルでも最高の結果を出すこともある。そのため、特定のトレードに大きなリスクをとるのは良い戦略とは言えない。そして1回のトレードで枚数を多くすれば、トレーダーに必ず必要になる間違う余地を大幅に減らしてしまうことになる。完璧なトレード手法など存在しないため、この戦いでは、ある程度余裕があることがとても重要になる。

レバレッジ過多は、勝率が低いという数学的なデメリット以外に、枚数が多くなるとトレーダーの感情が乱れるという点でも不利になる。意欲的なポジションサイズを避けることは、恐れや強欲といった有害な感情を抑制するカギとなる。もし1万ドルの資金でEミニS&P500を20枚保有していれば、ほんの10ポイント動いただけで口座は吹き飛んでしまうし、5ポイントでも資金の半分を失うことになる。EミニS&P500の日中の動きを見れば、5ポイントなど瞬時に動くことは分かると思う。もちろん、このようなサイズのトレードならば1回で資金を2倍にすることも可能だと言う人もいるだろう。そのとおりだ。しかし、その確率はかなり低い。経験豊富で極めて洗練されたトレーダーであっても、時にはミスを犯すのである。

1回に何枚トレードすべきかは、その人のリスク許容量と資金によって決まる。しかし、私はミニの株価指数先物やそのほかのほとんどの商品（金、原油、穀物、通貨ほか）をトレードするときは、1枚につき1万ドルは用意しておくよう勧める。もちろん、これだけの資金があれば、1枚どころかその10倍以上トレードできるだろうが、できることとすべきことは違うのである。

そんなのはつまらないと思っただろうか。それではこう考えてみてほしい。1日平均50ドル稼ぐことができれば、1カ月で1000ドル、1年で1万2000ドルになる。これだけのスキルがあって、元手が1万ドルならば、1年で資金は2倍以上になる。ちなみに、1日50ドル稼ぐのに先物を10枚もトレードする必要はないが、10枚トレードすれば、資

金が激減する可能性は劇的に高まる。具体的に言えば、ＥミニＳ＆Ｐ500を10枚トレードすると、１ポイント逆行するたびに資金は10％ずつ減っていく。仮に、１日に10.00〜15.00ポイント程度動くマーケットならば、トレード枚数が多すぎると、トレード資金は簡単になくなってしまうのである。

ナンピン

ほとんどの人が、負けトレードに増し玉をしてはならないと言う。それでも、豊富な資金を持っている人ならば、増し玉によって仕掛けの平均価格を改善して、トントンの価格を調整することは理にかなっている。

先の指針に従ってポジションを妥当なサイズにして、ストレスとレバレッジ過多によるリスクを避けてきた人は、ナンピンすることができる。デイトレードにおけるナンピンも、ポジショントレードの場合と同じように、先物を１回にではなく、分割して買っていく。例えば、原油を５枚まで買う計画ならば、１枚から始めて、あと４枚は指値をして少しずつ安く買っていくのだ（例えば、20〜40セント程度）。このシナリオは、すべての注文が執行されないこともあるが、買ったあとでマーケットが下落して、あとで見れば不利な仕掛けだったということを避けることができる。大きな含み損を抱えていると、感情が乱れ、不適切なトレード判断につながる。仕掛け価格をナンピンすると、たいていはトントンになりやすくなるため、ストレスも減る。

「吐きたくなるほど悪い状況になったら、ポジションを２倍にすべきときかもしれない」
──マーティン・シュワルツ

それでも、ナンピンは注意深く行う必要がある。これは、原油が20セント逆行するたびに、何も考えずに増し玉するということではない。

しかし、もし原油価格が最初の仕掛けをかなり下回ったら、検討してもよいかもしれない。もちろん、そのあと再び順行に転じたら、適当に利食っていくとよい。ポジションを少しずつ大きくしていったときは、手仕舞うときも少しずつ行うほうがよい場合が多い。

デイトレードの時間枠

デイトレードとは、無数に近い数の戦略を含む幅広い言葉である。ただ、デイトレードの計画を立てるときに最も重要なことは、どの時間枠のチャートを使うかということだ（1分足か、60分足か、その間のどれか）。デイトレード用のプラットフォームやチャートソフトのなかには、取引所で執行された取引を時間に関係なくすべてラインチャートでプロットしてくれるものや、日中の動きを90分足（1時間半ごとに1本の足ができる）で示すものもある。ただ、これらは極端な例で、ほとんどのトレーダーは、10～30分の間の足のチャートを使っている。そのうえで言えば、私は60分足を好んで使っている。これはプライスアクションを「大局」的に見せてくれることで、マーケットのノイズに惑わされることなく、有効なトレードシグナルに集中できると思うからだ。

時間枠は、トレーダーの性格やリスク許容量に合わせて決めるべきである。短い時間枠は、よりアクティブな戦略に向いているが、それはダマシのシグナルが多いということでもある。反対に、長い時間枠はあまりアクティブではない戦略に向いており、ダマシのシグナルや紛らわしい動きも少な目になる。ちなみに、足の長さが長いチャートを使ったテクニカル戦略の多くは、短い足のチャートの戦略に比べてリスクが高い。これは、損切り注文を置く場所が10分足チャートよりも60分足チャートのほうが遠くなるからである。また、10分足チャートを使っている人のほうが、60分足を使っている人よりも大きい枚数

第2部　商品先物のトレード戦略を立てる

をトレードする傾向がある。一般的に、10分足を使うほうが、トレードごとの潜在損益が小さくなるからだ。私は、デイトレードはトレード数を絞ったほうがうまくいくと思っているので、トレード数を制御しやすい60分足のほうが向いていると思う。

ほとんどの人は、テクニカル指標がどの時間枠でも、1日のどの時間帯でも、同じように機能すると思っているが、そうではない。例えば、テクニカルオシレーターは、早朝の時間帯はあまり頼りにならない（**図42**）。これは、オーバーナイトの狭いレンジに基づいて算出されてしまうからである。そのため、売られ過ぎや買われ過ぎの状態で出されるカウンタートレンドのトレードシグナルがダマシになることも多くなる。しかも、この時間帯は、指標が簡単に極値に達するため、トレーダーに不信感を与えることになる。

ただ、オシレーターが不正確なのは早朝に限らず、いつでも起こる。特に、短い時間枠を使っているときに多い。これは、5～10分足で使われる価格データが、必ずしもトレンド全体を表すものではないからだ。なかには、30～60分足を使うとかなり待たなければならない情報がすぐに見えるから良いという意見もあるが、短い時間枠は動きすぎるため、それがトレードしすぎにつながり、ストレスを高め、大きな損失につながることが多い。

5分足チャートを使うと、60分足チャートよりも間違いなくシグナルの数が多くなる（**図43**）。しかし、どのようなトレード戦略でも、目的は質の良いトレードを見つけて執行することであり、量を重視するのはよくある間違いである。短い時間枠は、ただのノイズを何か重要なものに見せてしまうため、トレーダーはたくさんのダマシのシグナルの犠牲になる可能性が高くなる。頻繁にトレードしても損失を抑制できているという人でも、トレード数が多ければ、手数料は積み上がっていく。交渉して安い手数料で合意したとしても、トレードしすぎの影響のほうがはるかに大きい。手数料の本当の影響については、第

218

第7章 先物のデイトレードとアルゴリズムトレード

図42　オーバーナイトの静かな時間帯の動きに基づいた早朝のオシレーターのシグナルはあまり当てにならないため注意が必要

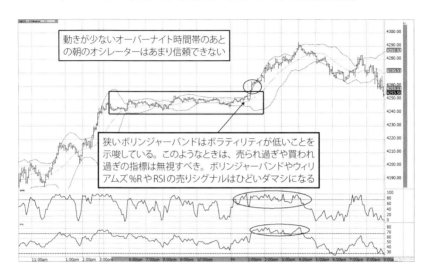

図43　5分足チャートはトレーダーにたくさんのトレードチャンスを提供するが、シグナルの質は長い時間枠（30分足や60分足）よりも低い

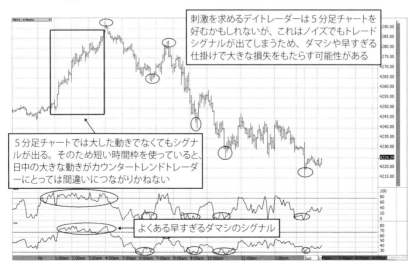

15章「トレードコストの影響を理解する」で詳しく見ていく。

　短い時間枠のチャート（例えば、5分足）を使うときは、損切りを近くに置く必要があるため、価格が動き出す前に損切りで手仕舞うケースが多くなる。それでも、5分足チャートはすぐにシグナルが出るため、リスクを小さく抑えることが特に重要になる。例えば、EミニS&P500のボラティリティが低いときは、5分足チャートならばわずか3.00ポイント下げただけでもスイングトレーダーのためのカウンタートレンドのシグナルが出てしまうことがある。しかし、S&P500は1～2分で15～20ポイント動く場合があることはだれでも知っている。そのため、浅い押しに反応する5分足チャートのシグナルに従って、間違ったときに間違った仕掛けをすれば、大きな損失につながりかねない。その一方で、60分足チャートを使えば、S&P500が15～20ポイント下げなければシグナルは出ない。もちろん、それでも大きなリスクがあることは変わらないが、S&P500がそれ以上下げる日は少ないことを考えれば、大きな損失を被るリスクは低いかもしれない。

損切り注文か週次オプションか

　第16章では、リスク管理について深く検討していくが、そのなかで、先物ポジションを損失から守るための損切り注文とオプションの使い方についても見ていく。損切り注文をどこに、どのように置くか、あるいは使うか使わないかがデイトレードの成否を大きく左右するため、これはよく考えておくべき課題と言える。

　世間では、損切りを置かずにトレードすべきではないなどと言われているが、もしかしたら、ほとんどのトレーダーが負けている理由は損切りを置いたことにあるのかもしれない。損切りが近すぎても、遠すぎても、マーケットが好転する前に決めた損切り注文が、トレーダーの口座や心理に打撃を与えることはよくある。マーケットの方向が

正しかったのに損失が出るほど辛いことはない。

60分足チャート（30分足でもよい）を使うことで、量よりも質を重視するトレーダーは、たいてい5〜10分足チャートを使っている人よりも高い目標を設定している。そのため、彼らは損切り注文を置かずに、ＥミニＳ＆Ｐ500オプションやＥミニナスダックの安い週次のオプションを使ってポジションを守っている。週次オプションを知らない人のために書いておくと、これは先物取引所に上場されているオプションで、通常の毎月ではなく、毎週満期を迎えるオプションだ。

週次オプションは、いくつかの商品（穀物や原油など）についてあるが、ほとんどのデイトレーダーは、株価指数先物で流動性を確保するために使っている。週次オプションがないマーケットでも、伝統的な月次オプションで近いうち（2週間以内）に満期を迎えるものがもしあれば、それを使うこともできる。ＥミニＳ＆Ｐ500で、ある程度行使価格が近い週次のコールオプションを500ドル未満で買うことができれば、先物の売りポジションを早すぎる損切りのリスクから守るための支出として価値があるかもしれない。

ただ、この方法は、極めて短い時間枠を使って小さな利益を狙っていくトレーダーには向いていないかもしれない。もし5分足チャートで3ポイントを狙う買いシグナルが出た場合、5〜6ポイント離して守っても意味がないことは明らかだ。前述のとおり、このことについては、あとでさらに詳しく見ていくが、先に少し触れたのは、デイトレード戦略の助けになる可能性があることなのに、あまり一般的ではないからだ。

信じがたいことだが、損切り注文を使わないほうが良い状況は多くあり、そのなかには防御策としてオプションを使えない場面も含まれている。多くのトレーダーにとって、損切り注文は利益よりも害をもたらすことがあるということを覚えておいてほしい。

先物のスキャルピング

> 先物取引所はスキャルパーを歓迎している。彼らの大きいサイズで頻繁にトレードする戦略は、取引所に多額の手数料収入をもたらすからである。

　先物市場のスキャルパーは、ほかの戦略では重視しないマーケットの小さい動きを利用して利益を狙っている。スキャルパーは、片時も止まらないマーケットでは、参加者が売買するたびに起こる小さな変動を利用して利益を上げることができると考えている。多くの場合、スキャルパーが狙うのはわずか1～2ティックで、商品によって違うが金額にすればせいぜい10ドル程度である。スキャルピングで1ティックの利益は10ドル、2ティックならば20ドルになる（取引コスト差し引き前）。ただ、ポジショントレーダーやデイトレーダーでも比較的長めにトレードする人は、利益に対する取引コストの割合があまり大きくないが、スキャルパーの場合は簡単に利益の30～50％がコストに消えてしまうこともある。つまり、1ティック当たり10ドルの利益が半減してしまうのである。

　そこで、1トレード当たりの潜在利益が比較的小さいスキャルパーは、サイズで勝負する。彼らが1～2枚程度トレードすることはあまりない。スキャルピング戦略である程度の利益を上げるためには、かなりの枚数をまとめてトレードする必要があるのだ。そして、これがトレードコストを徴収する側からすれば、夢のような戦略であることは想像がつくと思う。

　多くの人の考えとは違うかもしれないが、スキャルパーが支払う取引コストの恩恵を最も受けているのは先物取引所である。ブローカーの手数料がいくらであっても、取引所の手数料は決まっているだからだ。ブローカーはたいてい顧客の勝率を上げるために、スキャルパーの手数料を割り引いている。その結果、ブローカーの儲けは1トレー

ド当たり数セントにしかならないこともある。最も活発なスキャルパーでも、トレーダーが思っているほどブローカーを潤わせてはいないのである。その一方で、トレーダーは取引所には1トレード当たり2～4ドルを支払っている。つまり、もし取引所の収益が予想を上回っているようなことがあれば、スキャルパーのあなたもそれに貢献しているということだ。

スキャルピング戦略の多くは、先物をビッドで買い、アスクで売ろうとしているが、これは常識とは逆を行っている。もし先物を成り行きで買い注文を出せば、そのときのアスクで執行され、成り行きで売り注文を出せば、そのときのビッドで執行される。第1章で見たとおり、2つの価格の差はビッド・アスク・スプレッドと呼ばれており、商品市場でトレードする通常コストとして受け入れられている。

スキャルパーは、ビッド・アスク・スプレッドに組み込まれた見えない取引コストを認識しておく必要がある。市場価格で先物を仕掛けたトレーダーは、その瞬間にスプレッドと取引コストの分、含み損を抱えることになる。話を単純にして、スキャルパーが往復5ドルの手数料を支払っているとすれば、その大部分が直接取引所に行く。例えば、原油先物を買うと、トレーダーは5ドルの取引手数料に加えてビッド・アスク・スプレッド（通常は1ティック、原油の場合は1枚当たり10ドル）を支払っている。つまり、仕掛けただけで1.5ティック（15ドル）マイナスになっているのである。そのため、わずか5ドルの純利益を上げるために、スキャルパーは原油ならば2ティックは高く売らなければならないのである。

> 「マーケットで唯一重要なのは、強気か弱気かではなく、正しいかどうかだ」
> ──ジェシー・リバモア

これは言うほど簡単ではない。例えば、50ドルの利益を上げるためには、10枚トレードして、1ティックで手数料を相殺し、もう1ティックでビッド・アスク・スプレッドを相殺しなければならない。その

第2部　商品先物のトレード戦略を立てる

一方で、もしトレーダーがマーケットで2ティック失えば、10枚で瞬時に250ドル（（20ドル＋5ドル）×10枚）という手痛い損失を被ることになる。純粋に数学的な観点で言えば、スキャルピング戦略を正当化するのは難しい。しかし、指が速く動くトレーダーやプログラミングが得意なトレーダーはうまくいくと信じている。

スキャルパーはビッド・アスク・スプレッドを支払うのではなく、回収できると思っているが、ほかのマーケット参加者もみんなそう思っている。そのためには、マーケットの上げ下げを利用して、アスクで売ったりビッドで買ったりするための指値注文を出すのがよいのかもしれない。それができるかどうかは、板情報（DOMパネル）でほかのマーケット参加者の指値注文の状況を見ると分かる。板情報を知らない人のために書いておくと、これは特定のマーケットの注文を並べたもので、ほとんどのプラットフォームで今出ている指値注文が見られるようになっている。例えば、ベスト10のビッド（有効な買いの指値注文）と、ベスト10のアスク（有効な売りの指値注文）が表示されている。それを見ると、どの価格に買いや売りの関心が最も高いかが分かる。ただ、板情報には損切り注文が表示されていないことと、成り行き注文は表示されていないという欠点が見過ごされていることが多い。もちろん、成り行き注文は即座に執行されるので、載っていないのは仕方がない。それでも、成り行き注文は執行を最も望んでいる買い手や売り手の注文だということを考えれば、価格への影響力は最も大きい。

通常、もし売りの指値注文のほうが買いの指値注文よりも多ければ、スキャルパーは、売り注文が執行されて価格が一時的に下げたところでビッドで買うことができるのではないかと考える。同様に、もし現在価格のすぐ下に売りよりも多い買いの指値注文があるマーケットを見つけることができれば、それらが執行されて価格が一時的に上がったときに、アスクで売ることができると思うかもしれない。

224

しかし、スキャルパーのなかには正反対のことを考える人もいる。彼らは、板情報に買い手よりも売り手のほうが多ければ、まず売って、それらが執行され、価格が下げたあとで1〜2ティック安く買い戻せると思っているのだ。同様に、もし板情報で現在価格の近くか1ティック下に買い手が多くいれば、まず買って、それが執行され、価格が上がったところで売ろうとする。

繰り返しになるが、マーケットの状況やシグナルの見方は1つではないし、それを利用するための戦略はさらにたくさんある。これも繰り返しになるが、トレードに正しい方法も間違った方法もない。結局、大事なのは、トレード結果なのである。先の2つのスキャルピングの手法はまったく違う思考に基づいているが、どちらもうまくいく可能性はある。それに、たとえ方向性のないマーケットでも、時間と共に価格は多少上下している。そして、スキャルパーはそれでも十分利益を上げることができるのかもしれない。スキャルピングは、見た目よりもずっと洗練されたスキルなのである。

スキャルパーは、極めて高い取引コストと比較的大きなポジションサイズによって、即座に相当額の利益を上げることもできるし、損失を被ることもある。そのため、保守的なトレード戦略を使いたい人にはスキャルピングは勧められない。スキャルピング戦略の多くは、1枚当たりの金銭的なリスクは低いが、短い時間枠のプライスアクションは非常にランダムで、高い取引コストも克服するのは難しい。そのうえ、伝統的なスキャルピングは、普通のトレーダーよりも素早い指の動きが求められる。今日のスーパーコンピューターの世界では、スキャルピング戦略の多くが自動化されたり、アルゴリズムトレードで行われたりしている。

アルゴリズムを使ったトレードシステム

「自動化するか、他国に行くか、消えろ」──ジェームス・A・ベーカー（ゼネラル・エレクトリック）

アルゴリズムトレードシステム、または「アルゴ」と呼ばれる自動化された先物トレードシステムは、いくつかのテクニカルルールと変数によって、仕掛けと手仕舞いのポイントが決定されるようになっている。そして、規定されたテクニカル的な出来事がすべて起こったときは、買いや売りのシグナルが出て、人間が介入することなくトレードが自動的に執行される。簡単に言えば、これは自動操縦で行うトレードなのである。

メディアはたいてい、アルゴリズムトレーダーは平均的な小口トレーダーを犠牲にして利益を上げているなどと書きたてる。しかし、私はそうは思わない。優れたトレードシステムもあるが、それ以上に劣ったシステムもあるからだ。私は、一部の電子トレードシステムの優位性は、立会場がなくなる前のフロアトレーダーたちの強みと似ていると思っている。

商品ピットのフロアトレーダーは、世界中のトレーダーから入ってくる注文に流動性を提供し、その代わりにビッド・アスク・スプレッドを利益として得ていた。彼らは、買ってそれをすぐに売ることができ（またはその逆）、普通のマーケット状況ならばそれで少額の利益になっていたのだ。彼らはそれをするなかで、価格が急変するリスクやポジションをタイミングよく相殺できないリスクを受け入れていた。しかし、ボラティリティが高いときや、ポジションを抱えるリスクをとるときの彼らは、人によっては1年（あるいはそれ以上）かけて手に入れる利益や損失を賭けてトレードしていたのである。

優れたマーケットメーカーで、ほかのピットトレーダーの気持ちを読むのがうまい人は、信じられないほどの高収入を得ていた。しかし、

第7章　先物のデイトレードとアルゴリズムトレード

ピットトレーダー全体として見れば、すべてを失ったというエピソードのほうがはるかに多かったし、プレッシャーに負けて自殺する人も驚くほどたくさんいた。そして、現代のアルゴトレーダーのなかにも、同じように悲惨な経験をしている人は必ずいると思う。みんなが潤っていたわけではないのだ。この世界、特に成功談や失敗談についてもっと知りたい人は、ジェームス・アレン・スミス監督の映画「フロアード」（Floored）を見てほしい。

自動売買システムとは

テクニカルトレードの手法は何十年も前からあるが、2000年代末のITバブルのころに大量にトレードできるアルゴリズムトレードシステムが登場した。それ以前のテクニカルトレードシステムは、人間が手動で注文を出していた。私が商品ブローカーの仕事を始めたころは、顧客が第三者からトレードシグナルを買い、フルサービスブローカーに執行依頼をするということが普通に行われていた。当時は、電子的な伝達ツールがなかったため、シグナルはファクスで送られる場合もあった。しかし、時が流れて、トレードシグナルは電子ツールで送られるようになったが、それでもまだそれをブローカーに伝え、それを彼らが手動で執行する必要があった。あるいは、顧客がシグナルを受け取り、それをブローカーの手を借りずに注文を出すシステムもあったが、それでもまだあまり便利ではなかったため、トレーダーの大きな負担になっていた。それが今では手軽に自動売買システムを契約したり、独自のコンピューターシステムを作って人間の手を介さずに自動でシグナルを執行するようにしたりしている人もいる。もちろん、このほうがずっと効率的かつタイミング良くトレードを執行できる。

「トレードシステム」や「アルゴトレード」といった言葉には、さまざまな異なる意味がある。ただ、これらはどれも特定のテクニカルな

227

第2部　商品先物のトレード戦略を立てる

> トレードはゴルフと似
> ている。頑張れば頑張
> るほど結果は悪くなる。

要素や状況を考慮して、特定の先物市場の仕掛けや手仕舞いのシグナルを出している。自動売買システムのほとんどは先物トレードで使われており、オプションのトレードに応用されることはほとんどない。また、アルゴリズムトレードシステムは、デイトレードでもポジショントレードでも使えるが、たいていはデイトレードで使われている。

アルゴの多くは、移動平均線やストキャスティックスやそのほかのコンピューターで算出したオシレーターを使っている。ただ、テクニカル指標だけでなく、彼らが「コンピューター」と呼ぶものの多くはニュースの見出しのなかからキーワードを探し、それを加味して売りや買いのシグナルを出している。

自動売買システムの運用結果は、アルゴリズムに基づいたルールが、対象のマーケットの状況に適合するかどうかにかかっている。システム開発者は、システムがどのような状況でもリスクを管理して勝率を上げるための最適化に膨大な時間をかけている。しかし、マーケットの状況は常に変化しているため、バックテストで昨日うまくいったはずのシステムが、今日のマーケットで必ずうまくいくとは限らない。トレード全般に言えることだが、マーケットで保証できることなど何もないし、過去のパフォーマンスが将来の結果を示唆しているわけでもない。

なぜ自動売買システムを使うのか

自動売買システムは完璧ではないが、そもそもトレードにおいて完璧なことなど何もない。それでも、感情的な人や時間がない人にとって、手を煩わさないシステムは理想的だ。

228

●**感情を排除する**　うまくいっていないトレーダーの多くは、恐れと強欲に煩わされている。彼らが損失に陥っているのは、必ずしもトレード戦略のせいではない。自動売買システムは人間の感情の影響を減らすことで、戦略から人間的な要素を排除することができる。売買システムは、トレードシグナルをすべて執行し、事前に設定した変数に従って手仕舞う。システムの基準を超えても負けトレードを保有し続けたり、時期尚早なのに利食ったり、パニックを起こして手仕舞ったり、過度に仕掛けすぎたりするリスクはなくなる。つまり、戦略の意図どおりのトレードができるのである。

●**時間が節約できる**　システムトレーダーは、安心して普通の生活を送れる（日中の仕事をすることもできるし、マーケットの取引時間でもパソコンに張り付いている必要はない）。トレードルールはあらかじめ決まっており、あなたが見ていても、いなくても、自動で執行される。もちろん、システム売買ならば簡単に儲けられるということではない。ただ、自動化された戦略で、長年の実績があるものがすでにいくつかある。とはいえ、ほとんどのアルゴは大成功と大失敗を繰り返している。

●**便利さ**　コンピューターに仕事をしてもらおう。特定のシステムを構築したり、契約したりして、それを導入すれば、トレード口座は自動運転に入る。唯一の義務は、１日の終わりに満足のいく結果が出ているかどうかを確認することである。ただ、自動トレードの目的は、自分の戦略が意図どおりに動くことである。トレードを見送ったり、早めに手仕舞ったりして介入すれば、パフォーマンスの妨げになることはほぼ間違いない。もしシステムを適切にバックテストしてあり、変数に問題がないと思えるならば、人の介入はむしろ生産性を下げることになる。

●**マーケットと同様に、システムも「トレード」できる**　投機家は、先物システムのリターンのピークと谷を見ながらシステムの利用を調

整することで、パフォーマンスを積極的にトレードすることができる。例えば、ドローダウンを出しているときがそのシステムを使い始める好機かもしれないし、うまくいったあとはやめるべきかもしれない。マーケットの状況が周期的に変動することが多いため、それに合わせて先物のテクニカルトレードシステムのパフォーマンスも変動するからだ。残念ながら、システムを探している人の多くがパフォーマンスを追いかける傾向があるが、現在のマーケット環境に最も適したシステムは、マーケットの変化にほとんど対応できない。マーケットがトレンドから狭いチャネルの横ばいに変わったときに、そのままうまくいくシステムもあれば、うまくいかなくなるシステムもある。すべての状況でうまくいくシステムは見つかっていないし、そんなものはおそらく存在しないのだろう。

自動売買システムのデメリット

自動売買システムは自動操縦で先物をトレードしていくが、それで自動的に利益が上がるとはかぎらないし、トレードのストレスがなくなるという保証もない。なかには、自動システムのほうが、自分で運用するよりもストレスや心配がたまるという人もいる。

●**自動売買システムに常識はない**　アルゴリズムシステムは、人間の裁量ではなく、テクニカル分析に基づいて動いており、勝率が低いと思われるシグナルもたくさん出てくる。史上最安値でも売りシグナルを出したり、高値やその近くで買いシグナルを出したりすることも少なくない。トレンドはフレンドかもしれないが、終われば最大の敵にもなり得るのである。

●**バックテストのメリットは限定的**　通常、システム開発には「バックテスト」と呼ばれる過程がある。しかし、バックテストからは、そ

のシステムを過去に運用した場合の情報しか得られない。同じ結果が現在や将来にも得られると考える理由はないということだ。残念ながら、多くの人が仮定的なバックテストの結果に基づいて、システムを選んでいるため、バックテストで最高のパフォーマンスを上げたシステムが、最初から衝撃的なひどい結果を出すこともある。

● **マーケットは止まっていない、動いている** バックテストの問題と同様に、システムのある時点のパフォーマンスは、そのシステムが利益を上げ続けることができるかどうかを示しているかもしれないし、示していないかもしれない。マーケットの状況は常に動いているが、システムの変数は普通は一定だからだ。システム開発者がパフォーマンスを改善するために変数を調整することはできるが、その必要性が分かるまでにはかなりの損失が続くことになる。

● **システムの判断はあなたの意見と対立するかもしれない** システムトレードは、仕掛けるときや手仕舞うときの感情を排除することができるが、あなたが弱気のときにシステムが買ったり、あなたが強気のときにシステムが売ったりすれば、それを見ているあなたは辛いかもしれない。そのため、トレーダーのなかには、安眠するために使い始めたシステムトレードによって眠れなくなるという人もいる。

自動先物売買システムは機能するか

率直に言おう。もし今の仕事を辞めて、トレードシステムを買うか借りるかするだけでマーケットで儲けることができるならば、みんなやっているはずだ。しかし、現実はそれよりもはる

> 自動売買システムの宣伝文句を聞いて話がうますぎると感じたら、それはきっと正しい。幻想を追いかけてお金を無駄にしたり、頭痛の種を抱え込んだりする必要はない。

かに複雑なのである。世の中には、無数の先物売買システムがあり、大勢のセールスパーソンがあらゆる方法で、自分の製品ならばどのような場面でも安定的にリターンを上げられるとあなたを説得しようとしている。しかし、私たちはいまだにそのような聖杯は見つけていない。もしシステム開発者が低リスクで低ストレスで利益率が高い魔法の公式を発見したら、それを公開しようとは思わないだろう。ソフトウェアを売るよりも、マーケットでトレードするほうがはるかに儲かるからだ。それに、私の経験から言えば、売り込みの仕事は恐ろしく大変だ。

　目を見張るようなリターンを約束する売買システムには注意が必要だ。先物のシステムトレードに関して言えば、話がうますぎると感じたときは、その可能性が高い。システムの制作者や販売者の多くは、NFA（全米先物協会）への登録義務がないため、無責任な言論の自由を謳歌している。すべてのシステム業者がそうだとは言わないが、そういう人たちもいるため、代金を支払う前に事実確認をしておかなければならない。あなたは消費者として、相手がどんな人間で、現実的なパフォーマンスがどの程度かということを知っておく必要がある。

　そのうえで言えば、正しい条件の下で、長期間結果を出してきたシステムもある。投機の主な手段としてこのようなシステムを導入しているヘッジファンドやプロの商品トレーダーも多く、正しい環境下ならば役に立つのだろう。

　ある程度のコンピュータースキルとマーケットの知識がある人ならば、自動売買システムを開発したり導入したりする機会はたくさんあるだろう。先物トレード用のプラットフォームは、10年前よりもはるかに進化している。自動売買は、もはや裕福なトレーダーや経験豊富なプログラマーだけのものではない。ほとんどのプラットフォームがトレード口座の大小に関係なく、最低限のプログラミングの知識さえあれば、システムを作ってバックテストする機能を備えているのだ。そ

れでも、システムの知識がない人も多いX世代（アメリカの1960年代初頭または半ばから1970年代に生まれた世代）の人たちにとっては、少し難しいかもしれない。ただ、ソフトはどんどん直観的に理解できるように進化している。

高頻度トレード

近年、先物市場でアルゴリズムトレードあるいは高頻度トレード（HFT）ほど大きな関心を集めたものはない。高頻度トレードは、アルゴリズムを使ったシステムトレードの一種で、光の

> 「私はインターネットを恐れていた……タイプ打ちができなかったからだ」
> ──ジャック・ウェルチ

ように高速で、大量のトレードを仕掛けたり手仕舞ったり、時には注文を取り消したりしていく。

2014年初めに、マイケル・ルイスが書いた『フラッシュ・ボーイズ』（文藝春秋）が業界に旋風を巻き起こした。ベストセラーとなったこの作品は、高頻度トレードの世界は取次業者に有利なように操作されていると主張している。この本が出版されてすぐ、私たちのブローカーには、高頻度トレーダーがトレード口座に与える影響について数件の問い合わせがあった。実は、ルイスが描いているのは先物市場ではなく、株式市場の高頻度トレーダーの話で、ここには大きな違いがある。まず、すべての先物取引は取引所で集中的に処理されている。これは、ブローカーの在庫や米国内のほかの証券取引所を通じて売買することもある株とはかなり違う。先物取引は、すべてのトレードが１つの市場で、高い透明性の下、行われているのだ。また、高頻度トレーダーのスキャルピングが小口トレーダーの注文を市場から締め出して、彼らの利益をかすめ取っているという主張も、商品市場では必ずしも該当しない。2014年４月、CFTC（米商品先物取引委員会）のマーク・

233

Ｐ・ウエットジェンも、ルイスの主張について「今のところ、先物市場が不正操作されているとは感じていない」とメディアに語った。

それでも、高頻度トレーダーは先物市場にも存在する。ただし、『フラッシュ・ボーイズ』で描かれていたのとは量が違う。先物トレードの日々の出来高の大きな部分を占めるのは、高頻度トレーダーのトレードで、サイズが小さい人もいるが、ほとんどはサイズが大きく、資金も豊富にある。彼らのコンピューターは、CME（シカゴ・マーカンタイル取引所）のコンピューターサーバーのすぐ近くに設置してあると言われており、高頻度トレーダーはほとんどのマーケット参加者よりも1000分の1秒単位で素早くデータの受け渡しができるとされている。人間のトレーダーにとって、これは取るに足らない時間差かもしれないが、コンピューターならばみんなよりも速く行動するための十分なエッジになるし、大量にトレードすれば、儲かる可能性もある。高頻度トレードを行っている人たちに言わせれば、コンピューター化したトレードシステムはマーケットの流動性を増やしていると言うが、反対派はそれが平均的な小口トレーダーを不利にしていると言う。商品先物業界である程度の期間仕事をしたことがある人は、高頻度トレードやそれ以外のアルゴリズムトレードが登場する以前に小口トレーダーを不利にしていたのはフロアブローカーだったと言うだろう。フロアブローカーよりも高頻度トレーダーのほうが有利なように見えるが、平均的な小口のトレーダーにとってはおそらく有利でも不利でもない。

いずれにしても、私は高頻度トレーダーが先物市場に登場してからプライスアクションは変わったと思っている。高頻度トレードプログラムは膨大な量の金額とテクニカルデータとファンダメンタルズデータを処理し、それとテープを読み込んだ情報を組み合わせて判断を下しているが、人間の性質は組み込まれていないからだ。その結果、マーケットの価格は、日中に異常に極端な水準に達するようになったと思う。人間のトレーダーが手動でトレードしていたころよりも、価格

はさらに遠くまでさらに速く到達するようになったのである。

極端なケースでは、悲惨な結果にもなる。2010年5月のEミニS&P市場のフラッシュクラッシュは、高頻度トレードによって拡大した。高頻度トレーダーは、マーケットの弱いところを見つけてトレードするようプログラムされているため、買い手がトレード端末から離れた間の空白でも「コンピューター」は見逃さず、買い手が減ったそのマーケットで大量に売っていく。その結果、ほんの何分かの間に、先が読めない下落が起こるのだ。また2015年8月のEミニS&Pも、前回ほどの規模ではなかったが、フラッシュクラッシュに陥った。このときは、日付をまたいで3日もたたないうちにEミニS&P500は約270ポイント（約13%）も下落した。

高頻度トレーダーは、おそらく投機家のトレードを台無しにはしていない。少し変えただけだ。かつてフロアトレーダーが取っていたマーケットの上澄みを、今では高頻度トレーダーがもらっているだけなのである。もし当局が高頻度トレードを禁止したら、マーケットの流動性が枯渇するか、ほかのだれかがその位置を占めるようになるだけだろう。ただ、高頻度トレードの最大の問題は、一部の「なりすまし」トレードが特定のセンチメントを錯覚させて、ほかのトレーダーの反応を促すことだと思っている。最も単純な「なりすまし」は、非常に大きな売り注文を出して、極めて大きな弱気の勢力がいるように見せかけたあと、それが執行される前に注文をキャンセルする行為だ。彼らが注文を出した目的は、売ることではなく、ほかのマーケット参加者に売らせて価格を下げ、自分たちが安く買うことにある。もちろん、同じことは買い注文でもできる。価格が上がったところで先物を売れば、なりすましをしない場合よりも高く売ることができるのだ。これは明らかなごまかしで、このような行為は先物取引所や当局も認めていない。

当局がこのような行為をとらえるには少し時間がかかるが、なりす

ましは今では深刻な犯罪だと考えられている。2010年ドッド・フランク法では、なりすましは「執行前にキャンセルする目的で売買注文を出す不法行為」と定義されている。なりすましで最も有名なのが、第5章でも触れたナビンダー・シン・サラオのケースである。大幅に割り引かれたデイトレードの証拠金と、十分なトレード資金と、マーケットの動きに対する鋭い感覚が相まって、彼はマーケットで何百万ドルもの利益を上げたが、結局はイギリスの刑務所に送られ、アメリカへの引き渡しを待っている（2016年11月に引き渡された）。

第8章 先物のサヤ取り
Futures Spread Trading

　先物のサヤ取りは、先物の反対のポジションを建て、それらがお互いに相殺するようにしたり、反対に作用させたりすることである。具体的に言えば、サヤ取りとは、1つ以上の先物の買いと、1つ以上の対立する先物の売りを組み合わせることと定義されている。この定義は、さまざまなレベルの積極性や複雑さがあるたくさんの戦略を念頭に、意図的に無数の組み合わせのサヤ取りが可能なようにしてある。

　最も単純な形の先物のサヤ取りは、先物市場でトレーダーにヘッジ付きの投機の機会を提供するためにある。サヤ取りはもともと一方に利益が出て、他方に損失が出る。サヤ取りとは、本質的にそのほとんどにおいて、ある商品で主たるポジションを建て、それとは逆に動く別の商品で二次的なポジションを建てることである。

　ただ、サヤ取りがさらに複雑になるのは、2つのポジションの価値の差が変化することである。この概念は、特定のマーケットで強気や弱気になるのとは違い、人の感覚とは逆に感じる。具体的に言えば、サヤ取りでは、2つの先物取引のスプレッド（開き）に投機することで、この開きが広くなるか狭くなるかが重要になるが、ほとんどの場合、2つの商品の全体的な方向性はあまり関係がない。

　先物のサヤ取りのチャンスは、ファンダメンタルズ分析やテクニカル分析や季節性を使って探すことができるが、どちらかと言えばテク

237

ニカルよりもファンダメンタルズと季節性のほうが役に立つかもしれない。

　先物のサヤ取りには、主に商品内サヤ取りと異種商品間サヤ取りという2つのタイプがある。この2つは紛らわしいが、違いは比較的単純だ。商品内サヤ取りは同じ商品を使い、異種商品間サヤ取りは関連はあるが異なる商品を使うのである。

限月間サヤ取り

　商品内サヤ取りは、カレンダースプレッドと呼ばれることもあり、最もよく使われている先物のサヤ取りである。これは、先物のある限月を買い、同時に同じ先物の別の限月を売る。通常、このサヤ取りが最も行われているのが農産物で、それはファンダメンタルズが年によって変わるからである。例えば、トウモロコシの2016年3月限を買い、2017年12月限を売ったトレーダーは、2つの限月間にはファンダメンタルズ的な違いがあって、旧穀（3月限）のパフォーマンスが新穀（12月限）を上回ると考えたのかもしれないし、単にトウモロコシ全般について強気で、期近のほうが期先よりも高くなると思ったのかもしれない。

　商品間サヤ取りは、証拠金が少なくてすみ、単純に先物を買う場合よりもリスクを抑えることができる点が優れている。ただ、サヤ取りで利益を上げるのは非常に難しいこともある。トウモロコシや大豆油のように動きが遅いマーケットではなおさらだ。もし価格が大きく動いたとしても、2つの限月の開きは期待するほどでないかもしれない。さらに、その開きはトントンになる辺りで何カ月も推移したあとに突然激しく変わることもある（**図44**）。このとき間違ったサイドにいれば、突然、壊滅的な結果に終わることもある。

図44 サヤ取りでは警戒を怠ってはならない。極めて大きく変動する場合があるからだ。この例でも、仕掛けてから数カ月は損益が600ドルくらいで推移していたが、そのあと突然損益が短期間に2000～3000ドルに跳ね上がった

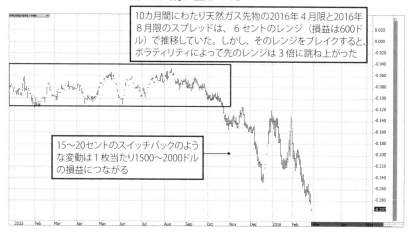

強気と弱気の商品内サヤ取り

商品内サヤ取りを導入するときに知っておくべき重要な概念は、農産物先物と金融先物の特徴の違いである。特に、農産物市場と金融市場では、サヤ取りのポジションを建てるときの強気と弱気の扱い方が違う。通常、トウモロコシや大豆や畜産のような農産物の場合、期近のほうが期先よりもボラティリティが高くなるとされている。そのため、主たるポジションは期近になり、間違ったときのヘッジとなる反対方向のポジションが期先になる。例えば、大豆に強気のトレーダーは、7月限を買い、11月限を売る。もし彼の見通しどおりに大豆が値上がりすれば、7月限の上げ幅のほうが11月限の上げ幅よりも大きくなる。そうなれば、7月限の利益と11月限の損失の

> 農産物先物のサヤ取りは、期近のポジションを建て、期先のポジションでヘッジする。金融先物のサヤ取りは、その逆になる。

239

差が利益となる。しかし、サヤ取りは、必ずしも人が言うほど素晴らしくはない。需給のファンダメンタルズに途方もない変化が起こって期近と期先の歴史的な関係を変えてしまうかもしれないからだ。もし大豆でそのようなことが起こると、11月限の損失のほうが7月限の利益よりも大きくなるかもしれない。そうなると、大豆が上昇するという予想は正しかったのに、損失を被ることになる。

　一方、通貨や株価指数や米国債などの金融先物のカレンダースプレッドは、期先の流動性が低いため、農産物ほどの取引量はない。それでも、ユーロドルに関しては、よく行われている。ただ、ユーロドル先物を、ユーロ/米ドルの通貨のサヤ取りと混同してはならない。ユーロドルは、金利に分類されている。具体的に言えば、これはアメリカ以外で預金されている米ドルで、それには金利が支払われている。つまり、これは短期の割引債のようなもので、短期国債やCD（譲渡性預金）と同様に考えることができる。ただ、ユーロドルにはほとんどの金融先物と違い、数カ月先の限月まで（物によっては数年先まで）十分な流動性があるため、商品内サヤ取りの良い候補になる。また、農産物先物と違い、長期の金利先物は市場の変化に大きく反応する傾向がある。そのため、金利が上がると考えているならば、ユーロドルの期先を売り（主たるポジション）、期近を買って（二次的なポジション）ヘッジしてもよい。ちなみに、金利が上がれば金利敏感株は下がるし、その逆もあるということを覚えておいてほしい。

商品内サヤが広くなるときと狭くなるとき

　先物のサヤ取りのトレーダーは、マーケットの方向性を間違っても、利益を上げることができるということを覚えておくとよい。もしサヤを買う（つまり高い価格のほうを買い、安い価格のほうを売る）場合、2つの限月の価格差が広がれば、利益が上がる可能性がある。具体的

には、買ったほうが売ったほうよりも大きく値上がりするか、買ったほうが売ったほうよりも値下がり幅が小さい場合である。反対に、サヤを売った場合は、マーケットの全

> 「商品内サヤを買っている」人は高価格の先物を買い、低価格の先物を売っている。「商品内サヤを売っている」人は、高価格の先物を売り、低価格の先物を買っている。

体的な方向性に関係なく、価格差が狭まるだけでよい。要するに、サヤ取りは1つの商品の価格の方向性に賭ける以上に、2つの先物取引の関係に投機するものなのである。

　2016年の初めに金利が上昇すると期待していたトレーダーは、別の言い方をすれば、ユーロドルの金利先物が値下がりすることを期待していたため、2017年12月限を売って2016年12月限を買った。ユーロドルは金融商品なので、主たるポジションを期先（2017年12月限の売り）、ヘッジポジションを期近（2016年12月限の買い）としたのだ。当時、2017年の先物は2016年の先物よりも安かったため、彼らはサヤを買い（高いほうを買った）、2つの価格のサヤが広がることを期待した。しかし、2016年に予想されていたFRB（連邦準備制度理事会）による複数回の利上げが行われなかったため、マーケットの動きは予想とは逆になった（**図45**）。

異種商品間サヤ取り

　異種商品間サヤ取りは、特定の限月の先物を買い、それと同時に関連する商品の同じ限月を売ることである。よく知られた異種商品間サヤ取りのなかには、クラックスプレッド（原油を買い、無鉛ガソリンや灯油を売る、またはその逆）、クラッシュスプレッド（大豆を買い、大豆油や大豆粕を売る、またはその逆）、TEDスプレッド（米国債の10年物と30年物のサヤ取り）などがある。

図45　ヘッジなしで先物を買うのと同様、サヤ取りの「人気が出すぎて」投機が失敗すると、手仕舞いするのが難しくなるかもしれない

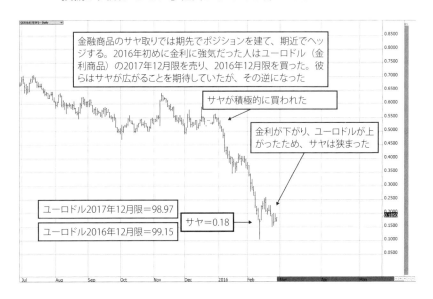

異種商品間サヤ取りは、極めて複雑になることもある。ただ、これは数段落で説明できることではないので、割愛する。さらに詳しく知りたい人は、CME（シカゴ・マーカンタイル取引所）のウェブサイト（https://www.cmegroup.com/）に、人気の異種商品間サヤ取りに関する教育目的の記事がいくつか掲載されているので、それを参考にしてほしい。

先物のサヤのクオートとチャートとトレード

新人トレーダーのなかには、先物のサヤ取りが見かけほど単純ではないことを知って驚く人も多い。また、サヤ取りは利益を上げる方法を見つけるのが難しいだけでなく、サヤをトレードする効率的な方法

がないトレード口座もある。そのうえ、すべてのサヤについて取引所が証拠金を割り引いてくれるわけでもない。ちなみに、取引所の割り引きがあるサヤ取りは「取引所による公設サヤ取り」と呼ばれている。このようなサヤ取りは、両方のポジションに対して保証金が全額かからないだけでなく、ほとんどのプラットフォームに専用のコードが設定してある。もちろん、取引所が設定しているサヤ取りでなくても合理的なサヤ取りはあるが、それらは両方のポジションに証拠金がかかる（SPANで減額される場合はある）。また、合成のサヤ取りを作ることができるソフト（たいてい費用が高い）がない場合、取引所が設定していないサヤ取りはそれぞれのポジションを別々に仕掛けなければならない。

　例えば、トレーダーのなかにはEミニダウ先物を買い、ミニラッセル2000先物を売ると、長期的には両方とも同じ方向に動く可能性があるため、これこそ真のサヤ取りだと思っている人もいる。しかし、これらは違う取引所でトレードされているため、必ずしもそうなるわけではない。Eミニダウは、CMEグループのCBOT（シカゴ商品取引所）、ミニラッセル2000はICE（インターコンチネンタル取引所）でトレードされているため、この「サヤ取り」はそれぞれのポジションに証拠金がかかる。Eミニダウの委託証拠金が4290ドル、ミニラッセル2000が5940ドルとすると、サヤ取りを仕掛けるだけで約1万ドルの資金を預託しておかなければならないということだ。これは非効率的な資金の使い方だと思う人が多いと思う。そのうえ、普通のプラットフォームでこのサヤ取りを仕掛けようとすれば、Eミニダウを成り行きで買ってから、ミニラッセル2000を成り行きで売ることになる。最終的には望んだポジションができるだろうが、この方法だと動きの速い先物市場では、仕掛けでも手仕舞いでもある程度のスリッページがかかる可能性が高い。

　幸い、CMEグループでは、アメリカの先物取引のほとんどを扱って

243

いる。つまり、CMEグループがかつては独立していた先物取引所（NYMEXやCOMEXやCBOT）を買収したことで、CME傘下で以前よりもはるかにたくさんのサヤ取りが行われている。

　取引所による公設サヤ取りの利便性は、実際には複数の取引がかかわっているにもかかわらず、1つの商品として1つのクオートでトレードできることにある。特に、クラックスプレッドのように複数の商品がかかわる異種商品間サヤ取りならば、1つずつ仕掛ける場合よりもはるかに利便性が高い。

　例えば、小麦7月限が5.50ドルで、12月限が6.00ドルのとき、強気のトレーダーは7月限を5.50ドルで買って、12月限を6.00ドルで売ってもよいが、その代わりに7月限と12月限のサヤを0.50ドルで買うこともできる。どちらも結果はほぼ同じだが、後者のほうが支払うつもりの価格を指定する分、2つの価格を別々に指定する前者よりも価格をコントロールしやすい。

　前者は、最初の注文を指値で出すと執行されないリスクがあるし、その注文成立を確認してから2つ目の注文を出すと、価格が不利になっている可能性もある。そこで、両方を成り行きで注文することもできるが、そうすると、2つ目の注文を出す間に、多少のスリッページがかかる可能性がある。1回で仕掛ける場合との損益の違いは、取るに足りない程度かもしれないが、このようなことが長期的にはトレーダーの感情の安定を乱すことになる。そのため、サヤ取りをするつもりならば、トレードプラットフォームは先物のサヤ取りのニーズを満たすものを選ぶべきである（満たさないものもある）。

先物のサヤ取りのメリット

　サヤ取りの最大のメリットは、ボラティリティが低いように見えることである。結局、関連する商品を反対のサイドで保有したり、同じ

商品の異なる限月を保有したりすれば、それ自体がヘッジになる。普通の状態ならば、一方のポジションで利益が出て、他方は損失が出る。カギとなるのは、主たるポジションの利益が二次的なポジションの損失を上回るか、主たるポジションの損失が二次的なポジションの利益よりも小さいことである。ちなみに、マーケットの方向性を必ずしも正しく予想しなくてよいことも、この戦略の魅力となっている。唯一必要なことは、２つのトレードが望ましい関係を維持することなのである。

サヤ取りはヘッジが組み込まれているため、通常、取引所はサヤ取りのトレーダーの証拠金を割り引いている。例えば、トウモロコシ３月限を買って12月限を売った場合、必要な証拠金は２つを異なる口座で仕掛けた場合よりもはるかに少なくなる。ただ、取引所はサヤ取り以外に、先物のオプションを組み合わせても証拠金を割り引く。例えば、トウモロコシ３月限を買って、翌取引日に12月限を売った場合、一時的に片張りだったにもかかわらず、証拠金は割り引かれるのである。

先物のサヤ取りのデメリット

先物のサヤ取りは、トレーダーにリスクイクスポージャーがほとんど（あるいはまったく）ないような気にさせる。しかし、マーケットの状況は

> 「ポーカーを始めて20分たってもだれがカモか分からなければ、それはあなたがカモだということです」
> ──ウォーレン・バフェット

突然変わることがある。中央銀行の方針変更や自然災害や経済状況の変化などで、価格は突然、予期しない変化を起こし、トレーダーを破綻させることがある。サヤ取りのトレーダーの自信が、時に彼らをピンチに陥れることになるのだ。

サヤ取りの組み合わせはほぼ無限にあり、保守的なものから非常に

積極的なものまで自由に組み立てることができる。そのため、時には潜在利益が非常に低いサヤ取りや、比較的安全だと思っていたら実際にはトレード口座の残高を大きく減らすことになるサヤ取りのポジションを構築してしまっている場合もある。

私自身はつもり売買を長くしようとは思わないが、先物でサヤ取りの戦略を使おうと思っている人は、さまざまな限月を使ってつもり売買をして、どのようなサヤがどれほど素早く（あるいは遅く）変化するかの感覚をつかんでほしい。サヤのボラティリティは、実際に経験してみないと正確に見極めるのが非常に難しい。

サヤ取りのもう1つのデメリットは、方向的なバイアスがない場合もあることだ。ほとんどのトレーダーは、マーケットの方向性について意見を持っているか、少なくとも自分のトレードが利益に転じるために現実的に起こってほしいと思っていることがある。私は、サヤ取りをするとき、私の故郷のラスベガスにある少額でできるスロットマシンをしているような気分になる。スロットマシンは、リスクは大きくはないが、どのマークがそろったら利益が出るのかがよく分からない。それでも私たちは、スロットマシンが勝ちを知らせてくれることを期待して、ハンドルを引くのである。

季節性によるサヤ取り

商品トレードのよくある手法に、コンピューターで統計を駆使したり、それよりは多少簡単にMRCIなどのサービスを利用したりする季節性のサヤ取りがある。このサービスは、勝率の高い（もちろん保証はしないが）サヤ取りを何十年にもわたって提供してきた。彼らのコンピュータープログラムは、さまざまなサヤを検索して（商品内でも異種商品間でも）、過去に繰り返し利益が出たチャンスを探してくれるのである。

第8章　先物のサヤ取り

表2　過去15年間で14年間はうまくいった季節性のサヤ取りの一例

季節性の戦略	仕掛け日	手仕舞い日	勝率	勝った年	負けた年	合計（年）	平均利益
大豆粕5月限の買い 大豆粕12月限の売り	2/1	3/1	93%	14	1	15	555ドル

　次の例は、MRCIのサービスが提案したサヤ取りで、大豆粕先物の5月限を買って、12月限を売ると、過去15年で14年は利益が出たとしている（**表2**）。もちろん、このパターンが将来も続くという保証はないが、勝算はあるように見える。

　ただ、この情報には説得力があるが、これがすべてではないということは覚えておく必要がある。ここでは仕掛けと手仕舞いの日付とその間の利益が明確に示されているが、仕掛けから手仕舞いの間に何が起こったかは分からない。幸い、MRCIには過去15年間のトレードの詳細を表示する機能があるが（**表3**）、季節性のサヤ取りを扱う会社のなかには、透明性が高くないところもある。今回の例をさらに調べてみると、負けた年はドローダウンがわずか1800ドルだったことや、含み損は最高2000ドルだったことなどが分かる。最終的に利益が出た年でも、利益が出る前にある程度のドローダウンはあった。ここでの教訓は、やりたいサヤ取りの過去の状況をしっかりと調べるということである。過去には非常に高い利益を上げ、勝率も高そうに見えた季節性のサヤ取りが、仕掛けと手仕舞いの間に相当なドローダウンに陥っていたというケースも私は知っている。それでも、季節性のサヤ取りの魅力的な勝率は、リスクイクスポージャーを比較的抑えてマーケットに参入する優れた方法ではある。

247

第２部　商品先物のトレード戦略を立てる

表３　MRCIが試算した季節性のサヤ取りの年間損益。トレーダーはドロ
　　　ーダウンの可能性（この場合は４年利益が出たあとの１年）がある
　　　ことを知ったうえでトレードする必要がある

年	仕掛け日	仕掛け価格	手仕舞い日	手仕舞い価格	利益	1枚当たり利益	最大含み益の日	最大含み益	最大含み損の日	最大含み損
2015	02/02/15	10.70	02/27/15	14.50	3.80	380.00	02/24/15	390.00	02/09/15	-230.00
2014	02/03/14	71.10	02/28/14	93.30	22.20	2220.00	02/28/14	2220.00		
2013	02/01/13	54.90	03/01/13	75.50	20.60	2060.00	02/21/13	2630.00	02/12/13	-10.00
2012	02/01/12	4.90	03/01/12	11.30	6.40	640.00	03/01/12	640.00	02/09/12	-580.00
2011	02/01/11	34.60	03/01/11	16.90	-17.70	-1770.00			02/28/11	-1990.00
2010	02/01/10	9.10	03/01/10	9.60	0.50	50.00	02/22/10	1090.00	02/03/10	-40.00
2009	02/02/09	21.50	02/27/09	24.50	3.00	300.00	02/12/09	1390.00	02/20/09	-300.00
2008	02/01/08	20.50	03/01/08	44.20	23.70	2370.00	03/01/08	2370.00	02/21/08	-50.00
2007	02/01/07	-12.10	03/01/07	-11.70	0.40	40.00	02/14/07	220.00	02/28/07	-80.00
2006	02/01/06	-7.50	03/01/06	-7.10	0.40	40.00	02/17/06	370.00	02/02/06	-30.00
2005	02/01/05	-8.90	03/01/05	-4.60	4.30	430.00	02/28/05	520.00	02/02/05	-110.00
2004	02/02/04	57.40	03/01/04	65.30	7.90	790.00	02/20/04	1660.00	02/13/04	-240.00
2003	02/03/03	14.00	02/28/03	20.60	6.60	660.00	02/26/03	850.00	02/07/03	-220.00
2002	02/01/02	0.60	03/01/02	1.50	0.90	90.00	02/28/02	90.00	02/19/02	-140.00
2001	02/01/01	2.40	03/01/01	2.60	0.20	20.00	02/09/01	230.00	02/14/01	-0.00
勝率（%）		93					損切り			(721)
勝ちトレードの平均利益					7.21	720.71		勝った年		14
負けトレードの平均損失					-17.70	-1770.00		負けた年		1
1トレード当たりの平均純利益					5.55	554.67		合計年数		15

248

第9章 オプションのトレード戦略

Options Trading Strategies

　オプションのトレードは、先物やそれ以外のマーケットと同様に、取引コストを除けば基本的にゼロサムゲームである。買い手ごとに売り手がいるため、勝った人がいれば必ず負けた人がいる。オプションでは、当然ながら買い手と売り手は正反対の期待とリスク・リワードのプロファイルを持って仕掛けている。オプションの買い手は、オプションに内在する権利にお金を支払い、売り手はその権利を売っている。オプションの基本を復習したければ、第1章「商品市場のおさらい」を読み返してほしい。ここで最も重要なのは、オプションの買い手のリスクは支払ったプレミアムに限定されるが、売り手は理論的には無限のリスクがあるということである。逆に言えば、オプションの買い手には無限の潜在利益があるが、売り手の潜在利益は受け取ったプレミアムだけしかない。

　これから、オプションの買い手と売り手について、メリットとデメリットを見ていくが、その前にオプション戦略には多少のグレーゾーンがあるということを書いておきたい。オプショントレードを始めたばかりの人の多くは、単純にコールやプットを買ったり、売ったりしている。しかし、両方の良いとこ取りであるオプションのスプレッドトレードを知れば、大いにメリットがある。

　オプションスプレッドの定義は、特定の目的のために2つ以上の異

249

なる種類のオプションや行使価格を組み合わせることである。オプションには無限の可能性があるため、ここは意図的に広く定義してある。例えば、オプションスプレッドでは同じ行使価格のコールとプットの両方を買う場合や、コールを1枚買って行使価格の異なるもう1枚を売ることもある。さらには、コールを買ってプットを売るか、それ以外にも思いつくかぎりの組み合わせがある。ここで、そのすべてを紹介するつもりはないが、さらに知りたければ、拙著『コモディティ・オプションズ（Commodity Options）』を読んでみてほしい。

オプションの買い戦略

> オプションの売り手は、オプションの買い手とは正反対の意図を持っている。そして、両者の損益の想定も正反対になっている。

オプションを買うことや、オプションスプレッドを買うことは、オプションの買い戦略の一種である。つまり、もし特定の戦略で、コールやプットをアウトライトで買ったり、スプレッドを買ったりして、その価格が売ったオプションのプレミアムよりも高ければ、それは通常、オプションの買い戦略と呼ばれる。また、この業界ではオプションやスプレッドで、受け取ったプレミアムよりも支払ったプレミアムが多い状態を「ネットデビット」、支払った額よりもプレミアムを受け取った額が多ければ「ネットクレジット」と呼ぶ。

オプションの買い戦略のもう1つの特徴は、リスクを限定できることである。しかし、プレミアムがネットデビットなのに、ネイキッドオプションやアンカバードオプションの売りを最低1つ入れることで、理論的に無限のリスクがあるスプレッドになることもある。その場合、もしプレミアムがネットデビット（コストがかかっている）であっても、それはオプションの売り戦略の一種とみなされる。つまり、同じ

タイプ（コールかプット）のオプションの買いを同じ比率で組み合わせた戦略は、一般的にはリスクが限定される。しかし、特定のタイプのオプションで売りのほうが買いよりも多いオプションスプレッドは、無限のリスクがあり、リスクイクスポージャーを考えればオプションの売り戦略とみなされるということだ。また、オプションの買いでヘッジされていないオプションの売りは、ネイキッドと呼ばれているが、これはイン・ザ・マネーになると無限のリスクイクスポージャーにさらされることになる。

　例えば、よく使われているオプションスプレッドの買い戦略にバーティカルスプレッドがある。これは、スプレッドの買い手が現在の先物市場に近い行使価格のオプションを買い、同じタイプのオプションを現在の価格と離れた行使価格で売るという戦略である。オプションの行使価格は市場に近いほうが望ましいため（元が取れる可能性が高い）、行使価格が遠いものよりもプレミアムが高くなっている。そのため、プレミアムはネットデビットになっており、売りと買いが1対1なので、リスクは限定されている。しかし、もし同じトレーダーがコールオプションを1枚買って、同じコールオプションを2枚売れば、理論的には無限のリスクがある売り戦略と言える。

　基本的な用語が分かったところで、オプションの買い戦略や売り戦略を使ってできることを見ていこう。多くのトレーダーが、買いか売りのどちらかは試しても、両方は使っていない。しかし、私はそれぞれに使い道があると思っている。

オプションの買いのメリット

　新人トレーダーは、リスクが限定されている安心感から、オプションの買いに集まる。予想

> 買い手にとって、オプションは劣化していく資産だが、売り手にとっては減少していく負債である。

がどれほど間違っていても、タイミングがどれほど悪くても、最大損失が買ったオプションやオプションスプレッドのプレミアムだと前もって分かっているのは良いものだ。しかも、コールやプットにプレミアムを支払ったことで、行使価格で先物を買ったり売ったりする選択肢がある。前述のとおり、先物取引には理論的に無限の潜在利益がある。つまり、オプションの買い手は、買ったオプションの無限の可能性を夢見て、夜は安眠できる。ただし、オプションスプレッドにはオプションの買いの潜在利益をオプションの売りが限定しているケースもある。いずれにしても、これは悲惨な勝率でないかぎり、安心して使える戦略ではある。

オプションの買いのデメリット

> オプションを買って、価値が減っていくのをただ見ているしかないときは、売り手は逆の経験をしている。

　結局、オプションは負けるために買うものだ。そして、特定の価格で売る人がいなければ、買うことはできない。通常、オプションを売る人は、十分調べて元が取れる価格を付けている。そうなると、買い手の見通しはあまりよくない。しかも、オプションは劣化する資産である。リスクが限定されるという安心感と無限の潜在利益が期待できても、オプションを買うことは、よほどタイミングが良いか、単純に幸運でもないかぎり、あまり魅力がない。私はよく、オプションを買うことを車を買うことに例えている。車は、走行距離が増えてくると、急速に価値が下がり、いずれゼロになる。しかし、オプションの場合はその過程が全体的に速い。オプションの場合は、マーケットが静かなときは劣化が比較的ゆっくりと進む。1分ごとに保有する価値が少しずつ減っていくのだ。しかし、ボラティリティが高いマーケットでは、オプションの劣化もそのあとのプレミアムの値下

図46　オプショントレードで利益を上げるためには完璧なタイミングと正確な方向の見極めが欠かせない。オプションの買い手はリスクが限定されているものの、勝率も高くはない

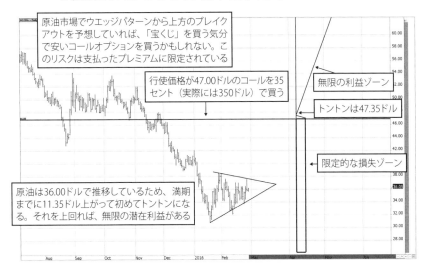

がりも激しいものがある。

　例えば、本書を執筆時点で、原油は歴史的安値である30ドル台半ばで推移している。すると、このめったにない安値のなかで、当然多くの人は底値を探るが、実はこのようなときはディープ・アウト・オブ・ザ・マネーのコールを買うのが最も安い。この時点では、行使価格が47ドルで約30日後に満期のコールを350ドルで買うことができた（**図46**）。ところが、このオプションの価格は1週間もたたないうちに、50ドルに下がってしまった。原油先物が何ドルか下がったからだ。この例のように、プレミアムがほんの数日で約85％下がってしまったため、リスクが限定的なのに簡単に大きな損失につながる可能性はある。その一方で、300ドルで買ったオプションが、2000〜3000ドルに跳ね上がることもある。このような結果になるのはまれだが、良い話のタネにはなる。実際、オプションの買い手がマーケットの方向を正確に予想

253

したのに、損失に終わったということはよくある。これは、オプションの買いの場合、満期時に原資産の先物価格がオプションのコスト以上に行使価格を超えていなければ利益が出ないからである。マーケットが正しい方向に動くだけでも、先物価格が行使価格に達するだけでも十分ではない。オプションの買いが難しいことは分かってもらえたと思う。

　ここでは話を簡単にするため、満期時の結果のみを書いているが、満期までの期間を含めれば、オプションの損益見通しは、はるかに複雑になるということを覚えておいてほしい。これは、オプションの価値が、予想不能なマーケットの意見や感情やボラティリティと、時間的価値で構成されているからである。もし何らかの動きがあってオプション価格が変わっても、理由は推測することしかできないのである。

　ちなみに、オプションの買いの質を改善して、原資産の先物価格が行使価格に達しなくても利益が出るようにすることはできる。ただ、そうなるためには、先物価格があなたのトレードの方向に大きく動いて、ボラティリティも高くなる必要がある。これはあまりないことだが、もしそうなっても、あまり欲を出してはいけない。早めに利食って撤退してほしい。

オプションの買いの好機

　トレーダーのなかには、オプションを買うことしかしない人もいるが、それを利益につなげている人は少ないと思う。これは商品市場では極めて難しいことだと思う。ただ、オプションを買うべきではないと言っているわけではない。先の原油のコールオプションが劣化した例は計画どおりにはいかなかったが、ボラティリティが高い原油市場ではおそらく最善策だったと思う。ヘッジなしで先物をトレードすれば、証拠金が約5000ドルかかり、日々の残高の変動は1枚当たり800〜

2000ドルになる。結果はともあれ、350ドルのコールオプションは、1カ月間、上方の守りになったため、悪い買い物ではなかった。

私は、このような安いオプションを買う戦略を、宝くじプレーと呼んでいる。地元のコンビニで州発行の宝くじを買うように、安いカウンタートレンドのオプションを買うと、小さい限定的なリスクで大きな利益チャンスが広がる。また、大金が儲かる確率は低いところも宝くじに似ているが、それでも、ディープ・アウト・オブ・ザ・マネーのオプションの買い手は、宝くじを買う人よりもはるかに運命を支配できるし、勝率も若干高いと思う。

オプションの買いをポートフォリオや商品先物トレードの保険に使う

もしかしたら、オプションの買いの最高の使い方は投機ではなく、ヘッジかもしれない。長期の株のポートフォリオの保険として、EミニS&P500のプットを買うにしても、EミニS&P500先物をデイトレードするときのヘッジとして買うとしても、オプションの買いは価値あるツールとなってくれる。ただ、当然ながら保険はただではない。もし株のポートフォリオを守るためにEミニS&P500のプットを買うならば、お金がかかる。さらに、車や家の保険と同様に、その元が取れる可能性はあまり高くない。しかし、またフラッシュクラッシュや金融危機が起こった場合には、持っておくと役に立つ。

私は、商品市場のデイトレードにおいて、短期間の「安い」オプションは非常に役に立つと思っている。1週間で満期を迎えるオプションや、満期が近い1カ月のオプションを、先物ポジションの保険として買うのである。このことは、第16章で詳しく書くが、触りと

> オプションはボラティリティが低くて、プレミアムが安くて、だれも見ていないときに買え。

第2部　商品先物のトレード戦略を立てる

して例を挙げておこう。オプションの満期の前日に、若干アウト・オブ・ザ・マネーのＥミニＳ＆Ｐ500のオプションは約6.00ポイントなので価格は約300ドル（6.00×50ドル）程度になる。これは、無限の潜在利益がある先物を仕掛けて、間違った場合に備える比較的安い保険として使えるチャンスである。同様に、プットとコールを買って、買いと売りの先物ポジションを守ることもできる。

　ちなみに、ヘッジ目的に加えて、先のような満期が近いオプションでも素晴らしい短期のオプショントレードができる。繰り返しになるが、このようなトレードは宝くじと同じようなものだと考えるべきだが、時にマーケットは満期日に大きく動くことがあり、正しく売買すれば少額の賭けが大きな儲けにつながることもある。

短期のオプション戦略

ホームランはみんなの注目を集めるが、試合を勝利に導くのはヒットの積み重ねである。トレードの世界でプレミアムを集めるのはヒットを重ねるようなことと同じである。

　通常、オプションの売り戦略は、コールやプットのアウトライトの売りのことだが、スプレッドの売りで受け取るプレミアムのほうが買いで支払ったプレミアムよりも多いケースを指すこともある。つまり、ネットクレジットということだ。オプションの売り戦略は、ほとんどが理論的に無限のリスクがあり、有限リスクの売り戦略（例えば、バーティカルクレジットスプレッド）でも、普通はリワードをはるかに上回るリスクがある。バーティカルクレジットスプレッドは、オプションの売り手が同時にオプションを買ってリスクを限定するだけのことである。そして、保険として買ったオプションは無駄になることが多い。

　要するに、オプションの売り手、つまりプレミアムを受け取る人た

256

ちは、時間的価値が劣化すると同時に、原資産の先物の価格が有利な方向に動いてオプションの価値がなくなることを期待している。株のトレードや先物やそれ以外の資産でもそうだが、オプショントレードも目的は安く買って高く売ることである。しかし、オプションの売り手はその逆をしている。彼らは、価格が高いと思うオプションを売り、それを安く買い戻すか、場合によっては価値を失って満期を迎えることを期待しているのである。

オプションの売りのメリット

オプションを売るメリットは１つしかなく、それは勝率が非常に高いことである。私はこのことだけでも、ほかのほとんどの戦略よりもこの戦略を使いたい理由になると思っている。もちろん、これで儲けることはまったく楽ではないし、楽に儲かるものではまったくないし、予期しない頭痛の種になることも分かっている。つまり、気弱な人や、トレード資金が少ない人には向いていない。

オプションの売り戦略には、いくつかの特徴があり、それによって利益率の高いトレードの１つになっている。まず、CME（シカゴ・マーカンタイル取引所）が主導した研究によれば、オプションの60～80％は満期までに価値がなくなるということが分かっており、このことはほかの研究でも確認されている。これは、オプションの売りの勝率がかなり高いということを意味している。ただ、この前提には、大きな欠陥があり、それについてはこのあと説明する。いずれにしても、これは合理的な前提である。

> 傲慢なトレーダーは、オプションを売るのがうまくない。いつも「大物」ばかり狙っているからだ。

オプションの売り戦略の勝率を上げるもう１つの側面が、間違いが許される余地が大きいことである。マーケットが期間内に事前に決め

第2部　商品先物のトレード戦略を立てる

> オプションの売りは、ほかのどの売買戦略よりも勝率が高い。

ただけ望む方向に動かなければ、利益が出ないオプションの買い手と違い、オプションの売り手は大きく間違ってさえなければよい。オプションの売り手は、マーケットの方向性について正しくても間違っていても、利益を上げることは可能である。つまり、間違っていても儲けることができる。私はこれほど間違いが許される余地がある戦略をほかに知らない。もちろん、何事もただでは手に入らない。もしオプションの売り手が10回中9回儲かるとしても、残りの1回でトレード口座が相当なダメージを受ける可能性はある。これは、オプションの売り手が大きく間違ったときは大きな損失を被るからで、そのような状況が頂点に達すると、過酷なボラティリティがオプションの価格に破壊的なダメージを及ぼすことになる。

図47は、天然ガスの価格が急落したあとに、行使価格が1.50ドルのプットオプションを売った場合である。このとき受け取ったプレミアムは400ドルで（コスト差し引き前）で、これがこのトレードの最大利益となる。つまり、どれほどタイミング良く仕掛けても、仕掛けたあとにマーケットがどれほど動いても、売り手には400ドルしか入らない。この戦略の魅力は、天然ガスの価格が満期までにあと0.30ドル下げなければ、負けトレードにはならないことにある。簡単に言えば、天然ガスの価格を約17%見誤っても、利益を上げることができるのである。

もしオプションの売りの特徴が保険会社と似ていると感じたならば、

> オプションの買い手は見通しが正しくても損することがある。オプションの売り手は見通しが間違っていても利益が出ることがある。

それは正しい。保険会社も、商品オプションの売り手と同じような前提で運営しているからだ。どちらもプレミアムを得る代わりに、特定の出来事が起こったときのための保険またはオプションを提供している。もしその出来事

図47　オプションの売り手は買い手とは逆の図式を見ている。売り手は勝率が高い代わりに、無限のリスクを負っている

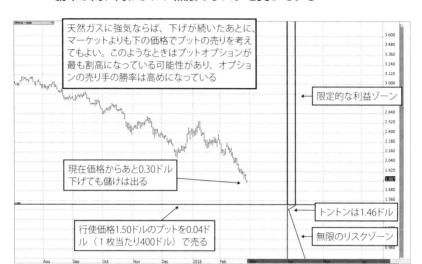

が起こらなければ、売り手はプレミアムが全額手に入る。いずれにしても、オプションや保険の売り手は、場合によっては高額な請求に応じなければならないことを理解している。

オプションの売りのデメリット

オプションの売りのもどかしいところは、潜在利益が限定されていることである。比較的まれなケースとして、完璧な価格予想とタイミングが実現したとしても、利益は受け取ったプレミアム以上にはならない。仮に、マーケットの底に合わせてプットオプションを600ドルで売り、そこから前代未聞の上昇劇が起こったとしたら、同じ見通しを持っていても先物トレーダーやコールを買った人は何千ドルもの利益を上げたかもしれないが、オプションの売り手には最大でプレミアム

しか入らないのだ。この利益の上限という機会利益の喪失は、勝率が高いことと、間違いが許される余地が大きいことの代償なのである。そして、この小さな代償を支払うことになるケースはしばしばある。

　もちろん、オプションの売りで最も重要なことは、理論的に無限のリスクがあることだ。オプションの売り手は、自分の分析とそれに基づくトレードが大きく間違っていたことに気づいた途端に損失を被る可能性もある。あまりないことだが、私も金曜日の午後に大引けで約500ドルのオプションを売ったあと、週末に予想外の出来事が起こり、月曜の朝にはそれが2000～3000ドルになっていたことがあった。オプションを売ると、このようにプレミアムが高騰したときは破壊的な打撃を受け、それを回復するまでにはかなりの時間を要することもある。それに、予期しない出来事が起こるのは週末に限ったことではない。週の半ばにエネルギーの在庫報告書やFOMC（連邦公開市場委員会）の内容、米農務省の報告書などがマーケットを揺さぶることもある。オプションの売り戦略に関心がある人は、このような予想も予防もできない災難がときどき起こることを理解しておく必要がある。

　新人トレーダーは、オプションが特定の価格になると損失が一定額を超えるから手仕舞う、というようなことをよく言う。もちろん、そのような計画を立てることは良いことだが、オプションを売った場合、マーケットの動きが速いとオプションの価値も素早く変わり、事前に決めた価格で手仕舞うのが不可能になることもある。そのうえ、商品取引のオプションは損切り注文を置くこともできない。それをしても執行価格が大幅にずれこむため、取引所が許可しないからだ。前にも書いたとおり、損切り注文は指定した価格に達すると成り行き注文になる。ただ、流動性が高くないオプションの場合、ビッド・アスク・スプレッドが大きく広がって、誤って損切りに引っかかってしまい、不必要に大きな損失につながる可能性がある。例えば、オーバーナイトでマーケットメーカーがいない時間帯や、日中にボラティリティが高

まったときや、イベントリスクを警戒してマーケットメーカーがビッドやアスクを抑制したときは、最高の気配値が小口トレーダーの注文になってしまうこともある。マーケットメーカーが追加的な流動性を提供してくれなければ、ビッド・アスク・スプレッドは、あるトレーダーの言葉を借りれば「間をトラックが通れるほど広くなる」。

　天然ガスのプットオプションを、理論的な価値である40ティック（400ドル）で売った人がいるとする。平時のマーケットならば、マーケットメーカーがビッドが39、アスクが41くらいで提示するオプションだ。しかし、もしマーケットメーカーがこれを取り下げると、気配値はほかのトレーダーが出している指値注文だけになるが、このようなときは、それに近い行使価格の注文を出している小口トレーダーもあまり多くはないかもしれない。そうなると、次に近いのが400ドル（40ティック）のオプションを1万ドル（1000ティック）で売るGTC注文（キャンセルするまで有効な注文）などということもある。もちろん、1000ティックなどというのは突飛な価格だが、この注文を出した人は、商品取引のオプションに宝くじ的な幻想を抱いているのかもしれない。もし取引所がオプションの損切り注文を受け付ければ、それが自動的に処理されると、たまたま最も近い注文が1000ティックならば、それが執行されることになるからだ。しかし、このような形でCMEが資金（約9600ドル）をオプションの売り手から買い手に移してしまうのは望ましいことではないため、取引所はオプションの損切り注文を受けていないのである。

> 「１回決めたら、それについてはもう考えない」——マイケル・ジョーダン

　オプションを売る人の多くは、先物価格が行使価格を超えてイン・ザ・マネーにならないかぎり、利益が出ると思っている。これは、満期日に先物価格が行使価格を超えていなければ、そのオプションは価値がなくなって売り手はプレミアムが儲けになるからである。しかし、

第2部　商品先物のトレード戦略を立てる

これはかなり単純な想定で、満期前に起こることやオプション価格を構成する要素（ボラティリティや需要やトレーダーのセンチメントの評価）を考慮していない。オプションを売ったあとに、マーケットが行使価格に近づくかどうかと関係なく、オプション価格が高騰することは十分にある。実際、売ったオプションが結局、イン・ザ・マネーにならなかったのに、大きな損失で終わるというケースはよくある。

　オプションは、原資産の先物価格が1ティック上昇するだけで大きな含み損が出る。例えば、2015年8月にEミニS&P500が12％も調整したときは、行使価格が1500〜1600のオプションのプレミアムが4.00ドル近辺（1枚当たり約200ドル）から60.00ドル（3000ドル）に跳ね上がった。価格が高騰する前のEミニ先物は2050近辺にあり、450ポイントもアウト・オブ・ザ・マネーの1600のプットを売れば、ほぼ確実に利益が出るように見えた。しかし、それからほんの数日で、この超高勝率に見えたトレードが、1枚当たり2500ドルの損失に陥ったのだ。この例では、EミニS&P500が1600よりもはるかに高い1825で安値を付けたからだ。それでも、このオプションをこのタイミングで売った人は、大きな損失に見舞われた。皮肉なことに、それから数日でS&P500は以前の水準に戻り、オプションの価値も回復した。もしこのオプションを満期まで保有していれば、このトレードは最大の潜在利益を享受できたかもしれないが、ほとんどの人は、パニックや心配でそれまでの信念が揺らいで弱気になり、痛みが極限に達するか証拠金が足りなくなって、このポジションを手放してしまったのだと思う。

オプションの売りが最も適しているケース

オプションの売り手はマーケットがどこに行くかではなく、どこに行かないかを気にしている。

　皮肉なことに、オプションの売りは最もふさわしくなさそうなときが最も適している。例えば、オ

プションの価格はボラティリティが高いときや、マーケットが動きそうな発表がある前は高くなる傾向がある。オプショントレーダーは、イベントリスクやマーケットのボラティリティが高いときに、オプションの価値を高く見積もるからである。オプションの需要が高まって価格が上がるだけでなく、オプションがイン・ザ・マネーになる確率が高くなると多くの人が考えるからである。そのため、このようなときはオプションの価格が上がりすぎる傾向がある。オプションの売りもほかの仕事と同じで、価格が高いときは売り、安いときは買うことを目指している。ボラティリティが低いときに安いオプションを売るのは、小売店が安売りの棚のものを売るようなことで、たいていはあまり儲からない。一方、高いプレミアムを受け取れば、トントンの価格が有利に動いて潜在利益が増える。

インプライドボラティリティとタイミングを知っておく

オプションの売りに関しては、ボラティリティの意味と売りのタイミングについて語らないわけにはいかない。オプションの売りに関する出版物や本や講習会のほとんどが、ボラティリティが高いときには売り、低いときには買うという概念に軽く触れるだけで、それをしない場合の深刻な結果については教えていない。

オプションの売り戦略を始めてすぐのころは、ディープ・アウト・オブ・ザ・マネーの行使価格に達する可能性は低いと思いがちなので、タイミングなど気にしていない。しかし、その間違いが新人のオプションの売り手を感情的に追い込むことになる。前にも書いたとおり、トレードの単純な目的は先物でもオプションでも、安く買って高く売ることである。ボラティリティが低いときにオプションを割安で売ることは反対方向に一歩踏み出すのと同じことで、それをするとオプションの価値が急騰して苦しむことになる。このような苦境に陥った場合、

> ボラティリティが高いときはオプショ
> ンの買い戦略のほうが元が取れると考
> える人もいるが、私はそうは思わない。
> 先物市場のオプションの買い手は、仕
> 掛けのコストを取り返してからのみ利
> 益に転じることができるからだ。オプ
> ションに支払う価格が高ければ、利益
> を上げるためのハードルは高くなる。

トレーダーにできることは2つある。もし行使価格には達しないと確信しているならば、ポジションを保有し続ければよいし、痛みを止めたければオプションを買い戻せばよい。ほとんどの場合、トレーダーは後者を選んで後悔する。ディープ・アウト・オブ・ザ・マネーのオプションは、価値が大きく上昇する可能性があっても、ほとんどの場合は価値がなくなって満期を迎えるからだ。

Ｅミニ S&P500 のプットを売る例から分かるとおり、オプションの売りの問題は、仕掛けてから価値がなくなって満期を迎えるまでの間に価値が激しく変動すると、資金不足の人や準備不足の人は強制的に大きな損失を被ることである。

オプションの売り手として生き延びるためには、インプライドボラティリティを監視し、それに合わせてトレード戦略を調整することが欠かせない。インプライドボラティリティが歴史的に低くなっているときにオプションを売れば、いずれ後悔することになる。トレーダーは、売ろうとしているオプションの過去と現在のインプライドボラティリティを知っておく必要があるのだ。もしインプライドボラティリティが低ければ、そのトレードは見送るか、最低の枚数で小さく仕掛けるか、何らかのオプションの買いでヘッジするべきだろう。その一方で、もしインプライドボラティリティが歴史的に高いレベルにあれば、きっとそれは高勝率のトレードチャンスなので、十分な証拠金と勇気がある人は、もう少し積極的にオプションを売ってみるタイミングなのかもしれない。

第9章　オプションのトレード戦略

質と量

すべてのオプションの売り手はある時点で、質の高いオプションを高いプレミアムで売るか、質が低くて行使価格がマーケットから遠いオプションを安いプレミアムで売るかを決めなければならない。オプションの売り手のなかには、アット・ザ・マネーかそれに近い行使価格のオプションを売って1枚当たり何千ドルかを手に入れる人もいれば、行使価格がかなり遠いプレミアムを安ければ1枚当たり50ドルで売っている人もいる。もちろん、質の低いオプションを安いプレミアムで売ることを価値ある戦略にするためには、複数のポジションを組み合わせることになるが、そこで問題が起こる。

オプションの売り手がよく犯す間違いが特定のマーケットに集中することで、それが大量の売りだとさらに問題がある。一見、宝くじ的な確率でしか行使されないディープ・アウト・オブ・ザ・マネーのオプションを売るのは良いことのように思えるが、やりすぎたり、この戦略を継続するための十分な資金がなかったりする人には急に裏目に出たりすることがある。これまでもはっきり書いてきたとおり、オプションを売る人は基本的に商品価格がオプションの行使価格を超えないことに賭けている。しかし、オプションの売りのみを行う戦略は、ボラティリティが高まると耐えきれない含み損が続くこともあり、マーケットがオプションと逆行していればなおさらだ。

オプション市場が混沌としているときは、ディープ・アウト・オブ・ザ・マネーのオプションにとっては混乱の前兆かもしれない。そのため、このようなオプションをたくさん売っている人は、証拠金に十分余裕を持っておかないと、トレード口座が簡単に破綻してしまうかもしれない。例えば、正気とは思えない行使価格の原油のオプションを最低額で売る戦略を執行している人たちを私も知っている。彼らは、行使価格に達する可能性は極めて低いから、ただで儲かるような話だと

265

第2部　商品先物のトレード戦略を立てる

思っているが、何人かはその恩恵を受ける前に消えていった。

　2016年1月の時点で、原油価格が6月までに1バレル当たり10ドルになることなど「あり得ない」と思っているトレーダーを想像してほしい。彼は、行使価格が10ドルで6月限のプットオプションを10ドルで売ろうとする（プレミアムは1セント）。証拠金は非常に安く、トレード口座に2000〜3000ドルも入っていれば、理論的には100枚でも売ることができる。もし満期まで保有して原油が10ドルを上回っていれば、トレーダーには1000ドル（取引コスト差し引き前）が手に入るのだ。

　仮に、オプションプレミアムの最低単位が10ドルとすると、満期までにオプションを買い戻すことができる最低額は20ドルなので、1000ドルの損失が出る。つまり、最良のシナリオでも手放してしまえばこの損失が出るため、利益を出す唯一の方法は、満期まで保有することである。これはそれほど悪いことではないが、ほとんどの人はトレードの先を見通すことができない。実は、このようなほとんど価値のないオプションは、原油価格がある1日の取引時間内に2.00ドル下げるだけでも、10ドルから50ドルや100ドルに跳ね上がることがあるのだ。実際、1月13日にそれが起こった。6月限の10ドルのプットを100枚売った人は、比較的「普通」のマーケットなのに、瞬時に4000ドルのドローダウンに見舞われたのだ。言い換えれば、マーケットが暴落しなくても、何日か緩やかに下げるだけで、このような損失を被ることがあるということは知っておいてほしい。

　ほぼ価値のないプットオプションを、歴史的に激しい動きを見せるマーケット（原油はその極端な例）で100枚売るというのは、口座の残高が10万ドルに満たない人の場合、非常に無責任な行為だと思う。このような戦略を用いる人をよく見かけるが、それがうまくいくことはほとんどない。ちなみに、ここでの問題はトレード自体ではなく、その枚数である。

　もしプレミアムで1000ドル稼ぎたいのであれば、プレミアムが200〜

266

図48 インプライドボラティリティはアウト・ザ・マネーのオプションの価格には最低限しか組み込まれていないため、行使価格がマーケットから離れると、爆発的に高くなる傾向がある。これがボラティリティスマイルと呼ばれている現象である（横軸がオプションの行使価格、縦軸がインプライドボラティリティ）

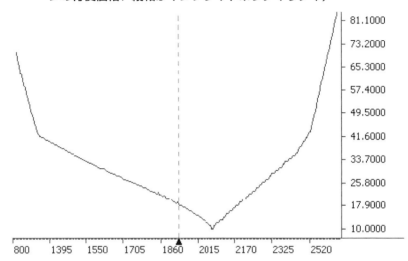

500ドルのものを探すほうがよい。そうすれば、2～5枚でプレミアムの目標額に達する。もちろん、このほうが行使価格は近くなるが、極端に安いオプションのように爆発的にプレミアムが変動することはない。考えてもみてほしい。少額の資金で投機する場合、どちらのオプションを選ぶだろうか。おそらく安いほうだろう。その代わり、行使価格は非理論的な価格になっている。このようなオプションを売れば、残念な教訓を得ることになる。もしボラティリティが価格をそこまで動かしたり、そう期待されたりするだけでも、そのディープ・アウト・オブ・ザ・マネーのオプションは価値が膨れ上がる。この概念は、ボラティリティスマイルと呼ばれており、名前の由来はアウト・オブ・ザ・マネー・オプションとイン・ザ・マネー・オプションのインプライドボラティリティの差を視覚的に示した図からきている（**図48**）。

第2部　商品先物のトレード戦略を立てる

すべてのブローカーがオプションの売りを扱っているわけではない

　オプションを売りたい新人トレーダーは、それが可能なブローカーを見つけるのが難しいことに驚く。オプションの売りは、商品ブローカー業界にとって議論の余地がある戦略で、禁止しているブローカーも多くある。許容しているところでも、制約がある場合が多い。例えば、大手ブローカーのなかには、オプションを売ることができるマーケットを限定したり、限月まで制限したりするところもある。さらには、取引所の規定よりも証拠金を高く設定したり、枚数を制限したり、それ以外の独自の条件を課したりするところもある。

　オプションの売り戦略は、長期的に見れば成功する見通しが非常に高いにもかかわらず、ブローカーのサービスは限定されている。ただ、私がブローカーとして働いているデカーリー・トレーディングでは、オプションの売りについて最大限の環境を提供している。私たちはオプションの売りを制限しないだけでなく、豊富な経験に基づいて、追証管理、効率的な調整などといった周辺サービスも提供している。同様のサービスを提供しているブローカーはほかにもあると思うが、数はかなり少ないということは知っておくとよい。もしオプションの売りで公正な成功のチャンスを望むならば、あなたの側に立つブローカーを探す必要がある。ただ、ブローカーと最高の関係が築けたとしても、オプションの売りは簡単なことではなく、リスクがかなり高くなることもある。多くのブローカーがこのサービスを提供しないのには理由があるのだ。

268

多くの先物ブローカーがオプションの売りを制限したり、禁止する理由

　ほとんどのブローカーが懸念しているのは、オプションの売り手が無限のリスクに直面していることではない。もしそれだけの問題ならば、先物トレードも禁止するはずだ（先物も理論的には無限のリスクにさらされる）。ブローカーが不安視しているのは、ボラティリティが高い時期のオプション市場の流動性なのである。オプション市場の流動性は原資産の先物市場と比べてはるかに低いため、ポジションの価値やトレード口座の残高が十分かどうかを正確に評価するのが難しいのだ。しかも、マーケットが極端な状況にあるときは、オプションの価格が非合理的な価格に跳ね上がるし、ビッド・アスク・スプレッドも拡大するため、オプションの売り手もそのブローカーも大きな危険にさらされることになる。

　ちなみに、ブローカーのリスクマネジャーは、先物トレードならば顧客が残高以上の損失を出す危険があると思えば、強制的に清算する必要があるかどうかを簡単に判断できる。先物取引の正確な価格を調べて顧客の残高と比較することができるからだ。ただ、強制的に清算するならば、残高がマイナスになる前にしてくれるとよいのだが、必ずしもそうはならない。

　ただ、オプションの売りの場合は、ブローカーがポジションの理にかなった評価や顧客の本当の残高を判断するための値決めや損失が手に負えなくなる前に、損切り注文を出すことができるかどうかは分からない。ポジションを明確に評価できないことが顧客とブローカーをリスクにさらすだけでなく、オプションのほうが先物よりもブローカーにとってリスク管理の労力と経験を要するからだ。特に、ネイキッドオプションの売りの場合、残高がマイナスになるかどうかのリスクの計算は単純ではない。この計算にはある程度時間がかかるだけでな

く、知識に基づいた推測の余地もたっぷりある。また、先物取引ならばポジションを相殺して証拠金を補充するためには成り行き注文を出せばよいが、オプションの注文は指値で出すため、間違いやスリッページも起こりやすいし、価格も確定しにくい。ビッド・アスク・スプレッドが普段以上に広がっているときはなおさらだ。

　2015年8月にEミニS&P500の先物オプションが低迷したときは、ビッド・アスク・スプレッドが広がり、痛い目に遭った人がいた。このビッド・アスク・スプレッドは平時ならばだいたいのオプションが0.50ポイント（実際は25ドル）程度なのに、先物の下げが4日間続くと10.00ポイント（実際には10×50ドル＝500ドル）に跳ね上がった。この広いビッド・アスク・スプレッドは、何枚かのオプションをトレードしていた人たちにとって大いに迷惑だったが、それでも生き残れる可能性はあった。ただ、非常に多い枚数をトレードしていた人たちの場合は、オプションを買える価格と売れる価格の値幅が執行時の実質的なスリッページとして何万ドルもの損失につながる。流動性が低ければ、12月限の1600ドルを100枚売っていた場合、プットで25ドルだったビッドが35ドルになれば2万5000〜5万ドルの損失を被ることもある。平時ならば、価格が20.25、ビッドが20.00ならば、20.25くらいで執行されるのに、この日は30.00でしか買い戻せないケースもあった。実際、必死でポジションを手仕舞いたい人のなかには、アスクの35.00を払わざるを得ない人もいた。これは痛い。

　ビッド・アスク・スプレッドの負担に加えて、オプション価格もほぼ際限なく急騰した。オプションを大量に売っていた顧客のなかには、何万ドルもの資金が瞬時に消え去るのを目にした人もいた。しかも、スプレッドとオプションプレミアムが爆発的に上昇したことで、オプションを売っている顧客を抱えるブローカーは、先物だけの場合よりも多くのリスク管理の人員が必要となった。その結果、彼らはネイキッドオプションを売るトレーダーに、先物よりも多少高い手数料を課す

ようになったのである。

割引率が高い商品ブローカーは、利ザヤが非常に小さいため、マーケットのボラティリティが極めて高くなったときの困難やリスクを考えると、顧客に自由にオプションを売らせることができない。1トレード当たりの利益が何セン

> 何セントかをケチって何ドルも失ってはならない。オプションを売るときは、協力的な環境を提供してくれる商品ブローカーを選ぶ必要がある。手数料が何セントか安くても、オプションの売りに制限を課されたり、証拠金が多く必要になったり、強制的に損切りされたりすれば、結局は何千ドルもの損失が積み上がることになりかねない。

トかしかないのに、余計な労力がかかり、顧客は預託金以上の損失を出す可能性があれば、厳しい制限を課さずに顧客にオプションを売らせることはできないのである。

もしディスカウントブローカーでオプションの売りができる場合は、問題の兆しがあったらすぐに強引に清算される可能性があるということを覚えておいてほしい。前触れもなく、ブローカーに証拠金の不足を補充する機会も与えられずに、オプションの売りのポジションを清算されたという顧客の話はよく耳にする。実際、ブローカーのなかには、リスクマネジャーが少しでも不安になれば、証拠金が不足していなくても定期的に顧客のオプションの売りのポジションを清算してしまう会社もある。

不要かつ早すぎるポジションの清算は、オプションの売り手にとっては大変なデメリットである。そもそも、この戦略はほとんどのオプションが価値を失って満期を迎えるという前提で行われる。しかし、それが実現する前に買い戻されれば、この戦略は必ず損失で終わる。そこで、オプションを売る前に、ブローカーの方針と彼らがどれだけ「友好的か」を知っておく必要がある。それをするとしないとでは、全体的なトレード結果に大きな差が出ることになるからだ。

大きな損失を避ける確率を上げるためのヒント

オプションの売りは、平均すると勝ちトレードのほうが負けトレードよりも多くなる。つまり、そうなっていない人は、残念ながら平均を大きく下回っていることになる。いずれにしても、含み損を抱えたトレードは、悪化しないように気をつける必要がある。オプションの売りで注意が足りなかったり、注意をしていても間違ったところで間違ったタイミングで仕掛けたりすれば、1回の負けトレードで1年分の利益を失うことにもなりかねない。もどかしいのは、このような動きがほんの短期間（何週間かではなく何日間かで）で起こることである。そこで、オプションの売り戦略のメリットを無効にして資金を流出させる事態を避けるためのヒントをいくつか見ていこう。

方向性が明らかなとき以外はストラングルを売る

オプションを売る場合は、必ずしもマーケットの方向性について考えを持っていなくてもよい。オプションの売り手にとって大事なのは、マーケットがどう動くかではなく、マーケットがどう動かないかである。そこで、マーケットの見通しが中立のときによく使われている売り戦略がある。それが、コールとプットを売るストラングルの売りである。

ストラングルの売りは、プレミアムを増やし、勝率も高くなると言われている手法である。勝率が高いのは、マーケットが特定の方向に行った場合だけでなく、どちらに行っても負けないケースがあるからだ。そのうえ、ストラングルの一方のリスクイクスポージャーは、他方のストラングルのプレミアムで部分的にヘッジされている。

コールとプットの両方を売って得た追加的なプレミアムによって、トントンになるポイントが有利になり、それ以外の条件は変わらなけれ

ば負ける可能性はさらに低くなる。そのため、単独の売りと比べて、原資産の先物市場が一方向に相当動かなければ、問題は起こらない。ストラングルの損益分岐点は次のように算出する。

ストラングルの売りの損益分岐点＝
　　　　（コールのプレミアム＋プットのプレミアム）±行使価格

　追加的なプレミアムは別にして、中立のポジションを構築し、時間的価値が劣化することで利益を上げるストラングルの売りは、すべてのマーケット状況に向いているわけではない。例えば、マーケットが史上最安値の水準で推移しているときならば、トレンドが変わると大きな買いが起こる傾向があるため向いていない。同様に、史上最高値圏にあるときも、やはり向いていない。長い上昇相場が終われば、プットを売ったプレミアムは、マーケットがもっと持続的な価格水準を探るなかで累積する損失と比べるとわずかでしかない。ストラングルを売るのに理想的なマーケットは支持線や抵抗線から離れていて、買われ過ぎや売られ過ぎの状態でもなく、どちらの方向に行く可能性もだいたい同じくらいのときである。そして、さらに大事なことは、かなりのボラティリティがあるときだ。前述のとおり、静かなマーケットでオプションを売れば、間違いなく問題に直面する。

証拠金として使うのは残高の50％以下にする

　オプションの売りの本質はボラティリティのトレードで、もっと具体的に言えば、インプライドボラティリティである。このボラティリティは混乱した人間の感情によって動き、時にオプションの価格を非合理的な水準に動かすこともある。インプライドボラティリティはほんの２〜３日で高騰するが、そのあとオプション市場は行きすぎたこ

273

とに気づくことが多い。簡単に言えば、オプション市場は最悪の価格を付けたあとで、その理由を考えるのである。

　このように、インプライドボラティリティが高騰したり、先物が逆行したりすると、行使価格に達しても達しなくても、オプションの売り手は大きなドローダウンに見舞われる。オプションやボラティリティが突出した動きをするのは素早く一時的なことが多いため、変動を乗り越えていくには多めの証拠金が必要となる。トレード口座の資金をすべて使ってオプションを売ろうとしている人は、ポジションを時期尚早かつ不必要に手仕舞わざるを得なくなるかもしれない。私が出会ったなかで最も成功したオプションの売り手は、売買に使用していた証拠金をトレード口座の残高の50％以下にしていた。つまり、資金の半分だけを使っていたのだ。残りの半分は、オプション価格が一時的に突出した動きをしたときの備えなのである。

インプライドボラティリティが大きく突出するのを待つ

　繰り返しになるが、商品市場のオプショントレードについて書いた本の多くに、ボラティリティが低いときはオプションを買い、高いときは売れなどといった単純なルールが書いてある。残念ながら、トレーダーの多くがこのルールの価値を過小評価している。ボラティリティが高いときにオプションを売れば、ボラティリティが低いときよりもプレミアムが余計に入るか、同じくらいのプレミアムでもボラティリティが低いときよりは行使価格を離すことができる。つまり、先物価格がさらに離れないと負けにはならないため、マーケットが静かなときよりも好ましい結果になる確率が高いのである。

　ボラティリティが高くなるのを待つことの重要性を説明するため、いくつかのユーロ通貨先物のオプションで、2015年12月2日の価格と、そのほんの5日後だが歴史的なボラティリティを記録したあとの12月7

日の価格を比べてみよう。

2015年12月2日、3月限の1.00ドルのプットと1.12ドルのコールのストラングルを、どちらもその時点の価格から約6セント離れた1.06ドルで売って120ティック、または1500ドル（ユーロの1ティックは1枚当たり12.50ドルの価値があるので120×12.50ドル）のネットクレジットになっているとする。当時、欧州中央銀行会議やFOMC（連邦公開市場委員会）を2～3日後に控えてインプライドボラティリティが激しく上昇していたため、オプションを売るにはかなり良い時期だった。12月3日、ユーロは1日で約5セント上昇した。1.0540ドルで新安値を付けたあと、1.1010ドルの高値を付けたのだ。これはユーロの歴史上、1日の上げ幅として2番目に大きい上昇だった。そして、その日の取引終了時にストラングルの売りは価値が少し上がって160ティック（1枚当たり160×12.50ドル＝2000ドル）になったため、ストラングルの売り手は500ドル（40×12.50ドル）程度の含み損を抱えることになった（**図49**）。あとから考えると、このトレードは中央銀行の会議が終わってユーロが大きく変動してから仕掛けるべきだった。それでも、会議の直前にストラングルを売ったトレーダーやニュースになるイベントの直後に売った人は、インプライドボラティリティが突出した動きをした何週間か前にストラングルを売った場合よりもはるかに良い結果になった可能性が高い。

歴史的な動きにオプション市場では、大儲けを期待していたほとんどの買い手が失望したと思われる。しかし、ユーロの歴史的な変動から2～3日たった12月7日に、ストラングルはすでに80ティック（1000ドル）下げていた。この時点で、このトレードは40ティック、1枚当たり500ドル（（120－80）×12.50ドル）の利益が出ていた。これは大きな利益ではないかもしれないが、もっと早くマーケットが静かだったときにストラングルを売って、証拠金か度胸が足りなくなった人と比べれば、間違いなく良いシナリオである。そして、これはトレード

275

図49 ボラティリティではなく、インプライドボラティリティが高いときにオプションを売ると、勝率が驚くほど上がることがある

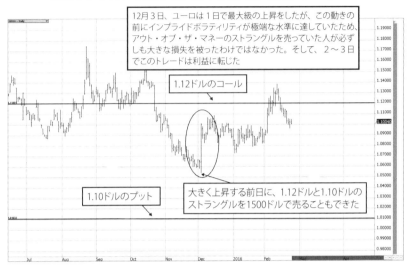

計画やボラティリティの高騰への反応に損益が大きく左右されることや、大きな変動のメリットを享受するまでトレードを続けることの重要性を示す好例と言える。

行使価格が支持線や抵抗線の先にあるオプションを売る

　オプションの売り手は、簡単に言えば原資産の先物市場が行使価格を超えるリスクをとる代わりに、プレミアムを受け取っている。そして、ストラングルの買い手は、先物価格がコールの行使価格を上回るか、プットの行使価格を下回ることに賭けている。ストラングルの売り手はその賭けを受け、満期にイン・ザ・マネーになっていれば「弁済」することになる。そのため、行使価格がそれまでに分かっている支持線や抵抗線を超えているオプションの売りは明らかに有利な戦略

図50　プレミアムに魅力を感じてオプションを売るのは間違い。そうではなく、価格が反転する可能性が高いテクニカルレベルを探して、そのレベルを超えたところに行使価格を置いたオプションを売るとよい

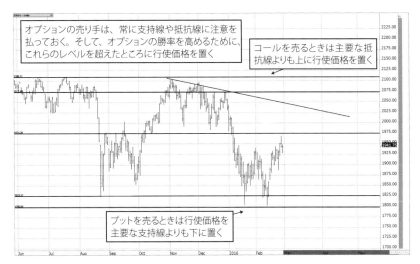

と言える。しかし、高いプレミアムを求めてリスクを軽視していると、このことを見過ごしてしまうことがある。いずれにしても、適切な行使価格を設定することは、勝率を高める非常に効率的な方法と言える（図50）。

ボラティリティの傾向を知る

　ほとんどのマーケットは、爆発的に動く方向がある。例えば、株式市場は段階的に上げて一気に下がる傾向がある。そのため、Eミニ S&P500 ならば、プットオプションのほうがコールオプ

> 大きなトレンドに興奮したトレーダーは理論的ではなく、感情的に行動することが多い。そのため、彼らは勝率の低いオプションの価格を熱狂的に競り上げて、恐ろしいレベルにしてしまう。

ションよりも比較的高めになっている。そのうえ、S&P500のプットは
ボラティリティが高い下げ相場ではパニック売りに陥る傾向がある。私
も、EミニS&P500で300ポイントもアウト・オブ・ザ・マネーのプッ
トが非合理的な高値になったのを見たことがある。しかし、S&P500の
コールのほうは、普通は爆発的な動きはしない。

　一方、それとは逆の動きをするのが原油と穀物で、これらのマーケ
ットの動きは上昇するときのほうが下落するときよりも動きが速い。そ
のため、S&P500のマーケットが静かなときにプットを売ったり、穀物
市場や原油市場が静かなときにコールを売ったりする場合は、特に気
をつける必要がある。しかし、穀物や原油が大幅に上昇したあとでコ
ールを売るのは魅力的な賭けになる。同様に、株式市場が深い底にあ
るときにEミニS&P500のプットを売れば、勝率はかなり上がる。こ
のようなシナリオでは、オプション価格が持続できない上昇を見せる
からだ。いずれにしても、カウンタートレンド方向のオプションの売
りは魅力的ではあっても、ストレスの多い賭けである。この戦略を用
いる人は吐きたくなったときのために、トレードデスクの横にバケツ
でも置いておくべきかもしれない。

カウンタートレンド方向のオプションを（注意深く）売れ ば勝率が上がる

　ボラティリティが低いなかでオプションを売る以外に、オプション
の売りを始めたばかりの人が犯す最大の間違いが、長期トレンドの方
向のオプションを売ることである。常識的には「トレンドはフレンド」
かもしれないが、オプションの売り手にとって、トレンド方向のオプ
ションの売りは、車のセールスマンが昨年のモデルの在庫を格安で売
るようなことである。一方、トレンドと逆行するオプションを売れば、
需要が高いときなので、潜在利益が増える場合が多い。

第9章　オプションのトレード戦略

トレンドがあるときにオプションを売るならば、必ずマーケットがカウンタートレンドになっている日に仕掛けるようにしてほしい。例えば、株式市場にトレンドがあるときにＥミニＳ&Ｐ500のプットを売る場合は、S&P500が大きく下げている日を待って仕掛けるほうが良い結果につながる。「上昇日」や静かな日に株価指数のプットを売ると、潜在利益だけでなく、議論の余地はあるがリスクも下がる。インプライドボラティリティが上がることによるポジションの損失が、「下落日」に株価指数を売った場合よりもはるかに大きくなるからだ。第17章「商品市場のボラティリティを利用する――平均回帰とデルタニュートラルトレード」では、この概念を詳しく見ていく。

お金を稼ぐにはお金がいる

オプションの売りは、もしかしたらほかの戦略以上に十分な資金が必要なのかもしれない。それがないと、インプライドボラティリティの一時的な突出した動きを乗り切ることができないからだ。少額の資金でオプションの売りができるブローカーは多くない。実際、ほとんどが数万ドルから数十万ドルの預託金を課している。一方、オプションの売りに寛容なブローカーならば10万ドル以上はかからない。デカーリー・トレーディングでは、リスク水準が妥当で、SPAN証拠金の最低額があれば資金額に関係なくオプションを売ることができる。いずれにしても、ポジションサイズと証拠金でリスクを管理しておかなければならない。

オプションの売りのポジションサイズ

オプションを売る人は、自分が適切だと考えるポジションサイズ（証拠金の割合）でトレードしている。これは、当然ながらリスク許容量

279

やそのトレードをどれくらい信じられるか、リスク資本の額などを考慮して判断する。それでも、ほぼすべての状況で「少ないほどよい」という原理が適用できる。何度も書いているとおり、オプションの売りで最も重要な要素は、価格の不利な突出した動きとボラティリティに耐えるために必要な資金力と精神力である。マーケットの動揺に備える最善策は保守的にトレードすることなのである。

経験則で言うと、ある程度、アウト・オブ・ザ・マネーのオプションならば、トレード口座に約1万ドルを用意しておけばよいと思う。また、証拠金が安いマーケット（例えば、米国債10年物）や、動きが遅い穀物ならば、2枚当たり1万ドル預託しておけばよい。逆に、証拠金が高いオプション市場では（例えば、金や原油）、もう少し多めの証拠金を用意しておくべきだろう。

適切な資金量とポジションサイズを判断するもう1つの方法は、証拠金を上回る資金を持っておくことである。一般的に、オプションを売る場合、証拠金はトレード資金の50％以下に抑えるとよい。もしトレード口座の残高が1万ドルならば、証拠金が3000〜5000ドルまでのトレードをすべきである。逆に言えば、取引明細書の最後に書かれている超過証拠金として5000〜7000ドルを維持しておいてほしい。

なかには、証拠金に使われていない資金は機会利益の損失だとか、リスク資本の無駄遣いだと考える人もいる。しかし、それはまったく違う。十分な資本なくして商品オプションを売れば、ほぼ確実に問題にぶつかる。先のような考えの人たちも、実際やってみれば、現実が分かると思う。価格の一次的な急騰や急落が証拠金を劇的に増やし、ほんの何日か（あるいは何時間か）で口座が枯渇してしまうのだ。このようなことが起こるからこそ、オプションの売り手は生き残るために、トレード口座に十分な余剰資金を置いておくべきなのである。

資本不足は追証を請求される確率を劇的に高め、それに応じられなければ満期前に清算を強いられる可能性もある。もし状況が深刻だっ

たり、ブローカーがオプションを売る顧客をしっかりサポートできな
かったりする場合、清算するかどうかを決めるのはブローカーであっ
ても、すべての関係者にとって不快な経験となる。

オプションの売りをすべきかどうか

オプションの売りは、理論的には無限のリスクがあるため、だれに
でも向いているわけではない。しかし、勝率が高い戦略なので、だれ
でも検討はすべきだと思う。

先物市場でオプションの売り戦略を導入すると決めたら、まずは自
分が無限のリスクと追証の可能性を受け入れることができるかどうか
を現実的に自己査定してほしい。この2つに伴う感情を抑制すること
は、だれにでもできることではない。また、それができる人でも弱気
になる瞬間はある。長年、商品先物オプションのブローカーをしてき
た私は、マーケットが大の男でも泣かせること知っている。感情を抑
制できなければ、損失が手に負えなくなったり、パニックを起こして
不利な価格で手仕舞ったりしてしまうこともあるからだ。しかし、オ
プションの売りの戦略でそれをすると、心理的にも金銭的にも壊滅的
な結果を招くことになる。

ボラティリティが上昇したときに最も非生産的な結果につながるの
は、追証を支払うか清算して高すぎるオプションを買い戻すことであ
る。いつもではないが、マーケット参加者が過剰反応したことに気づ
くと、オプションの価値は膨れ上がったときと同じくらい速くしぼん
でいく。どんなことにも言えることだが、オプションを安く売って高
く買い戻せば、間違いなく損失が出る。

オプションの売りに適したマーケット

オプションの流動性はやってみないと分からないところもあるが、オプションの売りがどの先物市場でもうまくいくわけではない。そのため、オプションの売りに適したマーケットを選ぶ指針を紹介しておく。

流動性があることとビッド・アスク・スプレッドの監視

オプション市場の流動性が高くなければ、投機はギャンブルになってしまう。十分な流動性がないマーケットでは、簡単に仕掛けたり手仕舞ったりできないからだ。それどころか、ポジションを予定よりも長く保有することになり、結局、非常に不利な価格で手仕舞わざるを得なくなりかねない。そのため、オプションはトレードの前も途中も手仕舞うときも流動性を把握しておかなければならない。

十分な流動性があるかどうかは、日々の出来高や取組高を評価するだけでは分からないが、まずはそこから始める。平時にポジションを適正価格で仕掛けたり手仕舞ったりするためには、トレードしているオプションの行使価格に十分な出来高と取組高が必要だ。それでも、マーケットに大きなストレスがかかっているときは、そのマーケットやその価格では流動性がない場合もあり、そのようなときは最も賢いオプショントレーダーであっても一時的に手仕舞うことができないかもしれない。ただ、オプションの電子トレードが始まった今は、マーケットの効率性と透明性が向上し、このような出来事が起こるのは比較的まれなことになった。

オプション市場の流動性に話を戻そう。もし望むポジションを取っても、未決済残玉で見て多数派の側に回るようだと、流動性の観点からは一般的に良い銘柄とは言えない。仕掛けるときにはマーケットメーカーが適正なビッドとアスクのクオートを提示しているかもしれな

いが、手仕舞うときも同じくらいの流動性があるとは限らないということだ。トレードの流動性は１つずつ違うが、できれば毎日ある程度の出来高があり、そのオプションの取組高の欄には何百件かリストされているのが望ましい。

　実は、十分な流動性がありそうに見えてそうではないマーケットがある。例えば、灯油のオプションは取組高が何百枚、時には何千枚もある。ただ、このマーケットの出来高と取組高は、１回に何百枚、何千枚とトレードする大手機関のプロのトレーダーのヘッジや投機に大きく左右されている。そのため、平均的な小口トレーダーが小さい注文を出そうとしても、大口注文にしか関心がない参加者が多ければ、実質的に流動性がないという問題に直面することになるのだ。

　しかし、マーケットの流動性がさらによく分かるのは、ビッドとアスクの間のスプレッドかもしれない。この２つの価格の差は、そのマーケットの流動性の良い目安となるのだ。もしこのスプレッドが大きく開いていれば、正確なタイミングで正しく投機しても、利益を上げるのがほぼ不可能なシナリオもある。マーケットの状況が「さほど悪くなくても、ビッド・アスク・スプレッドが開いていれば、利益が上がるまでにかなりの時間がかかるかもしれないからだ。これは隠れた取引コストになるが、それを軽視している人は多い。

　例えば、本書の執筆時点で灯油の４月限、行使価格1.20ドル、満期まで40日で約10セント（0.10ドル）のアウト・オブ・ザ・マネーのコールオプションのビッドが327、アスクが400になっている。つまり、このオプションは327で売ることができ（灯油は１ティックが4.20なので実際には327×4.20ドル＝1373.40ドル）、400（実際には400×4.20ドル＝1680ドル）で買うことができる。もしこのオプションをこのビッドで売って即座にこのアスクで買い戻すと、306.60ドルの損失が出る。あなたがどう思うかは分からないが、私は、マーケットで遊びで300ドル失うことには魅力を感じない。もちろん、この２つの価格の間で指値

注文を出すこともできるが、執行される保証はない。それに、このようなマーケットに組み込まれた取引コストを克服するのは非常に難しい。もっと実践的な例で言えば、オプションの売りをすぐに買い戻す必要に迫られたときは、アスクの価格を支払わざるを得ないかもしれない。しかし、それをすれば適当な流動性があった場合の「適正」価格よりも何百ドルか高く買わなくてはならない可能性もある。

この例のオプションは、取組高が560枚だった。これは流動性がものすごく高いわけではないが、経験が浅いトレーダーが売買の候補になると思ってしまう水準ではある。ただ、取組高はある程度あっても、ビッド・アスク・スプレッドが開いているため、流動性は極めて低くなっている。私は、ビッド・アスク・スプレッドが不当に開いているマーケット（例えば、灯油）は、ほとんどのトレーダーにとって避けるべきところだと思う。

オプションを売るのに向いているマーケット

マーケットの特徴とそれに対するトレーダーの関心は常に変化している。それでも、私の経験では、次のようなマーケットが最も好ましい流動性とトレード環境が整っているオプション市場だと考えている。

●**株の指標**　最もお勧めなのが流動性が高いＥミニＳ＆Ｐ500である。有力なマーケットメーカーが、ほぼ24時間、効率的なビッド・アスク・スプレッドを提供している。また、ＥミニナスダックやＥミニダウのオプションも、ＥミニＳ＆Ｐ500に比べれば出来高ははるかに少ないが、検討する価値は十分ある。積極的な投機家にとっては、出来高はさらに劣るが、ラッセル2000のオプションも良い候補になる。ただ、プレミアムの「高さ」に引かれてラッセル2000を売ると、ボラティリティで胃がよじれる思いをすることは覚悟しておいてほしい。

ラッセル2000のプレミアムはリスクと引き換えに高くなっているのである。

●**米国債**　10年物も30年物も流動性が高くてビッドとアスクも非常に近い。そのうえで言えば、30年物オプションは、前触れなしにボラティリティが高くなることがあるため、オプションの売りを仕掛けるときはボラティリティが高くなるまで待つ必要がある。ほとんどのトレーダーにとっては、証拠金が安くボラティリティも低い10年物のほうが有利かもしれない。

●**通貨**　ユーロのオプションも非常に流動性が高く、通貨オプションのなかでは非常にお勧めの銘柄だ。もちろん、円、イギリスポンド、カナダドル、オーストラリアドルも検討の余地はあるが、多少控えめにトレードすべきだろう。ドルインデックスは、ほかの通貨と違ってCMEではなく、ICE（インターコンチネンタル取引所）でトレードされている。ドルインデックスは、取引時間が短く、オプションの出来高も少ないし、プレミアムも全般的に低い。私は、ドルインデックスのオプションはオプションの買い手にとっては魅力的だが、売り手にとっては賢い選択ではないと思っている。

●**穀物**　トウモロコシと大豆、そして少し劣るが小麦も非常に流動性が高いオプション市場である。しかし、大豆の投機は非常にボラティリティが高く、新人トレーダーにとっては難しすぎるときも多い。その一方で、小麦のオプションは良い選択肢と言える。新人トレーダーは、大豆よりも安い大豆油や大豆粕に目が向くようだが、これらのマーケットは流動性の問題があるため、慎重に行ってほしい。

控えめにやればオプションの売りの候補となるマーケット

●**畜産物とソフト商品**　この２つのグループは、砂糖を除いて出来高が少ないときがある。これらのマーケットはもちろんトレードは可

能ではあるが、流動性の低さを考えるとこれまで紹介したマーケットよりもサイズと回数を控えめにすべきだろう。また、第15章で書くが、ソフト商品（砂糖、オレンジジュース、ココア、コーヒーなど）はICEでトレードされており、リアルタイムの価格データには高額の手数料がかかる。

●**金**　金のオプションは、十分な流動性があるが、不安定なところもあるので注意が必要。それでも、プレミアムが高いため、リスク許容量が大きい売り手には魅力があるマーケットと言える。

オプションの売りは避けるべきマーケット

●**銀**　金も銀も貴金属だが、流動性がまったく違うため、まとめて考えてはならない。また、投機先としての関心も、銀は次に紹介する銅や木材やオーツ麦のグループとは一緒にしたくない。私は、平均的な小口トレーダーが銀のオプションをトレードすべきではないと思っている。もちろん、このマーケットにもたくさんのトレーダーがいるが、取引所は行使価格を5セント単位で公表している。つまり、1つひとつのオプションが薄商いで、ビッド・アスク・スプレッドが非常に開いているため、それを克服するのは難しい。銀のオプションはオプションの売りの良い候補とは言えない。

●**銅、木材、オーツ麦**　これらもそれなりにトレードされているが、ビッド・アスク・スプレッドには開きがある。そのため、オプションの売りはリスクが高い割にリワードは少な目になる。オプションを売ったあと何日か有利なプライスアクションが続いても、ビッド・アスク・スプレッドが開いていたため、利益が出なかったケースもある。また、流動性が低いと、満期前にそれなりの利益でポジションを手仕舞うことができないため、満期まで理論的には無限のリスクにさらされることになる。

トレードで利益を上げるだけでも大変なのに、わざわざ薄商いのマーケットに飛び込んで、苦労してトントンにする道を探る必要はない。

オプションのスプレッド戦略

オプションのスプレッド戦略は、コールやプットの売りと買いを組み合わせて利益を上げようとする戦略である。通常、オプションのスプレッドは主たるポジションと、それとは逆行する

> 「私ならば２メートルの高さのバーに挑戦するよりも、周りを見回して自分が飛び越えられる30センチ程度のバーを探します」
> ──ウォーレン・バフェット

ヘッジのポジションで構成されている。このスプレッドの好例がブルコールスプレッドと呼ばれているもので、アット・ザ・マネーに近いコールオプションを買い、それよりも離れたコールを売る戦略である。ただ、２つのポジションが両方ヘッジというケースもある。例えば、ストラングルでコールとプットを売る場合は、どちらかが主たるポジションというわけではなく、合わせるとマーケットの両側でヘッジが効いたポジションになっている。

オプションスプレッドの組み合わせは無限にある。スプレッドは、全体的な構成だけでなく、行使価格やスプレッドの比率なども選ぶことができるからだ。例えば、ブルコールスプレッドの比率を変えてコールを１枚買って２枚売ったり、限月や行使価格をいくつか組み合わせたりしてもよい。そのため、スプレッド戦略は、高度にカスタマイズされたツールとして、自分に合ったリスクを選ぶことができる。

さまざまなオプション戦略の仕組みや目的、損益の計算方法、適切な使用時期などについて詳しく知りたい人は、拙著『コモディティ・オプションズ（Commodity Options）』を参考にしてほしい。

カバードコールとシンセティックトレード戦略

　オプションに精通することの最大のメリットは、その知識が先物の
トレードの助けになることである。前述のとおり、先物取引と合わせ
てオプションを買ったり売ったりして、価格リスクを緩和したり、ヘ
ッジしたりすることができる。先物の買いポジションや売りポジショ
ンに合わせてオプションを売ることは、それぞれカバードコール、カ
バードプットと呼ばれている。また、シンセティック戦略は、先物の
買いや売りと合わせてオプションを買い、リスクを限定することであ
る。この戦略は、損切り注文を置く代わりに使えば、早すぎる清算を
しなくてすむようになる。このような戦略については、本書を通して
書いていくが、もっと包括的に学びたい人には、前出の『コモディテ
ィ・オプションズ』が役に立つと思う。

第10章 マネージドフューチャーズと商品ポートフォリオの構築

Managed Futures and Constructing a Commodity Portfolio

　商品先物トレードの戦略を適切に構築し、執行する時間がある人は限られている。そして、時間があったとしても、それで成功するのはさらに難しい。それでも、ポートフォリオの一部を商品に配分したければ、マネージドフューチャーズという選択肢がある。ただ、金融や投資の世界ではよくあることだが、巧妙なまやかしも存在する。本章では、さまざまなマネージドフューチャーズの商品を紹介するとともに、プログラムごとの主な特徴や、商品ポートフォリオで長期的な成長を達成するための配分の仕方などについて書いていく。

マネージドフューチャーズ

　マネージドフューチャーズの口座は、その名のとおり第三者が運用する先物とオプションの口座である。このとき、その第三者が口座保有者よりも優れたトレード判断ができることが望ましいが、必ずしもそうであるわけではない。そこで、手綱を別のトレーダーに渡す前に、運用マネジャーがどのようなリスクをとるのか十分理解しておくことが重要になる。また、過去のパフォーマンスが将来の結果を示しているわけではない。これは常に言えることだが、もしかしたらマネージドフューチャーズに関しては、さらに当たっているかもしれない。あ

289

第2部　商品先物のトレード戦略を立てる

る年に最高のパフォーマンスを上げたマネジャーが、翌年は最低のパフォーマンスを記録するということがよくある。これは、素晴らしいリターンを上げた人気のマネージドフューチャーズ・プログラムがかなり高いリスクをとっている可能性が高いからだ。それをしていれば、いずれはそのリスクが裏目に出て大きなドローダウンをもたらすことになる。

なぜマネージドフューチャーズなのか

　ほとんどのマネージドフューチャーズの参加者は、商品に投資したいが調べものはしたくない人や、単純にポートフォリオを株や債券以外にも分散したいという人が多い。多くの学術研究でも、質が高くてバランスのとれたマネージドフューチャーズ・プログラムは、株や債券とは逆相関か、無相関で、投資ポートフォリオの全体的なリスクを下げる可能性があることを示している。マネージドフューチャーズ・プログラムは、できれば株式市場とは独立した動きをするのが望ましい。つまり、株が下げているときは、マネージドフューチャーズで利益が出るか、少なくとも損失が小さいということだ。このような分散がポートフォリオのリターンをならしてくれるため、マネージドフューチャーズは投機ファンドの資産配分先としてよく使われている。ただ、すべてのマネージドフューチャーズが同じというわけではないし、なかにはリスクをとりすぎて、投資家が求める分散効果が提供できていないものもある。

　マネージドフューチャーズでは、分散効果があり、複数の資産クラスに簡単にイクスポージャーを広げることができることから、目覚ましい伸びを見せている。2002年にCTA（商品投資顧問業者）が運用していた資産は推定500億ドル超とされていたが、2015年末には約3300億ドルに達した（バークレーヘッジ調べ）。しかし、商品市場や金融市場

290

が繰り返し投資家に警告してきたとおり、人気があるからといってみんなが飛びつくべきものではない。

マネージドフューチャーズは複雑な商品で、商品のタイプや戦略やリスクのとり方など、さまざまなパターンがある。そのため、大勝ちするもの、大負けするもの、平凡なもの、毎年何％かずつ減っていくものなどがある。つまり、マネージドフューチャーズは気楽に投資信託を選ぶのとはまったく違うということを覚えておいてほしい。両者の潜在的な効果はまったく別物なのである。

マネージドフューチャーズ・プログラムのタイプ

マネージドフューチャーズは、おおまかに言えば、CTAとCPO（コモディティ・プール・オペレーター）という２つのタイプがある。これらは、理論的には、先物ブローカーに運用を任せるようなことだとも言えるが、それは実際には違う。もしブローカーが自由裁量で運営すれば、それは追加サービス的なことで、正式に指名した商品先物トレードのアドバイザーとしてではない。ブローカーには、安心して任せられる実績も拘束力のある契約もないため、できるなかで最善を尽くすということしか分からない。このような設定がダメだと言っているわけではないが、これで期待できるのは、ポートフォリオを控えめなリスクで相関性のない資産に分散することではなく、純粋な投機を追求することだ。もしギャンブルではなく、分散の方法を探しているならば、正式な運用プログラムを探すべきである。

CTA

通常、マネージドフューチャーズといえば、NFA（全米先物協会）などに登録している商品投資顧問業者が運用しているものを指す。そ

291

して、これらは当局に規制され、パフォーマンスを公開するときの規則などが厳密に定められているマネージドフューチャーズ・プログラムである。もちろん、登録や規制がされていることと、審査済みの安全でうまくいく投資だということは同じではない。当局がCTAを監査するときに調べるのはCTAの戦略ではないし、その手法が利益を生むかどうかにも関心はない。当局が確認したいのは、CTAがパフォーマンスの数字を正確に公表し、最新の資料を開示し、CFTC（米商品先物取引委員会）が定めた業界のルールに従っているかどうかだ。開示資料とは、CTAと顧客の間の契約書で、そのプログラムに参加するリスクやトレードプログラムに関するいくつかの基本情報（運用資産、手数料、過去の実績、そのほかの関連情報など）が記されている。

NFAにCTAとして登録するのに、トレード経験が不要だと聞いて驚く人がいるが、CTAはNFAが作成した検定試験に合格して、年会費を支払えば、だれでも指定を受けることができる。簡単に言えば、CTAという名称だけで信用してはならない。これは簡単に手に入る称号で、これだけでスキルや経験があるかどうかは分からないのである。

CTAのパフォーマンスの分析は、示された数字だけでは分からない。なかには、パフォーマンスの数字を普通よりも高めのコストで計算して、期待値を妥当な水準よりも低く見せている場合もある。ほかにも、ランダムな要素（例えば、異常に有利なマーケット状況だった）などによって、パフォーマンスが妥当な期待値よりも高くなっている場合もある。そのため、見かけだけで内容を判断してはならない。CTAの過去の本当のパフォーマンスを知りたければ、電卓を用意して、いくつか自分自身で確認する必要がある。

こうして十分調べたとしても、プログラムがこの先も成功し続けるという保証はない。マーケットの状況が変われば、CTAのパフォーマンスも変わるからだ。例えば、2006年と2007年は、株式市場のボラティリティが歴史的に低かったため、オプションを売っていたCTAに人

気が集まった。そうなると、資金が集まるだけでなく、オプションを売れば簡単に儲かるように見えた。しかし、その後の展開は知ってのとおりだ。2008年に金融危機が起こると、オプションの売りのプログラムはほぼすべてが消滅し、運用資産をほぼ失ったCTAもあった。生き残ったところも、わずかばかりのトレード資金でやりくりしていた。これは、状況がいかに急変するかを示す好例で、何よりも、パフォーマンスを追いかけていると、どれほど痛い目に遭うかが分かる。

　CTAの特徴は、運用を投資家の口座ごとに行っていることである。つまり、あるCTAプログラムに資金を投資すれば、CTAが推奨するブローカーでトレード口座を開設することになる。口座の保有者はCTAではなく投資家で、トレード口座としてはほかのブローカーにある口座とまったく変わらない。そして、この口座の資金を動かす権限も、CTAではなく、口座の保有者にしかない。注文はCTAが投資家の代わりに入力し、損益も手数料などの取引コストも直接トレード口座に入金されたり引き落とされたりする。ちなみに、CPOの運用方法はそれとは違うが、それについては後述する。

CPO

　CPOは実質的に先物業界の投資信託である。CPOはリミテッドパートナーシップのような私募の構造になっており、複数の投資家の資金をまとめて先物やオプションに投資している。つまり、CPOは会社として複数の投資家の資金を先物市場で運用しているファンドなのである。別の見方をすれば、CPOはアメリカの規制当局の下で、先物取引所に上場された先物と先物のオプションのみに特化した特殊なヘッジファンドとも言える。ちなみに、同じような形態で株や債券や不動産などのほかの資産クラスを扱っているのがヘッジファンドである。どちらも全体的な概念は同じで、投機の対象となる資産が違うだけであ

る。

CPO（Commdity Pools Operators）のコモディティプールという言葉は当局が指定した法律用語である。CTAと同様に、コモディティプールはCFTCとNFAの監視下にある。このことは、SEC（証券取引委員会）の監視下にある伝統的な投資信託やヘッジファンドとはまったく違う点である。CPOは集めた資金を運用する個人や会社で、自らトレードを行っている。

> CPOは実質的に先物と先物オプションのみを扱うヘッジファンドである。

CPOは、顧客の資金配分の仕方やトレードの仕方がCTAとは大きく違っている。前にも書いたとおり、CTAは、顧客が開設した口座でトレードするが、CPOは顧客の資金を集めて1つの口座のなかでトレードし、損益を出資額に応じて配分している。

CPOに資金を配分している投資家は、CPOを全面的に信頼して運用を任せており、投資した資金の残高やトレードをリアルタイムで見ることはできないことを理解している。これは、CPOに委託しなければトレードできないマーケットや戦略であるというメリットを理解しているからだ。資金プールは、ほかの投資家とリスクを分け合うことで、小口投資家が参加しにくい高リスクのトレード戦略を使うことができる。ただ、資金プールの投資家のリスクは普通は出資額に限定されているが、このような形で出資するときは、必ずリスクの詳細を確認しておくべきである。

CPOの目的は、投資家の資金を集めて大きな資金で商品市場に参加することにあるが、出資金の最低金額を設けているところもある。なかには、この最低額が10万ドル以上という高額なCPOもあるが、もちろんもっと少額で参加できるところもある。

CPOは、先物やオプションの市場に比較的少ない資金で参入したい小口投資家にとって魅力があるが、資金プールには伝統的なCTAの運用と比べて明らかなデメリットもある。資金プールが不正流用や悪用

第10章　マネージドフューチャーズと商品ポートフォリオの構築

の対象になりやすい構造になっているので、問題が起こりやすいのだ。

CPOとCTAの透明性

CPOは、顧客の資金やトレードやファンドの経費などに関する複雑な会計を行っている。そのため、投資家はリスクとリワードを分け合っているだけでなく、運

> CPOは、その構造と透明性のないことから、不正の温床になっている。

用や管理の経費も分担している。資金プールには顧客の資金が混在しているため、顧客の資金がいつ、どのように、どこでトレードされたかという経過に関する透明性は低い。簡単に言えば、これはCPOの独壇場で、投資家はただ資金を出しているだけなのである。

　誤解のないように書いておくと、マネージドフューチャーズとしてCPOではなくCTAを選ぶ場合は、先物とオプションができるトレード口座を開設し、資金を入れ、あとは運用マネジャーに任せて選択したトレードプログラムを執行してもらう。それ以降は、毎日トレード内容と口座残高が記載された報告書が届くことになる。一方、CPOを選んだ場合、小切手を切ったあとは、誠実に運用してくれることを祈るしかない。それ以降は定期的に発行される報告書（たいていは四半期ごと）以外は、トレード状況や資金が契約どおりに運用されているかどうかを確認する情報はほとんどない。このように透明性のないことから、CPOは不正の温床になっている。もちろんほとんどのCPOは高い倫理観を持って運用しているが、ポンジスキーム（ねずみ講）やそのほかの不正に利用されることも少なくない。そのため、業界の規制組織であるNFAがこれまで閉鎖した商品取引業者もCPOのほうが多い。すべてのCPOが不適切な運営をしているとは言わないが、この種のファンドに投資するときは、自分がかかわろうとしている業者がどのような業者なのかしっかりと調べてからにしてほしい。

295

CPOはCTAほど管理ができない

CPOの参加者は、自分の口座のトレードやそれにかかる管理手数料どころか、資金を預けるブローカーすら選べない。MFグローバルとPFGワールドが破綻したあと、資金を預けるブローカーをどこにするかは重要な判断になった。MFグローバルやPFGの失態について知らない人はグーグルで検索してほしいが、要するに、この2つの先物ブローカーは顧客の証拠金を適切に分離保管していなかったため、投資の失敗と盗用によって、破綻時に顧客の資金が所在不明になっていたのだ。業界の規制と透明性が改善したことで、2社のような事件が再び起こる「可能性はほとんどない」と私は思っている。それでも、ブローカーを厳選できることは安心して投資するための歓迎すべき贅沢と言ってよいだろう。

CPOのマネージドフューチャーズと違い、CTAが運用するプログラムは、たいてい顧客がブローカーを選ぶことができ、管理手数料はかからないし（CTAに運用手数料は支払う）、場合によっては運用マネジャーにリスク・リワードについて多少意見する余地もある。

> 残念ながら、私はアメリカングリード（テレビ番組）のなかで、PFGのブローカー詐欺の犠牲者として取り上げられたことがある。ただ、業界はそれ以降、このようなことを繰り返さないための手を打ってきたと思っている。

そして何よりも、CTAの投資家は希望すればいつでも（少なくとも四半期に1回）資金を引き出すことができるが、CPOの場合は通常、運用を始めてから数カ月（時には1年以上）も資金が引き出せないことがある。透明性が欠けていることに加え、投資家がCPOの運用を管理できないことも、詐欺行為のきっかけになっている。繰り返しになるが、すべてのCPOが不正を働いているわけではないし、すべての投

第10章　マネージドフューチャーズと商品ポートフォリオの構築

資家がCPOを避けるべきだとも言っていない。ただ、CPOの組織的な構造が、CTAのモデルよりも不適切な処理をしやすくしていることは否めない。そのため、CPOに参加する人は、大事な資金をリスクにさらす前に、全体の仕組みを知り、追加的なデューデリジェンスを必ず行ってほしい。

CTAとCPOの管理手数料と成功報酬

　マネージドフューチャーズは、顧客が支払う管理手数料と成功報酬を収入としている。要するに、管理費用はCTAの顧客やCPOに請求される日々の運用費用である。管理費用は、トレードプログラムの成果に関係なく徴収され、通常は年率２％程度かかる。一方、成功報酬のほうは、トレード結果が良い場合のみ、顧客に請求される。よく用いられているインセンティブの計算方法はハイウオーターマーク方式で、これによって、顧客は同じ程度のパフォーマンスならばCTAに毎回成功報酬を支払わなくてよくなる。

　例えば、もし10万ドルで商品トレード用の口座を開設し、CTAに管理費２％、成功報酬20％（四半期ごと）で運用を任せたとする。そうすると、まず運用が行われるだけで、四半期ごとに500ドルがかかる（10万ドル×２％×0.25）。もちろん、正確な手数料は口座の残高によっても変わってくる。もし残高が９万ドルに下がれば、四半期の管理費は450ドルになるが、11万ドルに増えれば、約550ドルになる。

　もし口座の価値が取引手数料と管理手数料を差し引いたあとに、10万ドルから11万ドルに増えると、投資家はその利益に対して成功報酬を支払うことになる。この場合は、20％で2000ドルになる（（11万ドル－10万ドル）×20％）。しかし、もし次の四半期に５万ドルのドローダウンに見舞われたら、顧客は管理手数料は支払うが、成功報酬はそれまでの最高額の11万ドルを超えるまで支払う必要はない。そして、３

297

回目の四半期に残高が11万5000ドルに増えたら、成功報酬は、それまでのハイウオーターマークの11万ドルを超えた分の20％となる。この例では、成功報酬がそれまでの最高額を超えた5000ドルに対して支払われるため、1000ドルとなる（（11万5000ドル－11万ドル）×20％）。ちなみに、この手数料は、対象の四半期の最終日（あるいは開示書類で指定した日）の残高で計算されているということを覚えておいてほしい。つまり、手数料の計算に関しては、四半期の最終日以外の残高は関係ない。

　計算すれば分かるが、この３四半期に、この口座からは1500ドルの管理手数料と3000ドルの成功報酬が支払われ、純利益は8500ドルだった（期首に前の四半期の分が徴収されることを覚えておいてほしい）。CTAに約4500ドルの手数料を支払って8500ドルのリターンを得るというのは、一見悪くないように思える。しかし、投資家がトレード資本を提供し、すべてのリスクをとっていることを考えれば、納得できないという人もいるだろう。CTAが必ず利益を上げるとは限らないということを思い出してほしい。実際、多くのCTAが資金を失っている。このようなプログラムに参加する場合の費用とリスクは相当な額に上るため、大事な資金を提供する前に経費についてよく理解しておかなければならない。

商品先物のポートフォリオを構築する

　商品市場に大当たりを狙って入ってくる人もいないわけではないが、ほとんどの人は純粋に資金を伝統的な投資先以外に分散するという現実的な期待を持って参入してくる。ところが、正しい期待をしていても、トレード資本を適切に商品市場で分散できていない人がいる。株や債券の投資と違い、商品先物トレーダーは必ずしも原資産を買って長期間保有するわけではないからだ。商品先物トレーダーは、より投

機的な戦略とトレードプログラムを使って対象の商品を変えていく。そのため、商品ポートフォリオのなかでも分散しておく必要がある。

　一部のCTAや自動運用システムで長期のみの商品投資を行っているところもあるが、ほとんどの先物とオプションのトレードプログラムは、両サイドで利益を狙っている。これは必ず成功するわけではないが、理論的にはブル相場とベア相場の両方でトレードできる。ただ、複数の資産クラスで分散することと同じくらい、戦略で分散することも重要である。私はまだすべてのマーケットでうまくいく手法を発見していないため、卵は複数のバスケットに分けて入れておくのが最善策だと思っている。大成功した商品トレード戦略が、翌年も最高の結果を出すことはほとんどないからだ。

　例えば、商品市場に10万ドルを投資するならば、３万3000ドルを先物のトレードシステム、３万3000ドルをCTAのオプショントレード、そして残りの３万3000ドルを自分の裁量で投資するのが最善策だと思う。これは、１つの手法がうまくいくときは、ほかの手法がうまくいかないという考えに基づいている。

　ほとんどのトレーダーは、第三者が作ったアルゴリズムトレードやCTAよりも、自分のほうがうまく運用できると思っている。そのため、彼らは商品ポートフォリオを適切に配分して分散することができない。私は、10万ドル以上を商品トレードに投じる場合は、一部を実績あるトレードプログラムに託すことを強く勧める。

　商品トレードに割り当てる資金の一部を託す相手を選ぶときに、考慮すべきポイントをいくつか書いておく。

複数の運用マネジャーに配分する

　何十年もの経験を持つプロのトレーダーも人間であり、感情的になることもある。商品トレードのポートフォリオを配分する場合、同じ

第2部　商品先物のトレード戦略を立てる

マネジャーが運用する異なるプログラムに配分しても十分とは言えない。例えば、CTAのなかには、先物トレードのプログラムとオプショントレードのプログラムを提供しているところもあるが、その両方に配分することは勧めない。手法は違っても、何らかの相関性がある可能性が考えられるからだ。分散の目的は、当然ながら相関性のないプログラムを選ぶことなのである。

複数の時間枠に配分する

商品ポートフォリオを分散するときに最も重要なことは、CTAでもCPOでも自動トレードでも、異なる時間枠を使った仕掛けや手仕舞いのシグナルでトレードするように配分することかもしれない。例えば、長期の先物やオプションのトレード戦略と、短期の手法を組み合わせると良い。資金をデイトレードのプログラムとスイングトレードのプログラムを組み合わせたり、スイングトレードのオプションの売りプログラムと先物のポジショントレードプログラムを組み合わせたりするのだ。組み合わせは、何が正しいとか正しくないということではなく、ポートフォリオ内の各戦略の結果が論理的に相関性がないようにしておくということである。もちろん、資産価格やトレード戦略の相関性は予想ができないこともある。ボラティリティが極めて高いときは、すべてのマーケットが同じ方向に向かうことも珍しくない。異なる時間枠の戦略や手法でトレードしていても、同じ動きをすることもあるのだ。それでも、通常は相関性がないプログラムに分散しておくことが、ドローダウンを緩和することになる。

パフォーマンスを追いかけない

金融関係のパンフレットや雑誌や書籍やコメントで最もよく見る言

300

葉といえば、「過去の結果は将来のパフォーマンスを示すものではありません」である。それでもほとんどの人は、最近、素晴らしいパフォーマンスを上げ

> 人気のトレードプログラムが急に失速することもある。長期的な実績があるが、今はスランプに陥っているプログラムを探すとよい。

た戦略を選んでしまう。もちろん、それを責めることはできない。ファンドの過去の実績以外にほとんど判断材料がないからだ。しかし、過去のパフォーマンスが高いプログラムほど、その先の厳しい時期を示唆しているのかもしれないのだ。前述のとおり、トレード戦略は良いときと悪いときが繰り返され、それは商品市場や金融市場自体とも似ている。ただ、良いときが続かない一方で、悪いときもたいていはそう続かない。

　そのことを念頭に置いて、ファンドやプログラムの長期的なパフォーマンスを見ていくことが重要だ。多くの人が短期間の実績しかない人気のプログラムに飛びついてしまうが、実績が5年未満ならば、特に気をつけてほしい。私が知っているプログラムのなかには、2013年や2014年というボラティリティが極めて低い時期にEミニS&P500のトレードを始めたが、2015年に通常のボラティリティになったら一見完璧な戦略が破綻したものもある。マーケットの周期は5～10年続くため、さまざまな状況で戦略の本当のパフォーマンスを見るためには、長期間の実績を入手することが望ましい。

　もしかしたら理想的なトレードプログラムは、長年、安定的に利益を上げてきたが、現在はドローダウンに陥っているものかもしれない。言い換えれば、パフォーマンスが「低い」プログラムを買って「高く」売るとよい。

第**11**章

投資ポートフォリオや事業リスクを先物とオプションでヘッジする
Hedging Portfolio and Business Operations Risk with Futures and Options

　先物市場は、もともとは経済にかかわる人たちが生産したり使ったりするモノやサービスの価格リスクをヘッジするために生まれたということを忘れている人が多い。トウモロコシや原油などといった商品の価格は変動するため、農家を始めとする農業生産者や消費者は、大きなリスク（時にはリワード）にさらされている。同様に、機関投資家や個人投資家も株価指数や米国債、場合によっては通貨などの先物やオプションを使ってポートフォリオの価格リスクをヘッジしている。

　先物市場の目的は、先物のヘッジやオプションのポジションを通じて価格リスクを投機家に移すことであり、価格のイクスポージャーをヘッジするためには最も効率的な舞台である。しかし、効率的なことと安いことを混同してはならない。どんな立場の人にとっても、保険はお金がかかる贅沢である。それに、どれほど効率的なヘッジであっても、欠点はあるかもしれない。詳しく見ていこう。

ヘッジとは何か

　10年以上先物ブローカーをしてきた私は、あらゆるタイプやサイズのヘッジャーを見てきた。先物市場に参入する人のほとんどがヘッジ目的だが、その多くが結局は投機を始めることになると断言できる（少

303

なくとも部分的には）。人は意見を持ち、それに基づいて稼ぎたくなる性質を持っている。そのため、ポートフォリオや商品をヘッジする目的でマーケットに参加しても、純粋なヘッジ戦略ではなく、投機的な性質の戦略を導入したくなるという強い傾向があるのだ。いずれにしても、本来ヘッジとは現物市場のポジションとは反対の性質のポジションを先物やオプション市場で建てることである。そうすれば、反対方向の先物ポジションが現物市場の価格変化を中和してくれるからである。

　例えば、トウモロコシ農家は春に作付けをし、秋に収穫して売ろうとしている。農家がこの事業を適切にヘッジしようと思えば、秋にいくらで売れるかを知る必要がある。しかし、秋までにトウモロコシの価格は劇的に変わるかもしれない。そのため、販売価格を確定したい農家は、現物市場の買いポジションと反対ポジションをとる必要がある。つまり、農家は自分が育てているトウモロコシを保有しているため、先物市場で売って価格リスクを相殺する必要があるのだ。もしトウモロコシの価格が上がれば、現物市場で利益が上がるが、先物市場で損失を被るし、トウモロコシの価格が下がればその逆もある。ちなみに、農家は先物でヘッジしないという選択肢もある。プットオプションを買ってプレミアムを支払う代わりに、最低売値を確保することもできるからだ。

保険は高くつく

　複雑なスプレッド戦略は別として、商品先物市場には価格リスクをヘッジするためのツールが２つある。先物と先物のオプションだ。ただ、どちらを使っても、価格を守ることができるが、実際の経費と、現物市場が有利に動いた場合の機会利益の喪失を考えると、比較的コストが高い。私は牧場主や農家が価格リスクをヘッジしないで、「現物市

場の投機家」になった例をいくつも見てきた。現実的な最善策は、その中間の部分的なヘッジなのだろう。

オプションでヘッジした場合のコスト

最も単純な形として、オプションを買うことは、先物取引所に上場されている資産の価格リスクに対して保険を買うのと同じ効果がある。相場が下落しても、株式ポートフォリオの価値を守りたい投資家ならば、EミニS&P500のプットオプションを買ってもよいかもしれない。そうすれば、プレミアムという大きな手数料を支払う代わりに、株価の全体的な下げからポートフォリオを守ることができる。また、守りは弱くなってもコストを抑えたい人は、少なめの手数料で異常災害保険を買ってもよい。これは健康保険の選び方と変わらない。保険も、低い免責金額で不意の出費のリスクが少ないプランを選ぶこともできるし、高い免責金額と引き換えに安い保険料のプランを選ぶこともできる。

オプションを買う場合の費用とメリットは、読者のほとんどが保有していると思われる資産、つまり株を使って説明していく。しかし、株価指数に関する戦略は、商品（エネルギー、貴金属、穀物など）の価格リスクのヘッジにも応用できる。例えば、S&P500の価格が1900ならば、CMEでは1枚が9万5000ドルになる（1ポイントは50ドルなので1900×50ドル）。オプションで次の60日間、最高の守りを固めたいならば、2カ月後に満期を迎えるアット・ザ・マネーのプットオプションを買うことを検討するとよい。

このような保険のコストは、マーケットのボラティリティや、マーケットがその守りの価値をどう見るかによって変わってくるが、これが安くないことだけははっきりしている。そのため、ヘッジのためのプットの買いは、マーケットが急落して防御策を強いられたときでは

第2部　商品先物のトレード戦略を立てる

> ヘッジは、しなければ
> ならないときではな
> く、できるときにする。

なく、天井に近いと思ったときに検討すべきである。マーケットがすでにかなり下落してからプットを買うことは、失敗事業に資金をつぎ込むようなことなのである。

先の例では、満期まで60日のアット・ザ・マネーの1900プットは60ポイントだった。これは、VIX（ボラティリティ指数）が20〜25程度ならば比較的現実的な価格だ。VIXはほとんどの期間は20未満なので、今回のプレミアムは歴史的に見て高いほうではあるが、ある程度正確と言える。ちなみに、60ポイントだと１枚当たり3000ドルになる（60×50ドル）。

VIXが高ければ、同じようなプットでももっと高くなり、VIXが抑えられているときはもっと安くなる。いずれにしても、この例からも分かるとおり、このような野心的なヘッジは高くつく。実際、もし株の投資家が９万5000ドルの価値のある株のポートフォリオを守るために、２〜３カ月ごとに3000ドルのプレミアムを支払っていれば、保険に12〜18％を支払っていることになる。積極的なヘッジを続けていく戦略が理にかなっていないことは、計算すれば分かる。これでは採算が取れないことは明らかだ。

同じポートフォリオをヘッジする場合でも、ディープ・アウト・オブ・ザ・マネーの安いプットを買って、異常な損失のリスクに備えるより安価な方法がある。先の例と同じボラティリティと期間でも、行使価格が1800のプットならば30ポイント（30×50ドル＝1500ドル）、1750ならば23ポイント（1150ドル）、1700ならば15ポイント（750ドル）で買えるのである。

アウト・オブ・ザ・マネーのオプションがアット・ザ・マネーのヘッジよりはるかに経済的でも、ポートフォリオ保険が極めて高いということは変わらない。最安のシナリオである1750プットでも、ポートフォリオの価値の２〜５％の費用が毎年かかる。しかも、この保険は

10％下落しなければ元がとれない。このような理由から、多くの人に
とってポートフォリオ保険は、発想としては興味深くても実践的では
ない。平均的な株式市場のヘッジャーがポートフォリオを安くヘッジ
するための妥当なアイデアは、あとでいくつか紹介する。

先物でヘッジするコスト

　おそらく戻ってこない現金支出が必要なオプションでヘッジするの
と違い、先物を使ったヘッジのコストは必ずしもお金ではない。先物
のヘッジでは、機会費用を支払って価格リスクを軽減しているのだ。要
するに、彼らは価格を確定するために、マーケットが有利に動いた場
合のチャンスを見送っているのである。2000年代末のサウスウエスト
航空が、原油価格が100ドル以上に高騰する直前に燃料費をヘッジして
10倍の利益を手にした悪名高いケースのようなチャンスはないという
ことだ。彼らは、ヘッジのために買っておいた先物のおかげで、現物
市場で買う燃料費の値上がり分を十分カバーする利益を得たのである。
　しかし、2014年に原油が100ドルを超えている状況で燃料費をヘッジ
する場合を考えてみてほしい。安い燃料によって現物市場で発生した
利益は、先物市場でのヘッジですべて消滅してしまった。言い換えれ
ば、先物でのヘッジは価格を保証して不確定要素がなくなるが、より
有利な価格になる可能性も放棄している。私は、現物市場の価格が有
利に動くと予想したときには、部分的なヘッジを導入するのが理にか
なっていると思う。20万ドルの株のポートフォリオを保有していると
きに、その価値がかなり高くなっていると判断しているのなら、Ｅミ
ニS&P500を１枚売ってポートフォリオの半分を守るという方法もあ
る。一方、もしS&P500が底にあるならば、投資家は適切に価格リス
クをヘッジするチャンスを失った可能性が高い。ただ、マーケットが
下落したあとは、天井よりも底に近いため、ヘッジ戦略は不要なのか

もしれない。

完璧なヘッジなどあり得ない

現物市場のポジションとは反対の先物ポジションを買ったり売ったりすることは、オプションを使うよりも純粋なヘッジと言える。ただ、完璧なヘッジなどあり得ない。商品市場について言えば、現物市場の価格と先物価格の差異や、穀物の収穫量に関する不正確な予想など、さまざまな要素が完璧なヘッジを阻むのである。

多くの読者の役に立つと思うので、ポートフォリオのヘッジに話を戻そう。ヘッジの効率性は、ポートフォリオの価値とヘッジ可能な先物の価値の差によって変わってくる。ＥミニS&P500先物を使えば、そのときのS&P500の価値にもよるが、約10万ドル相当の株のポートフォリオを１枚でヘッジすることができる。また、35万ドルのポートフォリオならば、ＥミニS&P500を３枚買って部分的に（30万ドル分を）ヘッジするか、４枚（40万ドル）で多めにヘッジすることもできる。ただ、ほとんどのマーケット参加者のポートフォリオは、ＥミニS&P500と同等のものではなく、複数の資産クラスや国に分散されている。とはいえ、ＥミニS&P500がポートフォリオヘッジの最善策である可能性は高い。

ポートフォリオをヘッジするときは、ほかにも気をつけることがある。先物でフルにヘッジすると、利益は配当のみになってしまうことである。要するに、幅広い銘柄を含む９万5000ドル相当の株のポートフォリオに対してＥミニS&P500を１枚売れば、それは単純に一方が買いで他方が売りになる。そうすると、配当は別にして、損益はS&P500とポートフォリオの株の配分の違いになる。ヘッジをかけると、株価が上がってもその恩恵を受けられず、失望することになることは想像に難くない。自分のポートフォリオの株が平均以上に上昇するこ

とを願うばかりだ。

　先物で完全にヘッジすることが正当化できる状況はあまりない。仮にマーケットが複数年の高値圏にあるときでさえ、そこまで積極的にヘッジしなければならないケースは少ないと思う。前述のとおり、部分的なヘッジは、両方のメリットを得ることができる優れた方法である。30万ドル相当の株のポートフォリオならば、ＥミニＳ＆Ｐ500を１枚売っておけば、株価が大きく下げてもそれがクッションになってくれる。このシナリオでは、先物でのヘッジによって、株価が上昇した分の約30％が削られるが、一方で10％下げたとしても、損失は何とか対処しやすい７％に収まる。それに、このヘッジは下落時の損失を緩和してくれるだけでなく、このような事態で感情が乱れ、その状態が長く続くのを抑制し、ポートフォリオのほうは通常どおり100％の配当を受けることができる。ちなみに、ヘッジはマーケットが上昇しているときにかけて、下落しているときに清算するのが望ましいことは言うまでもない。

　いずれにしても、株のポートフォリオがすべてS&P500と連動するようなETF（上場投信）や投資信託で構成されていないかぎり、株のポートフォリオとＥミニＳ＆Ｐ500に100％の相関性がある可能性は低い。そのため、30万ドルの株のポートフォリオにＥミニＳ＆Ｐ500を１枚売って30％ヘッジするつもりでも、最終的にはその割合が多少変わるかもしれない。

より良いヘッジ方法はあるか

　これまで、買いのオプションや先物でポートフォリオをヘッジすることの仕組みと欠点について書いてきた。次は、オプションの買いと売りを組み合わせるというあまり話題に挙がらない手法を見ていこう。また、適切なタイミングでヘッジすることの重要性についても書いて

いく。結局、ヘッジが投資家にメリットを及ぼすのは、収益が実現したときである。つまり、ヘッジによる一時的な含み益は気分を良くしてはくれるが、大事なのは最終的な利益なのである。

従来の方法とは変えてみる

ヘッジに使えるのはオプションと先物だけかもしれないが、価格リスクをヘッジする方法がほかにないわけではない。実際、ヘッジの程度を変えるなどすれば、２つのツールを組み合わせるだけでも無限に近いヘッジ方法がある。

価格リスクをすべて相殺するヘッジは必ずしも必要ないし、高いコストを考えればなおさらだということは、すでに述べた。むしろ、価格リスクを管理して、直接的な費用と機会費用を扱いやすい水準に抑えることに注力すべきである。それができなければ、そもそもマーケットに参加する意味がなくなる。

> 「疑うことは発明の父である」
> ──ガリレオ・ガリレイ

私は、創造的なコスト管理をすればより合理的にヘッジをかけることができると思っている。例えば、リスクリバーサルという戦略は、ポートフォリオを安く効率的にヘッジできる効果的な方法になる。もしＥミニS&P500のプットオプションを、高いプレミアムを支払わずに買えるとしたらどうなるか想像してみてほしい。

S&P500が2000近辺のときに、プットオプションを１枚買えば、10万ドル（2000×50ドル）相当の株のポートフォリオを下落から守ることができる。しかし、このような守りを行うには法外な費用がかかり、パフォーマンスの障害になる。そこで、リスクリバーサル戦略を使えば、コールオプションを売って、株のポートフォリオを守るためのプットオプションを買うことができる。トレードの構成の仕方によるが、う

まくすれば「ただ」で（現金を支払わずに）保険を掛けることができるのである。

　例を挙げて説明しよう。もしVIX指数が20でS&P500が2000近辺ならば、行使価格が1800のプットオプションを21ポイント、1枚当たり1050ドル（21×50ドル）で買うことができる。こうすると、ポートフォリオは10％を超えて下げたときに守られるが、少し下げたときは守られないだけでなく、気持ち的にもかき乱される。そこで、保険のコストを減らすために、投資家は行使価格2100コールを20ポイントで売って、そのプレミアムを1800プットの買いに充てることができる。そうすれば、S&P500に似た配分の10万ドル相当のポートフォリオに、ただに近い価格で保険を掛けて10％超の下落に備えることができるのである。

　リスクリバーサルヘッジ戦略を使うときは、機会費用について知っておく必要がある。コールオプションを売ると、現金の支払いという意味では無料に近い保険を掛けることができるが、もしマーケットが2100を超えたらその分の利益は見送るというコストを支払っている。この例では、2100のコールを売ったことで、株のポートフォリオの利益は2100までに限定される（5％）。これは、マーケットが2100を超えた分のポートフォリオの利益が、コールオプションを売ったほうの損失と相殺されるからである。一般的に、1四半期に5％上昇すれば、それは平均をはるかに上回っているため、通常のマーケットならば、許容する価値がある機会費用と言える。このような戦略を使えば、S&P500が2100を超えた分の利益を放棄する代わりに、1800を下回るストレスをなくすことができるのである。

タイミングがすべて──ヘッジは収益を確定できなければ意味がない

> 「ノアが箱舟を作ったとき、
> まだ雨は降っていなかった」
> ──ウォーレン・バフェット

目的が商品の価格リスクをヘッジすることでも、株のポートフォリオをヘッジすることでも、最終的な目的は金銭的な利益を上げることと、ストレスを減らして安心していられることである。そのうえで言えば、ヘッジに金銭的なメリットがあるのは、正しいタイミングで仕掛けて、途中である程度の利益を確定できる場合に限られる。例えば、株式市場が史上最高値近くで推移しているときに、ポートフォリオを守るためにＥミニS&P500のプットオプションを買えば、いずれ株のポートフォリオには大きな圧力がかかるが、ヘッジのためのオプションは大きな利益を上げることになる。

いずれにしても、もしヘッジのためのプットを利食うことなく株式市場の破壊的な荒波を乗り切れば、マーケットは回復して、一時は含み益を抱えていた保険の価値がなくなる。買ったプットを利食うことができなければ、ヘッジしない場合よりもプレミアムの分、パフォーマンスは下がるし、株のポートフォリオのほうも緩やかな損失が続く可能性がある。保険の元をとれるのは、この例では10%を超えて下落した場合なので、そこまで下げなければ支払ったプレミアムが損失になるのだ。その一方で、ヘッジを利食えなかった場合は金銭的なメリットはないものの、少なくともパニックに陥ってポートフォリオを清算するという事態を阻止できる。もちろん、プットの買いを利食うとポートフォリオの守りはなくなってしまうが、急落さえなければ、ヘッジをかけない場合や、元がとれたヘッジを利食えなかった場合よりも全体としては良い結果になるはずだ。

結局、ヘッジが最もうまく機能するのは、大惨事を阻止する必要が

第11章　投資ポートフォリオや事業リスクを先物とオプションでヘッジする

あるときではなく、価格と状況が正しいときに仕掛けた場合である。もし価格が大きく逆行したあとにヘッジをしても遅すぎる。ヘッジはせざるを得ないときではなく、できるときにかければ、売ったコールオプションの価格が上がり、買ったプットは下がるため、リスクリバーサル戦略を有利に進めることができる。しかし、株価が下落したあとで同じことをすれば、儲けるために「安く買って高く売る」のとは逆をすることになる。

　同様に、もし単純にプットを買ってポートフォリオに保険をかけることにすれば、低ボラティリティの環境で株価が高くなると、コスト以上の利益を得ることができる。しかし、マーケットが下落してから守りのためにプットを買おうとすれば、とても高い保険になり、逆効果になる。ヘッジがどのような状況でも同じような効果をもたらすという考えは甘い。タイミングが大きな違いを生むのである。

313

第**3**部 **既成概念にとらわれずに投資商品を選び、戦略を開発し、リスクを管理する**
Thinking Outside of the Box for Product Selection, Strategy Development, and Risk Management

　商品先物市場でのトレードは、理論よりも経験がものを言う。商品トレードの作戦を練るときは、マーケットを何でも描くことができる創造のキャンバスにして、あらゆる可能性を追求してほしい。単独の先物やオプションなど、簡単で便利な方法に飛びついてしまうトレーダーは多い。しかし、それをすると勝率を高めることができるチャンスを見過ごすことになる。第3部では、これまで述べてきた基本情報を基にして、できれば偏見にとらわれずに攻めの戦略とリスク管理の無限の可能性を探っていこうと思っている。

第12章 商品市場の隠れた宝
The Hidden Gems of the Commodity Markets

　残念ながら、商品先物市場はレバレッジとボラティリティが高いという性質から、棚ぼた式の利益を夢見る人が多くいる。しかし、結局、ほとんどの人が必ずと言っていいほど損失を被っている。多くのトレーダーが、どんな状況でもレバレッジをかけすぎたり、資金不足に陥ったりしているからだ。預入金が少ないと、単純に間違えても許される余地が非常に限られて、利益チャンスを有効活用できない。しかし、CME（シカゴ・マーカンタイル取引所）グループのＥマイクロ先物やミニ穀物というあまり利用されていない商品を使えば、小口トレーダーのデメリットを減らすことができるのである。

　Ｅマイクロやミニ穀物のオプションは上場されていないが、取引のサイズが小さいため、ほとんどのトレーダーがリスクを抑えて証拠金を低く抑えることができる。これらの商品のなかには、証拠金が200ドル、ポイントバリューが１ドルなどといった安いものもある。このタイプの取引を簡単におさらいしておこう。

Ｅマイクロ金

　金は、商品先物市場の代表的な商品だが、最も不安定な先物の１つでもあるため、多くの投機家にとって手が出せない市場になっている。

貴金属の価格は、ボラティリティが非常に高くなることがあるため、最も堅実なトレーダーでも愚かなことをしているように見えることがある。オプションを使ってボラティリティを緩和しようとしても、極めて高いコストとリスクがかかってしまうのだ。一部のトレーダーにとっては、CME傘下のCOMEX（ニューヨーク商品取引所）に上場されている標準的な金先物である100オンスでも安心して投機するには大きすぎる。そのため、資金のあまり多くない小口トレーダーは、金の投機自体をあきらめている。一方、その代替品であるETF（上場投信）などは、リスクに関しては扱いやすいが、リバランスの必要性と管理費を考えると、商品の投機としては非常に効率が悪いツールと言える。それでも、多くのトレーダーが金トレードの刺激を求めて、商品市場に参入してくる。

　リスク許容量が小さいトレーダーや安眠したい人が、先物市場でもリスクを許容できるトレード方法がある。それがEマイクロ金先物だ。Eマイクロは、通常サイズの金先物の難点がほとんど解消されている。例えば、通常（100オンス）の金先物は1枚当たり4500〜8500ドル（ボラティリティによって変わる）という大金が必要だが、Eマイクロ（10オンス）ならば1枚当たり400〜900ドル程度でトレードできる。同様に100オンスだと、金の価格が1ドル動けば損益が100ドル変わるが、Eマイクロならば、それがわずか10ドルしか変わらない。もちろん1枚のサイズが小さい分、デイトレーダーにとってはあまり価値がない。しかし、日単位、週単位、月単位などで買って保有したり売ったりしたい人にとって、Eマイクロは優れた選択肢になる。

Eマイクロ通貨

　Eマイクロの通貨は、CMEグループがFXトレードの人気を受けて導入したサービスである。FXとは「外国為替」のことで、通貨のス

ポット市場を指す。新人トレーダーの多くは、先物市場での通貨トレードと、FXのスポット市場の違いを理解していないどころか、気づいてすらいない人もいるが、これらは別物だ。このことについて、より詳しく知りたい人は、拙著『カレンシー・トレーディング・イン・ザ・フォレックス・アンド・フューチャーズ・マーケット（Currency Trading in the Forex and Futures Markets）』を参照してほしい。簡単に言えば、FX取引は、ブローカーや流動性を提供している銀行やそのほかの金融機関で構成される概念的な市場である。私は、このような実在しないマーケットはFXトレーダーにとってはデメリットになると思っているため、通貨トレーダーには先物市場でトレードすることを勧めたい。

Eマイクロ通貨先物が登場するまでは、通貨先物に比べてFXが唯一有利な点は、小さいサイズと少額の証拠金でトレードできることだった。そこで、CMEはこの分野のシェアの低下に対処するため、Eマイクロ先物を始めた。

Eマイクロでは、クロスペア（米ドルを含まない通貨ペア、例えば、イギリスポンド/円）はトレードできない。しかし、対米ドルの主要通貨（例えば、ユーロ/米ドル）ならば、Eマイクロは大きな可能性を秘めている。

Eマイクロ先物でトレードする場合の証拠金は、通貨ペアによって違うが、170～500ドルになっている。最も人気のEマイクロのユーロ/米ドルならば、通常、証拠金は300～400ドル、ポイントバリューは1.25ドルとなっている。そのため、価格が1セント動けば（例えば、1.10ドルが1.11ドルになる）、損益は125ドル変わる。これは、通常サイズの通貨先物（証拠金が2500～5000ドル、ポイントバリューが1ティック当たり12.50ドル、1セント動くと損益が1250ドル変わる）よりも扱いやすいということは同意してもらえると思う。

計算すれば分かるが、Eマイクロは通常の10分の1のサイズになっ

319

ている。通常のユーロ／米ドル先物は、1枚当たり12万5000ユーロか
かるが、Eマイクロのユーロ／米ドルならば1万2500ユーロですむ。

　もちろん、Eマイクロ通貨をトレードしていても大金持ちにはなれ
ないが、これならば資金が少ないか、資金が中程度のトレーダーでも
分割売買や、それよりも簡単なドルコスト平均法を使うことができる。

ミニ穀物

　ミニ穀物先物は、最初に登場したミニサイズの商品の1つである。最
初に登場したとき、トウモロコシは1ブッシェル当たり5ドルを下回
っており、むしろ2ドルに近かった。また、大豆は5～8ドル近辺だ
った。「大豆が10ドル台になる」などということは、現実的なトレード
アイデアというよりも幻想に近く、サイズやリスク・リワードの見込
みが小さいことは、滑稽に近いとさえ思われていた。ところが、それ
からほんの2～3年で穀物市場は歴史的なボラティリティに見舞われ、
ミニ穀物は大きいサイズでトレードしていた人たちにとっても魅力的
な選択肢になったのである。

　Eマイクロ先物と同様、ミニ穀物もオプションは上場されていない。
しかし、このサイズならば、少ない資金でもトレードしやすいと思う。
CMEグループでは、3つのミニ穀物を提供している。ミニトウモロコ
シとミニ小麦とミニ大豆だ。ミニ穀物の流動性は理想的とは言えない
が、熟練マーケットメーカーのおかげで効率的にトレードできるよう
になっている。マーケットメーカーは、薄商いのミニ市場でも積極的
に「マーケットメーク」をしてくれている。これは、彼らがフルサイ
ズの市場を参考にして値決めをしたり、必要に応じて自らのリスクを
ヘッジしたりできるからである。リスクが小さいため、おそらくほと
んどのマーケットメーカーが少なくとも一時的には注文を「ネイキッ
ド」で執行しているのではないかと私は思っている。

ミニ穀物のサイズは1枚当たり1000ブッシェルで、1ポイントは10ドル、委託証拠金は200〜500ドルである。これは、通常サイズのちょうど5分の1のサイズで、これを使えば資金量に関係なくドルコスト平均法を使うことができる。

ミニの活用法──ドルコスト平均法

EマイクロやEミニを、退屈だとか時間の無駄だという理由で回避している投機家がとても多くいる。しかし、これはマーケット参加者にとってもトレード環境を改善する重要なステップだと思う。簡単に言えば、みんなが長期トレードをするだけのリスク資金を持っているわけではないし、商品市場の通常の波を乗り切っていくだけの資金を持っているわけでもない。そのため、彼らは分析したことが証明される前に、トレードを手仕舞わざるを得なくなることがよくある。

小さいサイズでのトレードは、基本的にレバレッジを下げ、不正確さを許容する余地も大きくなる。最高のファンダメンタルズ分析やテクニカル分析でも価格を正確に予想することはできない。完璧な世界があれば、みんなが安値で買って高値で売るが、トレード経験がある人ならば、それが不可能に近いことは分かるだろう。狙った方向に比較的正確に売買をしても、マーケットがその方向に向かう前のドローダウンを避けることはできないのだ。そのため、ポジショントレードを一気に仕掛けるのではなく、少しずつ増し玉していく戦略が理にかなっている。この考え方は第6章でも紹介したが、これを執行するならば、Eマイクロやミニを使うほうがフルサイズの商品よりもはるかに簡単にできる。

小さいサイズの先物のメリットを、金を100オンス買いたいというケースを使って紹介しよう。1つ目の選択肢は、フルサイズの先物を市場価格で買うことである。価格が1150ドルだとすると、これが良い仕

第3部　既成概念にとらわれずに投資商品を選び、戦略を開発し、リスクを管理する

掛けポイントだったことを祈るしかない。もう1つの選択肢は、Eマイクロ金先物を1150ドルで買い、1145ドルや1140ドルの指値注文を置いておく。こうすれば、仕掛けの平均価格が改善して、大きいドローダウンを恐れる気持ちも緩和されるかもしれない。さらには、仕掛けの平均値が下がれば、損益転換点も下がる。以前は、このような仕掛けのテクニックが使えるのは大口の投機家に限られていた。

　もちろん、ドルコスト平均法を執行しようとする人は、すべての注文が執行されない可能性を受け入れなければならない。もし最初に1150ドルで買ったすぐあとで価格が高騰したら、せっかくマーケットが有利に動いていても大きなポジションを持っていないことになる。

　小さいサイズで金を買いたいトレーダーも、ミニならば安心してトレードできる。証拠金も通常は1000ドルよりもはるかに少ないため、資金が少ない小口のトレーダーも、金先物を妥当なリスクで買って長期に保有することができる。Eマイクロとフルサイズの先物のレバレッジの違いを見ると、通常の100オンスの先物を1150ドルで買って長期的に保有する場合、もし価格が1100ドルまで下げると5000ドルのドローダウンに見舞われる。これはほとんどのトレーダーにとって、かなり痛い。一方、Eマイクロのトレーダーの含み損は500ドルで、むしろ平均仕掛け価格を下げるために増し玉したくなるだろう。このとき、2人のトレーダーの心境が大きく違うことは想像に難くない。こうなれば、多くの人が後者を選ぶと思う。

小口の先物取引で心理戦に勝つ

　フルサイズの先物よりもEマイクロを選べば利益が大幅に減ることは分かっている。しかし、ほとんどのトレーダーが資金を失っていることも指摘しておきたい。つまり、もしかしたら小さくトレードして小さい潜在利益を狙えばリスクも小さいため、勝率が高くなるのかも

322

しれない。Eマイクロとミニが、フルサイズの先物に比べてストレスが少ないことは間違いない。そう考えると、ミニを使うことはトレードという心理戦の勝利に近づくステップなのかもしれない。

> 「トレードは心理戦だ。ほとんどの人はマーケットと戦っていると思っているが、マーケットはあなたのことなど気にしていない。あなたの本当の敵はあなた自身なのである」
> ──マーティン・シュワルツ

　私は、人生におけるほとんどの課題において成否を分けるのは、持って生まれた才能ではなく、精神的な強さと、集中と専念ができるかどうかだと思っている。同様に、先物市場で儲かるか損するかは、トレーダーが難しい場面で冷静さを保ち、大きい利益を目の前にしたときにエゴを排除できるかどうかにかかっていると確信している。リスクとリワードが小さいときのほうが理性を保ちやすいということは、みんな同じだと思う。一方、レバレッジとトレード口座の残高の変動が大きければ、パニックを起こして有害な判断を下しがちになる。そこで、Eマイクロやミニが、破壊的な感情を寄せつけないための優れた方法になる。

Eマイクロとミニならば長く保有できる

　デイトレーダーは反論するかもしれないが、相場の方向性を正確に予想するには中長期のほうが普通は当たりやすい。次の２～３時間や２～３日に何が起こるかを予想するのはとても難しい。一部のトレーダーにとって、フルサイズの先物を建てて何週間、何カ月と保有するのは、証拠金とリスクを考えると気楽にできることではない。あまりないことだが、金の価格は１日で50～100ドルも動くことがある。フルサイズの先物で100ドル上下すれば、損益は１万ドル変わる。しかし、Eマイクロならば1000ドルの変動ですむ。要するに、Eマイクロのほ

第3部　既成概念にとらわれずに投資商品を選び、戦略を開発し、リスクを管理する

うが、時間的に余裕があるし、損益の変動も妥当な範囲なので、自分の分析やトレード計画をはるかに順守しやすくなるのだ。

Ｅマイクロ先物はすべてのトレーダーの可能性を広げる

読者のなかには、本章を読み飛ばしたり、一攫千金を目指して商品先物市場に参入するのになぜ小さいサイズでトレードしなければならないのかといぶかったりする人もいると思う。ところが実際は、先物やオプション市場に参入している人たちのほとんどが、フルサイズでトレードしても大金を得ていないのだ。むしろ、小さいサイズで、自分が耐えられるリスクのトレードをしている人は、単純に普通預金をするよりも高い確率で商品市場から利益を得ている。さらに言えば、チャンスは楽観的にとらえる必要がある。Ｅマイクロ金のトレードならば、破産するまでにはかなりの時間や努力が必要かもしれないが、フルサイズの金先物ならば、そんな悠長なことは言ってはいられない（少なくとも真顔では）。

繰り返しになるが、理論的には１日50ドル稼げば、１万ドルの資金を１年で２倍にできる。そして、そのために100オンスの金先物は必要ない。それよりも、もっと安心してトレードできる小さいサイズのほうが、目的を達成する確率は高くなる。もちろん、１万ドルの資金で毎日50ドルを稼ぐのは簡単そうに見えて、実際にはかなり難しい。

324

第13章 VIX先物のトレードは万人向けではない
Speculating in VIX Futures Isn't for Everybody

　私が『ア・トレーダーズ・ファースト・ブック・オン・コモディティ
ィース（A Trader's First Book on Commodities)』を書いたのは、商
品トレードの戦略を立てる前に、商品先物市場について知っておくべ
きすべてのことを伝えるためだった。このなかで、私は各商品市場の
詳しい情報と、マーケットごとの損益やリスクの計算方法などを紹介
した。しかし、残念ながらここで取り上げなかった市場で、CBOE（シ
カゴ・オプション取引所）に上場されているボラティリティ指数、通
称VIXの人気が急速に高まった。VIXについて先の本に書かなかった
ことと、ブローカーの顧客からVIXのトレードについて無数の問い合
わせがあることから、VIXをトレードすることのメリットとデメリッ
トについて書かないわけにはいかなくなった。ちなみに、VIXは特別
な商品で、すべてのブローカーが扱っているわけではない。そのため、
VIXをトレードしたければ、このことを念頭に置いて商品ブローカー
を探してほしい。
　CBOEはVIXを「S&P500の株価指数オプションを基に算出した値
で、マーケットが期待する短期的なボラティリティを示す重要な基準」
としている。VIXの価値はS&P500のオプションのインプライドボラ
ティリティ（オプション価格の構成要素で、将来のボラティリティの
期待値に起因する値）を使って算出されており、「恐怖指数」とも呼ば

325

> 「大事なのは正しいかどうかではなく、正しいときにいくら儲かって、間違ったときにいくら失うかということだ」──ジョージ・ソロス

れている。CBOEが1990年代初めに上場したVIXは、投資家のセンチメントとマーケットのボラティリティを示唆するバロメーターととらえている人も多い。VIXは多くの人が観察し、言及していることから、先物トレーダーはこれを見ないわけにはいかない。CBOEが情報的な指数として導入し、その後高い人気をほこるようになったVIXは、独特で影響力のある先物ツールと言える。

要するに、VIX先物は投機家に人の感情（特に、恐怖と自己満足）を直接トレードする機会を提供している。投資家のセンチメントの変化を利用して利益を上げたい人は、VIXが向いているかもしれない。ただ、そのためには大胆な姿勢で臨む必要がある。

いずれにしても、VIX先物市場には、資本をリスクにさらす前に知っておくべきことがいくつかある。まず、これは先物のなかでも最も儲かる市場ではあるが、同時に最も容赦のない市場だということを言っておきたい。また、VIXにはいくつかの独自の特徴があり、これが多くの場合、投機家に逆行するということも知っておかなければならない。ただ、リスクをとる覚悟があれば、VIXは比較的予想できるチャンスを提供してくれることもある。詳しく見ていこう。

VIXは投資ではなくトレードするもの

株や債券の投資と違い、VIXに投資しても配当や金利はないし、原資産の所有権もない。VIXの価値は、純粋に人の意見と感情と知覚をもとに決められているのだ。VIXのトレードは非常に投機的で、それはほかのどの商品と比べてもそう言える。原資産が物理的な資産ではなく、意見だからだ。ほかの商品先物取引は、レバレッジをかけたり、

収入をもたらす要素がなかったりしても、担保となる有形財がある。ところが、VIX は有形資産がないにもかかわらず、勝率が高いために魅力的な市場に見えている。

VIX はS&P500と逆相関の関係にある

通常、ボラティリティという言葉はさまざまな方向の極端な価格の動きを意味しているが、VIX とその価値に関しては、明確な方向性がある。VIX は、株価が下がると上がり、株価が上がると下がるのだ。これは、株式市場が異常なペースで高騰しているときでも変わらない。そのため、トレーダーや投資家は、株式市場が弱気のときはVIX では強気になるべきで、株式市場が強気のときはVIX では弱気になるべきである。つまり、S&P500が高ボラティリティで上昇していても、それがVIX の上昇にはつながらないのである。

VIX先物はVIX以上に時間による劣化が大きい

VIX 先物をトレードし始めたばかりのトレーダーは、Eミニ S&P500 プットオプションを買う代わりにVIX を買おうとする。これは紙の上では理にかなっているように見える。時間とともに時間的価値が低下していくプットオプションの買いと違い、先物取引は時間的価値は劣化しないからだ。しかし、VIX の場合はするのである。しかも、それがトレード口座にかなりの損失を及ぼす可能性がある。オプションを買う場合と同様に、S&P500が下げなくてもVIX の価値が毎日下がっていくことはよくある。オプションを買って、マーケットが動くのを待っている間に価値がゼロになった経験がある人ならば、この意味が分かると思う。

言い換えれば、近いうちに株式市場が下げると思っていれば、株式

327

図51　VIX先物取引は時間とともに劣化するため、もしS&P500がいつまでも下落しないと、オプションと同様に、将来のボラティリティに対するマーケットの期待がVIXの価格に織り込まれていく

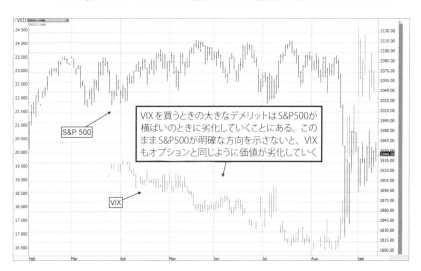

　ポートフォリオのヘッジや投機でVIXを買うこともできる。しかし、それから1～2週間横ばいが続けば、VIXはおそらく価値を失う。それは、将来のボラティリティに対するマーケットの期待値が下がるからである。

　S&P500の方向性が間違っていなくても、すぐそうはならないこともあるからだ。VIXの場合、それだけでも十分損失につながる。VIXの買いは劣化という要素があるため（**図51**）、ほかのマーケットで間違って買った場合よりも余裕がないのだ。

VIXは商品ではないが、「コンタンゴ」である

　コンタンゴ（順ザヤ）は頻繁に使われる言葉だが、きちんと理解し

表4　通常、現物市場のボラティリティ指数はずっと期先の限月よりも低い。先物の限月が期先になるほど、VIXの価値は高くなる。これは商品市場のコンタンゴと似ている

VIX現物指数	16.50
VIX先物1月限（VXF6）	17.50
VIX先物2月限（VXG6）	18.20
VIX先物3月限（VXH6）	18.60
VIX先物4月限（VXJ6）	19.00

ている人はあまりいない。これは商品業界のみで使われている言葉で、商品の現物市場と先物市場の関係を表している。また、期近の価値が期先よりも割安になっていることを表す言葉としてもよく使われている。要するに、コンタンゴは、ある商品に対してみんなが遠い将来のある時点には実際の期待値よりも多く支払うという状況を示している。例えば、2016年3月限のトウモロコシ先物が3.70ドル近辺のとき、同じ先物の9月限が3.85ドルになっているようなケースである。トウモロコシのような農産物の価格の乖離は、倉庫代や保険などの保管費用が関係しているが、VIX先物のコンタンゴは人の感情や期待の不確実性がもとになっている。しかし、この不確実性は時間の経過とともに消えていく。

　ほとんどの場合、CBOEが分析用に公表しているVIXの価値（現物市場）は、期近、つまりトレード可能な資産（おおまかな意味で）のほうが割安になっているし、その次の限月は、通常、期近よりも高くなっている。VIXはコンタンゴなので、すべての条件が同じならば、VIXの先物価格と現物価格の差は収束していくため、時間の経過とともに資金を失うことになる。

図52　VIX先物は両方向に荒い値動きを見せるが、上方のほうがモメンタムが強いことが多い

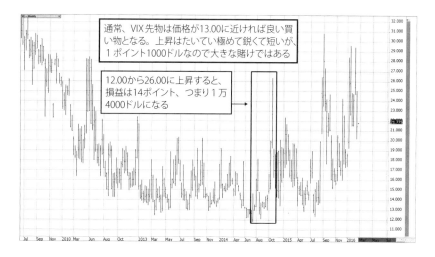

VIXは上げるのは速いが下げるのは遅い

　VIXの利点の1つに、上げるのは速いが下げるのは遅いということがある。特に、VIXが10台前半で底堅いときはそう言える（**図52**）。この特徴を利用すれば、投機的な底値買いの魅力的なチャンスが見つかるかもしれない。もしVIXが史上最安値圏で推移していれば、下方リスクがあるとはいえ、下落する可能性は上昇よりもはるかに低い。そのうえ、スキルが高いか運が良い人ならば、ボラティリティが跳ね上がる直前に仕掛けて、短期間で特大の利益を上げることができる。もちろん、このようなメリットがあっても、前述のリスクがなくなるわけではない。

第13章　VIX先物のトレードは万人向けではない

VIXをトレードする前に自分がしようとしていることを知っておく

　私は、CBOEのVIXほど問題とリスクが多い先物を知らない。しかし、正しくトレードすれば、これほど大きなリターンの可能性がある先物もやはり知らない。そのため、VIXをトレードするときはリスクとリワードについて、売買のアイデアを検討する前にすべて理解しておくことが不可欠と言える。残念ながら、経験の浅いトレーダーの多くは、VIXの厳しさを知らずに気軽に買ったり売ったりしている。しかし、それではたった1枚のトレードでも、リスクが目の前にあることに気づく前に数千ドルのドローダウンに見舞われることになりかねない。この項では、VIXトレードの利益について、損益の計算方法とトレード中に経験するかもしれないジェットコースターのような感情の動きについて書いていく。

VIX先物の仕様

　VIXがCBOEでトレードされていることはみんな知っている。ただ、CBOEが伝統的に先物ではなく、株関連の取引を扱ってきたことを考えると、これは注目に値する。いずれにしても、CBOEはVIX先物の権利を持っており、ほぼ24時間トレードが行われている。VIXの平日のトレード時間は中部時間の15時30分から翌日の15時15分までで、15時15分から15時30分の15分間だけは、CME（シカゴ・マーカンタイル取引所）のEミニS&P500先物に合わせて取引が行われていない。

　VIXの1ティックはトレーダーにとって10ドルの価値がある。つまり、もしVIXが13.00から13.01に動けば、損益は10ドル変わる。ちなみに、VIXの最小ティック（価格の動き）は0.01だが、VIXが1ティック動くことはめったにない。また、ビッド・アスク・スプレッドは通

331

常５ティック（50ドル）と、ほとんどの先物市場よりも開いている。そのため、価格も５ティック刻みで変動することが多い。面白いことに、ビッド・アスク・スプレッドが開いているのは流動性がないからではない。VIX先物の出来高は、１日１万枚を超えているのだ。

　当然ながら、VIXが13.00から14.00に動けば、買っていた人は1000ドル（10ドル×100）の含み益ができるが、売っていれば1000ドルの含み損になる。商品トレードのリスクとリワードを計算するヒントは、必ずプラスの数字で計算することである。つまり、必ず高い価格から低い価格を引き、それにティックの価値（この場合は10ドル）を掛ければ、結果は利益か損失の絶対値になる。もちろん、安く買って高く売ったときは利益だし、高く買って安く売ったときは損失になる。

　これまで書いてきたとおり、VIXは通常ゆっくりと下がるが、上がるのは速い。このことを知っておけば、VIXが長期的な安値近辺にあるときは、積極的にトレードする魅力的なチャンスかもしれない。また、リスクは小さくなくても比較的限定されているのに対して、潜在利益は無限に近いと考える人たちもいる。

　ただ、VIXはＥミニＳ＆Ｐ500やそれ以外の先物と違ってCMEでは取り扱っていないため、トレードの仕方がかなり違う。新人トレーダーがVIXのトレードでよく経験する問題は、かけ離れたビッド・アスク・スプレッドと、注文の出し方である。例えば、CBOEは流動性の懸念から、夜間取引の時間帯（15時50分から翌日の８時30分）には成り行き注文を受け付けない。つまり、オーバーナイトの時間帯にVIXの注文を出すときは、売買したい価格を決めて指値で注文しなければならない。このこと自体は大変ではないが、うまくいっていないトレードを手仕舞いたい場合、指値で売り注文を出すたびに拒否されたらどうだろうか。私も先物ブローカーをしていると、パニックを起こした顧客から、プラットフォームかブローカーの注文用サーバーに問題があるのではないかという電話が大量にかかってくる。しかし、実際

には顧客がVIX先物をきちんと理解していなかったにすぎない。

　同様に、CBOEも伝統的な損切り注文を受け付けない。このことも、普通に損切りを置くつもりでVIXを仕掛けた人たちのパニック感情を急速にあおることになる。損切り注文を出そうとすると、受付拒否の通知が返ってくるからだ。ただ、VIXトレーダーでも、スリッページを覚悟してストップリミット注文を出しておくことはできる。おさらいしておくと、損切り注文は指定した水準に達したら、現在よりも高い価格で買うか、現在よりも安い価格で売る注文である。指定した損切り価格がビッドかアスクと一致すると、その注文は成り行き注文になって、即座に執行される。とはいえ、CBOEが先物市場が成り行きに変わった注文を妥当な価格で執行できるだけの流動性を保証しているわけではないし、そもそも損切り注文を禁止している。一方、ストップリミット注文は、指定した価格に達すると成り行き注文になるが、指定した指値でしか執行されない。そして、もし執行できなければ、注文は無効になる。これは、大きく動いているときに、間違った方向に仕掛けてしまったトレーダーにとっては悪夢になる。損切り注文が執行されなければ、無限のリスクにさらされることになるからだ。要するに、取引所がトレーダーが指定した範囲で損切り注文を執行できなければ、損切りがなくなって無限のリスクを覚悟するしかない。CMEの取引所以外で取引されているVIXやミニサイズ（Eマイクロではない）の金先物と銀先物は、伝統的なストップロス注文を出すことができない。このことが、株式先物のトレードを商品先物のトレードよりも難しくしている。

VIXのポイント

　これまで書いてきたとおり、VIXは通常ゆっくりと下がるが、上がるのは速い。このことを知っておけば、VIXが長期的な安値近辺にあ

第3部　既成概念にとらわれずに投資商品を選び、戦略を開発し、リスクを管理する

るときは、積極的にトレードすると、魅力的なチャンスがあるかもしれない。また、リスクは小さくなくても比較的限定されているのに対して、潜在利益は無限に近いと考える人たちもいる。

第4部 学んだことを実行に移す

第**4**部 Implementing What You've Learned

　もし本書から何か1つ知識を身に付けるならば、商品先物売買には正しいトレードも間違ったトレードもないということを覚えておいてほしい。これまで、あらゆるトレード戦略や分析ツールを使って何百万ドルものお金が生まれたり、失われたりしてきた。そのなかで、マーケットでの成功が数学や科学ではなく、むしろすべては心理と技術にかかっていることを、理解できていない人たちがいる。

　お金を儲けるためにはストレスとパニックではなく、自分が安心と自信が持てる状況でトレードできる方法を見つければよい。トレードはどのような手法でも、精神的な困難を克服できた人のみが成功できるのである。

　トレードは、特にレバレッジをかけると、難しくなることはみんなが知っている。そのため、素晴らしいトレードでも、間違いを犯すとリスクが簡単にリワードを上回ってしまうことがある。高くつく不幸を最小限に抑えることは、ときどきある勝ちトレードよりもはるかに最終結果に貢献するのかもしれない。お金を儲けるにはどれだけ稼ぐかよりも、どれだけ損失を出さないようにするかが大事だということに、私も時間はかかったが、やっと気づいた。

第14章 生死を分けるヒントと技
Tips and Tricks to Live or Die by

　私は長年をかけて、トレードですべきこととすべきでないことをまとめてきた。これらが、破滅的な感情を寄せ付けないための役に立つと信じている。聖杯と言える戦略や、トレード利益を保証する手法などは存在しないが、これから紹介する単純な指針がトレード結果を大きく改善する助けにはなると思う。

マーケットを追いかけない

　私は商品先物ブローカーをしながら、自分を含めて多くの人が間違いを犯すのを見てきた。なかでもひときわ多いのがマーケットを追いかけてしまうことだ。最大の問題は、これがストレスと間違った判断につながる感情的な行動で、それがトレードのしすぎにつながることである。

　人間は、不確実なことを嫌う。しかし、トレードや投資などは、どのマーケットでも、将来起こることはほぼ分からない。それでも、多くのトレーダーが、仕掛ける前に何らかの確認を取ろうとする。そのため、多くの人がマーケットが力尽きかけたあとに強気になり、価格が下げきってから弱気にな

> 「何もしないことは、ひどく難しい」
> ──オスカー・ワイルド

337

る。買う前に高値を追いかけ、売る前に安値を追いかけてしまうのだ。そして、やっと仕掛けを決意したあとにトレンドが反転したら、結果は悲惨なことになる。

　高く買ってより高く売りたい、または安く売ってさらに安く買い戻したいという行動の背後には、トレンドが継続するという考えがある。ほとんどのトレード本には、「トレンドはフレンド」という言葉が出てくるから、私たちは価格を追いかけてしまうのかもしれない。多くの人にとって、大事なお金を賭ける前にマーケットが望む方向に動いていることが分かっているほうがずっと安心できる。しかし、それをすれば、高く買って安く売るという明らかに望ましくない行動になりかねない。第2章「商品先物のテクニカル分析」でトレンドトレードのデメリットについて述べたとおり、トレンドの確認に時間がかかれば、もっとも安心して買えるときは、まさに売ることを考えるか、少なくとも傍観すべきときである可能性が高い。この残念なサイクルは、あらゆるタイプのマーケットで幾度となく繰り返されている。有名なケースをいくつか挙げると、2006年の不動産バブル、2009年のS&P500の底、2011年の金と銀の高騰、そして、最近では2014年の原油価格暴落がある。この先も同じような例が出てくることは間違いないだろう。マーケット参加者は、強欲に目がくらんでしまうようだ。

　価格を追いかける人にとっては皮肉なことだが、商品先物市場はなぜだか分からないが、多くのトレーダーが最高の痛みを被るタイミングで反転する。人は大きな利益を狙おうとすると、感情が論理を上回ってしまう。2015年7月に、主要な株価指数が史上最高値に迫っていたとき、強気のセンチメントが屋根を突き抜け、買いの資金がマーケットに流れ込んだ。反対に、8月に中国の株価下落の話題が広まると、小口トレーダーは強気のポジションを清算して、すでに300ポイント（10%超）近く下げていたEミニS&P500先物を、ほんの2～3日で売り始めた。しかし、そのあとすぐマーケットはほぼ回復した。遅めに

参入して、高値近くで買い、安値近くで売った人が被った痛みを想像してほしい。実際に何が起こったかを知ることはできないが、プライスアクションを観察し、CFTC（米商品先物取引委員会）のCOTリポートを見れば、多くのトレーダーがこのような状況に陥っていたと考えられる。

　歴史的な水準まで達してから参入すること（例えば、2015年8月にEミニS&P500を買う）の問題点は、それほどの高値に達するまでに価格がすでにかなり動いているということだ。そこまで行くと、強気の人はみんなすでに行動を起こし（買い）、弱気の人はすでに降参している（売りポジションを手仕舞っている）。価格はいずれ頂点に達し、そこに買い手は残っていない。つまり、トレンドが劇的に反転する可能性が広がっている。先に紹介したS&P500の例でも、まさにこれが起こっていた。そして、「ミニクラッシュ」とも呼ばれている出来事が起こった直後には、反対に売りが枯渇し、価格が上昇に転じたのである。

　業界のチャットやトレード関連のフォーラムなどを見ていると、大勢のトレーダーが下落時に買いポジションで身動きがとれなくなったり、奇跡的な復活劇のなかで売りポジションにしがみついたりしていることが分かる。チャートを見れば、彼らの痛みは明らかだ。下げているときは、追証やパニック売りによって価格が劇的に下がるが、騒ぎが収まると、上昇の見通しのなかで売りポジションを抱えた人が困惑することになる。上昇はゆっくりではあるが、証拠金は必要で、その苦しみを終わらせようとすると、価格はさらに上がる（新たな買いによってではなく）。S&Pは上昇するときも、下落するときも、同じような人たちを破綻させているのである。

　結局、商品に関するエピソードや意見が広まったときには、先物市場はすでにそれを反映して天井や底に達している。トレードは、ウォール・ストリート・ジャーナル紙の記事に基づいて売買すれば成功す

第4部　学んだことを実行に移す

るほど簡単なことではない。新聞やニュースで報道されていたり、友人が話したりしている時点では、便乗するには遅すぎる。そのときは間違った方向に仕掛けるよりも、見送ったほうが痛みははるかに小さくなる。2015年8月に中国の成長が鈍化したニュースを聞いて、Ｅミニを1800台で売った人に聞いてみれば分かる（第5章、**図33**）。

トレンドの反転を狙うならば、少し待ってみる

その一方で、マーケットを追いかけない人は、トレンドの反転を見越して仕掛けるのが早すぎることもよくある。マーケットの反転を正確に予想できるなどと考えるのは合理的ではないが、スイングトレーダーはそれをしようとしている。仕掛ける前に確認がとれるまで過度に待つ人たちと違い、スイングトレーダーは早すぎるリスクや、もっと悪ければまったく間違っているリスクをとる。もちろん、どちらのシナリオももどかしいし、高くつくことになりかねない。そのため、ここはしっかりと計画を立てて行動しなければならない。例えば、ヘッジをする（オプションの買いか売り）、間違う余地が大きい作戦にする（オプションを売ったり、マイクロ先物を使ったりする）などといったことが、投機を成功させるためには必要だ。スイングトレーダーのなかには、せっかく逆張りしても、その動きに十分乗り切らなかったり、負けトレードを長く保有しすぎたりするという有害な間違いを犯す人があまりにも多い。皮肉なことに、それをすると必然的に最悪なタイミングでトレードを終えることになる。このようなときにすべきことは、ウォーレン・バフェットの「みんなが強欲になっているときは恐れ、みんなが恐れているときは強欲になれ」という言葉に尽きる。ただ、私たちの感情が、その逆をさせようとする。

私たちはマーケットの動きは支配できないが、マーケットの動きにどう反応するかは自分で決めることができる。賢い判断を下すために

340

は、恐怖や準備不足で早々に逃げ出すのではなく、トレードを最後ま
で全うできるような戦略を立ててほしい。

手に入った以上を望まない

　勝ちトレードについて、何時間もかけて
商品チャートや統計や資料を調べた結果だ
と言うのは簡単だが、現実的に言えば、良
いトレードには多少なりとも運がかかわっ

> 「参入し、うまくやり
> 遂げ、撤退する」――
> ドナルド・トランプ

ている。価格の動きを正確に予想できる人はいないが、その代わりに、
私たちは知識に基づいてマーケットを打ち負かすための推測をしてい
る。ただ、その確率が必ずしも有利ではないことは分かっている。そ
のため、正しいときに正しいところにたまたまいて、短い時間で素晴
らしく有利な動きをとらえることができたときは、普通は即座に利食
って逃げ出したほうがよい。少なくとも、その利益を守るための行動
をとるべきだろう（例えば、先物ならばトントンのところに損切りを
置いたり、自分のポジションと対立するオプションを売って、幸運な
利益が減り始めた場合のクッションにしたりする）。

　エゴはまだまだ儲かると主張するが、実際のマーケットは利益を与
えるのと同じか、それよりも素早く奪い取ってしまう。そのため、ポ
ジションについてぐずぐず考えていないで、利食ったらすぐに立ち去
らなければならない。2008年の暴落のとき、私はあるトレーダーがE
ミニS&P500のディープ・アウト・オブ・ザ・マネーのプットを買っ
て１万ドルのトレード口座を何週間かで約50万ドルまで増やしたのを
実際に見た。彼がプットを買ったとき、私は彼が１万ドルを宝くじよ
りも多少マシな、勝率の低い賭けに投じたと思ったが、結局、彼が予
想した前例のない株価暴落が的中した。残念なのはそのあとで、彼は
その利益どころか最初の投資額まですぐにマーケットに返すことにな

341

った。これは極端な例かもしれないが、残念ながら似たようなケースはいくらでもある。ラスベガスでブラックジャックをするならば、勝ったところでテーブルを離れるべきだが、それと同様に、マーケットでも運良く大金が手に入ったときは、すぐに撤退しなければならない。

勝ちポジションと反対方向のオプションを売る

トレーダーのなかには、利益を確定するのが苦手な人がいる。まだ利益チャンスが残っている間に手仕舞うのが耐えられないのだ。しかし、現実的には最高の水準で仕掛けて、最高のところで手仕舞うことなどできない。つまり、手仕舞うのは少し早めか少し遅めになる。しかし、勝ちトレードと対立するオプションを売れば、いいとこ取りができる。そうすれば、潜在利益に上限がつくが、その代わりにプレミアムが入って、それ以降に逆行してもクッションとして機能してくれる。勝ちトレードと対立するオプションを売ることは、カバードコール戦略と似ていなくもない。無限の利益をあきらめる代わりに、プラスでトレードを終えるか、少なくともそのポジションを持ち続けるリスクをかなり減らすことができるという安心感が手に入る。この戦略は、勝ちトレードを負けトレードに転換しないという考えに基づいている。

このテクニックは、オプションの買いや先物の買いや売りにも使える。例えば、金先物を1200で売った場合を想像してほしい。もし今の価格が1150ドルだとすると、利益は50ドル、1枚当たり5000ドルになっている（金は1ポイントが100ドルなので50ドル×100ドル）。トレーダーは、この金先物を買い戻して利益を確定してもよいし、利益を確定できるところに損切りを置いて、さらに下げるのを待ってもよい。

もちろん、損切り注文に伴うリスクや問題はみんな分かっている。そこで、もう1つの選択肢として、相場が急転換したときに利益を守る

第14章　生死を分けるヒントと技

ため、コールオプションを買うという方法がある。ただ、前述のとおり、この種の保険は高くつくこともある。私は、トレンドが続けば潜在利益がさらに増えるポジションを守るための最善策は、マリードプットだと思う（カバードコールと同じ戦略だが、先物の売りとプットの売りを組み合わせる）。金の場合、ボラティリティによってはアット・ザ・マネーのプットを40〜50ドル（１枚当たり4000〜5000ドル）のプレミアムで売ることができる場合もある。今回の例では、アット・ザ・マネーのプットは行使価格の1.150ドルで、受け取ったプレミアムが収入になるだけでなく、先物ポジションのリスクバッファーにもなっているウィンウィン戦略なのである。

　この例で、仮に1150ドルのプットオプションを50ドル（１枚当たり5000ドル）で売れたとしたら、先物で得た利益の50ドルは確定する。もし金が反転して満期日に仕掛けた1200ドルに戻ったとしても、5000ドルの利益は確定しているのだ（取引コスト別）。先物の利益はすべてマーケットに返すことになっても、ヘッジのために売ったオプションのプレミアムが先物の利益をヘッジしているからだ。しかし、もし金が下げ続けてプットの行使価格の1150を下回ったら、満期時にトレーダーは１万ドルの利益を手にしている。先物が1200ドルから1150ドルに下げたことによる利益の5000ドル（（1200－1150）×100ドル）と、プットオプションのプレミアムの5000ドルの合計である。ただ、1150ドルを下回って下げても利益が増えないのは、売ったプットの本質的価値が価格の下げに合わせて上がっていくからだ。簡単に言えば、1150ドルを過ぎると、先物の売りで得た利益と、プットの売りの損失が相殺されていく。しかし、受け取ったプレミアムは利益として確定している。このオプションの本質的価値は高まっていくが、時間的価値は満期にはゼロになる。具体的に言えば、もし満期時に金が1100ドルならば、プットオプションの本質的価値は5000ドル（（1150－1100）×100ドル）だが、時間的価値はゼロになる。そのため、トレーダーは外

343

因性プレミアムの恩恵を受けるが、本質的価値が上がるリスクは先物の売りポジションと相殺される。このことは、金が満期時に1100ドルでも、100ドルでも変わらない。プットを売って5000ドルの追加的な利益を得ることで、リスクを緩和できるのは、なかなか魅力的な提案だと思う。

　もちろん、もし金が1200ドルを上回れば、ヘッジとして売ったプットはメリットがなくなるため、先物のポジションはネイキッドの売りになる。それでも、もし金が満期日に1200ドルならば、トレーダーは5000ドルを手にしている。先物の売りはトントンに戻ったが、5000ドルで売ったオプションの価値はなくなっているからだ。

　マーケットが急転換すると、先物の売りポジションにヘッジがなくなってしまうため、勝ちトレードと対立するオプションを売ってプレミアムを得るテクニックのほうが、オプションを買ってリスクを限定するよりも効果が高い。先の例のトレーダーが先物を売る代わりにアット・ザ・マネーのプットを買えば、利益はかなり減る代わりに、ポジションをリスクフリーに転換することができる。もし1200ドルのプットを50ドル（１枚当たり5000ドル）で買って、先物が1150に下がれば、例えば約3000ドルの利益が上がると想定できるが、満期まではかなり期間がある。そうなったとき、オプションの価値は80ドル（１枚当たり8000ドル）になる。ここまで読んで、先物を売れば5000ドルの利益が出たのに、なぜ3000ドルなのかと思う人がいるかもしれない。これは時間的価値が劣化したことと、プットオプションのプレミアムを支払ったからである。

> 正しいタイミングで行えば、含み益が出ているオプションの買い手はその反対方向のオプションを売ることで、リスクフリーのトレードに転換できる。

　プットの買い手は、単純にこのオプションを売って3000ドルの利益（手数料別）を確定することもできるし、1150のプットを5000ドルで売

って、ベア・プット・スプレッドを実質的にゼロにすることもできる。ベア・プット・スプレッドは、プットをアット・ザ・マネーの近くで買うと同時に、行使価格から離したプットを売ることである。このようなスプレッドによって、リスクもリワードも限定されるため、これはオプションの買い戦略に分類されている。

1150ドルのプットを売ると、そのプレミアムで最初のオプションに支払った5000ドルを十分カバーできる。そうなれば、少なくともトントンになることは保証されているし、何らかの利益が出る可能性が高い。もし金が1200ドルを超えれば、どこまで高騰しても、オプションの買いとオプションの売りが満期になるときには無価値になっているため、トントンで終わる。それに対して、先物トレードでプットオプションをクッションにしたものの、金が1200ドルを大きく超えれば理論的には無限のリスクがある。もし金の価格が満期を迎えたときに1150ドルを下回っていれば、5000ドルの利益が上がる。これは、行使価格からスプレッドを仕掛けるコスト（[（1200 − 1150）− 0] ×100ドル = 5000ドル）を引いた値になる。この例では、以前に1200ドルのプットを買ったときと同じ価格で1150ドルのプットを売ることができるため、スプレッドを仕掛けるコストは通常の取引コストのみとなる。ちなみに、金の価格が1200〜1150ドルの範囲ならば、利益は1150ドルのプットの本質的価値と同じになる。

この戦略は、運が良ければ安いオプションを買って（たいていはディープ・アウト・オブ・ザ・マネー）、一世一代の動きの正しいサイドにいた場合は最高の結果につながる。そのようなときは、行使価格が遠いオプションを売って、利益が保証されたベア・プット・スプレッドに転換することもできる。1200ドルのプットを、金が1200ドルに下がるはるか前に500ドル（プレミアムは5ドル）で買っていたらどうなるか想像してほしい。1150ドルまで下げれば、7500ドルの利益（オプションの価値が8000ドル、支払ったプレミアムが500ドルとして）が手

第4部　学んだことを実行に移す

に入る。このトレードでは、1150ドルのプットを5000ドルで売って、金価格がどうなっても最低4500ドルの利益を確保している。最高のシナリオは、満期時に金先物が1150ドルを下回った場合で、そうなれば全体で9500ドルもの利益が上がる。その内訳は、プットオプションのプレミアム収入と本質的価値を合わせた1200ドルから、このプットに支払った500ドルを引いた値である。

$$[(1200-1150)＋50-5]×100ドル＝9500ドル（手数料別）$$

傍観も選択肢の１つ

> 傍観していれば損失は出ない。

　小学生が小遣いをもらうとすぐに使いたくなるように、トレーダーも口座に資金があると、すぐに使いたくなる。私たちは資金があれば常に投資しておかないと機会損失だと思うようにできている。しかし、それは真実とはまったく違う。実際には、トレード口座や普通口座やそれ以外にある資金は、特別のチャンスが訪れたときに、即座に使うことができるお金なのである。傍観することには、いくつかのメリットがある。マーケットを客観的に見ることができるし、マーケットが大きく動いたときに行動する自由がある。マーケットでポジションを持っている人は、分析にバイアスがかかる。そして、ボラティリティが高くなると、攻撃よりも防衛に力を入れる。また、マーケットが大きく動いたときに、すでにポジションを持っているとあわててリスクを管理することになるが、傍観している人にとっては割安で買いを仕掛けたり、割高で売りを仕掛けたりできるチャンスとなる。

　簡単に言えば、傍観することはチャンスを逃すことではない。これは資金を守り、高勝率のトレードチャンスが来たときに備えているのである。

我慢ができないならばやめておく

　気難しいシェフのゴードン・ラムゼイが、テレビ番組の「ヘルズ・キッチン」で「お前なんかオーブン入っててくれたら楽なのに」と言い放ったことがある。私はこれを、「熱さに我慢できないならば、料理なんかやめてしまえ」ということだと解釈した。トレードも同じだ。これは機転と精神の安定が求められる戦いだ。医療現場では血を見ても動揺しない人が求められるのと同じで、トレードもそのストレスを受け止められる人でなければやっていけない。もし損失を被ったり利益が上がったりしたときに冷静さを保ち、合理的に考えることができない人は、トレードには（少なくとも大金を賭けるのには）向いていないのかもしれない。

　商品市場での先物やオプションのトレードは、だれにでもできることではない。実際、私も商品ブローカーになって10年以上たってからも、ときどきなぜこんなことを自分に課しているのかと思うことがあった。幸い、そのような日はたまにしかなく、今ではほとんどの時間、仕事を楽しんでいる。ただ、それでも商品先物市場でのトレードは簡単ではないと確信している。トレードをするときは、最も堅実で、賢くて、裕福な人でも、忍耐と自信と財力が試されることになる。商品市場は別れた配偶者と同じで、人の最悪の面を引き出す力があるのだ。トレードに伴う感情の乱れを受け入れることができないならば、この苦しみに身を投じるべきではない。

　さらに言えば、自分の資金や理性の限界を超えてトレードしてはならない。それをすれば、誤った判断を下し、お粗末な結果を招くことになる。また、自分が

> 「連敗したときは、トレードを減らすことで対処している。少し時間を置くのだ。連敗しているときは精神的に打ちのめされている。そんなときに取り返そうとしてトレードしたら、致命的な結果を招くことになる」──エド・スィコータ

睡眠が足りていないとか、不合理な考えや不合理なトレードをしていると感じるときは、ポジションをマルにして、パソコンから離れてみるとよい。

はっきり言って、マーケットは意地悪だ

商品先物市場の性質を表すもっと軟らかい言い方があればよかったのだが、「意地悪」よりもぴったりくる言葉が見つからない。商品市場には、ほとんどの人に大惨事をもたらす才覚がある。マーケットでは、損切りが続き、証拠金不足で強制的に清算され、胃がよじれるようなボラティリティに見舞われることがある。長年トレードしていれば、マーケットに泣かされることもあるし、筋肉隆々の男性や大金持ちが文字どおりむせび泣くのを実際に見たこともある。もちろん、落胆は金銭的な損失もあるが、間違ったことによる痛みが感情に打撃を与えることも多く、それがトレーダーを追い詰める。また、レバレッジを乱用していたり、本当の意味でリスクキャピタルではない資金でトレードしていたり、単純に間違ったタイミングで間違ったポジションを持っていたりすると、商品トレードが結婚生活や人生や老後の備えを破綻させることにもなりかねない。マーケット参加者1人ひとりが自分がしようとしていることを理解して、責任ある方法でトレードを計画する必要がある。資金を株式市場やスポーツくじに投じたり、ポーカーをしたりするのと違って、商品トレードではある程度のリスクをとることになるため、きちんと管理しなければ傷を負うことになる。ただ、自分の資金の範囲でトレードしていれば、破綻は避けることができる。

トレードによる精神的な苦しみを緩和するには、トレード1つひとつに最悪の結果を想定して仕掛けたうえで、最善の結果を願うとよい。これは、リサーチをしないで不注意に仕掛けるなということではなく、

348

最も健全なファンダメンタルズ分析とテクニカル分析に基づいて仕掛けても、将来のことは分からないという事実を認識すべきだということであ

> 「われわれが最も誇りとしているのは、けっして失敗しないことではなく、失敗してもそのたびに立ち上がっていることである」——孔子

る。市場価格は感情で動く人間に支配されている。そして、ある出来事に対してみんながどう反応するかを、絶対的な自信を持って予想できる戦略など世界のどこにもない。例えば、天然ガスの在庫に関する強気の報告書が出たのに売られたり、雇用統計の数字が下がったのに株価指数先物が買われたりすることは珍しくない。市場価格を見ただけでは、良いニュースなのか悪いニュースなのか見分けがつかないこともある。結局、マーケットはニュースが示唆することではなく、マーケットが望む方向に動いているだけなのだ。

トレードを仕掛ける前に、主要な支持線と抵抗線、損切りの場所、オプションのプレミアムなどを調べて、最悪のシナリオを想定してほしい。もし最悪のケースを考えるだけで胃が痛くなるのならば、そのトレードはあなたには向いていないのかもしれない。

おしゃべりはやめて調べる

戦略を立て、市場の意見を分析し、仕掛けや手仕舞いのタイミングを決めるときには、自分で調べないと精神的な安定を保つのが難しくなる。

> 「本当の実力は、危機に陥ったときに初めて分かる」——マーティン・シュワルツ

「マーケットのカリスマ」や、ニュースレターやシグナル提供サービスをあまり信用してはならない。高い料金をとっていても、メディアで人気を誇っていても、彼らの状況は私たちとさして変わらない。私たちはみんなマーケットを打ち負かそうと思っているが、みんな自分が

第4部 学んだことを実行に移す

間違う可能性と必然性には弱い。そこで、少なくとも、第三者の意見や推奨の裏付けがあると、利食ったり、損切りしたりする判断を下しやすくなる。しかし、このような判断を他人に委ねていると、いずれ失望し、腹が立ってくる。「私は自分のブローカーよりも詳しい」「なぜこんな人に顧問料を支払っているのか」などと考えるのは自然なことだが、それが判断力に悪影響を及ぼすのだ。しかし、自分で調べて同じ結論に至るか、少なくとも使っているサービスに同意できるならば、結果を受け入れることができる。

　他人の推奨に基づいてトレードを仕掛けている人は、過度に満足する傾向がある。しかし、彼らのポジションに対する安心感は、たいてい根拠がない。他人の能力を非現実的に信頼していると、莫大な損失を被る可能性があるのだ。あなたが信頼する自己主張の強いトレーダーがときどき間違えていると気づいたときには、もうあなたのトレード口座は手遅れかもしれないということだ。ほとんどの小口トレーダーは、トレード推奨サービスが勧める金額よりも少ない額でトレードしている。言い換えれば、トレードサービスの多くは、相手が平均的なトレーダーよりも多くの資金を持ち、リスク許容量も大きいものとして助言を行っている。そのため、助言に従ってトレードを続けていればいずれ利益が上がる場合でも、その前に大きなドローダウンに見舞われたり、それによって破綻したりしてしまう人が多くいるのである。

　他人の推奨に従ってトレードする場合に最もよくある落とし穴は満足感だが、なかにはその逆の問題を抱えている人もいる。彼らは信頼することができないために、仕掛けるのが遅くなったり、早めに手仕舞ったりしてしまうのだ。しかし、このようなタイミングのずれは、トレード結果に悪影響を及ぼしかねない。

　結局、カリスマの助言に従うならば、それは有利かもしれないが、保証はされていないということを理解しておく必要がある。執行するト

レードは、すべて自分の考えや分析によって確認しなければならない。そして、もしそのトレードの根拠に同意できなければ、執行すべきではない。同意できていないと、仮にそれが勝ちトレードだったとしても、自らそれを阻むような行動をとってしまうかもしれないからだ。

地に足をつけ、現実を直視する

悪いときも冷静さを保ち、良いときも浮かれないのが、形勢を逆転できる人である。これまで繰り返し書いてきたとおり、儲かる人と損する人の違いは、分析技術よりも心理によるところが大きい。忍耐や冷静さがない人は、マーケットを追いかけて勝率の低いトレードを仕掛けたり、自分の選んだ戦略の成否を見届けなかったりする傾向がある。安く買って高く売ることを目指しているのに、感情を抑制できないトレーダーは、結局はその逆をしてしまうことが多い。

商品先物トレードで成功するための安定した精神を生まれながら備えている幸運な人も、少数だがいる。しかし、ほとんどの人はそれを経験を通じて学んでいかなければならない（しかもみんながやできるわけではない）。多くのトレーダーが先物やオプションをトレードする精神力を身に付けることができないのは、そのスキルを鍛えるために十分な授業料をマーケットに支払うことができない、あるいはしないからだ。残念ながら、悲惨な状況において論理的な判断を下すための方法を教えてくれる本やビデオはない。しかし、ストレスの軽減を促す環境を作り出すことで、効率的にトレードするために必要な手段が身に付く確率を上げることは可能なのである。

> 私たちは自分の感情もマーケットもコントロールすることができないが、自分の状況や環境はできる。

経験不足を補うことはできないし、自分の性格を変えることもできないが、自分の環境とストレスにさらされる量を変えることはできる。

351

私は、次のような簡単な指針を使えば、精神の過度な緊張や感情的な判断の影響を驚くほど減らすことができると思っている。

● 十分な睡眠をとる。疲労は、私たちの体にも心にも負担になる。
● 適切な食事と栄養をとる。トレード画面の前でコーヒーをすすり、ドーナッツをかじってばかりいたら、行きすぎた判断を下すようになるのは間違いない。
● 体操は心にも体にも良い。積極的に体を動かすよう心掛ける。商品市場はほぼ24時間開いているが、あなたがトレードデスクにずっと張り付いている必要はない。
● トレード数を減らし、傍観するのを恐れず、時にはマーケットから離れる時間をとるのもよい。
● 複数のトレードはストレスを倍増させる。トレードは少ないほど効果が高い。
● 感情を抑制する速くて簡単な方法は小さいサイズでトレードすること。「小さい」の意味はトレーダーによって違い、1枚かもしれないし、ミニ1枚、マイクロ1枚かもしれない。小さいサイズのトレードは時間の無駄ではない。1日に50ドルの利益が上がれば、年収は1万2000ドルになる。そして、複数のトレードをしなくても、良いタイミングで1回仕掛けることができたら50ドルの利益は十分出る。
● 怒っているときや、参っているとき、落ち込んでいるとき、何か気がかりなことがあるときは、トレードしない。マーケットはなくならないのだから、あなたがもっと良い状態のときにトレードすればよい。

賭けはするが、現実を理解する

レバレッジをかけたトレードは確率の勝負だが、勝率が高くても必

ず勝てるわけではない。広範囲の分析をきちんと行って魅力的なチャンスに賭ける最高のトレーダーでも、結果的に間違ったサイドに行ってしまうこともある。時には、もっとも可能性が高い結果にならずに、大きな損失につながるシナリオが展開することもある。マーケットには、季節性もファンダメンタルズ分析もテクニカル分析も関係ない。このことが分かっていると、現在や将来のトレードの損失による精神的な打撃の影響を緩和することができる。マーケットをコントロールすることはできないが、自分の反応の仕方だけはできるのだ。

　成功するトレーダーの多くは、勝率が平均50％を下回っている。オプションの売り手はもう少し勝率が高いかもしれないが、トレンドトレーダーの勝率はもっと低いかもしれない。ただ、トレードは最終的にはゼロサムゲームだ。勝者がいれば敗者がいるし、その逆も言える。そのため、商品市場の活動は、どれも現実的な期待とともに行わなければならない。トレーダーの約半分が損失に終わっているが、損失は明日もトレードが続けられる範囲に抑えなければならない。

　今日のテクノロジー主導の世界では、戦略や特定のトレードの勝率を計算するためのトレードソフトが普及している。しかし、その人気とは裏腹に、その有効性に私は疑問を感じている。それは、瞬時に変わる条件に基づいて答えを出しているからだ。オプションの勝率計算機の多くは、ディープ・アウト・オブ・ザ・マネーだと勝率が非常に低く出る。これは明らかに正しいが、この結論は、その時点のマーケットのボラティリティやセンチメントに基づいているため、来週のニュースの影響や、その翌週の自然災害の影響まで織り込むことはできない。要するに、今日の現実が必ずしも明日の真実ではないということである。

> 今日の有利な勝率が、明日も同じだと思ってはならない。勝率は、現在のシナリオに基づいているが、現実はこのトレードが終わる前にまったく変わってしまうかもしれない。

98％成功するつもりで特定のオプションを売っている人は、損失の可能性がわずか２％しかないと信じて、含み損が合理的な水準を超えてもそのポジションを呑気に保有し続けるかもしれない。しかし、同じ計算機が、何か形勢を一変するファンダメンタルズ的な出来事のあとにはまったく違う確率を示すこともある。私は、90％台後半の確率で満期には無価値になると言われていた50ドル未満の原油オプションが、ほんの数時間の間に数百ドルに跳ね上がって、無価値になる確率も50％に落ちたケースを実際に見たことがある。

いつまでもつもり売買を続けるのは非生産的

世の中には、つもり売買ばかりしている人がたくさんいる。私にはそういう人たちから、究極のトレード手法を開発したから私や私のブローカーの顧客のために「２＋20」（管理費２％、成功報酬20％、第10章参照）で運用したい、という電話やメールがたくさん来る。しかし、私が質問を始めると、彼らの多くが一般向けの運用サービスを勧誘する場合に義務付けられているNFA（全米先物協会）の登録すらしていないことが分かる。そのうえ、この黄金の手法を実際の資金で運用していない人も多い。彼らはその代わりに、複数年のつもり売買の結果を見せようとする。おそらく、彼らは自分の口座で試して失敗したか、「確実」だと断言している手法を試すためのリスクキャピタルを持っていないのだろう。いずれにしても、このような状況で交渉がまとまるわけがない。前者ならば、そのシステムは相当額の資金をリスクにさらさなければうまくいかないのだろうし（つもり売買の口座には無限の資本がある）、後者ならば少額の資金を貯めて実際の商品トレード口座を開設するという正しい決断すらできていないため、他人の資金を運用するのに適した人ではないと思われる。

このような「プロのつもり売買トレーダー」は、空想上の口座で７

桁の資金を運用しているが、現実の世界で利益を上げる方法は分かっていない。これは、つもり売買の場合、トレードで成功するための最大の要素である精神的な安定という点をほぼ完全に無視しているからである。言い換えれば、つもり売買はビデオゲームのようなもので、負けても実害がない。私は、2～3週間以上つもり売買をするのは時間の無駄だと思っている。

つもり売買は、新人トレーダーが商品先物やオプションを学ぶために短期間行うのは価値があると思う。トレーダーはつもり売買をすることで、マーケットの傾向やボラティリティに慣れ、先物取引や限月、チャート用のツール、注文の種類や出し方を学び、損益が素早く蓄積していく感覚を得ることができる。また、つもり売買は、新しいトレード戦略やシステムや理論を試す絶好の方法でもある。新しいトレードプラットフォームに慣れるためにも使える。しかし、メリットはそこまでだ。

私は、数週間以上つもり売買をするよりも、第12章で紹介したリスクの低いEマイクロの先物（例えば、通貨や金）や、ミニ先物（例えば、穀物や通貨）をトレードしてみるほうがメリットは大きいと思っている。このようなトレードサイズだと、リスクやリワードはわずかだが、それでもフルサイズでトレードする場合の何分の一かでも感情的な側面を経験することができる。そして、自信を持ってトレードできるようになったら、ミニを卒業してフルサイズのトレードに進めばよい。つもり売買の目的は、感情を抑制する練習だということを忘れないでほしい。そのためにマイクロでトレードする必要があれば、そうするだけだ。

負けトレードに増し玉するのを恐れてはならない

トレード本の多くは、「負けトレードに増し玉しない」というマント

第4部　学んだことを実行に移す

ラを強調する。しかし、それこそが最も論理的な行動かもしれない。もちろん、増し玉するためにレバレッジ過多になるのならば、それは大きな間違いだが、十分なリスクキャピタルがあり、ドルコスト平均法が有利に働く状況ならば、よく考えて増し玉してもよいのである。

結論

> 「優れたトレーダーには３つの特徴がある。①何事も額面どおり受けとらない、②何でも疑ってかかる、③謙虚──である」
> ──マイケル・スタインハルト

本章で紹介したヒントは、売買のタイミングの判断の助けにはならないが、地に足をつけてトレードする役には立つと期待している。アメフトの勝敗を決める20ヤードのキックを任されれば、普段は簡単なキックでもプレッシャーで潰れそうになる。私たちは自分で望むほど感情をうまくコントロールできない。そのため、望ましい行動をとるためには、自分を望ましい状況と正しいシナリオに置く必要がある。良いときも悪いときも一定のパフォーマンスを上げられることは、どんなシステムや分析テクニックよりも価値があるのだ。

第15章 トレードコストの影響を理解する

Understanding Implications of Trading Cost Decisions

　多くのトレーダーがブローカーのサービスを価格のみで選んでいる。なぜか多くのトレーダーは、サービスはどこのブローカーでもほぼ同じだと決めてかかっているのだ。結局、ほとんどのトレーダーがオンラインのトレードプラットフォームで注文を出し、ブローカーの担当者が介入したり、直接連絡を取ったりすることがあまりないため、問題を感じていないからだ。しかし、そうたかをくくっていると、あとでしっぺ返しを食う。残念ながら、トレーダーはマーケットを調べるのには延々と時間をかけているのに、正しいブローカーを選ぶのには十分な時間を割いていない。私は、トレードにおいて心理的な要素を除けば、成否を左右する大きな判断はブローカー選びだと思っている。

　当然、トレーダーは、それぞれのトレードスタイルも経験のレベルも資金量も違う。そのため、最適なブローカーも、トレーダーごとに違ってくる。残念ながら、自分に最も合うブローカーは、複数のブローカーを回って積極的に質問しなければ分からない。繰り返しになるが、デイトレーダーにとって最高のブローカーがオプションの売り手にとっても最高なわけではない。実際、複数の戦略を使うつもりならば、トレード口座を複数のブローカーで開設して、自分と戦略にとって最も協力的な環境を整えることで、勝率を高めることもできる。少なくとも、特定のタイプのサービスに絞っているところよりも、すべ

357

てのタイプのトレーダーに効果的なサービスを提供できる包括的なブローカーを探すべきだろう。専門性で言えば、先物のデイトレードに特化した格安のディスカウントブローカーが最も多い。彼らの多くは、オプショントレードどころか、オーバーナイトを伴うポジショントレードの口座すらサービスとして提供していない。

支払った額に見合うサービスしか受けられない、というルールに例外はない。安いからと言って、デメリットを知らずにメキシコまで行って歯の治療を受けようとは思わないだろうし、ほかよりもはるかに安いファイナンシャルプランナーを信頼してお金を託そうとは思わないだろう。同様に、商品トレードの資金や執行を最も安いブローカーに託すのも、おそらく意味がない。

手数料や利便性のみでブローカーを選ぶという危険を冒す前に、基本用語と業界の構造を理解しておく必要がある。そこで、まず基本的なタイプのブローカーについて、消費者として知っておくべき組織の特徴とそのメリットやデメリットについて紹介する。そのあと、適切なサービスの水準や、トレーダーのタイプ別のトレードコストなどについても書いていく。

商品ブローカーのタイプ

商品トレードを扱うブローカーには、先物取次業者（FCM）、仲介ブローカー（IB）、ブローカーディーラー（BD）という３つのタイプがある。タイプが違うと、扱っている商品は同じでも、会社の構造と提供しているサービスが大きく違うし、仲介ブローカーとブローカーとの違いはさらに大きい。ブローカーのタイプと、それぞれの商品トレード口座のメリットとデメリットを見ていこう。

第15章 トレードコストの影響を理解する

先物取次業者

　先物取次業者のFCWは商品先物業界のみで使われている略語である。ただ、メディアで広く使われている言葉の割に、個人トレーダーの多くが先物取次業者の意味もほかのブローカータイプとの違いも正確に理解していないように見える。先物取次業者は、商品トレードを勧誘したり、注文を受けたりする個人や会社のことで、要するに商品ブローカーである。

　先物取次業者の主な機能は、維持証拠金の預託を受けることで、それによって取引所の会員ではない人も商品をトレードできる。通常、先物取次業者はたくさんの仲介ブローカーを抱えており、ブローカーを紹介したり（次項参照）、顧客を勧誘したり、サービスを提供したりするサポートを行っている。

　先物取次業者の多くは、顧客のブローカーが不在のときや、プラットフォームが使えないときに、顧客の注文を電話で受ける部署がある。しかし、ほとんどの注文は、先物取次業者が提供するオンラインのトレードプラットフォームを通じて出されている。先物取次業者はプラットフォームを使って出された注文を、そのまま取引所に取り次いでいる。そして、あとで、取引明細やコストや口座残高や統計資料などをまとめて取引報告書として顧客に送っている。こう書くと、先物取次業者は顧客の注文を取引所に取り次ぐだけで、みんな同じようなことをしているように見えるかもしれないが、そこは成功するために必ず考慮すべき点がいくつもあることは間違いない。繰り返しになるが、トレーダーは直接、先物取次業者に口座を開設することもできるし、どこかの先物取次業者に加盟する仲介ブローカーに口座を開設することもできる。

●先物取次業者と直接トレードするメリット　先物取次業者は比較的

359

第4部　学んだことを実行に移す

大きくて名の知れた会社であることが多いため、知名度のある会社を使うことの安心を選ぶトレーダーもいる。名の通った先物取次業者には、ゲイン・キャピタルLLC、アーチャー・ダニエル・ミッドランド・インベストメント・サービス（ADMIS）、ローゼンタール・コリンズ・グループ（RCG）、ドーマンなどがある。

●**先物取次業者と直接トレードするデメリット**　一部のトレーダーは、先物取次業者は「大きすぎる」と感じている。大きすぎると、サポートスタッフとの関係が築きにくかったり、依頼や質問がしにくかったりするというのだ。ただ、このような経験は、担当の仲介ブローカーによることも多く、必ずしも先物取次業者の問題ではない場合もある。

> 商品ブローカーの選択を軽く考えてはならない。もしかしたら、これは最も大事な判断かもしれない。

通常、仲介ブローカーのサービスを使うよりも（次項参照）、直接先物取次業者とトレードするほうが安いと言われているが、多くの場合、それはまったく違うし、むしろ逆の可能性もある。仲介ブローカーのアカウントマネジャーは、担当者が少ない分、1人の取り分が多いため、不正が少ないとも言われている。そのうえ、経験豊富で能力の高い個人の商品ブローカーは、先物取次業者よりも手数料のなかの取り分が多い仲介ブローカーに所属したがる傾向がある。そのため、先物取次業者に属しているのは経験が浅くて、もしかしたらあまりうまくいっていないブローカーかもしれない。それに、先物取次業者に所属すれば、新規顧客獲得のサポートも得られる。もちろん、これはあくまで一般論だが、かなり的を射ていると私は思っている。もし「自分はオンライントレーダーだからブローカーの担当者は必要ない」と思っているならば、もう一度よく考えてみたほうがよい。自分で何でもできると思っていても、担当者がいれば問題が起こった

ときにすぐに連絡できる。問題がうまく解決できないと、高くつく教訓になりかねない。

仲介ブローカー

仲介ブローカーの実体は、ブローカーまたは個人のブローカーである。ただ、先物取次業者と違って仲介ブローカーの仕事は勧誘と商品取引の注文を受けることである。先物取次業者と仲介ブローカーの違いは、表面的には分かりにくい。実際、トレーダーに自分が使っているのが先物取次業者か仲介ブローカーか聞いてみると、答えられる人は多くない。特に、最近ではテクノロジーの発達によってオンラインのトレードプラットフォームを使う人が増えたため、その違いはますます分かりにくくなっている。しかし、先物取次業者と違い、仲介ブローカーは取引所の会員ではないため、顧客の維持証拠金を預かることはできない。その代わりに、仲介ブローカーは顧客の先物取次業者の仲介をしている。簡単に言えば、仲介ブローカーを使っている顧客は、仲介ブローカーを通じて先物取次業者のサービス（取引所の会員権とトレードプラットフォーム）を使っているのである。

小口の商品トレーダー（取引所の非会員）は、直接または仲介ブローカー経由で先物取次業者を使って先物トレードを執行しなければならない。仲介ブローカーを使ってトレードしている顧客は、問題や質問があれば、仲介ブローカーに連絡を取る。しかし、維持証拠金は直接、先物取次業者に送る。また、仲介ブローカーを使っていても、取引報告書は仲介ブローカーが加盟している先物取次業者から送られてくるが、その一番上には仲介ブローカーの名前が記載されている。

仲介ブローカーと先物取次業者の関係を簡単に言えば、仲介ブローカーはブローカー（またはブローカーの集まり）で、先物取次業者の社員ではなく、外注業者と言える。仲介ブローカーは、顧客と先物取

361

次業者の間でカスタマーサービスやテクノロジーサポート、そのほか
の顧客管理を行っている。ただ、仲介者を外したら、顧客にとって経
費節減になるとは限らず、カスタマイズサービスを犠牲にするだけか
もしれない。実際、仲介ブローカーを使っているトレーダーは、先物
取次業者のサービスに加えて仲介ブローカーが提供するサービスも受
けることができる。仲介ブローカーが先物取次業者に引けをとらない
サービスを、先物取次業者と同じかそれよりも安く提供しているケー
スも多くある。

　繰り返しになるが、商品業界に単純なことは1つもない。仲介ブロ
ーカーについても、先物取次業者の保証付き仲介ブローカー（GIB）
と個人営業仲介ブローカー（IIB）という2つのタイプがあり、それが
選択肢をさらに複雑にしている。ただ、IIBという略語はあまり使わ
れていない。ほとんどの独立系仲介ブローカーは、仲介ブローカーと
だけ名乗っている。一方、先物取次業者の保証付き仲介ブローカーは、
先物取次業者の連帯保証が付いていることを明示している。この2つ
の違いを定義しておこう。

先物取次業者の保証付き仲介ブローカー

　先物取次業者の保証付き仲介ブローカーは、商品トレードの顧客を
特定の先物取次業者に紹介できる仲介ブローカーである。彼らは、特
定の先物取次業者のみと提携する代わりに、先物取次業者はNFA（全
米先物協会）が定める資本要件（通常は約4万5000ドル）を提供し、コ
ンプライアンスディレクターも務めている。この役割は、常に法律を
確認しておく必要があり、特に2008年の金融危機以降はルールが厳し
くなったため、先物取次業者はますます先物取次業者の保証付き仲介
ブローカーを傘下に抱えるのを躊躇するようになった。運転資本のな
かの4万5000ドルが固定されてしまうだけでなく、もし不正行為があ

ると先物取次業者の責任が問われることになるため、コンプライアンス的なリスクも抱えることになるからだ。先物取次業者が先物取次業者の保証付き仲介ブローカーの事務所を常に監視しておくことには明らかに無理があるため、先物取次業者は金銭的な負担がなく、コンプライアンス的な責任も軽減できる個人営業仲介ブローカーと提携することが多くなっている。

●**先物取次業者の保証付き仲介ブローカーを使ってトレードするメリット**　先物取次業者の保証付き仲介ブローカーはたいてい小さな会社で、単純な手順でトレードを始めるサービスを提供している。顧客にとっては、プラットフォームの選択肢が少なく、カスタマイズできるサービスも少ないが、新人トレーダーのなかにはそのほうがありがたい人もいる。

●**先物取次業者の保証付き仲介ブローカーを使ってトレードするデメリット**　先物取次業者の保証付き仲介ブローカーは１社の先物取次業者でしかトレードを決済できないため、トレーダーに提供できるプラットフォームの種類が少ない。また、証拠金の方針も加盟している先物取次業者のリスク管理部門やサポート人員の能力によって決まる。つまり、先物取次業者は自ら望む顧客サービスを柔軟に提供しにくい場合がある。

　また、先物取次業者の保証付き仲介ブローカーは決済の選択肢が限られているため、対象を特定のタイプ（すべてではなく）のトレーダーに絞っている場合が多い。例えば、多くの先物取次業者の保証付き仲介ブローカーがデイトレードのサービスのみを提供し、オプションは扱わない（逆もある）。また、先物取次業者のMFグローバルやPFGベストが破綻したあと、資金量が多い先物トレーダーはさまざまな先物取次業者に複数の口座を開設してブローカーリスクを分散し、似た

363

ような事態が起こりにくくするようになった。ただ、先物取次業者の保証付き仲介ブローカーとトレードするならば、複数の仲介ブローカーや先物取次業者を使わないと、先物取次業者を分散することはできない。

反対に、独立系の個人営業仲介ブローカーを使うときは、窓口は1つでも複数の先物取次業者でトレードを決済できる。柔軟にトレードしたい人は、先物取次業者ではなく個人営業仲介ブローカーを使うか、直接、先物取次業者とトレードするほうがよいのかもしれない。

個人営業仲介ブローカー

> 個人営業仲介ブローカーは、先物取次業者やブローカーディーラーや従来の仲介ブローカーと直接トレードする場合よりもたくさんのプラットフォームや決済の選択肢を提供できる。

1社の先物取次業者のみと提携している先物取次業者の保証付き仲介ブローカーと違い、個人営業仲介ブローカーは複数の先物取次業者を顧客に紹介できる。これを可能にするために、彼らはNFAが資本要件として定める何万ドルかを保有している。そうすることで、先物取次業者は金銭的にもコンプライアンス的にも、運用的にも負担なく個人営業仲介ブローカーの決済を受けることができる。個人営業仲介ブローカーは完全に自立しているため、決済さえできればよいのだ。

●**個人営業仲介ブローカーとトレードするメリット**　複数の先物取次業者で口座を開設しておいて個人営業仲介ブローカーを使えば、1つのブローカーで複数の先物取次業者での決済ができるため、窓口を1本化できる。個人営業仲介ブローカーは通常、複数のプラットフォームの選択肢を提供し、さまざまなタイプやサイズや戦略のトレーダーに、専門的に対応できる。私が働いているブローカーのデ

カーリー・トレーディングは、長く続いている個人営業仲介ブローカーの支部である。

●**個人営業仲介ブローカーとトレードするデメリット**　顧客によっては、個人営業仲介ブローカーからたくさんの選択肢（先物取次業者、プラットフォームほか）を提示されると圧倒されてしまう。彼らは、単純な解決策を求めており、自分の環境に合う方法を探すために楽な方法を変えようとは思っていない。いずれにしても、選択肢が多いことは、自分により合ったサービスが見つかるということである。それに、複雑ではあっても、それが上達を促すことになる。

ブローカーディーラー

　ブローカーのタイプで最も多いのが、ブローカーディーラーである。これは、単純に株式のブローカーということで、小口トレーダーと「取引」する前に自己勘定で証券を売買している。このような

> 株式のブローカーで商品先物をトレードするのは、中華レストランでハンバーガーを注文するようなこと。望んだのとは違うものが出てくることになる。

伝統的な株式のブローカーのなかには、便宜上、商品先物関連のサービスを少しずつ提供するようになっていったところもある。トレーダーのなかには、自分の株式のブローカーが商品先物やオプションを取り扱うようになったことをきっかけに、伝統的な投資先から商品先物市場に参入するようになった人も多くいる。しかし、私は便利だという理由で１カ所ですべてのトレードを行っていると、コストが高くなると思う。ブローカーディーラーの多くは先物のトレード口座を扱った経験が少ないため、顧客にとっては弊害になりかねないいくつかの手順を省略することがある。

365

第4部 学んだことを実行に移す

- **●ブローカーディーラーで商品をトレードするメリット**　最大のメリットは便利なこと。顧客は、先物、オプション、株、債券、時にはFXまで1つのブローカーでトレードできる。
- **●ブローカーディーラーで商品をトレードするデメリット**　ブローカーディーラーを使うと、顧客は利便性と引き換えに、サービスだけでなく、利益率まで犠牲にしてしまう可能性もある。ブローカーディーラーを使うと、先物や先物のオプションやFXの市場アクセスが極めて非効率的な傾向がある。結局、これらのサービスは彼らの本業ではなく、サイドビジネスとしてデリバティブ市場へのアクセスを提供しているだけなのだ。そのため、スタッフが質問に答えたり、トレードを効率的に処理したりすることはあまり期待できない。ブローカーディーラーと商品先物トレードをするならば、彼らに助けてもらうことは期待しないほうがよい。また、自力でトレードせざるを得ないだけでなく、ブローカーディーラーは証拠金の率も高いし、強引だし、含み損が出ているトレードは積極的に清算しようとするところが多い。しかも、このような清算が価格を無視して顧客にも通知せずに行われることも多くある。さらには、顧客がトレードできる商品や限月や戦略が限定されることもある。私は商品トレードをするならば、先物とオプションに特化したブローカーを使うのが最もよいと思っている。

ブローカーのサービスのレベルを選ぶ

テクノロジーの進歩によって、商品トレーダーはパソコンとプラットフォームを通じてマーケットを観察したり、注文を出したりできるようになったが、それでもフルサービスのブローカーを使う価値はある。

これまでさまざまなタイプの商品ブローカーについて書いてきたが、ここからはいくつかのブローカーのサービスのレベルを見ていこう。トレ

第15章　トレードコストの影響を理解する

ード口座を開設する前に、自分自身と自分に必要なサポート、そして使う可能性があるブローカーがどのようなサービスを提供できるのかを知っておく必要がある。さらに言えば、スキルや経験のレベルが違うトレーダーに何が最も理にかなっているか、そして間違えるコストを考慮した場合の適切な手数料はどれくらいかなどということも考えておく必要がある。

フルサービス（アシスト付き）

テクノロジーの進歩によって、商品先物トレーダーはパソコンとプラットフォームやスマートフォンを通じてマーケットを観察したり、注文を出すこともできるようになったが、それでもフルサービスのブローカーが提供する「アシスト付き」のサービスを使う価値はある。ちなみに、「アシスト付き」は厳密に言えば、「フルサービス」よりも若干サービスが少ないが、単純かつ簡潔に話を進めるため、ここは区別していない。

通常、フルサービスやアシスト付きのブローカーは、トレードの仕掛けやマーケットに関する助言や追証の管理、そのほか顧客のトレード環境を改善するために実践的な支援をしてくれる。もしかしたら、彼らが提供している最も役に立つサービスは、多くの新人トレーダーを破綻させる落とし穴に近づかないよう誘導してくれることかもしれない。マーケットのあらゆる局面を見たり体験したりしてきた経験豊富なブローカーの助言がとても貴重だということを、理解すべきである。そのうえ、彼らはさまざまなトレード戦略の良いときも悪いときも知っている。そのため、トレード業界の経験が長いブローカーと関係を築くことは、商品トレードを始めたいトレーダーにとって非常に重要なことなのである。

もちろん、生身の人間が質問に答え、指針を与え、注文を出してく

367

れるという追加的なサービスにはコストがかかる。それでも、追加的な手数料を支払って、長年マーケットで働いてきたブローカーの経験を吸収できることは、仕掛けを誤ったり、簡単に避けられるミスをしたりして高い勉強代を払うよりも安いかもしれない。マーケットでは一瞬のうちに、それまで支払った手数料よりもはるかに大きな金額を失うことがあるという事実をぜひ知っておいてほしい。

電話や書面の注文チケットを使ったり、執行価格を知るのに数分かかったりした昔と違い、優れたフルサービスのブローカーは、注文を電話や電子メールやインスタントメッセージや取引時間中ならばテキストメッセージを出しても即座に執行してくれる。時間の経過とともに、私は自分の会社でも、連絡したり注文したりするのに電子的な方法を使う顧客が増えてきたと感じている。私が2004年初めにこの仕事を始めたころは、昔風の受話器を1日中、肩と耳の間に挟んでいたのでひどい肩こりと耳が痛くなったが、今ではほとんどの時間を顧客の電子メールやテキストメッセージやインスタントメッセージに返事を書くのに使っている。ほとんどの顧客が、口座管理にはそのほうが効率的で効果的だと思っているからだ。同様に、ブローカーのサービスに関する連絡方法も、多くが電子的な方法を選んでいる。そうすることで、簡単に検索できる通信記録が手に入り、コンプライアンス的にも、電話の会話をチェックするよりも簡単だからだ。

自分で入力するオンライントレード

多くのトレーダーが、自分でオンライントレードプラットフォームに入力して注文を出す仲介方式を選んでいる。表面的には、このサービスはブローカーをまったく介していないように見えるが、必ずしもそうではない。オンライントレードでも、そのトレーダーを担当するブローカーはいる。自分の担当者と、その人の問題解決能力を知って

おくことは、トレードで成功するために最も重要なことの1つである。例えば、先物の買い注文や売り注文がプラットフォームで拒否されたときのストレスを考えてみてほしい。そんなことになったら、あなたは何が問題で、だれに聞いたらよいのか焦るだろう。しかし、良いブローカーならば拒否された注文に気づき、あなたに電話をして問題解決に手を貸してくれる。それによって、あなたのイライラが軽減するだけでなく、素早くトレードを仕掛けるために大いに必要な時間とお金も節約することができる。

　オンラインでトレードすることを選んだ人は、十分な経験を積んで、トレードプラットフォームを使いこなすための基本的な知識（例えば、商品コード、トレード可能な限月、リスク計算など）を蓄えておく必要がある。そして何よりも、オンライントレーダーは過剰反応や過剰トレードなど、さまざまな衝動に向き合っていくことができなければならない。そこで、自分の衝動的な行動を抑制する目的で、フルサービスブローカーを使っている人もなかにはいる。クリック1つですんでしまうのと違って、いちいち電話をかけなければならないと、過剰反応したり、トレードしすぎたりするのを防いでくれるからだ。

オンラインのディスカウントブローカー

　ディスカウントブローカーを使ってオンラインでトレードしている人たちは、安い手数料と引き換えに基本的なサポートを期待していない。十分な経験があるトレーダーが、このようなサービスを利用するのは理にかなっている。不要なサービスに手数料を支払う必要はないからだ。つまり、ディスカウント・オンラインブローカーは、マーケットへのアクセスと取引明細のみを提供し、それ以外のサービスはしていない場合が多い。これで十分なトレーダーもいる。ただ、割安の手数料でトレードすることと、十分なサポートを受けられずに失敗を

369

第4部　学んだことを実行に移す

重ねることは微妙に違う。より安いディスカウントブローカーは一見、安く見えるかもしれないが、実際にはかなりコストがかかってしまう場合があるのだ。それについては後述する。

ハイブリッド（ブローカーのアシスト付きだが自分で入力する）

　先物ブローカーのなかには、特定のサービスに重点を置き、同じトレード口座でもそれ以外のサービスには対応しなかったり、それ以外のサービスは口座を分けたりして対応するところもある。私は、質の高いブローカーならば、顧客がサービスのタイプを選択できるようにするだけでなく、ハイブリッドタイプのサービスも提供すべきだと思っている。ハイブリッドサービスには、ブローカーの助言とトレーダー自身が入力するオンライントレードの要素が含まれている。そのため、顧客はオンラインプラットフォームやモバイル機器を使って注文を出せるのに加えて、トレード時間中はいつでも担当ブローカーと連絡が取れるようになっている。

　これは、だれかに相談したい場合や、取引時間中ずっとパソコンの前にいるわけではないが、ほとんどの注文はプラットフォームを使って出したい人にとっては良い選択肢である。高水準のサービスとオンラインの利便性と多少低めの手数料という良いとこ取りができるからだ。そのうえ、ほとんどのブローカーが同じトレード口座のなかでサービス別に手数料を設定することができる。自分のプラットフォームから先物トレードを注文したいが、オプションはブローカーの助けをかりたい場合は、同じ口座のなかで妥当な手数料でそれができるということだ。

370

ブローカーは、手数料ではなく、自分に必要なサポートで選ぶ

この項でまず理解してほしいのは、完璧なブローカーなどいないが、あなたの個人的なニーズに完璧に見合うブローカーはおそらくあるという

> 「トンネルの先の光は電車のこともある」──チャールズ・バークレー（元NBA選手）

ことだ。ただ、良い関係を築くことができるブローカーを見つけるためにはかなりの努力が必要で、これを軽視すべきではないし、手数料のみで選ぶべきでもない。考えてみれば、ブローカーの選択はトレードにおける最も重要なことかもしれない。

残念ながら、私のブローカー人生のなかで、取引手数料を節約するため、オンライントレードに飛びついたトレーダーを何人か知っている。もちろん、取引コストはトレード結果に直結するため、考慮すべき重要なことではある。しかし、トレードの目的は利益を上げることであって、節約することではない。それに、トレード口座の最終的な結果に最も大きく影響するのは、コストではなくトレード結果なのである。

コストを抑えるためにディスカウントブローカーを選んでトレードを始め、新人によくあるミスで、結局は何千ドルも失ったトレーダーを私はこれまで数えきれないほど見てきた。また、世界の砂糖相場の標準になっていて流動性が非常に高い砂糖（11番）を注文するつもりで、流動性がほとんどない砂糖先物（14番）を仕掛けてしまったケースも何回も見ている。幸い、ICE（インターコンチネンタル取引所）は14番を上場廃止にした。おそらく、これを仕掛けるのは何か分かっていない人だけだからだ。ちなみに、14番を仕掛けてしまうと反対方向の相手を見つけて手仕舞うのが大変だ。新人にとって、砂糖は砂糖で、流動性や取引所や銘柄コードなど確認しないし、時には価格すら

見ないで仕掛けてしまう人もいる。成り行きで買えばよいと思っているからだ。しかし、砂糖14番は出来高がほとんどないため、これは非常に高くつく間違いになる。仕掛けるのも手仕舞うのも大変で、その間に資金をすべて、あるいはそれ以上失うことになるからだ。私自身もトレードフロアの同僚に電話をして、どうしても砂糖14番を手仕舞いたい顧客のために無理に「マーケットメーク」してくれるよう頼んだことが何回もある。

単純な間違いでも、先物1枚で簡単に数百ドル、数千ドルを失うことにつながりかねない。これは避けることができる間違いだ。ちなみに、世界の砂糖先物の1日の出来高は3万～6万枚だが、上場廃止前の砂糖14番は1日10枚にも満たなかった。これは商品トレードの素人10人が毎日高い授業料を支払っていたということだと私は思っている。砂糖14番はもうICEでトレードされていないが、その代わりにヘッジ目的で使われる16番が登場した。しかし、これも流動性がないため、トレードには向いていない。間違って仕掛けないようにしてほしい。

ここで砂糖の例を使ったのは、これがよくある間違いだということ以外に、その結果がトレード口座にもトレーダー心理にも深刻な影響を及ぼすからである。ほかにも似たような例として、CME（シカゴ・マーカンタイル取引所）傘下のNYMEX（ニューヨーク・マーカンタイル取引所）のなかにいくつか「終わっている」（end of day）分かりにくいエネルギー系の商品があり、やはり流動性が低いため、トレードするのは避けたほうがよい。

そのほかによくある間違いとしては、限月違いや、売りのつもりが買ってしまった（またはその逆）とか、トレードするつもりの商品の取引時間が分かっていなかったとか、逆指値注文と指値注文の違いを理解していなかったなどといったケースがある。なかでも最もとんでもない間違いは、「ストップ高」「ストップ安」を誤解しているケースかもしれない。これらの意味を知らない人のために書いておくと、こ

れらはブレーカーのようなもので、その制限価格に達すると、トレードが停止する。先物取引所は、そこでトレードされている商品の1日の価格変動の上限を決めている。上限に達すると、価格はトレンドの方向に動き続けることはできないが、指値注文は出すことができる。例えば、もしトウモロコシ先物の上限が40セントで、前日の終値が3.95ドルならば、トウモロコシは4.35ドルまで上げるか、3.55ドルまで下げるとトレードが停止する。もし4.35ドルに達すると、取引所はそれを超えた価格のトレードを禁止する。そのため、成り行き注文は出せなくなるが、指値注文で4.35ドルより安く売買することはできる。もちろん、売りポジションを買い戻したい人や、買いたい人が4.35ドルで買い注文を入れることはできるが、反対方向の注文がなければ、執行はされない。

　新人トレーダーがストップ高で売ろうとするとき、彼らは価格がそれ以上、上がらないから無リスクだと思ったという言い訳をする。しかし、それはまったく違う。価格は今のトレード時間中は上がらないが、翌取引日までそのポジションを手仕舞えなかったら、翌日には価格がかなり上がっているかもしれないし、またストップ高になって大きな含み損を抱えたまま身動きがとれなくなってしまうかもしれない。ストップ高になったときに売ると、運命をマーケットに任せることになり、いつ手仕舞えるのかはだれにも分からない。

　この項で紹介した間違いは場合によってはかなりのコストがかかるが、経験豊富な人やマーケットに詳しい人の助けがあれば、簡単に避けることができる。オンライントレードをするだけの十分な知識がない人は少し多めの手数料を支払ってでも、フルサービスのブローカーの専門性を活用し、経験を積んでオンライントレーダーになる準備をしたほうがよい。1ドル節約して破壊的な損失に見舞われては意味がない。

　経験豊富でオンライントレードで問題なく注文できるトレーダーで

も、安ければそれなりのサービスしか受けられないということは理解しておく必要がある。そのため、私は割引率が大きいディスカウントブローカーを使いたいという衝動は抑えるよう勧めている。彼らは過程と快適さを省いて手数料を低く保っている。そして、このような環境でトレードすることは、自分と自分のトレード口座に不利益をもたらすことになる。

どのようなトレードプラットフォームを使っていても、ブロードバンドサービスやルーターなど、最高の器機を使っていたとしても、ネット環境で問題が起こることもある。オンライントレーダーは、技術的な問題に直面したら、ブローカーから追加的なサービスを受けなければならないかもしれない。通常、割引率の大きいディスカウントブローカーは、経験豊富なスタッフをたくさん抱えておくことはできないため、緊急事態が起こると問い合わせても待たされ、対応が遅れ、追加の問題が起こることもある。そして、このような損失は世界最高のトレードができたとしても、カバーできないかもしれない。レバレッジをかけた先物をトレードするとき、数分間待たされたらかなり高くつく可能性がある。ブローカー選びに失敗すると、それがトレード結果にどう影響するかを詳しく見ていこう。

手数料の真実とトレード結果に与える影響

ほとんどの人が、商品先物ブローカーは、映画「大逆転」で見かけるようなところだと想像している。高層ビルの事務所で働き、高いスーツを着て愛車はベントレーというイメージだ。もちろん、これは幻想だ。そんな人はいたとしても非常にまれで、ほとんどのブローカーはぎりぎりの生活をしている。しかも、驚くかもしれないが、先物のより安いディスカウントブローカーの事務員やブローカーの多くは恐ろしいほど経験不足なのに、顧客にサービスを勧めれば、最低賃金に

第15章　トレードコストの影響を理解する

若干のインセンティブが上乗せされる。より安いディスカウントの商品ブローカーは、シカゴ・クレイグリストのウェブサイトによく求人広告を載せて「経験豊富なセールスパーソン」を募集している。想像はついたと思うが、この広告は、先物業界の経験者や金融市場や商品市場の知識がある人ではなく、セールスパーソンを求めているのだ。より安いディスカウントブローカーで得られるサービスは、この程度なのである。

　私は2004年から商品ブローカーをしている。しかし、当時と今ではブローカーと顧客の関係は劇的に変化した。私が仕事を始めたころ、トレードプラットフォームは比較的新しく、ほとんどの顧客は積極的に使おうとはしなかったし、ほとんどのブローカーも直接顧客に電話をして売買注文をフロアトレーダーにつないでいた。当時のプラットフォームは極めて単純な作りで、チャートもクオート機能もなく、注文を出すには、事前に銘柄と限月をブローカーに知らせておかなければならなかった。今のシステムを考えると想像し難いが、実際2000年代初めの商品トレーダーは、今ではパソコンがやってくれること（価格を見たり注文を出したりする）のために、毎日、時には１日何十回もブローカーに電話をしていたのだ。もちろん、オンラインのトレードプラットフォームが登場して、電話での注文や連絡を取る手間がなくなると、取引コストは下がった。そして、商品トレードの効率が大幅に改善し、手数料も大きく下がった。

> トレーダーに送られてくる手数料の請求額を最も左右するのは個別の手数料の額ではなく、トレード数である。

　一般的に言って、技術の進歩とマーケットに簡単にアクセスできるようになったことは、平均的な先物投機家のトレードの場をレベルアップするという正しい方向への大きなステップとなった。しかし、振り子の揺れが少し大きすぎたようだ。手数料競争が過熱して、削るべきではない手順まで削るブローカーが出てきたのだ。みんなの想定と

375

第4部　学んだことを実行に移す

は違い、そのことが平均的な小口トレーダーの勝率を下げることになったと私は思っている。

　もちろん、技術とマーケットアクセスが改善したことが、ブローカーの手数料が下がった主な要因ではあるが、商品トレーダーのほうも不当な値下げを要求するようになっていった。しかし、最大の原因は、最終的にはFRB（連邦準備制度理事会）の10年近い低金利政策によって、先物業界が共食い状態になったことである。ほぼゼロ金利時代に入るまで、商品ブローカーは取引手数料に加えて顧客の預入金で利息を稼ぐビジネスモデルで成長していた。ブローカーが得た金利は通常、フロートと呼ばれている。金利が高かった時代はこれが年率４〜５％に上り、積み重なるとかなりの利益になった。実際、高金利の環境と、電子的なトレードプラットフォームの利便性と処理能力が相まって、ディスカウントブローカーが誕生する完璧な状況が生まれたのである。

> オンライントレーダーにとって、手数料に関する最大の問題は手数料分のサービスしか受けられないこと。お買い得はないのだ。

　このビジネスモデルは、フロートがあれば、ブローカーのサービスを非常に安い手数料で提供しても利益を上げることができるという前提で構築されていた。しかし、今、このモデルを継続できないことはみんな分かっている。10年以上に及ぶ慢性的な低金利によって、たくさんのディスカウントブローカーが破綻し、生き残ったところはコストとサービスを削減せざるを得なかった。それでも、顧客はそれまでの手数料に慣れてしまい、機会費用が発生していることを理解しないまま（あるいは気づかないまま）安い手数料を要求するという残念な状態になっているのである。

376

安すぎる取引コストは可能か

オンライントレードの登場で、トレーダーはブローカーなどみんな同じだと考えるようになった。このほぼ間違った前提に立つと、トレーダーはその時点で手数料が最安値のブローカーや、最安値に見えるような宣伝をしているブローカーに飛びついてしまう。しかし、手数料には目に見えない隠れたコストがあり、それが積み上がってかなりの額になるということを覚えておいてほしい。

1980年代の商品ブローカーは、往復で50～100ドルの手数料を得ていた。ところが、2010年代になると、オンライントレードの手数料は10ドルを下回るようになった。なかには、往復で5ドルというところもある。先物の手数料の請求方法を知らない人のために書いておくと、仕掛けと手仕舞いの往復で価格が設定されている。ただ、ブローカーのなかには「片道」の手数料を宣伝して安く見せかけているところもある。もちろんこれは仕掛けの分だけで、手仕舞う分は含まれていないため、比較するときは2倍にしなければならない。

取引コストが低いことは、小口トレーダーにとっては素晴らしい変化だったが、何事も度がすぎるのはよくない。私は、手数料が安くなったことは新人トレーダーが適切な手助けなしに商品先物やオプションに参入するのを促したと考えている。しかも、取引コストがディスカウントになっていることが、彼らを常に大きな枚数で頻繁にトレードしたいという衝動に駆り立てているのである。

さらには、自立しているはずの経験豊富なトレーダーまで、ブローカーの力不足のせいで不安に駆られることがある。このことは、商品トレードの経験がない人には理解しにくいかもしれないが、悲惨な時期（例えば2010年のフラッシュクラッシュ、2011年8月の債務危機、2015年8月の中国株暴落など）にトレードしていると、トレードの成否にブローカーが大きな役割を果たしていることに気づくと思う。

第4部　学んだことを実行に移す

ディスカウントブローカーは何を削っているのか

　ブローカーのちょっとしたミスによって大きなイライラを感じたり、トレードが仕掛けられなかったりすることもあれば、ブローカーが一時的な動きに対して必要以上にリスク回避したために、不要な含み損を抱えることになったりすることもある。ディスカウントブローカーのサービスの質を無視したコスト削減の内容を知れば、驚くと思う。

最低限の人員

　フロートの補填がなく、最低額の手数料しか得られないブローカーは、かつてよりはるかに景気循環や業界固有のリスクにさらされている。しかし、そこは手段を選ばない先物のディスカウントブローカーである。彼らは、コスト削減の手始めとして人員を削減した。カスタマーサービスでも、テクノロジーサポート部隊でも、経理部門でも、世界中のディスカウントブローカーは最低限の人数で運営されている。
　商品先物ブローカーはブローカーのセールスパーソンなので、報酬は歩合制で、健康保険などの付加的な給付金はほとんどない。そのため、彼らは解雇されることもほとんどないが、その代わり、食べていけなくなる。低金利と低手数料の時代に入ると、食費すら稼げなくなった独立系の商品ブローカーは業界を去り、代わりに必要な教育も資格もない低賃金のブローカーが入ってきた。先物ブローカーは外から見れば10年前とさほど変わっていないが、当時の人員はほとんど残っていない。当然ながら、社員が減り、経験豊富なブローカーはそれ以上に減ったため、サービス

> ほかの手数料ベースの業界と同様、商品ブローカーもダーウィンの学説を残酷なまでに踏襲している。その結果、ほとんどのブローカーが新しくて、経験不足で、1〜2年以上存続できる会社はあまりない。

378

は標準以下に下がってしまった。

　大きなポジションを持っているときにトレードプラットフォームが故障して、ブローカーに連絡が取れなかったらどれほど不安になるか想像してほしい。あるいは、十分な維持証拠金を預けているのに、フラッシュクラッシュの底値近くで先物やオプションのポジションを強制的に清算され、そのあとすぐにマーケットが上昇し始めたらどれほどイラつくだろうか。これらは実際にあった例で、多くの場合、無能なブローカーによって顧客は数千ドルの不要な損失を被っている。結局、手数料で何セントか節約しても、劣った商品ブローカーのせいで大きな損失を被ったら元も子もない。

リスク管理の担当者と手順

　商品ブローカーの仕事についてよく見過ごされていることは、顧客がレバレッジをかけてデリバティブをトレードすると、損失が出ればブローカーへの維持証拠金以上の損失を被る状況になりかねないということである。顧客の損失が維持証拠金を上回れば、口座はマイナスになりかねない。つまり、顧客はブローカーにリスクをもたらすかもしれない存在なのだ。ブローカーが受け入れる顧客は、それぞれが手数料収入のチャンスをもたらすが、それはひも付きなのである。

　先物やオプションのディスカウントブローカーの多くは、手数料をあまりに安くしているため、利益は１トレード当たり２〜３セントにしかならないこともある。そのため、彼らにとって顧客が維持証拠金以上の損失を出すことは受け入れ難い。それに、顧客は損をしたあとでブローカーから借金などしたくないし、ブロー

> 先物のディスカウントブローカーは、問題が起こると顧客のポジションに、メスではなく斧を入れる。しかし、それはたいてい不必要な清算で、しかも非常に痛ましいスリッページがかかる。

カーにとっても負債の回収は難しいし、コストもかかる。

　結局、安すぎる手数料のブローカーを使うと、非常に積極的な対応で、過剰に早すぎるリスクマネジャーによって、顧客のポジションは頻繁に強制清算が行われることになる。そんなことは自分には起こらないと思うだろうが、これはだれにでも起こる。ここは私の言葉を信じてほしい。長年、商品をトレードしていれば、間違ったタイミングで間違ったところにいてしまうことがある。このような困難から抜け出すためには、適切な資金と十分な維持証拠金、そして顧客が自分で問題解決できる余地を与えてくれるブローカーが必要になる。ブローカーのリスクマネジャーに、ひどいタイミングで強制的にポジションを清算されると、それは高い授業料になる。オプションならばなおさらだ。リスクマネジャーの仕事は単純で、できるだけ速く清算して価格リスクを排除することである。彼らは価格やタイミングなど気にしないため、必然的に成り行き注文を使うことになり、スリッページもたっぷりと取られる。ボラティリティが高いときに（例えば、2015年8月のS&P500のミニクラッシュのとき）、時機を逸した不本意な清算をされれば、トレード口座は回復できないほどのダメージを受けるかもしれない。

商品や戦略が限定される

> 「ファストフードに人気があるのは、便利で、安くて、おいしいからだ。しかし、ファストフードを食べたときの本当のコストは、けっしてメニューには出てこない」
> ──エリック・シュローサー

　手数料を大幅に割り引いたために利ザヤが少ないブローカーは、ビジネスモデルを成り立たせるために、顧客がトレードできる商品のタイプや戦略を減らしている。その対象になりやすい戦略の1つがネイキッドオプションの売りで、ディスカウントブロ

ーカーでこれができるところはあまりないし、リスクが限定されてい
るオプションスプレッドでさえ取り扱わないところもある。これは私
には受け入れられないし、顧客のためにもなっていないと思う。オプ
ション戦略は、トレーダーにとってはリスク管理の手段であり、多く
の場合、オプションを使ったほうが、アウトライトの先物トレードよ
りも高勝率の戦略となるからだ。

　より安いディスカウントのブローカーがもう１つ制限するのが、期
先のトレードである。実際、この種のブローカーは、顧客用のトレー
ドプラットフォームの設定を頻繁に変更して、流動性が高い期近以外
の注文は拒否するようにしている。しかし、私に言わせれば、期先は
リスクイクスポージャーを分散する助けになる。ブローカーが自社の
リスクを減らすためのこのような行動は、そのまま顧客がさらされる
リスクの拡大につながっていると思う。

　しかも、ディスカウントブローカーは人気のない銘柄へのアクセス
を制限することでも知られている。そのため、顧客は自由にマーケッ
トを選んでトレードするのではなく、いくつかの先物しかトレードで
きない。例えば、私がやっているブローカーは、アメリカの先物取引
所に上場されている商品ならば何でもトレードできるし、外国の先物
取引所に上場されている一般的な商品の多くもトレードできる。私た
ちの顧客のなかには、ミルク先物、差金決済のチーズ先物、メキシコ
ペソ、木材などといった聞きなれないマーケットでトレードしている
人もいる。しかし、多くの商品ブローカーは、流動性を疑問視してこ
れらのマーケットの注文を拒否している。いずれにしても、マーケッ
トを制限すれば、経験不足のトレーダーにとっては手を出すべきでな
いマーケットで損害を被るのを防ぐことにはなっても、経験豊富なト
レーダーにとっては不要な妨害でしかないと思う。質の高いブローカ
ーは、これらの商品を顧客に提供すると同時に、新人トレーダーには
いつでも質問に答え、手を出すべきではない商品を助言するなど、実

381

第4部　学んだことを実行に移す

践的なサポートを提供することで、両方に良いサービスを提供できるのである。

オプションの売り手は融通の利くブローカーを探す

オプションの売り手は、ほかのどのタイプのトレーダーよりも融通が利くブローカーとの関係を構築しておく必要がある。オプションを売るためには、手数料が業界最安値ではないブローカーが必要であることは間違いないが、長期的に見れば、そうすることがトレードで利益を上げる近道になる。私はオプションの売りを提供した経験が豊富な商品ブローカーとして、オプショントレーダーとブローカーの間には、手数料以上の関係があると断言してもよい。

オプションの売り手は、注文をトレードプラットフォームで出しても、フルサービスのブローカーを通じて出しても、戦略の成否は必然的にブローカーの方針によるところが大きい。前述のとおり、すべてのブローカーが顧客のオプションの売りの注文を受けるわけではないが、受けるところでも意図的かつ積極的に戦略を望まない形に変えてしまう傾向がある。

> 妥協はディスカウントと同義語。ディスカウントブローカーを選ぶということは、サービスとマーケットへのアクセスと自由なトレードをあきらめたということ。

具体的に言えば、彼らは顧客に標準的なSPAN証拠金（第1章参照）以上の額を課すことで、トレーダーは安心してトレードできるポジションサイズを制限され、気づまりな追証が発生する可能性は高くなる。もう1つ、オプションの売りに反対するブローカーがよくやるのが、マーケットが平時のときは最低額のSPAN証拠金でよいが、ボラティリティが高くなると追加の維持証拠金を課すという方法である。しかし、これはSPANのメリットを不要なときだけ与え、最も必要なときは取

り上げる行為で、オプションの売りに最初から高い証拠金を課すより
もひどいやり方と言える。私自身も、あるブローカーが社内のリスク
モデルでリスクが高まったという理由から、特定の顧客の証拠金を翌
日から突然SPANの10倍にしたケースを目にしたことがある。こうな
ると、口座に２万5000ドルの残高を置いて穀物のストラングルを10枚
売っている顧客は、SPAN証拠金が１万4000ドルで余剰資金が１万1000
ドルあったにもかかわらず、翌日になったら14万ドルの証拠金が必要
だとブローカーが判断したというだけの理由で11万5000ドルの追証が
請求されることになる。こんなことが本当に起こるのである。

　そのうえ、顧客がオプションを売ることを好まないブローカーは、顧
客のオプションの売りの戦略に干渉しようとする。例えば、少しでも
トラブルの兆しがあれば強制的にポジションを清算しようとしたり、ネ
イキッドのコールやプットの売りではなく、強制的にヘッジ目的のオ
プションを買わせようとしたりするのだ。その結果がクレジットスプ
レッドで、それによって戦略の意味がまったく違うものになってしま
う可能性もある。ここから分かることは、オプションを売りたい人は、
ブローカーがさせたいトレードではなく、顧客がしたいトレードをさ
せてくれるブローカーを選ぶ必要があるということである。

結論──安いはずが結局は高くつくこともある

　自分の状況に合う正しい先物
ブローカーを選んだ場合の目に
見えないコストやメリットを計
算するのは難しい。その一方で、

> 「ずいぶんお金をかけないと、こん
> なに安く見せることはできないわ」
> ──ドリー・パートン

取引コストははっきりと分かる。ブローカーや取引所の決済やNFAに
支払った手数料は１セント単位でトレード口座の取引明細書に記載さ
れており、それを分析したり、時には嘆いたりすることができるのだ。

383

第4部　学んだことを実行に移す

ただ、透明性がある明らかなコストが、間違った商品ブローカーを選んだことで発生した予想外のコストよりも重要というわけではない。

　手数料だけでブローカーを選ぶのは大きな間違いである。顧客がトレードする商品を指図したり、トレードの仕方に口出ししたり、ボラティリティが高くなるとブローカーの経費やリスクを下げるために強制清算したりする商品ブローカーは、顧客に大きな不利益をもたらす。はっきり言えば、手数料が最も安いブローカーを選ぶのは、「ロードローラーの前で5セント硬貨を拾う」ようなことなのである。手数料が高いと思ったら、元をとればよい。安いブローカーを使った場合の見えないコストは、見えるコストをはるかに超えている可能性が高い。

先物とオプションのデータ料について知っておくべきこと

　私が2004年にこの業界に入って以降、価格データを入手するためのコストとその意味はまったく変わってしまった。初期のころの先物とオプションの価格データは、個別の商品取引所（CBOT［シカゴ商品取引所］、CME、NYBOT［ニューヨーク・ボード・オブ・トレード］、NYMEX、COMEX［ニューヨーク商品取引所］など）に高い使用料を支払って手に入れるしかなかった。リアルタイムのデータが欲しい人は、それぞれの取引所に料金を支払い、それ以外の人はウェブサイトや電話サービス（私はその時代も知っている）で15分遅れの無料データを手に入れていたのだ。データ料はかなり高めで、トレードプラットフォームによっても違うが、取引所は約80ドルの料金を取っていた。このコストは確かに高いが、私はある程度正当化できると思っている。当時の取引所では、立会場の隅に事務員を立たせて価格を記録し、そのデータを送信していたのだ。これはなかなか大変な作業だったはずだ。

384

第15章　トレードコストの影響を理解する

先物とオプションのトレードが、今では廃止されている立会場から電子取引に移行し、立会場のライブデータの必要性はなくなった。その代わり、活発にトレードしている人は電子取引の価格データが無料で見られるようになったため、みんながそれを使うようになった。毎月約320ドルかかっていたものが、活発にトレードしている人ならば、ほぼ無料で手に入るようになったのだ。ちなみに、トレードが行われれば、取引所は往復で1～4ドルの利益になる。そこで、取引所は電子データを無料でトレーダーに提供すれば、透明性の高いデータが積極的なトレードにつながり、手数料収入が増えると考えた。要するに、これはウィンウィンの状況だったが、長くは続かなかった。CMEグループは、システムを改善するのに莫大な費用がかかるため、リアルタイムの情報の恩恵を受ける人からその資金を徴収することにしたのだ。

CMEのデータ料

2015年1月1日、CMEグループは新たなデータ料体系を発表し、活発にトレードしている人の先物とオプションの価格データを有料にした。幸い、小口トレーダーはほとんどが割り引きの対象になっていた。料金はトレーダーによって違ったが、CME傘下の取引所の現在価格だけならば、1カ月当たり3ドルから、板情報まで含めると15ドルくらいになる。板情報には、最高のビットとアスクが10件ずつ表示されるが、現在価格のみならばそのときのビッドとアスクしか見ることができない。

ちなみに、これらの金額は、1人当たりではなく、1プラットフォーム当たりなので、モバイル機器とパソコンの両方を使っていれば、両方にかかるかもしれない。また、オプションとそれ以外の先物のプラットフォームを分けていれば、それも両方かかる可能性がある。複数かかるかどうかは、プラットフォームを提供した先物取次業者の仕掛

385

第4部　学んだことを実行に移す

けのサーバーやデータサービスのプロバイダーが同じかどうかで決まる。ここから分かるとおり、料金体系が複雑なため、間違って不要な料金がかからないように、ブローカーによく確認する必要がある。

　この金額（3〜15ドル）ならば、データコストが複数かかるかどうかはトレード結果を左右する問題というよりは、多少気になる程度だろう。そのため、ほとんどのトレーダーは、単純にこのコストを受け入れ、同じようにトレードを続けている。あまり認めたくはないが、この安いデータ料が実際はCMEの良い収入源になっている。トレーダーの邪魔にならない程度の負担で、CMEには以前はなかったそれなりの収入が毎月入るようになったのだ。それに、活動的なトレーダーから手数料を徴収する手間はブローカーが担っているため、CMEはこの方針を導入しただけで、管理費はブローカーに負わせて収益だけが増えた。起業家としてはなかなかの着想だと思う。その一方で、取引所の定義と規定で「プロのトレーダー」に分類される人たちの料金は、ほかと比べてはるかに高くなっている。

プロ以外のトレーダーに課されるCMEのデータ料

　CMEグループは「プロ以外のトレーダー」を、価格データを受け取り、それを使って先物やオプションの電子トレードを下のような方法で行っている個人や小企業（有限責任会社、パートナーシップ、信託、団体など）としている。

1．利用者は先物トレード口座で活発にトレードを行っている。
2．利用者はCME傘下の取引所の会員ではない（会員権のリースもしていない）。
3．利用者はトレードを本業としていない。
4．利用者は、証券取引所や商品取引所、先物取引所、先渡し市場、そ

のほかの規制当局や職業団体や公認の専門機関などに、プロのト
レーダーや投資顧問として登録したり資格を得ていたりしていな
い。

5．利用者はプロの利用者とみなされる組織に属していない。

6．利用者は価格情報を仕事と関係がない利用者の個人的な用途のみ
に使う。

7．利用者の価格情報の利用は利用者が所有する財産の管理に限定さ
れる。誤解を避けるため、どのような理由であれ、何らかの会社
の責任者、役員、社員、代理人、あるいはほかの個人の代理とし
て、報酬を受け取るかどうかに関係なく、第三者の財産の管理に
かかわる利用はしない。

8．利用者はブローカーや銀行や投資会社、そのほかの金融活動にか
かわる機関の代理として行動してはならない。

9．利用者は1つの配信者に2つの手段でアクセスしてはならない。

10．利用者は受け取る情報をCMEに注文を出すことができる電子取
引システムGLOBEXでのみ見ることができる。

　これらの条件に該当しないデータ利用者は、プロのトレーダーに分
類される。このような規定はあまり意味がないように思えたり、大げ
さに聞こえたりするかもしれないが、いずれにしても読者はプロに分
類されるのを避けるに越したことはない。

プロ用のデータ料

　残念ながら、CMEグループのデータの方針については警告があり、
それが商品先物業界に相当な悪影響を及ぼしている。前の段落で、デ
ータ料の割り引きを受けられるのは、ほとんどが個人の小口トレーダ
ーだと書いた。CMEは、この種のトレーダーを「プロ以外」と呼んで

387

第4部　学んだことを実行に移す

いる。一方、CMEの基準でプロのトレーダーと分類されると、データ料は急に高くなる。プロのトレーダーには、現在の価格のみか、板情報も含めるかの選択肢はなく、1取引所の1プラットフォーム当たり一律85ドルがかかる。もしCME傘下の4つの取引所すべてにアクセスしたければ、毎月340ドルかかるということだ。繰り返しになるが、これはプラットフォームごとなので、もし商品ブローカーが1つ以上のプラットフォームをサポートしようとすると、先物取次業者はプラットフォームごとに340ドルを支払わなければならなくなる。この料金体系が導入されるまで、個人営業仲介ブローカーとして活動していたブローカーは5～10のプラットフォームを扱っていた。しかし、新しい料金体系では毎月の価格データにかかるコストは1700～3400ドルにも上る。商品ブローカーは高収入だと思われているかもしれないが、それはほんの一握りの人たちだ。ほかのセールスの仕事と同様、ブローカーの20％は儲かっているが、残りの80％は近くのカフェでウエーターでもしたほうが稼げるかもしれない。多くの商品ブローカーが、この新たなコストを吸収できていない。この料金体系が業界に与えた影響については、少しあとに書く。

間違ってプロのトレーダーに分類されるのを避ける

CMEにプロのトレーダーとして分類される影響は非常に大きい。そのため、間違って分類されないためのステップを理解しておくことが重要だ。まず、NFAやCFTC（米商品先物取引委員会）やSEC（証券取引委員会）やそのほかの国際的な金融業界の組織の会員や会員と直接提携している人は、データ料的にはプロのトレーダーとみなされる。商品市場や金融市場に関連した仕事で生計を立てていれば、それもプロのトレーダーとされる。ところが、日中の仕事を持っている「普通の」トレーダーが時に運悪く突然プロに分類されてしまうケースがあ

るのだ。

　一般的には、配偶者の口座でトレードする場合を除き、他人の口座で委任状に基づいてトレードしている人はプロのトレーダーとみなされる。誤解のないように言っておくと、もしそれが友人や家族の口座であっても、そこでトレードしたらプロのデータ料として毎月340ドルが課される。ちなみに、もしICEのライブデータも欲しければ、それにもまた別の料金体系がある。ICEについては後述する。

CMEのプロ用のデータ料が先物業界をどう変えたか

　CMEグループの新しい方針による高額のデータ料を突き付けられた商品先物ブローカー業界では、新たな現実に対応して大きな変化が起きた。まず、ブローカーの数が減った。当初は、ほとんどの個人ブローカーがプラットフォームとデータ料を支払うだろうと思われていた。しかし、それまでコストを切り詰めて何とか生き残っていた彼らは新しい料金体系を前に、その多くがブローカーを辞めるという難しい決断をした。私の周りでも、10年以上同僚として働いてきた人たちが突然、大勢解雇された。コストは上昇し、手数料は減り、規制は負担となり、顧客数は縮小していた。どのみち辞めていた人も多いが、それでもこのデータ料体系が決定打となったという声はよく聞く。同様に、ブローカーのデータ料を負担していたブローカーは新たにブローカーを雇うのをやめ、上昇したコストに見合う収益を上げていないブローカーを解雇した。

　私は商品ブローカーとして、偏見かもしれないが、自分たちは先物とオプション業界のライフラインだと思っている。先物ブローカーはトレーダーへのサービスの最前線として、マーケットに大きな流動性を呼び込む責任がある。もちろん、生産性を上げる働きをしていなかったブローカーを排除する必要はあったのかもしれないが、それによ

って顧客が受けるサービスの水準は下がった可能性が高い。結局、サービスを提供するブローカーの数が減れば、困るのは顧客なのである。

小口トレーダーにとってのもう1つの弊害は、ブローカーが提供するプラットフォームの選択肢が減ったことである。ブローカーが顧客の注文を処理したり、少なくともリスク管理のために顧客の口座を確認したりするには、プラットフォームごとに340ドルを支払わなければならないからだ。そのうえ、複数のプラットフォームでトレードする自由もなくなった。かつては、さまざまなタイプや規模のトレーダーが複数のトレードプラットフォームを使っていたが、今はそれをするとデータ料という報いがあるため、ほとんどのトレーダーが1つのプラットフォームしか使わなくなったのである。

ブローカーを苦しめているのは、価格データのコスト上昇だけではない。新しい料金体系は、多くの顧客が先物やオプション市場に参入するのも阻んでいるのである。前の項でも少し触れたが、プロとみなされる条件を見て、友人や家族のためにトレードしていた人たちが、先物よりもレバレッジをかけたETF（上場投信）やFXを選ぶようになったのだ。それでも、ほとんどの小口トレーダーは問題なくプロ以外の指定を受けることができるため、価格データのコストという点ではあまり大きな影響はない。

ICEの価格データ料

CMEグループが議論を呼んだ手数料の方針を打ち出してから1年が過ぎたころ、ICEも独自の高額な料金体系を商品トレーダーに課すことを決めた。ICEのデータ料が与えた影響の大きさについて書く前に、ここでトレードされている商品をおさらいしておこう。ICEでは、ソフト商品（砂糖、ココア、コーヒー、綿、オレンジジュース）やドルインデックス、ラッセル2000（2017年8月にCMEグループに移行す

第15章　トレードコストの影響を理解する

るまで）などがトレードされている。

2016年４月１日に導入された新しい料金体系

　ICEは2016年４月１日から、トレーダーやブローカーやリスクマネ
ジャーやマーケット観測筋に、ライブのマーケットデータのアクセス
料として、１取引所当たり110ドルを徴収するようになった。これは、
ユーザー別、プラットフォーム別、ICE傘下の取引所別の料金で、ト
レーダーにとっても業界のインサイダーにとっても、きわめて厄介な
事態となった。例えば、ICEでアメリカのデータを見ながらソフト商
品をトレードしている人がICEのヨーロッパのデータも見ていたら、１
カ月に220ドルが請求されるのである。ちなみに、これはそれほど突飛
なことではない。例えば、ICEのなかでも最も人気のあるブレンド原
油は、ICEのヨーロッパ部門が扱っているのだ。また、同じトレーダ
ーがモバイル機器からもアクセスしたければ、設定やプラットフォー
ムにもよるが、さらに220ドルがかかる可能性が高い。そうなれば、１
カ月で440ドルの支出である。2016年４月までは、ほとんどのトレーダ
ーがICEの先物とオプションのリアルタイムのストリーミングデータ
を無料で入手できていたため、業界全体に大きなショックが広がった。

CMEのデータ料との違い

　２つのグループのデータ料の違いは、CMEはプロかどうかで金額を
変えている点にある。CMEのデータ料は、小口トレーダーにとっては
苦にならない程度の額だが、複数のプラットフォームや４つの取引所
すべてにアクセスするプロは月額340ドルもかかるのである。一方、ICE
の方針は、小口トレーダーを含めたすべてのマーケット参加者に同等
に高額なデータ料を課している。ICEの方針は、ほとんどの小口トレ

391

第4部　学んだことを実行に移す

ーダーを市場から締め出す可能性がある。1カ月で110ドルを超える金額はほとんどの小口投機家にとって到底、受容できないからだ。

ICEの価格データ料は業界とトレーダーにとってどのような意味を持つのか

ICEのデータ料の影響は、しばらくたたないと分からないだろう。とはいえ、小口トレーダーとICEと業界全体への影響は必ずある。毎月110ドル以上をデータ料として支払う小口トレーダーがそんなにいるとは思えない。ICEの商品はほとんどの商品トレーダーのポートフォリオのほんの一部を占めるにすぎないことを考えればなおさらだ。私のブローカーの顧客を見ても、ほとんどの小口トレーダーがICEの商品のトレードをやめてしまった。そのため、ソフト商品の出来高は大きく減り始めている。そうなると、CMEのような競合する取引所にとっては、ICEの運営か商品を買収するか、CFTCに対するロビー活動を展開して競合商品を上場し、マーケットシェアを奪いとるチャンスが開ける。

ちなみに、ICEの収益のなかで最大のシェアを占めているのはコマーシャルズのヘッジャーと大手機関のプロのトレーダーであることから、個人トレーダーや小口トレーダーに人員を割く価値はないという結論に達したのかもしれない。そうであれば、新しいデータ料体系によって、彼らの望みはかなうことになるだろう。

第16章 リスク管理——商品市場のレバレッジを理解し、適切に使い、ヘッジする

Risk Management : Understand, Properly Utilize, and Hedge Commodity Market Leverage

　金融の世界以外でレバレッジ（てこ、影響力）という言葉は、ある
ものを使って機械的に効率を最大にすることを指す。また、この言葉
はある人や組織がほかの人の判断や行動に与える影響を意味すること
もある。一方、金融の世界におけるレバレッジという言葉は、前提は
同じでも、わずかな資本を使ってはるかに大きい金銭的な収益を得よ
うとすることを意味している。レバレッジと言えば、ほぼすべてのケ
ースで借入、もっと具体的に言えば証拠金を積んで投機をすることを
意味している。しかし、皮肉なことに、最大のリターンを狙った行動
がトレード資本を減らす原因になっている。

　レバレッジを使った投資で顕著な例は、最低限の頭金で家を買うケ
ースである。家の買い手にとって、この家がどこまで値上がりするか
は分からないが、それと同時に、値下がりする可能性もある。ただ、こ
の家の価値に関する損益の割合は大いに誇張されている。それは、家
の純粋な価値が考慮されていないからだ。例えば、２万ドルの頭金で
20万ドルの家を買えば、家が10％値
上がりして22万ドルになると100％の
リターンが得られるが、18万ドルに
下落すれば元金は100％失われる。
レバレッジが高くつくことも安くつ

> 「トレードの最も大事なルールは、優れた攻撃ではなく、優れた守備だ」——ポール・チューダー・ジョーンズ

くこともあることは、簡単に分かると思う。商品市場ではレバレッジが気軽に使われているが、実は不動産よりもリスクが高い。2006年の暴落のあとでさえ、不動産のボラティリティはほとんどの商品と比べれば大したことはなかったのだ。

　もちろん商品先物トレードを思いとどまらせようとして、こんなことを書いているわけではない。そうではなく、責任をもってレバレッジを使ってトレードする人と、先物市場をルーレットと同じように考えている人の違いをきちんと理解してほしいからだ。適切な期待と考え方に基づいてトレードすれば、わざわざ大変な思いをしてレバレッジが引き起こす辛い教訓を得なくてもすむのである。

先物市場のレバレッジの程度を理解する

「デリバティブは金融界の大量破壊兵器である」――ウォーレン・バフェット

　先物市場のレバレッジは、口座を開設すればほぼだれでも簡単に使えるため、商品市場で提供されるレバレッジは妥当な水準なのだろうという甘い考えに陥りやすいが、それは違うとはっきり言っておきたい。株のトレードでレバレッジを使おうとしたことがあるだろうか。株の場合は、おそらく最低でも口座に５万〜10万ドルの資金があることを求められる。しかも、空売りで株を借りれば、金利もかかる。繰り返しになるが、証券取引所は先物取引のような原資産に対する契約ではなく、実際の資産を売買している。そのため、株式トレーダーが用いるのは制度的なレバレッジではなく、ブローカーのみから提供されており、それには複数のひもが付いている。株のブローカーは投資家とブローカーにかかるリスクを考慮して、意図的に信用取引の手数料を高くして使いにくくしているのだ。ソーシャルメディアで拡散したジョー・キャンベルという株のトレーダーの話を聞いたことがあるかもしれない。医薬

品会社カロバイオの空売りが逆行したキャンベルは、ブローカー（Eトレード）から約10万6000ドルの追証を請求された。この損失は取引時間終了直後に発生し、Eトレードが清算したため損失が確定した。困り果てた彼は、GoFundMeを使って募金を呼び掛けると、5000ドル以上が集まり、それをブローカーへの返済に宛てた。しかし、トレード業界で彼に同情した人はほとんどいなかった。経験不足のトレーダーが大した利益も望めないボロ株で大きなポジションを取っただけで、もともと愚かなトレードだったからだ。

　一方、先物ブローカーは、株のブローカーとは違う考えで運営している。先物トレーダーは無利子の口座に最低限の維持証拠金しかなくても、法外に高いレバレッジを、大した条件もなしに使うことができるのである。

　安くて簡単に使えるレバレッジは、主に取引所が商品トレーダーに提供している。レバレッジは先物市場の構造の一部に組み込まれており、トレーダーは実際の取引額と関係なく、最低額の維持証拠金を預託することが義務付けられているからだ。それでも、ブローカーとしてはデイトレーダーにどれほどのレバレッジが提供されていて、その乱用がどれほど深刻な事態を招いているかについて言いたいことはたくさんある。もちろん、ブローカーは手数料が高くなるように、デイトレーダー用の証拠金率を下げて、大きいサイズのトレードを勧める傾向がある。しかし、それによってレバレッジは利益を上げるのがほとんど不可能なくらいまで上がっていく。もちろん、ブローカーはそれが分かっていても、顧客に伝えることはない。要するに、レバレッジを便利に使えることは、恩恵ではあっても、権利ではないし、乱用してはならない。トレーダーの多くは、レバレッジが彼らに与えられた恩恵だと思っているが、これは獲得するものである。銀行が貸し付けをする前に借り手を査定するように、商品ブローカーも顧客にその価値があることを確認してからしか、デイトレーダーに極端なレバ

第4部　学んだことを実行に移す

レッジは提供しない。

　トレーダーたちが、まるで大したことのないトレードをするような口ぶりで、Eミニナスダック先物を10枚買いたい（または売りたい）などと気軽に言っているのを私はよく耳にする。彼らはレバレッジやそのリスクを軽く見ているが、果たしてそれがどれほどのイクスポージャーになるのか計算したことがあるのだろうか。もしEミニナスダックの価格が4400ならば、1ポイントが20ドルなので、1枚当たりの価値は8万8000ドル（4400×20ドル）になる。そうなると、Eミニナスダック先物を10枚買う（または売る）注文を出したトレーダーは、約88万ドル相当のテクノロジー株の損益にさらされることになる。また、取引所はEミニナスダック1枚をオーバーナイトで保有するのに1枚

> 「簡単に儲けようとする人は、必然的に、大金をはたいてその特権が地球上に存在しないことを証明することになる」
> ──ジェシー・リバモア

当たり約5000ドルの証拠金を義務付けており、これは原資産の約6％に相当する。つまり、トレード口座にわずか5万ドルあれば、88万ドル相当のナスダック銘柄を買うことができるのである。

　さらに言えば、ブローカーのなかにEミニナスダックの証拠金が500ドルという驚きの安さのところもある。これでは頭金が0.5％しかないことになる。住宅ローンバブルのときに、1％未満の頭金で家を買った人たちがどうなったかは周知のとおりだ。ブローカーが、口座に5000ドルしかないのにEミニナスダック先物を10枚トレードさせてくれるため、それが何でもないことだと思ってしまうトレーダーがいる。しかし、少し計算すれば、88万ドル相当の証券を5000ドルの口座でトレードすることがどれほど悲惨なことかは分かるはずだ。2000年代初めにみんなが思い知ったとおり、レバレッジをかけていないテクノロジー株のポートフォリオや同じような内容のETF（上場投信）や投資信託でも、かなりのドローダウンに見舞われることがある。そのうえ、人

396

気があり、バランスが良いとされているＥミニＳ&Ｐ500先物でさえ、リスクとレバレッジは同じくらい当てにならない。もともとボラティリティの高い資産（例えば、株価指数先物や商品）にレバレッジをかけたトレードの管理は、マーケットに正しく敬意を払う準備が整っていない人にとって非常に難しいことかもしれない。

レバレッジと運命は自分でコントロールする

商品先物トレード業界は、大きく売買して大きな利益を狙う人が多い。そのため（理由はほかにもあるが）、先物やオプションのトレードを執行するたびに利益を得ている取引所やブローカーは証拠金率を下げて高いレバレッジを提供して、大きいサイズでトレードさせようとしていることを覚えておいてほしい。

もちろん、多くの商品ブローカーは極めて誠実に仕事をしている一方で、あまり認めたくはないが、一部のブローカー（そして何と一部の取引所）はトレーダーの利益には関心がない。彼らはトレーダーが勝っても負けても、とにかくトレードさせようとする。実際、トレード数のみにしか関心がないディスカウントブローカーも数社ある。彼らの目的はできるだけたくさんの口座を獲得し、少なくとも１人が破綻したら新たな顧客を呼び込んで補填したいと思っている。結果はもっと深刻だが、これはカジノのビュッフェが客が速く食べ終わるように奇抜な飾りや色で装飾して回転率を上げ、収益を増やそうとしているのと似ていなくもない。業界が間接的に勧める慣習に思惑どおり順応してしまう前に、次に紹介する作戦や戦略を学んで実力以上のトレードをしたいという衝動を抑え、責任のある行動をしてほしい。

提供されるレバレッジが妥当だとは限らない。実際、レバレッジは低いほどよい。そして、次の方法を使えば、レバレッジを大きく減らすことができる。

397

第4部　学んだことを実行に移す

●**トレード口座に多めの資金を置く**　レバレッジを下げて勝率を上げる最も効果的な方法は、維持証拠金として必要な額以上のお金を口座に入れておくことである。例えば、金先物の証拠金が4125ドルで、1枚当たりの丸金額が11万ドル（金の価格が1100ドル）ならば、口座に11万ドル入金しておくとレバレッジをかけなくてすむ。同様に、トレード口座に5万5000ドルあれば、金1枚のトレードで、取引所のレバレッジを26倍からもっと楽な13倍に減らすことができる。レバレッジをなくすか少なくとも軽減すれば、間違える余地が増え、完璧なタイミングでなくてもさほど動揺しなくなるため、勝率は大きく上昇するのである。

●**小さいサイズでトレードする**　フルサイズで先物をトレードする資金がないのはあなただけではない。さらに言えば、資金を全額用意しなくてもよい。ほとんどの商品トレーダーは妥当なリスクをとって、控えめにレバレッジを使うつもりでいる。目的は、単純に精神的に楽な程度のレバレッジに抑えることである。これを比較的少額のトレード口座でも、Eマイクロの通貨や金属（第12章参照）を使えば、効率的に行うことができる。ちなみに、Eマイクロの通貨先物は、ユーロが1.10ドル近辺ならば約1万3750ドルなので、口座にこの金額があればレバレッジをかけないでトレードできる。もちろん、ほとんどのトレーダーにとって、これだけの資金があれば2～5枚トレードするのが理にかなっているのかもしれないが、大事なことは、レバレッジは取引所やブローカーではなく、トレーダー自身が決めるということだ。トレーダーはみんなレバレッジをきちんと管理して、トレードのリスク管理を学ばなければならない。

●**先物ポジションと対立するオプションの売り**　株のトレーダーの多くが、カバードコール戦略で追加的な収入を得ているが、なぜかこの方法は先物市場ではあまり使われていない。しかし、試してみる価値はあるかもしれない。ただ、レバレッジをかける先物市場では、

398

買いポジションに対してディープ・アウト・オブ・ザ・マネーのコールを売ることは比較的危険な戦略と言われている。これは、価格の下落による先物ポジションの損失が、コールオプションの売りの利益よりもはるかに大きくなってしまうからだ。そのため、先物の買いに対してアット・ザ・マネーに近いコールを売ったり、買いポジション1枚に対してコールオプション2枚を売ったりする方法が適している。同じ戦略は先物の売りにも応用できるが、その場合は価格が近いプットオプションを売るほうがよいのかもしれない。こうすることで、ある程度のプレミアムが入り、それが先物ポジションが逆行した場合のクッションになって利益ゾーンが有利なほうに動くため、驚くほどストレスが軽減される。このことについては、第17章で詳しく書く。

●**先物ポジションと対立するオプションの買い**　私は、先物ポジションと対立するオプションの売りを好んで使っているが、先物の買いポジションの保険としてプットオプションを買ったり、先物の売りに対してコールオプションを買ったりすることも魅力的なヘッジになると思っている。さらに言えば、オプションの買いは絶対的な保険として、マーケットがどれほどひどいことになっても、トレードのリスクを特定の金額に限定してくれる。これは、オプションの利益を先物の損失と合わせてオプションの買いと似た形にしているため、シンセティック戦略と呼ばれている。本章の後半でこれを損切り注文の代わりに使う方法について詳しく紹介する。

●**カラーを設定する**　これは、先物の買いポジションに対して、保険としてプットを買い、そのプットのプレミアムに充てるためにコールを売る戦略である。同様に、先物の売りポジションに対して、保険としてコールオプションを買い、そのプレミアムをプットオプションを売って支払うというパターンもある。言い換えれば、カラーは元々の先物ポジションと対立するオプションの買いと売りのメリ

ットを組み合わせた戦略である。行使価格をどこに設定するかによって、潜在利益は変わってくるが、通常、リスクはかなり限定されている。ただ、売ったオプションの行使価格を現在の価格から離すと、リスクは限定されているとはいえ大きくなることもある。カラーは、価格の方向に投機してリスクを限定する最も保守的な手法と言える。

> 「トレーダーは意見を持つべきではない。意見があればあるほど、負けポジションから抜け出すのが難しくなる」──ポール・ロッター

カラーや先物ポジションに対して反対方向のオプションをトレードすることは、コールとプットの価格付けが同じではない場合にうまくいくということを覚えておくとよい。例えば、穀物市場のコールは通常、プットよりも少し高いし、ＥミニS&P500はたいていプットが高い。そのため、穀物は先物の買いポジションに対してプットを買ってコールを売るのに向いているが、S&P500は先物の売りに対してコールを買ってプットを売るのに向いている。

レバレッジを侮ってはならない

レバレッジの乱用やリスクといった話題がトレーダーの間で人気がないのは分かっている。ほとんどの人がやりすぎているからだ。人はダメだと分かっていても、欲望が優先してしまう。人間のこの強力な性質については、ラスベガスの高級ビュッフェに行ってみるとよく分かる。満腹だと分かっていても、おかわりをやめることはできないのだ。

例えば、あるトレーダーが10万ドルの資金のうち、１トレードで10％までリスクをとるつもりだとする。つまり、金先物１枚をトレード

すれば、１万ドルまでの損失は容認するということで、これは金価格の100ドルの動きに相当する。そこで、金先物を1100ドルで買えば、損切りを1000ドル、つまり現在の価格から100ドル下に置いて損失が資金の10％を超えないようにする。しかし、レバレッジをもっと気軽に考えているトレーダーは、金先物を１枚ではなく３枚買うかもしれない。そうなると、損失を資金の10％に抑えるならば損切りは1067ドル辺りに置かなければならない。もし金が上がるという見込みが正しければ、最初のトレードならば９％下落してもトレードを続けられるが、２番目のトレードならば３％の下落しか許容できない。金融資産の値動きを観察したことがある人ならば、３％の変動など一瞬で起こることを知っている。しかし、10％下げることははるかに少ない。つまり、２番目の潜在利益のほうがはるかに魅力的ではあるが、それが実現する可能性ははるかに低いということだ。完璧なタイミングでトレードできることなどなく、トレードが成功するまでには長くかかるかもしれないと分かっていれば、レバレッジを減らす動機になるはずである。

リスク管理のために損切り注文を使う

トレード関連のほとんどの出版物や講習会やフォーラムなどが、トレードの第１のルールとして「必ず損切りを置く」と教えている。これは、損切り注文が手に負えなくなるような損失を防ぐための速くて簡単な方法だからだ。そのうえ、損切り注文を使えば、スリッページが大きい場合や窓が空いた場合は別として、トレードのリスクを確定できる。これまで学んできたように、損切り注文とは、現在価格よりも上の指定した価格に達したら先物を買ったり、現在価格よりも下の指定した価格に達したら先物を売ったりする注文である。いずれの場合でも、価格は今よりも「悪く」なった場合に執行されるため、買いの損切り注文は上昇スイングのなかで執行され、売りの損切り注文は

第4部　学んだことを実行に移す

下降スイングのなかで執行される。

損切り注文のメリット

　損切り注文を使うと、リスクを軽減できるというメリットがあると
されている。この注文は、その名のとおり、先物価格が逆行したとき
にトレードの「損を切る」ために使われる。損切り注文は、価格が事
前に決めた痛みの限界に達すると、単純にトレードを清算する。そし
て、発動すると損失が発生するが、それとは逆に、利益を確定するた
めの注文（逆指値注文）もある。いずれにしても、損切り注文が選択
され、執行されれば、それは価格が不利な方向に動いたということで
ある。

　前にも書いたが、損切り注文をリスク管理に使う最も明らかなメリ
ットは、相場が暴走したときの損失を抑えることにある。商品先物市
場は、極端なボラティリティに見舞われることがあり、大きな損害を
被る前に手動で手仕舞うことが難しくなったり、できなくなったりす
ることがある。損切り注文は想定外の不快な出来事をうまく防いでく
れる。知り合いのデイトレーダーは、コーヒーを注ぎに行った間に市
場が急変し、デスクに戻ったときには数千ドルの損失を被っていたと
いう怖い経験をしたという。このような速くて予想外のマーケットの
動きはまれではあるが、いつでも起こる。原因はたいてい予想外のニ
ュースだが、時には取るに足りない間違ったツイートなどによって起
こることもある。スリッページの可能性は別として、損切り注文は最
悪のシナリオが分かっているため、ある程度の安心を与えてくれる。

　なかには、トレードが逆行したときに、いつ損切りをするか決めき
れない場合の心理的なストレスを減らす目的で、損切り注文を使う人
もいる。マーケットで仕掛けて、そのあと損切り注文を置けば、それ
によって自分の痛みの許容量を事前に限定し、あとは運命を戦略に任

402

せることができる。損切りやそのほかのリスク管理のテクニックを用いないで仕掛けると、手仕舞いポイントを苦労して判断しなければならない。人間は楽観的にできていて、トレードが逆行しても、自分の間違いを認めない傾向がある。しかし、トレードが好転すると強く信じたり、損失を頑なに認めなかったりしていると、トレーダーは「プレーヤー」（player）ではなく「祈る人」（prayer）になってしまう。これはトレード資金に悪影響を及ぼすだけでなく、苦痛はそのあとも長くトレーダーのなかにとどまって、それ以降もあまり良い判断ができなくなる場合が多い。

損切り注文のデメリット

損切り注文にはメリットもあるが、明かなデメリットもある。実際、私は損切り注文は利益よりも害のほうが多いと思っている。最も顕著なデメリットは、手仕舞いポイントが限定されてしまうことである。損切り注文が執行されてポジションが手仕舞われると、たとえマーケットが回復しても、その損失を回復するチャンスはなくなる。しかも、損切り注文はそのトレードのリスクを限定してくれる半面、すぐに執行される傾向がある。そのため、いずれは勝ちトレードになるはずだったのに、早すぎるタイミングで損切りに達するということがよくある。損切り注文の残念なトリガーは一時的なボラティリティによることもあれば、単純に損切り注文の置いた位置が近すぎたという場合もある。いずれにしても、損切り注文が執行されてポジションがなくなったあとに、マーケットが意図した方向に向かうのを見るのは、金銭的にも心理的にも辛い経験となる。

2010年5月6日に、EミニS&P500で悪名高いフラッシュクラッシュが起こったとき、損切り注文を出していたらどうなったか想像してほしい。多くの人が損切り注文に達して、膨大な損失を被ったあと、結

局はその日のうちに素早く急上昇して、取引終了までにほぼ回復したのである。この不運な日は、間違ったサイドに取り残されたトレーダーだけでなく、その先物ブローカーにとっても同じくらいの悪夢だった。先物トレーダーは、預入金の額以上の損失を出すこともあり得るため、ＥミニS&P500が150も落ち込む（１枚当たり7500ドル）と、何分かの間に業界には収支バランスがマイナスの口座があふれた。マイナスになるとどうなるか気になる人のために書いておくと、トレーダーはすぐにトレード口座に不足分を入金しなければならない。しかし、それができなければ、その口座を扱っているブローカーは、入金があるまで手数料を使って損失の穴埋めをしなければならない。極端なケースでは、ブローカーが顧客を提訴して、失われた手数料を回復しようとすることもある。残念ながら、私にもこの経験があり、損失は数十万ドルに上った。これは、ブローカーにとってもトレーダーにとっても困った状況である。

　損切り注文に話を戻すと、私はよくトレーダーたちに、リスクを限定することと、リスクが低いことは違うという話をする。損切り注文を置けば、リスクを望む範囲に限定する効果がある。この範囲は、数千ドルの人もいれば、100ドル未満の人もいるかもしれない。理論的には無限の潜在利益が見込める先物トレードでリスクが100ドル未満ならば、一見、望ましいことのように思えるかもしれないが、必ずしもそうではない。リスクを100ドルに限定するための損切り注文ならば、ほぼ確実に達してしまうからだ。簡単に言えば、100ドルの損切りならば、全体の95％くらいは負けになる。そうなれば、私の経験に基づいた「当て推量」でいくと、50トレードで大量の血と汗と涙を流した場合、48回は負けて手数料以外に4800ドルの損失を被ることになる。理論的には、50回中２回の勝ちトレードで損失を補填できるはずだが、その２回で2400ドルずつの利益が上がる可能性はかなり低い。それほどの利益を上げるためには、金ならば１オンス当たり24ドル、原油ならば2.40

ドル、ＥミニＳ＆Ｐ500ならば48ポイント動かなければ、損切りに遭った48回の損失は埋められないのだ。そのため、リスク管理のために損切りを近くに置くと、望んだのとは反対の結果になる。皮肉なことに、この積極的に損失を減らす作戦を実行すると、間違いなく資金を失うことになるのである。

　反対に、悲惨な損失のみに備えて損切りを遠くに置いても、似たような失望を味わうことになるかもしれない。このような損切り注文が執行される可能性は、近くに置いた場合よりもはるかに低いため、勝ちトレードになる可能性ははるかに高くなる。しかし、損切り注文を遠くに置いても早すぎる損切りに達する可能性はあり、その場合は損失額が大きくなる。

　リスク管理のために損切り注文を使おうとしている人は、現実的な期待の下で行う必要がある。まず、スリッページがかかる可能性はかなり高い。スリッページは、トレードのプロが使う言葉で、損切りの価格と実際の執行価格の差を指す。前にも書いたとおり、損切り注文は、指定した価格に達すると、成り行き注文になる。そのため、執行されたときの価格が指定した価格になるとは限らない。薄商いのときやボラティリティが通常よりもかなり高いときは、スリッページが驚くほど大きくなることもある。そのうえ、もし商品市場が取引開始時に上や下に窓を空ければ、指定した損切り価格を飛び越えてしまうかもしれない。その場合、損切り注文は通常どおり成り行き注文になるが、執行価格はかなり不利になるかもしれない。

　もっと極端な状況では、商品市場がストップ高やストップ安になることもある。そうなると、それを超える価格でのトレードはできなくなるため、損切り注文は執行されず、実質、守りはなくなる。今日の電子市場では、損切り注文のスリッページやストップ高やストップ安、そして損切り価格を超えて窓が空く頻度は比較的少なくなったが、損切り注文は守りを保証するものでないため、必ず意図した金額で損失

第4部　学んだことを実行に移す

を限定できるわけではないことを理解しておく必要がある。

損切り注文を出す

　損切り注文の置き方は、トレーダーの数だけある。実は、損切り注文をどこに置くかに厳密なルールはない。損切り注文は、まずリスク許容量とトレード戦略によって決めるべきで、そのうえで支持線や抵抗線が指針になる。

　ちなみに、損切り注文はトレンドトレード戦略のときは市場価格から遠くに離して置くが、スイングトレードならば比較的近いところに置く。ただ、ここで「近い」というのは、通常の変動で引っかかるほど近いところではない。損切り注文の置き方のあいまいさと、損切り注文に達した場合の悲惨な結末を考えると、これは先物トレーダーにとってかなりイライラの原因になっている。とはいえ、損切り注文がトレーダーを大きな損失から守ってくれるというまれなケースも、もちろんある。

　私は、もし損切り注文を使うならば、明らかな支持線や抵抗線の向こうに置くことが大事だと思っている。ほとんどのトレーダーは、単純に直近の高値や安値を見て、その近くに損切りを置いているが、みんながそれをすると、そのレンジに達したときに引っかかった損切りがマーケットをトレンドの方向に動かし、持続できない高値や安値を付けることになる（**図53**）。これはよく起こることで、通常はストッププランニングなどと呼ばれている。多く損切り注文が執行されると、マーケットは通常の需給に基づく動きが復活するため、価格は再び反転することになる。

図53　ストップランニングはトレーダー、特にデイトレーダーにとって大問題である。マーケットは損切りが多いところを超えてから反転するため、損切りに達した人たちはそこで取り残される

損切り注文はまったく不要なのか

　あくまで私の個人的な意見ではあるが、損切り注文を使うデメリットは、メリットを上回ると思う。現実的に見て、マーケットも息つく間が必要だし、トレーダーにも少し余裕があったほうがよい。損切り注文を出してしまうと、全体的な見通しは良くてもタイミングが少し悪かったトレードが続けられなくなってしまう。もちろん、これは多くのトレード本の見解とかなり違うことは分かっている。しかし、私が先物ブローカーとして、数種類のトレード戦略やリスク管理の手法を直接見てきたうえで言うと、長期的に見れば損切り注文の伝統的な使い方はトレード戦略にとって有害だと思う。

　その代わり、私は先物ポジションをヘッジするために、オプションを買うか売るかすべきだと思っている。もしリスク許容量や資金量や

第4部　学んだことを実行に移す

マーケットを観察し続けることができないなどの理由で損切り注文を使わないと先物トレードができないのならば、選択肢としてはEマイクロの通貨や金属やミニ穀物などを使って小さいサイズでトレードすればよい。このような小さいサイズの商品を使えば、資金がもっと少ないトレーダーでも損切り注文を置かずに楽にバイ・アンド・ホールド戦略を行うことができるため、タイミングの悪い早すぎる清算のリスクもなくなる。事前にリスクを決めたい人は、もしかしたら損切り注文の代わりにオプションの買いのほうが理にかなっているのかもしれない。

オプションの買いと売りでリスクを管理する

どのような戦略でも時間枠でも経験があっても資金があっても、先物をトレードしたことがあれば、時期尚早に手仕舞ったあとにマーケットが順行するのを苦しい思いで見ていた経験がきっとあるはずだ。もしかしたら、早めに損切りに達したのかもしれないし、維持証拠金が足りなくなったり、単純に痛みに耐えられなかったりしただけかもしれないが、望んだ動きになる前に慌ててトレードを手仕舞わざるを得なくなることは、辛いことだが、よくあることでもある。

損切り注文による不本意な清算や、パニックを起こして手動で清算してしまうと、そのトレードは回復できなくなる。いったんマーケットを離れると、タイミングが悪いトレードを修正することはできなくなるのだ。皮肉なことに、人は負けトレードをまさに最悪のタイミングで手仕舞う傾向がある。結局、損切り注文は痛みの限界に置いてあるし、手動で手仕舞うときも、みんなと一緒に痛みを止めたくて「吐き出す」ことになるからだ。いずれにしても、みんながタオルを投げたときは、たいていトレンドも終わりに近い。私の経験で言えば、今のポジションがファンダメンタルズ的にも季節性的にもテクニカル分

析的にも有効ならば、みんながあきらめるまで待っていれば、大きな含み損は簡単に回復できることが多い。激しい圧力がかかった状態で極端な価格が長く続くことはまれなため、そのうちに均衡状態に向けて劇的に回復する。もちろん、高くつく教訓を避けられればそれに越したことはないが、リスク許容量を超えて激しく不合理な価格の動きに巻き込まれてしまったときは、混乱が収まるまで１日か２日待っていれば、最終利益に大きな違いが生まれるかもしれない。ほとんどのトレーダーが資金を失っているということを思い出してほしい。みんなのまねをして手仕舞ったり、みんなに先駆けて手仕舞ったりすれば、それはおそらく間違っている。それよりも、自分の賭けをヘッジする方法を探すほうが、たいていはうまくいく。

> 「これからたくさん間違える。それならば、損失はできるだけ小さく、利益はより大きくしたほうがよい」
> ——スティーブ・コーエン

　繰り返しになるが、損切り注文は指定した価格を超える窓が空いたり、大きなスリッページがかかったり、ストップ高やストップ安にかかるリスクにさらされている。残念ながら、トレードにマリガンルールはないが、持続する力と絶対的なリスク管理（ストップ高やストップ安でも）と平静心でマーケットに参加することはできるのだ。それが、先物の投機の保険としてオプションを買うことである。この作戦は、シンセティック戦略と呼ばれている。

シンセティック戦略

　シンセティック戦略は、２つ以上の金融商品を使って別の商品と似た利益を作り出すことである。私は、最も単純で役に立つシンセティック戦略はシンセティックコールとシンセティックプットだと思っている。例えば、シンセティックコールは、先物の買いと同時に保険と

してプットオプションを買うことである。これがシンセティックコールと名付けられたのは偶然ではない。先物の買いとアット・ザ・マネーのプットオプションの買いを組み合わせると、アット・ザ・マネーのコールオプションと似たリスク・リワードになるのである。しかし、アット・ザ・マネーではなくアウト・オブ・ザ・マネーのオプションを買うと、コールオプションの買いとは別物になり、むしろヘッジ付きの先物の買いに近づいていく。トレードのあいまいさを少しでも減らすため、トレーダーは口座のサイズや性格や個人的な要望に合わせてポジションを組み立てることができる。マーケットとそのツールは万人向けで、みんなが自分のニーズに合わせて適切に商品を組み立てられるほど精通しているという前提になっているのである。

シンセティック戦略のメリット

シンセティックプットを執行しようとしているトレーダーは、シンセティックコールとは逆で、先物を売り、ヘッジするためにコールオプションを買う。いずれのケースも、伝統的な損切り戦略のようにオプションの買いは、価格が逆行したときにリスクを限定する保険になる。つまり、このトレードには無限の潜在利益があるのに、リスクは限定されている。しかも、損切り注文と違い、シンセティックコールやプットは、一時的な価格のスパイク（突出高・突出安）や証拠金の担当者や自分の不安の限界による早すぎる清算のリスクもない。

シンセティックコールやプットの戦略はリスクが限定されているため、オプションの買いと同様、防御的なオプションで行使価格がアット・ザ・マネーならば証拠金がほとんどいらない。そのうえで言えば、たとえ先物ポジションに対してアット・ザ・マネーのオプションを買ったとしても、ブローカーによっては少額の証拠金を請求される。控えめな証拠金が必要なのは、オプションが満期を迎える前に一時的に

ボラティリティが高まって、買ったオプションの利益よりも先物の損失が大きくなる可能性を考えてのことだが、この場合はどう考えても証拠金は必要ないと思う。ただ、証拠金が請求されないからといって、ほとんど資金がない状態でこの戦略が執行できるなどと誤解してはならない。トレードを仕掛けるときは、少なくとも防御的なオプションを買えるくらいの現金が必要だし、できればそれよりも多いほうがよい。

　シンセティックコールやプットは、どのマーケットでも使えるが、この保険は高くつくため、オプションの価格が高いマーケットは避けたほうがよい。反対に、オプションが安いマーケットは完璧な候補になる。私たちがこの戦略に最適だと思っている商品のなかには、米国中期国債、ドルインデックス、大豆油、トウモロコシなどがあり、Ｅミニナスダックでさえ場合によっては良い候補になる。

> 「論理があればＡからＢに行くことができる。しかし、想像力があればどこにでも行ける」──アルバート・アインシュタイン

　スイングトレーダーやデイトレーダーといった短期のトレーダーならば、短期のオプションが使えるマーケットもある（例えば、週次のＥミニＳ＆Ｐ500、穀物、米国債、通貨などのオプション）。週次のオプションならば、安い金額で先物ポジションに保険をかけることができる。

シンセティック戦略をカラー戦略に変える

　オプション価格が高めのマーケット（例えば、原油、金、ＥミニＳ＆Ｐ500など）でシンセティック戦略を執行したい人にとっては、何らかのカラー戦略のほうが適している場合が多い。これは、逆方向のオプションを売ったお金で保険を買う方法である。例えば、金に強気な

411

第4部　学んだことを実行に移す

> シンセティック戦略の最悪のシナリオは、ポジションはそれ以上悪化しないが、改善する可能性がある。これは損切りに達して回復の可能性がなくなるよりもずっと良い。

人は先物を買い、プットを買って下方リスクに保険をかけ、その費用をコールを売って支払うことができる。オプションを買うときに必要な現金の負担は、逆方向のオプションを売ることで部分的に相殺できる。カラーは、リスクもリワードも小さいが、トレーダーは行使価格を調整して、ポジションのリスクとリワードを選ぶことができる。

シンセティック戦略のデメリット

もちろん、保険も心の平和もただではない。オプションを買うと、利益を上げる前に、まず保険の負担を克服しなければならない。そのため、シンセティック戦略はトレードを組み立てるためのコストが利益を上回る可能性が高ければ、必ずしも最適ではない。それでも、どれほど激しくマーケットが逆行しても、追加的なリスクがないことと、早すぎるタイミングで強制的にトレードをやめなくてよいというのはかなり贅沢なことではある。シンセティック戦略の前提を、例を使って見ていこう。

例

トウモロコシに対して強気のトレーダーは、先物を買って、暴落したときのために損切りを置くこともできるが、それをすると不幸な値動きでタイミング悪く手仕舞ってしまうリスクがある。しかし、損切り注文を使わないでトレードすれば、未知の出来事に対して脆弱になり、無限のリスクがあるだけでなく、パニックが広がると手動で清算

412

図54 シンセティックコールはリスクを限定し潜在利益は無限になる素晴らしい方法である。トウモロコシの場合、リスクは非常に小さい

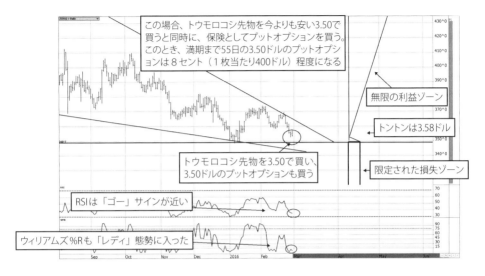

したくなる衝動に駆られるかもしれない。負けトレードを慌てて手仕舞ったあとに、マーケットが急反転して順行するのをイライラしながら見つめるというのはよくあることで、私自身も経験している。

シンセティックコールオプションを使えば、このようなシナリオをどちらも防ぐことができる。もしトウモロコシ先物の価格がゼロになって、最大の損失を被ったとしても、まだマーケットにとどまっていられる。もし価格が急反転したときに、まだポジションを持っていれば、利益に転じることも可能なのだ。これは「参加していなければ勝てない」ということで、いったん損切りしてしまうと、追加的なリスクとイライラとともに再び仕掛けなければ、その損を回復するチャンスはない。しかし、イライラしていると焦ってさらなる悪い判断を下してしまう可能性が高い。一方、シンセティックコールを買えば、逆行したあとは、順行するしかない。

413

第4部　学んだことを実行に移す

例えば、トウモロコシが3.60ドルのとき（**図54**）、強気のトレーダーは3.50ドルの押し目でトウモロコシ3月限を買おうとするかもしれない。そしてこのポジションを暴落から守るため、55日後が満期の3.50ドルのプットオプションを0.08ドル（8セント）で買うことができる。トウモロコシ先物は1セントの動きが1枚当たり50ドルに相当するため、このプットオプションを使った保険代は、400ドル（50ドル×8セント）になる（コストと手数料別）。これによって、先物の買いポジションはリスクが限定されるうえ、通常の損切り注文よりもトレードを継続できる。このポジションは、リスクが限定されており、コールオプションの買いと似ているため、シンセティックコールと呼ばれている。しかし、使うか使わないかのどちらかしかないコールオプションとは違い、シンセティックコール（先物買いとプットの買い）ならば、一方をやめて他方だけ残すなどといった調整も簡単にできる。また、オーバーナイトの時間帯はオプションの流動性が常に高いわけではないが、シンセティック戦略ならば24時間いつでも十分な流動性があるため、儲かるほうの先物取引を相殺することもできる。ただ、その場合

> シンセティックコールとプットは、リスクが限定された安全性と柔軟性を与えてくれる。

は、翌日にオプションの流動性が回復したところでオプションのほうも相殺しなければならないが、こちらは価値がほとんどなくなっている可能性が高い。ここは、先物の利益がオプションの分を上回っていることを祈るしかない。

この例では、オプションの行使価格が先物を仕掛けた価格と同じため、リスクの合計がシンセティックポジションを構築するのにかかった金額に限定されている。しかし、もし3.45ドルのプットを6セントで買えば、先物を仕掛けた3.50ドルとプットオプションの行使価格の3.45ドルの差である5セントのリスクイクスポージャーと、プットに支払ったプレミアムを合わせて合計リスクは11セントになる。しかし、

414

第16章　リスク管理──商品市場のレバレッジを理解し、適切に使い、ヘッジする

なぜわずか2セントを節約するために高いリスクをとるのだろうか。例えば、このトレードにかなり自信があれば、トウモロコシの価格が回復したときに買ったプットオプションの価値が急落すると見込んでそうしているのだ。シナリオによっては、リスクが若干高くても、アット・ザ・マネーよりも安いアウト・オブ・ザ・マネーを買う価値がある場合もあるのだ。

　シンセティックコールの最悪のシナリオは、先物価格がプットオプションの満期日に行使価格を下回ったときで、それが最大限の損失になる。CMEグループは満期時にイン・ザ・マネーのオプションを自動的に行使するため、買ったプットは3.50ドルの先物の売りになる。そして、これは最初に建てた先物の買いポジションを相殺することになる。買いのプットは3.50ドルを下回ったときの守りだが、損益を計算するときには支払ったプレミアムも考慮しなければならない。そのため、もし先物価格が買ったプットの満期日に行使価格を下回れば、損失はプットのプレミアムと取引コストの合計になる。この例では、8セント（400ドル）と、ブローカーや取引所への手数料になる。

　もちろん、ほかにも方法はある。トウモロコシ先物の買いポジションを暴落から守るために単純に損切り注文を出してもよい。しかし、それをすると、リスクを下げるために損切り注文を近くに置くか、早すぎる損切りに引っかからないように損切り注文を離して置くかという難しい判断を迫られる。もし損切り注文を離して置く場合は、スイングの安値の支持線にかからないようにトレンドラインの下限よりも少し下の3.35ドルに置くと、リスクは15セント（1枚当たり750ドル）となる。それならば、プットの買いのほうがリスクは低くなり、トレードも継続しやすいのは明らかだ。

　できれば、トウモロコシの価格が上がって、理論的に無限の利益見通しを与えてくれるとよい。そして、そうなれば、もちろんほとんどトレーダーは急いで利食うだろう。しかし、何人かは保有し続けて、思

415

いがけない利益をつかみ取るかもしれない。理論的には何でも起こる。しかし手のなかの1羽のほうが藪のなかの数羽よりも価値があることはみんなが知っていることだ。

当然のことながら、保険はただではない。価格変動に耐えることができる守りという贅沢を手に入れたければ、何かを犠牲にしなければならない。この戦略では、2つを合わせて利益に転じる前に、先物の利益から防御的な意味で買ったプットオプションのコストを回収しなければならない。先の例では、トウモロコシ先物が3.58ドル（3.50ドル＋0.08ドル）まで上昇しなければ、満期までに利益は上がらない。3.50ドルのプットオプションのコストが8セントかかっているからだ。同様に、もしマーケットが前回のスイングの高値まで上昇すれば、先物を3.70ドルで手仕舞って20セントまたは1000ドル（50ドル×20セント）の利益が上がる。しかし、プットオプションはこの時点では価値がなくなっている可能性が高いため、合計で利益は12セント、1枚当たり600ドル（50ドル×（20－8）セント）になる。この結果に文句を言う人は少ないと思うし、ストレスとリスクが抑えられているのだからなおさらだ。次は、シンセティックコール戦略をさらに進めてカラーにしてみよう。

前回の例には、コールオプションを売って、それでプットオプションを買うという選択肢もあったかもしれない（**図55**）。一般的に言って、コールとプットの価格はだいたい同じなので、プットを買うための十分なプレミアムを得るためには、アット・ザ・マネーに近いコールを売らなければならない。しかし、アット・ザ・マネーのコールを売ると、ほぼ間違いなく利益が出ないため、非生産的だ。ただ、良いこともある。損失が出ることもほぼないからだ。そうなると、ここはアウト・オブ・ザ・マネーのコールを売るか、コールオプションを売る前に上昇が始まってカラーになることを祈るしかない。今回のケースでは、3.70ドルに抵抗線があることが分かっているため、先物の買

図55　カラーはリスクもリワードも限定するが、夜は十分に安眠できる。この例ではトントンの価格が当初の3.58ドルから3.53ドルに移っている

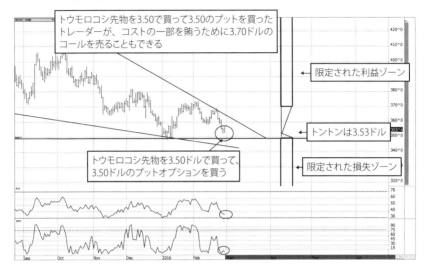

いとプットを仕掛けたときに3.70ドルのコールを売ることができる。ここで得られるプレミアムは5セント程度（1枚当たり250ドル）だが、これによって保険としてのプットのコストを3セント（150ドル）に下げる効果がある。その一方で、潜在利益は17セント（850ドル）に限定される。つまり、このトレードで大金は入らないが、150ドルのリスクと取引コストしかかからないのならば、そう悪い話でもないかもしれない。

　シンセティック戦略やカラーは、リスク許容量が少なめの人や、忍耐力がある人にとっては特に魅力的な手法と言える。トレードをしすぎの人はタイミング悪くトレードを中断したり、戦略を機能させるために必要な忍耐を持続できなかったりして、この戦略のメリットを台無しにしてしまう傾向がある。そのため、シンセティック戦略やカラー戦略について、ペンキが乾くのを待つのに似ていると表現する人も

第4部　学んだことを実行に移す

いる。

リスク証拠金（SPAN）の基となる標準的なポートフォリオ分析を利用する

証拠金の管理と調整の
仕方を理解すると、トレードが苦境に陥ったときの持続力が改善する。

　証拠金の調整の仕方を理解するためには、先物とオプションの証拠金の算出の仕方を知っておく必要がある。先物の証拠金は、委託証拠金や維持証拠金が明確に決まっているため、条件が

ときどき変わることはあっても、比較的安定している。この時点で、維持証拠金と委託証拠金の違いや、ポートフォリオの証拠金の基本が分かっていない人は、第1章「商品市場のおさらい」の「証拠金とは」の項を再読するとよいだろう。

先物の証拠金をネットデルタを使って管理する

　私が新人トレーダーから最もよく受ける質問は、「追証を請求されたらどうすればよいのか」ということである。答えは簡単で、パニックを起こさないということだ。ほとんどの場合、証拠金の問題は、追加の入金をしたり不利な価格で清算したりしなくても、簡単に対処できる。

　追証は、回避できるならばそのほうがよい。しかし、しっかり考えているトレーダーでも、苦境に陥ることはある。タオルを投げてポジションを清算したり、追加資金を入金して口座が金食い虫になったりする以外にも、リスクを減らしたり、少なくともそう見えるようにすることで、取引所が要求する証拠金を減らす方法はいくらでもある。当然ながら、リスクが低ければ、証拠金も少なくてすむが、たいていは

418

潜在利益も低くなる。しかし、悲惨な状況にあれば、背は腹には変えられない。

第1章で学んだとおり、先物トレーダーに課される証拠金は特別でも複雑でもなく、決められた委託証拠金と維持証拠金がかかるだけだが、オプションの場合はもっとあいまいである。オプションスプレッドや先物とオプションを組み合わせてトレードする場合は、SPAN（標準的なポートフォリオのリスク分析）と呼ばれるシステムに基づいて証拠金が課される。商品先物のSPANは、株のポートフォリオの証拠金の算定方法と似ているが、株の場合は10万ドル以上の預金が必要なのに対して、先物ならばトレーダーのタイプやサイズに関係なく、一定額でトレードできる。ただ、証拠金はマーケットの変動に合わせて常に変化していく。

SPAN算出に使われている変数は、これを開発したCMEが全部は公開していない。しかし、少なくとも基本的な前提を理解しておけば、どのような修正が証拠金に効果があるかを判断することはできる。SPAN証拠金は、マーケットのボラティリティやリスクの近さ（売ったオプションと先物の価格の近さ）、イベントリスク、そのほかのCMEがオプションのポジションに影響すると考える要素に合わせて変動する。通常、取引所はその日最も逆行した場合の損失を計算して、それに見合う証拠金を要求している。

ポートフォリオの管理でもっとも重要な要素の1つで、何よりも追証を避けるための調整に必要なことは、トレード口座の正味ポジションを計算することである。

デルタを使って正味ポジションを知る

正味ポジションを意識することは、単純に同じ先物市場のリスクイクスポージャーの買いと売りそれぞれの合計を知ることである。先物

第4部　学んだことを実行に移す

をトレードしている場合は、買いの合計と売りの合計が分かればよい。もし今日１日かけてトウモロコシ７月限を10枚買ったならば、執行価格に関係なく、正味ポジションは買いが10枚となる。しかし、先物とオプションとか、オプションの買いと売りなどを組み合わせて持っている場合はもう少し複雑な計算になる。

　ブローカーの多くは正味ポジションの数字を取引明細書に載せているが、日中の数字が知りたければ、自分で計算するか、そのためのソフトを見つける必要がある。ただ、システムが常に手元にあるわけではないし、信頼できるとも限らないため、デルタを使って手動で計算する方法を紹介しておく。

　オプションのデルタはオプションでよく用いられるギリシャ文字の１つで、オプションや戦略のリスク・リワードを評価するのに使われている。デルタは、リスクイクスポージャーのペースを数学的な比率で表したもので、原資産の先物の価格の変化に対するオプションの価値の変化の大きさを表している。先物取引のデルタを１としているのは、先物が１ポイント動けばトレーダーの損益も１ポイント変動するためである。しかし、オプションのデルタは通常、漸進的に変化していく。例えば、デルタが0.25のオプションは、先物が１ポイント動くと0.25ポイント変動する。そのため、デルタが0.25ポイントのプットオプションを売っている人は基本的に0.25の正味買いということになる。逆に、このプットを買っている人は0.25の正味売りということになる。つまり、プットを売っている人は0.25の先物の買いポジションを持っているブル派と同じで、プットを買っている人は0.25の先物の売りポジションを持っているベア派と同じということである。

　ちなみに、コールオプションの場合、正味ポジションは逆になる。デルタが0.40のコールオプションを買っていれば、先物の0.40の正味買い、売っていれば先物の0.40の正味売りとなる。

　この知識があれば、ポジションのデルタは、商品ごとのデルタを足

420

第16章　リスク管理──商品市場のレバレッジを理解し、適切に使い、ヘッジする

すだけでよく、それが追証を請求されないための調整のカギとなる。次はこのことについて紹介する。

　当たり前だと思うかもしれないが、トレーダーは必ずマーケットごとの自分の正味ポジションを知っておかなければならない。ところが、オプションの売り手やサヤ取りのトレーダーの多くが手遅れになるまでポジションの大きさを認識していない。特に、ディープ・アウト・オブ・ザ・マネーの売りを伴う戦略を執行している人に多い。例えば、原油の25ドルのプットオプションで満期が２週間後、プレミアムが５セントのものを原油価格が30ドル後半のときに50枚売れば、一見ぼろ儲けできそうに見える。原油価格が２〜３週間で10ドル（約25％）下げる確率は非常に低いからだ。それでも、このようなトレードは、原油価格が急落すれば、すぐに手に負えなくなる。25ドルに達するかどうかは関係なく、もしオプション価格が高騰したら、トレーダーの正味ポジションと証拠金も、含み損と共に拡大するのである。

　例えば、ボラティリティが激しくなると、オプション価格が急に２〜４倍などになることも珍しくない。５セントのプットオプションを50枚売っている場合（（１枚当たり10ドル×５セント）×50＝2500ドル）、状況が変われば含み損は簡単に数千ドルに達する。もしこのオプションが20セントに値上がりしたら、15セントの損失（１枚当たり150ドル）を被ることになり、50枚ならばそれが7500ドル（150ドル×50枚）になってしまう。さらに心配なのは、正味買いのポジションが１ポイント未満から何ポイントかにすぐに上がってしまうことである。この例では、最初は25ドルのプットオプションのデルタが0.10だったため、正味買いポジションは５枚程度だったが、もしデルタが0.35に急上昇すると、正味買いポジションは先物15〜20枚程度になる。要するに、ポジションの枚数は変わっていないのに、正味ポジションは４倍になってしまうのである。

421

第4部　学んだことを実行に移す

証拠金とリスクを調整するためにデルタを調整する

「環境なんてクソ食らえ。
チャンスは自分で作る」
──ブルース・リー

デルタは、基本的にリスクを測るものである。もちろん、デルタが正味1.5の買いならば、0.5の買いの人よりもリスクが高い。いずれのケースも、価格が上がるのが望ましいが、前者のほうが利益も損失も速く増える。

先物のデルタは1なので、天然ガス7月限を1枚買えば、正味1枚の買いとなる。しかし、全体のデルタを下げると、リスクと証拠金を下げることができる。デルタを調整する方法はいくつかあるため、創造力が肝心だ。いずれにしても、ポジションのデルタを下げるためには、関連するツールで反対方向のポジションを取ることになる。

例えば、プットを買えばマーケットが下げたときに利益が出るため、マーケットが上げたときに利益が出る先物の買いとは反対に作用する。そのため、先物の買いに対してプットオプションを買えば、全体のデルタは下がるし、必要な委託証拠金も減らすことができる。すでに学んだとおり、プットの買いは先物の損失に対する保険になるため、プットの買いは強力な作戦になるのだ。買ったプットの行使価格と、何よりもデルタが証拠金とリスクをどれだけ減らせるかを決めることになる。

先物を買って、デルタが0.25のプットオプションも買うと、ポジションのデルタは0.75（1－0.25）になる。つまり、このヘッジによって、デルタとボラティリティのリスクは単純に先物を買った場合よりも低い75％になる。もちろん、先物価格がオプションの行使価格に近づけば、デルタが上がり、行使価格を下回る保険を持つメリットによってオプションの価値も上がるため、ヘッジはより強力になる。

先物の買いポジションのデルタを下げるためにプットを買う代わりに、コールオプションを売ることもできる。先物は価格が上がると儲

422

かるが、コールの売りは先物が下がるとメリットがあるため、先物の買いと反対方向に作用する。このシナリオはプットの買いとは違って、トレーダーにとって絶対的な保険にはならないが、コールの売りが既存の投機ポジションのヘッジになることを知っていれば多少の安心感はある。例えば、ＥミニＳ&Ｐ500先物を買って、デルタが0.4のコールオプションを売ると、全体のデルタは0.6になる。つまり、このポジションは0.6の先物を買ったのと同じことになる。このようなデルタの操作は、レバレッジを減らし、取引所では提供していない小さいサイズの先物を買ったのと実質的に同じ効果がある。

　ちなみに、ＥミニＳ&Ｐ500では、先物の買いに対してアット・ザ・マネーのコールを売って高額なプレミアムを受け取るという戦略がよく使われている。この場合のデルタは通常0.50で、受け取ったプレミアムが下落のクッションになってくれるため、ただ先物を買うよりも勝率は高くなる。受け取ったプレミアムは、トレードの最大の利益だが、正しい状況で使えば、魅力的な提案になる。

　ここで大事なことは、ポジションのデルタと証拠金には密接な関係があるということだ。先物ポジションと対立するオプションの買いと売りでデルタを調整すると、実質的に証拠金とリスクを操作することができる。このような戦略は、新たなトレードの委託証拠金を効果的に減らしたり、追証の請求を少なくしたりすることに使える。このことを、例を使って見ていこう。

　仮に、原油先物１枚当たりの委託証拠金が4000ドルとする。つまり、原油先物を仕掛けるには、最低でも4000ドルが口座になければならない。私は、できればそれよりもはるかに大きい額（１万ドル以上）があったほうが良いと思うが、利用可能な最大のレバレッジを使うつもりならば、委託証拠金のみで始めることも可能である。そのうえで言えば、原油の証拠金は定期的に変動するが、通常は3000〜5000ドルの範囲で推移している。トレード口座に4000ドルしかなければ、原油価

423

第4部　学んだことを実行に移す

格が逆行すると0.40ドル（1枚当たり400ドル）変動するごとに追証が請求される可能性が高い（通常、維持証拠金は委託証拠金よりも10％低い）。原油価格を観察したことがあれば、40セントなど秒単位で動くため、追証が請求される可能性は高いということだ。

　証拠金を4000ドル預けて原油先物を35ドルで買えば、終値が34.60を下回ると追証が発生し、400ドルのドローダウンとなる。**図56**は、まさにそれが起こったところだ。このとき、トレーダーは最低400ドル（できればそれ以上）を入金して残高を委託証拠金の水準に戻すか、ポジションを手仕舞って損切りすることができる。しかし、もう1つの選択肢として、先物の買いポジションと合わせたコールオプションを売ったり、場合によってはプットオプションを買ったりして取引所が規定する証拠金を軽減することもできる。いずれにしても、これは証拠金として課される額を減らすだけでなく、デルタを下げ、ひいてはトレードのリスクを下げることになる。

　それ以外にも、約40日後に満期を迎える40ドルのコールオプションを1.00ドル（1000ドル）で売ることもできる。こうすると、このポジションの証拠金が4000ドルから3200ドルに下がる。これだけでも、原油が0.40ドル下げて残高が3600ドルになったときの追証に応えることができる（手数料は別）。しかし、さらに一歩進めて、29.00ドルのプットオプションを0.35ドル（350ドル）で買えば、委託証拠金をさらに800ドル削って2400ドルというかなり楽な金額にできる。そうなると、証拠金以外に1200ドルの余裕ができるだけでなく、650ドル（0.65ドル）のプレミアムが入る。オプションのプレミアムの差額が650ドルプラスになっていることをネットクレジットと呼ぶ。これは、40ドルのコールを売って受け取った1000ドルから29.00ドルのプットに支払った350ドルを引いて算出している。これがカラーと同じだと気づいた人もいるかもしれない。カラーはたいていアット・ザ・マネーに近いオプションを使うが、この戦略もカラーと同じ形になっているのだ。

424

図56　反対方向のオプションを売ることで証拠金を下げ、追証に応えることができる

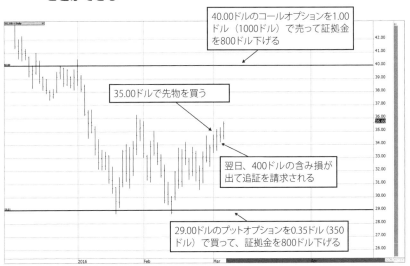

　最終的に、トレーダーは原油先物を35.00ドルで買い、ネットクレジット分の0.65ドルの下方のクッションを手に入れ、29.00ドルを下回る下げに対しても守られている。もし満期日に先物が29.00ドルを下回っていれば、トレーダーは5350ドルの損失を被る。これは、損失が29.00までに限定されているため、先物の損失の6000ドルから、オプションのネットクレジットの650ドルを引いた額である。

　このように証拠金を減らすために調整することのデメリットは、原油価格が40.00ドルを超えた場合に無限の潜在利益がなくなってしまうことである。もし満期時に先物価格が40ドルを超えていても、40.00ドルのコールオプションの売りと相殺されるため、利益は35ドルから40ドルに値上がりした分の5000ドル（（40－35）ドル×1000ドル）と、ネットクレジットの650ドル（（1.00－0.35）×1000ドル）を足した5650ドルに限定されてしまうのである。

第4部　学んだことを実行に移す

デルタを使ってオプションの証拠金を調整する

　ここまで、先物ポジションの委託証拠金を減らすために、オプションを売ったり買ったりするケースを見てきたが、似たようなことは、ネイキッドオプションを売った場合にもできる。通常、オプションを売った場合のデルタを下げるという概念は先物の場合と同じだが、そのときに使うツールはデルタが1未満で、それに伴う現金の流れも知っておく必要がある

オプションを売った場合の証拠金

> オプションを買うと、証拠金のための資金が減るが、既存のポジションと対立するオプションならば証拠金の必要額自体が減る。

　オプションを使ってSPAN証拠金を調整する話をする前に、オプションを売った場合の証拠金について理解しておく必要がある。オプションの買いはリスクが限定されているため、証拠金はもちろん必要ない。オプションを買うための十分な資金さえあればよく、それ以上は要求されない。そればかりか、オプションを買うことで証拠金を効果的に減らすこともできることは前にも書いたとおりだ。ただ、オプションに支払ったプレミアムが証拠金としては使えないことは忘れないでほしい。特に、オプションは劣化する資産なので、証拠金の代わりにはならない。そのため、もしあるトレードで2000ドルの証拠金が必要ならば、それは現金でブローカーに預託しなければならない。2000ドル相当のオプションを保有していても、その代わりにはならないのである。

　一方、オプションを売ると無限のリスクにさらされるため、証拠金が必要になるが、それを対立するオプションや先物を買ったり売ったりすることで減らすことができる。

426

ただ、多くの人が気づいていないのは、オプションを売ると、すぐにプレミアムから手数料を引いた額が入るため、口座の現金が増えるということである。これは売ったオプションの最大の利点で、証拠金に追加される。確かに、オプションの売りは潜在的な債務を抱えることを意味するが、逆に代金として受け取ったプレミアムは証拠金の一部として使うことができる。したがって、受け取ったプレミアムは証拠金取引に使える資金を増やすことになる。これは、先物ポジションと対立するオプションの売りの極めて重要な側面で、これによって証拠金比率を減らし、潜在利益を増やす可能性を広げることになる。

そのうえで言えば、オプションの売りは無リスクで儲かるトレードではない。オプションを売ったプレミアムは、満期時に損失のクッションにはなるが、理論的には無限の損失のリスクを招くものでもある。

オプションの売りの証拠金の不足額を、先物と対立するオプションの売りや買いによって補う方法を、具体的な例で見ていこう。

2016年初めに、1.50ドルの天然ガスのプットを0.030ドル（1枚当たり300ドル）で5枚売ったら、証拠金が足りなくなった人もいたかもしれない。当時、過剰な供給によって天然ガスが10年以上も目にしたことがない水準まで予想外に下げたからである。

仮に、先のプットオプションの売りの維持証拠金が4300ドルだったとしよう。追証を避けるためか、証拠金を下げるために何か行動しなければならないとしたら、資金を追加するか、すでに売っているプットに合わせて先物を売るか、コールを売るか、証拠金の不足額を減らすためにプットを買うなどといったことができるかもしれない。仮に、1.50ドルのプットのデルタが20％だとすると、5枚で1.00になる。これは、たまたま先物のデルタと同じなので、1.50のプットの売りに合わせて先物を1枚売れば、デルタは中立になり、証拠金を2000ドル減らして2300ドルに下げることができる。しかし、このポジションは、明らかに天然ガスに強気なトレーダーにとって、あまり安心できる状況

427

第4部　学んだことを実行に移す

> オプションを売ると、すぐに証拠金に使える現金が増え、先物ポジションと対立する方向のポジションであれば、証拠金を減らすことができる場合もある。

ではない。もともと、価格が上がると思っていたからプットオプションを5枚も売っていたのだ。そうなると、プットの売りに対しては、先物を売るよりもコールを売るほうが理にかなっているかもし

れない。そうすれば、追加的なプレミアムが手に入り、直接的に潜在利益が増え、証拠金も減るし、証拠金のための資金も増えるからだ。もちろん、コールを売れば、天然ガスの価格が急変すると困るが、この方法は単純に先物を売るよりも、値動きに対して多少余裕ができるため、ストレスも減らすことができる。

　天然ガスの2.10ドルのコールオプションを0.040ドル（400ドル）で売ると、デルタは中立に近くなるし、2000ドル（400ドル×5枚）の追加利益も入る（**図57**）。それにこのコールを売れば、全体の証拠金も1000ドル減って3300ドルになる。もしさらに証拠金を減らす必要があれば、1枚当たり200ドルの1.40ドルのプットを2枚買うと、証拠金は約1200ドル減る。そうすると、全体の証拠金は元々の4300ドルから約2100ドルにまで下がる。また、オプションのプレミアムが1600ドル（2000ドル −（200ドル×2））入り、下方リスクに対しては健全なヘッジになるが、その代わりに上方リスクが増えてしまう。プットを買った枚数はタイプミスではない。プットの売りに合わせてプットを5枚買うこともできるが、それをすると大事なトレード資金を、いずれ無価値になる可能性が高いオプションに使うことになる。もし部分的に防御することで証拠金を望む水準まで下げられるのならば、その分のイクスポージャーを受け入れられる人にとっては可能な対応策になる。

図57　オプションの売り手は方向性のトレードをストラングルに変換し、保険としていくつかのオプションを買うことで証拠金を減らし、もしかしたら追証を避けることができるかもしれない

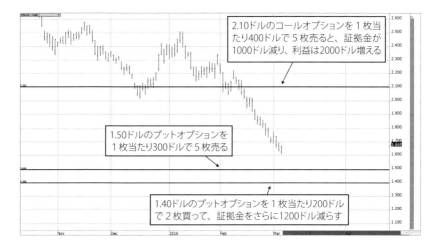

証拠金比率

　前述のとおり、レバレッジが増えると、トレード口座の損益が過度に変動し、熱くなりすぎたトレーダーはポジションを早めに手仕舞ってしまうことになりかねない。このようなタイミングの悪い清算を減らす良い方法は、証拠金比率を、ボラティリティがかなり高くなってもポジションを保有し続けることができる水準にしておくことである。

　証拠金比率とは、トレード口座の残高と委託証拠金として使われている金額の割合である。もしブローカーに５万ドルの預入金があり、委託証拠金が４万ドルのポジションを保有していれば、残高の80％（４万ドル÷５万ドル）を証拠金に使っていることになる。これは証拠金比率が80％ということである。別の例でいうと、５万ドルの残高で、委託証拠金が３万ドルの未決済ポジションを持っていれば、証拠金比率は60％（３万ドル÷５万ドル）になる。

第4部　学んだことを実行に移す

　適切な証拠金比率は、トレーダーの経験や快適度、そして戦略によって違ってくる。例えば、証拠金の金額が決まっている先物トレーダーは、証拠金の額が増えてもオプショントレーダーほどショックを受ける可能性は低い。そのため、先物トレーダーは証拠金比率が高くなっても耐えられる。ちなみに、オプションのSPAN証拠金はときどき予想外に大きく変わることがあることを覚えておいてほしい。そのため、オプションの売りやオプションスプレッドトレードでリスクが限定されていないときは、証拠金比率を比較的低く抑えておいたほうがよい。どれくらい低ければよいかはトレーダーごとに違うが、経験則で言えば、50％未満にしておくべきだと思う。経験豊富なオプションの売り手のなかには、不本意に強制的に清算される確率を下げるために30％近くにしろという人もいるが、私は50％程度でよいと思う。もちろん、これはあくまで提案にすぎない。リスク許容量が大きい人やギャンブラー的傾向がある人は、もっと高い比率にしているかもしれないし、リスク許容量が小さい人はもっと保守的にしているかもしれない。ただ、積極的なトレーダーがいずれ必ず証拠金で問題に直面し、トレード判断を迫られることになる可能性は高い。トレーダーはすべてを自分の力で行い、先物の売買やオプションの判断を、追証やパニックに促されるのではなく、自分のトレード手法やマーケット分析に基づいて行いたい。証拠金によって決められるのではなく、自分で知識に基づいた判断をしていくための最初の一歩は証拠金比率を低く抑えておくことなのである。

　ちなみに、オプションを買ってリスクが限定されている人や証拠金が不要な人は、当然ながら証拠金不足で早すぎるタイミングで強制的に清算される心配がない。そのため、最低証拠金比率は、オプションの買い手には関係がない。

430

第17章 商品市場のボラティリティを利用する——平均回帰とデルタニュートラルトレード

Use Commodity Market Volatility to Your Advantage——Mean Reversion and Delta Neutral Trading

　商品先物市場での経験が多少でもあれば、ボラティリティが有利に働くことは知っているが、それが逆行すると、そのデメリットは大きい。そのため、商品先物トレードで成功するカギとなるのは、ボラティリティを味方につける方法を見つけることなのである。これは、一流のトレーダーでも、失敗することがあるが（頻繁に失敗することすらある）、それでもボラティリティがトレードに与える影響を無視することはできない。

　通常、マーケットのボラティリティはオプションの価値を高め、オプションを売る好機になる。ただ、コールオプションやプットオプションを買うのには向いていない。また、これは先物トレーダーが損益の大きなスイングに直面し、早目に損切りに遭う可能性が高くなる時期でもある。

　主要な高値や安値を付けるときにボラティリティが最大になるのは、トレーダーたちの恐れや強欲が急激に高まっているからである。このような状況では、リスクもリワードも極端になる。ポール・チューダー・ジョーンズは、「最高に儲かるのはマーケットが反転するときだ。みんなは天井や底を狙うと失敗するからトレンドの中ごろで儲けると言う。しかし、私はこの12年間、真ん中の肉の部分はとり逃してきたが、天井と底ではずいぶん儲けてきた」と言っている。この行間を読

431

むと、同じマーケットの状況でも参加者によって取り組み方が違うどころか、結果も大きく違うということである。繰り返しになるが、トレード戦略が正しいかどうかは一概には言えない。トレーダーの性格に合っていて、お金がかかっていても平常心でいられるものであれば、それでよいのである。

ボラティリティに話を戻すと、行動は言葉よりも雄弁だ。「ボラティリティが低いときはオプションを買い、高いときは売りたい」と言っているだけではダメなのだ。みんなこの単純で基本的なルールを分かっていても、行動するときになるとそれができない。マーケットは数カ月間（時には数年間）静かな時期があり、そうなると多くの人はボラティリティが比較的低いうちにオプションを売りたくなる。しかも、ボラティリティが低いときは、とても安心してオプションを売ることができる。結局、1日の動きが大きくなければ、オプションの売りは簡単に儲かるように思えるのだ。しかし、このようなシナリオこそ、利益を上げるのが最も難しいときなのである。ボラティリティは低くても、一瞬で高くなる。そのときにオプションの売りポジションを持っていれば、すぐに大きな損失とストレスに見舞われることになる。そして予期しないボラティリティの急騰に見舞われると、そのオプションを高く買い戻して大きな損失を被ることになるのは時間の問題だ。

ボラティリティが高いときも同じことだ。たとえ常識であっても、無限のリスクがあるオプションの売りを仕掛けるのは恐ろしいものだ。クレジットスプレッドのようにリスクが限定された売り戦略であっても、最も不安な瞬間に本当に仕掛けることができるのかどうかという深刻なリスクがある。要するに、忍耐強く待つことができない人は、オプション価格とボラティリティに関するよく知られた行動とは正反対のことをしてしまうのである。

先物トレーダーは、マーケットのボラティリティが高いときにまずい判断をしてしまう傾向がある。どの戦略を選んでも、実行できるか

第17章　商品市場のボラティリティを利用する──平均回帰とデルタニュートラルトレード

どうかは常に人間の性質や感情に左右される。トレードの目的が、安く買って高く売ることだというのはみんなが知っている。これ以上簡単には言えない。それでも、マーケットが動き始めると、ほとんどのトレーダーが安値近くで売り、高値近くで買うのである。繰り返しになるが、ほとんどの人は下がっているときに売り、上がっているときに買うのが人間の心情に合うようにできている。しかし、平時のマーケットでそれをしても利益は上がらない。2014年や2015年は例外として、マーケットが約80％の期間は横ばいで、残りの20％は新たなレンジを模索しているという伝統的な考え方は広く受け入れられている。長期的に見れば、これは先物市場の正しい描写だと思う。そのうえで言えば、過度なボラティリティが生み出すアノマリーを利用して、急激な鋭い押し目で買い、急激な鋭い戻りで売るのが最善策かもしれない。

平均回帰を利用したトレード

平均回帰を使ったトレードは、必ずしもボラティリティを使ったトレードに分類されるわけではないが、私はまさにそうだと思っている。平均回帰理論は、マーケットが一方向に行きすぎ

> 簡単に言えば、平均回帰は群衆の逆を行くトレードである。売りシグナルはみんなが買っているときに出るし、買いシグナルはみんなが売っているときに出る。

ると、必然的に中間値または平均値に向かうというものだ。つまり、平均回帰トレードの目的は持続できないであろう価格を探して、そこでトレンドと反対方向にトレードし、あとは早目に反転して何らかの均衡価格に向かうことを願うことである。もちろん、この手法はトレンドとは反対方向のポジションを建てることになるため、ほとんどの人にとって安心とは逆のことをすることになる。それでも、これは間違える資金的余裕があり、戦略が意図したとおりに機能するまで冷静さ

433

第4部　学んだことを実行に移す

を保つことができる人にとっては好ましい方法だと思っている。とはいえ、これは口で言うほど簡単ではないということも覚えておいてほしい。

平均回帰戦略は、紙の上では素晴らしく見えるが、執行するときは不安を伴う。マーケットが行きすぎになっているときでも、トレンドが力尽きる前にさらに極端な水準に向かうことがあるからだ。そうなると、一時的にかなりの含み損を抱えることになり、それに耐えきれずに手仕舞ってしまえば損失が確定してしまう。簡単に言えば、この戦略は気が弱い人には向いていないが、勝率は非常に魅力的なものになると思う。また、この手法はトレンドに逆行するだけでなく、群衆にも逆行することになる。新安値でみんなが売ろうとしているときに、平均回帰トレーダーはそれに逆らって買うのである。

平均回帰トレーダーが、マーケットが回帰するタイミングを探すのに使ういくつかのテクニカルツールがある。代表的なものは、RSI（相対力指数）やボリンジャーバンドなどである。各指標は、それぞれの方法で、マーケットが行きすぎたり速すぎたりすることを教えてくれ、それが必然的に反転を示唆している。要するに、これらの指標は、ブル相場で最後の買い手が参入したり、ベア相場で最後の砲撃が終わったりしたことを数値的に示している。もちろん、これらの指標も、それ以外のツールも、完璧ではない。それでも、これらは平均回帰を利用してカウンタートレンドのポジションを仕掛けるための良い目安になる。

トレード全般について言えることだが、平均回帰トレードについてもかなりあいまいな部分がある。例えば、平均はどの時間枠で見ればいいのか、持続できない価格はどの指標で判断すべきなのか、価格が極端な水準に達したとき、いつ、どのように仕掛けたらよいのか、一時的なボラティリティの犠牲にならないためにはどのようにリスク管理をすればよいのかなどといったことである。これらはどの手法にお

434

いても有効な疑問ではあるが、特にみんなが「落ちていくナイフをつかもうとしている」ときにその逆を行く戦略では、特に重要になる。

商品価格が適正でないことはよくある。その原因のなかには、大量の損切り注文が執行されたり、証拠金不足で大量のポジションが清算されたりすることなども含まれている。証拠金がマーケットを左右するようになると、マーケット参加者はファンダメンタルズを無視して、資金を維持するために買ったり売ったりするようになるため、おかしな動きに歯止めがあまりかからなくなる。そして、結果は残念ながら、かなりの安値で負けポジションを清算せざるを得なくなったり、玉締めに遭って売りポジションを高値で買い戻したりすることになる。このようなことがあると、金銭的にも精神的にも回復するのは難しくなる。それでも、このとき傍観している人や平均回帰戦略を使う心の準備ができている人にとっては、他人の痛みが幸運につながるかもしれない。

> 「支払うのは価格、受け取るのは価値」──ウォーレン・バフェット

このあと、マーケット参加者が証拠金不足で強制的に清算されたり、不安から手仕舞ったりするのではなく、リアルなファンダメンタルズに基づいて行動をすれば、けっして売買することのなかったはずの価格でトレードせざるを得ない絶望的な動きの例を見ていく。

当然ながら、平均回帰トレードにもさまざまな形がある。アウトライトの先物やアウトライトのオプションの売買、オプションスプレッドやカバードコールなどの複雑な戦略などである。私は、長年マーケットを観察してきた結果、平均回帰の可能性があるときはカウンタートレンドのオプションの売りかカバードコールが最適だと思うようになった。ただ、どちらを選んでも、この戦略を執行するときにはある程度のストレスがかかることになる。この戦略の難しさは、転換点を正確に見極めることのほかに、十分な余裕を持ってトレードすることにある。損切り注文を近くに置きすぎたり、リスク管理が厳しすぎた

第4部　学んだことを実行に移す

りすると、勝率が比較的高いこの戦略でも間違いなく負けトレードに
なってしまうからだ。

平均回帰のチャートとトレード

　最も純粋で単純な回帰トレードは、先物のアウトライトの売買であ
る。しかし、これは最も危険で精神的にも負荷のかかる手法である。そ
のため、多くの平均回帰トレーダーがフルサイズでトレードする場合
の高いリスクとボラティリティを回避するために、Ｅマイクロやミニ
を利用している。

　図58は、2015年後半から2016初めまでの大豆先物のチャートで、こ
れは明らかに平均回帰トレードの好機だった。もちろん、いつもここ
までうまくいくわけではないが、平均回帰トレーダーが望む形の一例
と言える。また、このケースは平均回帰トレードで経験するかもしれ
ない不安をよく表している。図58を見ると、平均を中心に上下するマ
ーケットでのトレードなど簡単そうに見えるが、本当のお金を賭けた
リアルタイムのトレードになると非常に難しい。例えば、10月末に売
りを仕掛けても少し早すぎる。ほとんどの戦略は、売りシグナルを9.10
ドルの辺りで出すが、そこで売るとすぐに価格が9.30ドルに上がり、20
セント（1セント動くと1ブッシェル当たり50ドル変動するので1000
ドル）の含み損が出る。しかし、そのあとは8.55ドルに下がり、トレ
ードを続けていれば55セント（55セント×50ドル＝2750ドル）の利益
になったはずだ。ただ、ほとんどの平均回帰戦略は、価格が平均に近
い9.00ドルに近づいたところで500ドル程度で利食うようになっている。
しかし、この労力とリスクを考えると500ドルは安すぎるし、通常はも
う少しスムーズにいく。また、11月末に8.55ドルで買いシグナルが出
たときは、すぐに8.75に上がって20セント（1000ドル）の利益が上が
った。図58には、そのあともほぼ同じ平均回帰のセットアップがあと

436

図58　先物トレーダーはマーケットが反転したら中央値や平均値に向かうことを期待して、下げすぎたときに買い、上げすぎたときに売ろうとする。価格は普通はそう動く

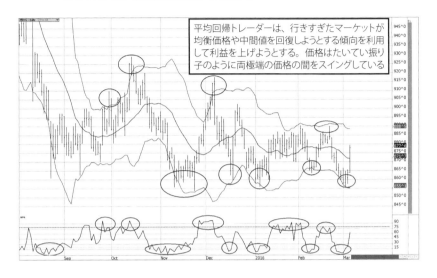

4回出てくる。平均回帰トレーダーはこのような状況を狙っているのである。

カウンタートレンドのオプションの売り

　これまで書いてきたように、ほとんどのブローカーは、ボラティリティが高いときは無限のリスクがあり、評価も複雑なことから、顧客がオプションを売るのを嫌い、阻んできた。しかし、これは大きく変動することがあっても、金銭的・精神的に耐えることができる人にとっては高勝率の戦略になる。ただ、ボラティリティを考慮しないでオプションを売ると、いずれ必ず壊滅的な損失に至る。

　オプションは、最も不安なときに売るべきで、特にボラティリティが高いときがよいということはすでに書いた。残念ながら、マーケッ

トのボラティリティは人間の感情が起こすもので、これには限界がない。時には、ボラティリティが上がっているときにオプションを売っても、ボラティリティがさらに上がってしまい、買い戻さざるを得なくなることもある。そこで、オプションを売るときは、忍耐強く大局観を持ってマーケットを選ぶ必要がある。私は、トレンドに反してオプションを売るか、少なくとも大きくカウンタートレンドになっている日が、プレミアムが最大になり、最大の利益と最高の勝率が期待できると思っている。

　ボラティリティがいつピークになり、最初のドローダウンを避けるためにはいつどこで売ればよいかなど分からない。実際、カウンタートレンドのオプション売りは、利益が上がる前にドローダウンに陥ることはほぼ間違いない。パニックから価値が生まれる商品を売るということは厄介な試みなのである。それでも、これは勝率が高いチャンスでもある。ボラティリティが急騰したときに、オプションの売り手の勝率がどれほど上がるかを示す例を見ていこう。

　2016年1月、S&P500は破滅に向かっていた。トレードフォーラムもソーシャルメディアもビジネスニュースも、恐れから暗雲が立ち込めていた。しかし、結局は一時的に激しいボラティリティに見舞われて、オプションプレミアムが高騰しただけだった。

　これまでの章で紹介した概念を使うと、例えばEミニS&P500の下落に備えてプットオプションを売ることができる。インプライドボラティリティが高水準で、私が「レディー」のサインに使っているウィリアムズ%Rが20未満ならば、売られ過ぎを示唆している。そのうえ、私が「ゴー」サインだと思っているRSIが30未満ならば、それ以降の下げには限度があることを意味している（**図59**）。転換点で

> オプションは、ウォーレン・バフェットが株をトレードするときのように売る。つまり、現金をためておいて、高勝率のチャンスが訪れたときに使うのだ。

第17章 商品市場のボラティリティを利用する——平均回帰とデルタニュートラルトレード

図59 インプライドボラティリティが高いところでトレンドと反対方向にオプションを売りたい人は、平時のマーケットでも勝率が異常に高いトレードを構築できるかもしれない

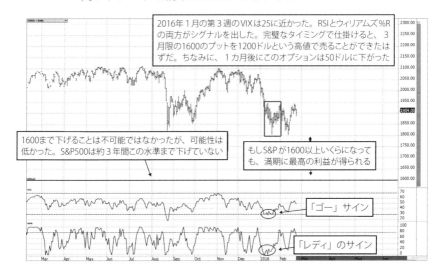

は、S&P500が1800まで下げ、3月限の1600のプット（約50日で満期）のプレミアムは24.00ドル（1枚当たり24ドル×50ドル＝1200ドル）に達した。

　最高のタイミングでオプションを売ることができると想定するのは無理があるが、このトレードは新人トレーダーでも15ドル（750ドル）くらいのプレミアムは得られ

> カウンタートレンドのオプションの売りの戦略は、平時のマーケットではとてもうまくいくが、みんながヒステリックになっているときはひどい失敗につながる。

たはずなので、悪いトレードではない。オプション市場が一時的にその可能性を高く予想していたが、S&P500がこの3年で1600まで下げていなかったことを考えれば、満期までの50日間に1600まで下げる可能性は低かった。もし満期まで保有していれば、オプションの売りで損失が出る可能性があるのは先物価格が行使価格を超えていた場合であ

439

第4部　学んだことを実行に移す

る。今回のトレードでは、ＥミニS&P500が50日でさらに200ポイント下げると困ることになる。ただ、この概念は現実的には見た目よりも複雑になっている。オプションは、先物価格が行使価格に達しなくても、満期までの間にいつでも価値が上がる可能性があるからだ。

　１カ月後、同じオプションは、わずか1.00ドル（50ドル）になっていた。買い手のほうはかなり後悔しただろうが、売り手のほうはうまく逃げきった。仕掛けたときのプレミアムが15.00ドル（750ドル）とすれば、１枚当たり700ドルならば利益が出たはずだ（取引コスト別）。もし幸運にも高値に合わせて24.00ドル（1200ドル）で売ることができた人は、1150ドルの利益になったことになる。友人で同僚のジム・クレーマーが「パニックを起こしたら利益は上がらない」とよく言っているが、この平均回帰のオプション戦略は、マーケットのパニックが一時的なものであることを期待して売る試みである。この戦略は、トレーダーたちのパニックを利用して利益を上げようとするだけでなく、カウンタートレンドのオプションを売る人の精神力を試すものでもある。この手法は、売り手がパニックを起こして清算したくなる状況を克服できなければ、みじめに失敗するだけだ。

　もちろん、このようなトレードは頭で考えれば、現実よりもはるかに簡単だ。そこで、初心者はこの例のようなトレードを執行する前に、ポジションをマルにしておくか、少なくともかなりの現金を準備しておき、アノマリーのチャンスを十分生かせるようにしておく必要がある。つまり、オプションの売り手は、ウォーレン・バフェットが株の口座を扱うときのように、常に十分な現金を持っておくようにするとよい。ボラティリティがいつ高くなるかは分からないが、いずれ必ずそうなることは分かっているからだ。

　オプションの売り手にとって、タイミングがどれほど重要かを説明するため、**図60**に先の例と同じＥミニS&P500の1600プットの値動きを2015年末から2016年初めにかけて示してある。このオプションの価

図60 タイミングを無視してボラティリティを売る人が多すぎる。彼らは単純に行使価格には達しないという前提で利益を目論んでいるが、このような姿勢は不要な含み損とストレスを生むことになる

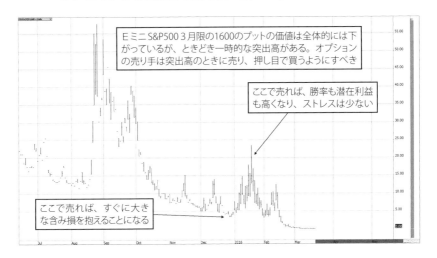

値が、通常どおり、下がり続けていることは明らかだ。しかし、このチャートは、マーケットのボラティリティが高まった時期にこのオプションがたどった何かよく分からない経過も示している。多くのトレーダーが、S&P500が静かなときか上昇しているときにプットオプションを売りたがるが、それをするとプットオプションの価格がマーケットのボラティリティにつられて急上昇したときに、大きな含み損を抱えることになるかもしれない。EミニS&P500が1600に達する可能性は極めて低いという前提で、1600プットを2015年12月末にわずか250ドルで売ったとしたらどうだろうか。当時、S&P500は2100だった。しかし、それから2～3週間で、S&P500は1800に近づき、あり得ないと思った1600が現実的にあるかもしれないことを示した。そして、それを見たオプションの買い手がこのオプションの価格を1200ドルまで押し上げた。そのため、以前にこのオプションを安く売っていた人は、のちにその価値がしぼむ前に、含み損が1枚当たり950ドルまで膨らんだ。

第4部　学んだことを実行に移す

その一方で、感情的なマーケットのさなかにこのオプションを売った人たちは、大きなドローダウンに見舞われることなく、すぐに数百ドルの利益になったはずだ。どちらの売り手になりたいかは明らかだろう。ただ、実際に理想のオプションの売り手になるには、かなりの忍耐と規律が必要となる。

レシオスプレッド戦略

　カウンタートレンドのオプションを使ったこれまでとは違う平均回帰戦略が、1対2のレシオスプレッドである。これは、アット・ザ・マネーに比較的近いプットオプションを買うと同時に、行使価格が離れたオプションを2枚売る方法である。正しく行えばネットクレジットになり、マーケットが下げる間にかなりの利益が見込め、上げているときも多少の利益が見込める。もちろん、同じようなことは、マーケットが急騰しているときにコールオプションを使ってもできる。

　このような戦略は、レシオスプレッドと呼ばれている。これは、どのような状況のマーケットでも仕掛けることはできるが、ボラティリティが高いときがもっともリスクが低く、潜在利益は大きくなる。反対に、レシオスプレッドを静かなマーケットで仕掛け、そのあとすぐにボラティリティが上昇すると悲惨な目に遭い、辛い思いをして学ぶことになる。具体的に見ていこう。

　前の例とほぼ同じころ、少し違うトレードも可能だった。3月限のEミニS&P500の1800プットを30.00で買い、3月限の1700プット2枚を45.00（それぞれ22.50）で売ることもできたのだ（**図61**）。これは、全部で15.00（750ドル）のネットクレジットになる。こうすると、もし満期にEミニS&P500が1800を上回っていれば、750ドルの利益になる。そして、この戦略の良いところは、価格が緩やかに下げても利益になる点にある。特に、もしEミニS&P500が1800を下回ると、買っ

442

図61 ボラティリティが高いときは非常に魅力的なプットスプレッドを仕掛けることができる

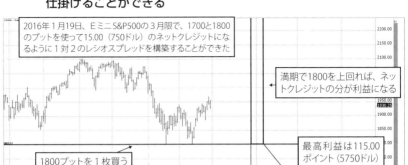

たプットが有利に機能し始める。例えば、もしマーケットが1700（2枚の売りポジションの行使価格）になれば、売ったオプションは価値がなくなり、買った1800プットオプションのほうは本質的価値が100ポイントになるため、最初に得た15ポイントと合わせて最大115ポイント（1枚当たり115×50ドル＝5750ドル）を得ることができるのだ（取引コスト別）。しかし、もし価格が1700ポイントを下回ると、実質的にこの利益をマーケットに返していき、1585でトントンになる。これは、買っていた1800のプットが売った1700プットの損失を埋め合わせているからで、1585になった時点でプレミアムを使い果たす。そのため、この時点でトレーダーのポジションは先物をアウトライトで買っているのと同じことになる。もちろん、マーケットでは何でも起こり得るということは何度も述べているが、S&P500が1600を下回る可能性はかなり低い。

　ちなみに、ボラティリティがどれほど高くなっても、さらに高くな

第4部　学んだことを実行に移す

る可能性は常にあるということを指摘しておかなければならない。繰り返しになるが、人間の感情にも、パニックの威力にも限界はない。先の例のようなレシオスプレッドの想定でも、短期的に激しく変動する可能性はあるし、ＥミニＳ＆Ｐ500が下げ続ければ、２枚の1700プットの売りの損失が1800プットの買いを上回ることもあり得る。ボラティリティのスマイルカーブによって、行使価格が離れたオプションのボラティリティが、比較的アット・ザ・マネーに近いオプションよりもはるかに高くなる場合もあるのだ。

平均回帰戦略を助けるカバードコールとカバードプット

　急落しているマーケットで先物を買うことほど怖いことはないが、もしかしたらそれよりも怖いのが急騰しているマーケットで先物を売ることかもしれない。いずれにしても、ウォーレン・バフェットが言うように「みんなが強欲のときは恐れ、みんなが恐れているときは強欲になる」を守っていれば、いずれ報われる。ただ、このようなタイミングでヘッジや妥当な防御策なしに仕掛ければ、必ず問題は起こる。前に書いたように、損切り注文を使うと、早すぎるタイミングで清算されて失望することになるが、保険目的でマーケットが高騰しているときにコールオプションを買ったり、落ち込んでいるときにプットオプションを買ったりすれば高くつき、勝率が下がることになる。しかし、その代わりとなる有利なチャンスがある。カバードコールとカバードプットだ。

　カバードコールとカバードプットは第９章で紹介した。少しおさらいしておくと、これは先物に買いか売りのポジションを建て、それと反対方向のオプションを売る戦略である。カバードコールの場合は、先物を買い、コールオプションを売ることで、プレミアムが下方リスク

第17章 商品市場のボラティリティを利用する——平均回帰とデルタニュートラルトレード

のクッションになる。カバードプットの場合は、先物を売り、プット
オプションを売ることで、上方リスクをヘッジする。私は、これらの
戦略を平均回帰トレードにぜひ使うべきだと思っている。この戦略は
クッションが不可欠なときに、逆行した場合のヘッジが組み込まれて
いるうえに、比較的魅力的な潜在利益が見込めるからだ。天井や底は
混沌としていることを思い出してほしい。そのようなところでトレー
ドするのならば、間違える余地を確保しておくべきだろう。

　マーケットが下げているときに、先物の買いのヘッジにコールオプ
ションの売りを勧めるのはおかしいと思うかもしれない。確かに、マ
ーケットが下げているときはコールの価格が下がっているし、本章で
はずっとコールオプションは先物価格が下落しているときではなく、上
昇しているときに売るべきだという話をしてきた。しかし、カバード
コールやカバードプットの場合は、売るオプションは主たるポジショ
ンではなく、利益を狙うポジションのヘッジとして対立する方向に仕
掛けるだけである。そのうえ、マーケットが持続不可能であきれるほ
ど極端な水準に達すると、驚くことに対立する方向のオプションの価
値は、妥当な期待値を上回る傾向がある。これは、マーケットが極端
に安くなっているときは反転を狙ってコールオプションを買いたいト
レーダーたちを引き付けるからである。同様に、マーケットがとてつ
もなく高くなっているときは、カウンタートレンドの買い手が増える
ため、プットの価格が理論的な期待値よりも高くなることがある。も
し十分に極端な価格になれば、カバードコールやカバードプットで売
ったオプションは、理論とは違っても、魅力的な価格になる可能性が
あるのだ。

　私は、感覚的に逆に思えるカバードコールやカバードプットの戦略
をうまく設定すれば、かなりのプレミアムを手に入れることができる
と思っている。そのためには、主たるポジションである先物の買いや
売りのヘッジとして売ったオプションの行使価格を、アット・ザ・マ

445

第4部　学んだことを実行に移す

ネーの比較的近くにするべきである。こうすると、最大の潜在利益と
リスク分散の健全な組み合わせになるからだ。例えば、カバードコー
ルの売りの場合は、先物市場が下がるとアット・ザ・マネーに近いコー
ルは大きく値下がりして、先物の損失の一部を補填する。また、先
物市場が上がっても、売ったコールの損失はたいてい先物の買いポジ
ションの利益ほどにはならない。そして面白いことに、もし満期まで
保有すると、プレミアムが全額利益になる。これは、もし満期でコー
ルオプションがイン・ザ・マネーならば、取引所が自動的に行使する
からだ。その結果、先物の買いポジションは、取引所が行使価格で仕
掛けた先物の売りポジションと相殺される。最終的には、元々の先物
と行使された先物の損益が同じになるが、オプションで受け取ったプ
レミアムがそのまま利益になる。このようなトレードの組み立て方を
例で見ていこう。

　2016年2月、原油オプションのインプライドボラティリティが歴史
的な高値を付けたときに、原油先物は下げていた。**図62**は、このとき
の極端なオプション価格を示している。当時、原油市場は供給過剰だ
ったが、OPEC（石油輸出国機構）の減産の可能性と、アメリカのシ
ェールガス会社の大幅な下落が価格を下支えしていた。先物は38〜30
ドルという妥当なレンジで推移していたが、オプショントレーダーは
ファンダメンタルズの変化でトレードしてオプションの価値をつり上
げていた。

　極端なインプライドボラティリティのおかげで、原油オプションを
売るとリスクや変動が小さくなっていく強気のポジションを構築する
ことができる。2月11日、若干売られ過ぎの原油先物は、1カ月前に
付けた約10年ぶりの安値に向かっていた。さまざまな戦略があるなか
で、単純にコールオプションを買うという選択肢もあったが、インプ
ライドボラティリティが上がっていたため勝率は低いと思われた。そ
の代わりに、先物を買っても、ヘッジとしてプットを買うのはとんで

446

図62　先物市場が比較的落ち着いたなかでも、原油オプションの極端なインプライドボラティリティがプレミアム分の利益チャンスを生み出した

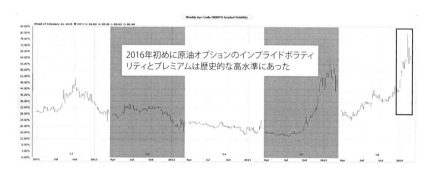

もなく高いし、ヘッジなしではリスク管理の面で高くつく教訓になる可能性があった。そのうえ、ただ損切り注文を出しても早目に引っかかってしまうリスクがあった。ここは、プットオプションを売るか、先物を買って、コールオプションでヘッジするか悩むところだ。どちらも適切な方法ではあるが、多少積極的に行きたければ、カバードコールオプションがよいかもしれない。10年ぶりの安値に近づいているのならば、下方リスクがとてつもなく大きくなることはなさそうだからだ。

図63が示すとおり、ここでは原油5月限を32.00ドルで買って、同時に32ドルのコールオプションを3.50ドル（3.50×1000ドル＝3500ドル）で売ることもできた。こうすれば先物ポジションが28.50ドル以下になるのをヘッジできる。もし満期時に先物価格が28.50ドルちょうどならば、このトレードはトントンになる（取引コストとスリッページ別）。これは、先物の仕掛け価格から受け取ったプレミアムの3.50ドルを引いて算出した。受け取ったプレミアムは、原油価格が下がった場合のクッションになるからだ。しかし、そこを下回れば、それ以上の守りがなくなるため、ネイキッドの買いポジションと同じことになる

図63　先物を買って、アット・ザ・マネーのコールを売ると、満期日にマーケットが仕掛け価格を上回っていれば先物の利益が売ったコールの本質的価値の損失を相殺するが、プレミアムはすべて利益になるシナリオができる

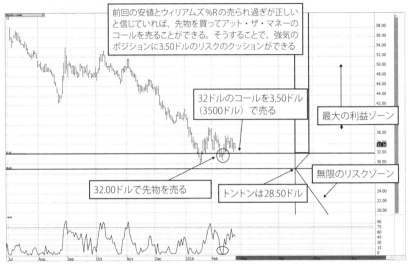

が、満期日の原油価格がトントンの28.50ドルを少しでも上回っていれば、何らかの利益は出る。また、満期時に先物価格が仕掛けた32.00ドルを上回っていれば、受け取った3500ドルのプレミアムはすべて利益になる。

　この手法の欠点は、無限の利益をあきらめるという機会費用がかかることである。簡単に言えば、先物の買いで期待できる無限の潜在利益を、確実な利益と引き換えに犠牲にしているのである。先物価格が32.00ドルをどれほど上回っても、最大利益は受け取ったプレミアムの額に限定されるからだ（この例では3500ドル）。ただ、ボラティリティが下がれば不安も減るため、気持ち的にははるかにトレードしやすくなる。それに、最初のトレードが多少精度を欠いても、これならば利益になるため、取引コスト別でも3500ドルの利益に不満を持つ人は少

ないと思う。

ボラティリティが高いときのデルタニュートラル戦略

みんなが自信を持って商品先物市場
の天井や底を見極めているわけではな
いし、そんなことができるわけもない。
どのマーケットでも、反転エリアを正

> オプショントレードは、科
> 学よりも技術に近い。必要
> なのは創造力と柔軟性だ。

確に見極めるには、スキルだけでなく運も同じくらい必要だ。そのた
め、先物価格の方向を予想するよりも、ボラティリティの変化でトレ
ードするほうがやりやすい人もいるだろう。そういう人にとっては、デ
ルタニュートラル戦略のほうが適しているのかもしれない。

第16章のリスク管理の項でデルタを紹介した。おさらいしておくと、
デルタは単純に原資産の先物価格の変化率と比較したオプション戦略
の変化率である。デルタニュートラルのポジションは価格変動を吸収
して、オプションのボラティリティと時間的価値の劣化によって損益
が出るように構築する。

レシオカバードコールとプット

デルタニュートラル戦略には、さまざまな形やサイズがある。実際、
先の原油のカバードコールの例では、先物の買い1枚に対してアット・
ザ・マネーのコールを2枚売ってデルタニュートラルポジションを作
ることもできた（**図64**）。これは、先物のデルタが1.0で、アット・
ザ・マネーのオプションが約0.50だからだ。そのため、新たなデルタ
ニュートラルのトレードでは原油価格が上がるのではなく、比較的横
ばいに近い状態が望ましい。

449

図64　カバードコールは追加的なコールオプションを売ることで、デルタニュートラルのポジションに変換できる。新しいポジションは方向的なバイアスがなくなり、横ばいでインプライドボラティリティが低くなるか、少なくとも時間の経過によって低下するかしたときに利益が上がる

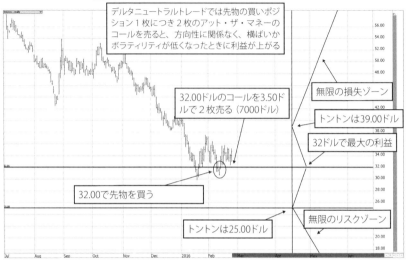

　これによって、トレーダーは7.00ドル（7000ドル）のプレミアムを受け取ることができる。この7000ドルは、先物が25.00ドル（32.00－7.00ドル）になるまで損失のクッションになってくれるが、もともとのコールオプションを1枚売った場合とは違い、上方のリスクがある。先物の損益は2枚のオプションの損益とだいたい同じになるが、時間の経過とともに、先物価格が上がれば、2枚のオプションの損失がそれを上回ることになる。オプションを売ったときのプレミアムは、上方のクッションにもなるが、下方のときと同様に、プレミアムを使い果たすと、トントンの39.00ドル（32.00＋7.00ドル）以降は理論的にはネイキッドのコールオプションの売りと同じことになる。繰り返しになるが、先物の買いは、原油価格が上がると売ったコールオプション1枚の本質的価値と相殺される。一方、もう1つのコールの売りは

実質的にネイキッドである。そのため、プレミアムとして受け取った
7.00ドルのクッションは、2枚目のコールオプションの売りで得た39.00
ドルのプレミアムがなくなるまで続く。しかし、それ以降は先物を1
枚売っているのと同じことなので、無限のリスクにさらされることに
なる。

オプションの売りのストラングル

インプライドボラティリティが行きすぎになっているときに向いて
いるもう1つのデルタニュートラル戦略が、単純なストラングルの売
りである。比較的バランス良く構築すれば、価格の変動によって一方
で利益が上がり、他方で損失が出るため、ストラングルの売りはデル
タニュートラルになる。しかし、理想としては時間の経過とともに時
間的価値が衰え、ボラティリティも下がってオプションの価値がなく
なると、利益の出るポジションだけが残ることになる。先の2016年初
めの原油先物の例では、インプライドボラティリティが上がり、スト
ラングルを売ったトレーダーに前例のないチャンスが訪れた。高すぎ
るオプションプレミアムを使って、ディープ・アウト・オブ・ザ・マ
ネーのストラングルを比較的高いプレミアムで売ることができたのだ。
例えば、先の例と同じ時期に、原油5月限で仕掛けから約2カ月後に
満期がくるストラングルを、44.00ドルのコールオプションと22.00ドル
のプットオプションを使って売ることもできた（**図65**）。私が持って
いる過去のデータによると、このとき受け取ることができたプレミア
ムは1.00程度（1000ドル）である。ちなみにこの例では、執行価格は
コールもプットも0.50ドルとして計算しているが、利益を減らし、損
失を増やす取引コストは考慮していない。

このとき、原油は約32.00ドルで、プットオプションの行使価格はそ
れよりもちょうど10ドル低く、コールオプションの行使価格は12.00ド

第4部　学んだことを実行に移す

**図65　この例では満期時に原油価格が22ドルを上回り、44ドル未満の
ときに最大の利益になる**

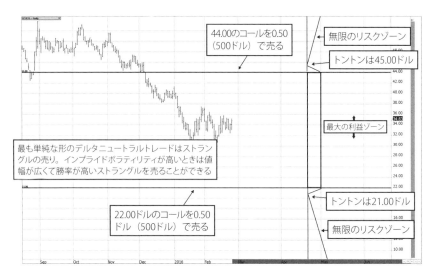

　ル上だった。行使価格が離れているコールオプションの価値がアット・ザ・マネーのプットとだいたい同じになるのは、インプライドボラティリティを反映しているからだ。オプション市場の参加者は、原油価格が回復すると期待していたため、コールは高い価格で売れていた。実際、彼らは積極的にコールオプションの価格をつり上げていた。

　結局、出来上がったポジションは、勝率がかなり高いものになった。もちろん満期までにどんなことが起こって不安と大きな含み損に襲われるかは分からないが、満期日の原油価格が22.00ドルと44.00ドルの間にあれば、プレミアムがすべて利益になる（取引コスト別）。しかも、2つのオプションで得た1.00ドルのプレミアムが、それぞれの行使価格から1ドル先までのクッションになっている。つまり、もし満期時に原油が44.00ドルを超えても45.00ドルに達していなければ、1000ドル未満だが利益は出る。同様に、プット側も価格が22.00を下回っても

第17章　商品市場のボラティリティを利用する——平均回帰とデルタニュートラルトレード

21.00ドルに達しなければ、多少の利益は出る。例えば、もし原油が21.50ドルならば、500ドルの利益が出る。これは、21.00ドルに達するまでは、1000ドルのプレミアムが22.00ドルのプットの損失を補填するからだ。21.50ドルならば、プットの本質的価値は0.50ドルなので、補填はプレミアムの半分ですんだのである。

　ほぼどんな状況でも、証拠金が約1000ドル（このタイプの標準的な額）で満期まで保有すれば1000ドルが手に入り、22.00ドルの値幅で変動する余地があれば、非常に魅力的なトレードだと言ってよい。平時のマーケットで、原油価格がこの範囲で推移することを期待するのは現実的だと言ってよいと思う。このトレードは、原油価格が2カ月間で37.5％を超えて上昇するか、31.25％を超えて下落するかしないかぎり、失敗にはならないのである。

453

第18章 結論 ── 商品トレードは心理戦……にならないようにする

In conclusion, Commodity Trading is Mental ; Don't be

これまで商品先物市場の分析やトレードテクニックについて長々と書いてきたが、私は先物やオプションで成功するために必要なのは直観と感情を抑えることだと思っている。

> 「怒りがわいてきたら、まずその結果を考えよ」──孔子

スポーツにかかわったことがあれば、「スポーツは95％がメンタルで、フィジカルは５％にすぎない」という言葉を聞いたことがあると思う。これはトレードも同じだと私は思っている。ただし、トレードの場合はフィジカルではなく、技術だ。要するに、トレードの成功を左右するのは、どのオシレーターや指標を使うかでも、分析テクニックでもない。マーケットでは何百万人もの人が同じ情報を解読し、テクニカルオシレーターの同じシグナルを受け取っているが、そのなかで利益を上げている人はほんのわずかしかいない。違いを生むのは、それをどうトレードするかであり、もしかしたらそれよりも大事なことは、トレード計画をチャートにしたり執行したりするときに、恐れや強欲にどう対処するかなのかもしれない。

私たちはマーケットをコントロールすることはできないが、自分の環境や状況を選ぶことはできる。不安な気持ちを抑制するための最善の策は、状況について妥協しないことである。トレーダーにとって、それはもちろん不可能だが、ストレスがかかるイクスポージャーを減ら

すだけでも、成功に近づくことができる。

　理解できない人も多いかもしれないが、トレードは正しい答えも間違った答えもないあいまいな戦いである。最高のトレード戦略とは、そのトレーダーの性格に合っていて、ストレスが少ないものなのである。これは、マーケットのトレンドを確認してから仕掛けることかもしれないし、異常に安かったり高かったりするときに反転を狙って仕掛けることかもしれない。あるいは、方向性がなくてボラティリティが下がっているマーケットを狙った戦略を好む人もいれば、一方向に大きく動くときを狙う人もいる。どのような手法を使う場合も、さらに時間枠やリスク、タイミング、執行の仕方なども決めていかなければならない。もう分かったと思うが、これは白か黒の答えを探している人には、手に負えないタスクなのである。

> トレードはゼロサムゲームだ。もし儲けている人がわずかしかいないのならば、彼らはかなりの利益を上げていることになる。

必ず自分の性格に合う戦略を選ぶ

　マーケットで取るべき手法は、他人がうまくいったものではなく、自分の性格やリスク許容量に合ったものでなければならない。率直に言って、よく使われているテクニカルオシレーターは20〜30程度しかないし、ほとんどのマーケット参加者が同じニュースやビジネス紙、政府の需給データなどにアクセスしている。これらの情報源のどれかに絶対的な魔力があれば、すでにたくさんの人たちが商品投機の聖杯を見つけているはずである。

　マーケットのリスクやリワードについては、指標やオシレーターやマーケットのカリスマやウォール・ストリート・ジャーナル紙に教えてもらうのではなく、しっかり勉強して、堅実な判断を自分で下す心

の準備を整えるほうが生産的だと私は考えている。そして、この過程は、自分が最もイライラすることがない手法を選ぶことから始まる。

　例えば、もしあなたが衝動的に判断して良くない仕掛けや手仕舞いを繰り返しているならば、比較的遅めのシグナルを出すことで結果をならすことができるテクニカル指標を選ぶとよいかもしれない。このタイプには、MACD（移動平均線収束拡散法）やRSI（相対力指数）などがある（第2章参照）。遅めのトリガーが、過剰反応する傾向に歯止めをかけてくれることを期待したい。また、注文をブローカーやトレードデスクに電話で出すことも検討してみるとよい。古臭い方法だと思うかもしれないが、無謀なトレードをしたくなる衝動を和らげる効果的な方法だ。多くのトレーダーがトレードプラットフォームで点滅する光に心を奪われて、トレードをしすぎてしまう。あなたが素早くキーボードを叩いて注文するのはブローカーにとっては大歓迎だが、あなたの配偶者の考えは違うだろう。

　自分の傾向を知り、トレード戦略は自分自身に正直になって構築する。長時間かけて考えたトレードをなかなか仕掛けることができない人は、変数を設定しておいて自動的に注文を出すシステムトレードのようなものを検討してもよいだろう。あるいは、指値注文や損切り注文を事前に出しておくことでも、心の問題に対処することができる。例えば、抵抗線を上抜いたら金先物を買う戦略ならば、価格が特定の水準になったら買うようにブローカーやトレードプラットフォームで逆指値注文を出しておけばよい。同じ方法で逆行した場合の損切り注文を出しておくこともできる。これも逆指値注文になる。もしレンジの底で原油を買う戦略ならば、特定の価格で買いの指値注文を出しておいて、あとはシステムに任せておけば感情が結果を揺るがすこともない。もちろん、マーケットから離れているならば、損切り注文を置くか、何らかのリスク管理テクニックで対処しておく必要はある。

第4部　学んだことを実行に移す

戦略よりも忍耐

　どの戦略を選んだとしても、最高の勝率のセットアップができるまで待つ必要がある。ところが、これが非常に難しい。傍観するのは利益を逃すことだという考えに陥りがちだが、トレードすればよかったと思いながら傍観するほうが、傍観していればよかったと思いながらトレードするよりもはるかにマシだということはぜひ覚えておいてほしい。シグナルを見送ったあとで、それが正しいシグナルだったからといって悩む必要はない。すぐに次のチャンスが巡ってくる。大したことのないシグナルでトレードを仕掛けてもうまくいくことがないわけではないが、油断してダマシのシグナルに捕まるリスクのほうがたまのリワードよりもはるかに大きいのである。

唯一分かっていることは何も分からないということ

「成功は失敗の積み重ねでできている」——デイブ・ラムジー

　業界で最も頭が切れるトレーダーのなかに、間違っているかもしれないという感覚を持ちながら、毎回仕掛けることを提案する人たちがいる。そうすることで、破壊的な損失を避けるための正しい考え方ができ、謙虚さを保ち、うまくいったときは妥当なところで利食うことができるのだという。最高峰の人たちでも自分の分析によるシグナルが完璧ではないかもしれないと思っているのに、私たちが彼らよりも賢いとか精通しているとか考える理由がない。

　マーケットの価格は、理論的には毎日、無数の要素の影響を受けている。つまり、もし絶え間なく完璧な分析を続けたとしても、将来どうなるかは分からない。どの時点においても、予期しないニュースや経済データがマーケットの焦点や方向を変えてしまうからだ。価格変

第18章　結論──商品トレードは心理戦……にならないようにする

動の方向や大きさやタイミングを予想することが極めて難しいことは
みんな分かっている。結局、私たちがマーケットの方向を判断するた
めに使っているツールは、過去の価格に基づいている。テクニカルオ
シレーターは単純にマーケットがこれまでしてきたことを示している
だけだし、ファンダメンタルズの統計も、過去のどこかの時点（たい
ていは数カ月前）の需給について洞察を与えてくれているにすぎない。
私たちは、トレードをしながら常に「過去のパフォーマンスは将来の
結果を示すものではない」ということを思い知らされているのである。

　このように書いていると、先物やオプションのトレードについて悲
観的だと思う人もいるかもしれないし、なかには本書がトレードをや
めさせようとしていると思う人もいるかもしれない。しかし、私は商
品先物市場への参加をやめるように言うつもりはないし、むしろその
逆だ。ただ、私はブローカーとして顧客から得る手数料で生計を立て
ている身ではあるが、一般の人に先物やオプションのトレードの難し
さを知ってもらうために個人的に取り
組んでいる。商品市場には大金を得ら
れるチャンスがあるが、それは簡単で
はないのだ。

> 時間は友だち。衝動は敵。

　メディア、そして議会でさえ、トレードでは儲かると信じている。議
会の聴聞会で、強欲な投機家が150ドルに高騰した原油で儲けた一方で、
消費者が苦しんでいるという議論があったことを覚えている人もいる
かもしれない。しかし、事実は、ほとんどの投機家があの試練のなか
で資金を失った。原油価格が史上最高値に達したときの上昇の大部分
はベア派のトレーダーが買い戻したことが原因で、そのあと価格は30
ドルまで下落した。商品トレーダーが多くのアメリカ人を犠牲にして、
人生を一変させるような利益を上げたという噂が広まっていたが、実
際には原油が150ドルまで上がると想像した人はそう多くはなかったし、
正しいサイドにいた人もあまりいなかった。その一方で、原油市場最

459

第4部　学んだことを実行に移す

大の上昇で大金を儲けた人も、そのほとんど（もしくはすべて）をそのあとの下落（というか暴落）で失ったのである。

　現実には、マーケットで苦労せずに手に入るお金はない。商品先物市場でトレードする人の多くは、始めたときよりも資金を減らして去って行く。しかし、安定的に利益を上げる道を見つけた人にとっては、リスクをとった見返りが十分あるため、それを見てうまくいかなかった人たちも再びマーケットに戻ってくる。

　本書が、商品先物市場の分析、戦略の立て方、勝率を上げるための方法などについて、率直で前向きな指針を提供していると感じてもらえればうれしく思う。

■著者紹介
カーリー・ガーナー（Carley Garner）
ゼナー・グループ（ネバダ州ラスベガス）傘下のデカーリー・トレーディングに所属する経験豊富な商品ブローカー。『ア・トレーダース・ファースト・ブック・オン・コモディティース（A Trader's First Book on Commodities）』『カレンシー・トレーディング・イン・ザ・フォレックス・アンド・フューチャース・マーケット（Currency Trading in the FOREX and Futures Markets）』『コモディティース・オプション（Commodities Options）』の著者で、ストックス＆コモディティーズ誌でも毎月コラムを執筆している。ネバダ大学ラスベガス校卒業後、2004年の初めにオプションと先物業界に飛び込み、すぐに頭角を現した。ガーナーの商品市場の分析は、ジム・クレーマーが司会を務めるCNBCのマッド・マネーでよく紹介されている。また、ザストリート・ドット・コムや同社が運営するリアル・マネー・プロにも定期的に寄稿している。ツイッター　@carleygarner、フェイスブック@DeCarleyTradingCommodityBroker、インスタグラム　@decarleytrading。

■監修者紹介
長岡半太郎（ながおか・はんたろう）
放送大学教養学部卒。放送大学大学院文化科学研究科（情報学）修了・修士（学術）。日米の銀行、CTA、ヘッジファンドなどを経て、現在は中堅運用会社勤務。全国通訳案内士、認定心理士。訳書、監修書多数。

■訳者紹介
井田京子（いだ・きょうこ）
翻訳者。主な訳書に『トレーダーの心理学』『スペランデオのトレード実践講座』『トレーディングエッジ入門』『千年投資の公理』『ロジカルトレーダー』『チャートで見る株式市場200年の歴史』『フィボナッチブレイクアウト売買法』『ザFX』『相場の黄金ルール』『トレーダーのメンタルエッジ』『破天荒な経営者たち』『バリュー投資アイデアマニュアル』『遅咲きトレーダーのスキャルピング日記』『FX 5分足スキャルピング』『完全なる投資家の頭の中』『勘違いエリートが真のバリュー投資家になるまでの物語』『株式投資で普通でない利益を得る』『バフェットからの手紙【第4版】』『金融版 悪魔の辞典』『バフェットの重要投資案件20 1957-2014』『市場心理とトレード』『逆張り投資家サム・ゼル』『経済理論の終焉』（いずれもパンローリング）など、多数。

2019年6月3日　初版第1刷発行

ウィザードブックシリーズ 282

先物市場の高勝率トレード
——市場分析、戦略立案、リスク管理に関する包括的ガイドブック

著　者　カーリー・ガーナー
監修者　長岡半太郎
訳　者　井田京子
発行者　後藤康徳
発行所　パンローリング株式会社
　　　　〒160-0023　東京都新宿区西新宿7-9-18　6階
　　　　TEL 03-5386-7391　FAX 03-5386-7393
　　　　http://www.panrolling.com/
　　　　E-mail　info@panrolling.com
編　集　エフ・ジー・アイ（Factory of Gnomic Three Monkeys Investment）合資会社
装　丁　パンローリング装丁室
組　版　パンローリング制作室
印刷・製本　株式会社シナノ

ISBN978-4-7759-7248-9
落丁・乱丁本はお取り替えします。
また、本書の全部、または一部を複写・複製・転訳載、および磁気・光記録媒体に
入力することなどは、著作権法上の例外を除き禁じられています。

本文　©Kyoko Ida／図表　©Pan Rolling　2019 Printed in Japan